한권으로 읽는 경기도의 3·1운동

KB077552

경기그레이트북스 ⑯

www.ggcf.kr

한권으로 읽는
경기도의 3·1운동

경기문화재단

이 책은 경기문화재단 경기문화재연구원이

경기도의 고유성과 역사성을 밝히기 위한 목적으로 발간하였습니다.

경기학연구센터가 기획하였고 관련전문가가 집필하였습니다.

■ 1부 경기도 지역 3·1운동의 연구 동향과 과제

1. 경기도 지역 3·1운동의 전개와 그 특징 _12

2. 경기도 지역 3·1운동의 연구동향과 전망 _16

■ 2부 3·1운동의 전개와 특징

1. 경기도 3·1운동 개관 _46

2. 수원군 송산 지역의 3·1운동 _102

3. 수원군 우정면 화수리 3·1운동 _128

4. 안성군 원곡면·양성면 시위 _164

5. 용인지역의 3·1운동 _171

6. 여주지역의 3·1운동 _202

7. 제암리 학살사건과 역사유적 _219

8. 자료로 보는 안성군 원곡·양성지역 3·1운동 _242

3부 판결문을 통해 본 경기지역 3·1운동

1. 서언 _266

2. 개시국면(3.1~3.9) _266

3. 파상국면(3.10~3.27) _275

4. 절정국면(3.28~4.8) _307

5. 퇴조국면(4.9~4.27) _366

6. 3·1운동 이후 _368

색인 _375

서 문

1919년 3·1운동이 서울을 중심으로 전개되자 경기도지역에서도 역시 도민들에 의하여 만세운동이 적극적으로 추진되었다. 특히 경기도지역은 한국의 중심부이며 남북으로 철로와 도로가 관통하는 요충지로서 서울에서 일어나는 일들을 바로 전할 수 있어 서울에서 전개되고 있던 독립운동의 영향을 강하게 받고 있었다. 뿐만 아니라 경기도 지역의 많은 학생들이 서울로 통학하고 있었으므로 서울에서 이루어지는 각종 독립운동과 호흡을 같이 할 수 있었던 것이다. 그러므로 경기도 지역은 타 도에 비하여 독립운동이 활발하였으며, 이러한 현상은 3·1운동 때에 경기도민들이 보여준 적극적인 만세운동에서도 단적으로 알 수 있다. 3·1운동 시 경기도 지역 21개 부·군 모두에서 만세운동이 전개되었으며, 3·4월 두 달 동안 225회의 시위가 전개되었다. 참가인원도 연 15만 명에 달하여 전국에서 가장 많은 만세운동과 시위 참여 인원을 기록하고 있는 것이다.

그럼에도 불구하고 경기도지역의 3·1운동에 대한 학문적인 연구는 별반 이루어지지 못하였다. 필자가 본고를 작성하게 된 이유가 바로 여기에 있다. 특히 수원군의 송산·우정·장안 지역과 안성지역은 전국에서도 그 유례를 찾아볼 수 없을 정도로 치열한 만세운동을 전개했음에도 연구의 미비 등으로 인하여 그 역사적 위상을 올바로 평가받지 못하고 있는 점은 대단히 안타까운 실정이다. 수원군의 경우 다수의 민중이 참여하여 일본 순사 2명을 처단한 공격적인 만세운동임에도 제암리 학살사건 등에 묻혀 그 실체가 거의 밝혀져 있지 않았기 때문이다. 아울러 안성지역의 경우 3·1운동 3대 항쟁지로 꼽힐 정도로 널리 알려진 사례이긴 하나 그 구체적인 실체가 올바로 조망되어 있지 못하였기 때문이다. 새로이 발굴된 사료들과 도면들을 통하여 그 진실에 접근하고자 한다.

　본서에서는 우선 제1부에서 경기도 지역 3·1운동의 연구 동향과 과제에 대하여 살펴보고자 하였다. 이를 통하여 이 지역에 대한 연구가 그 중요성에도 불구하고 개척적인 단계임을 파악할 수 있을 것이다. 다음으로는 제2부에서 경기도 지역 3·1운동을 19개 지역(당시의 경성부·인천부·강화군 제외)별로 나눠서 개관해 보고, 다시 사례로서 수원, 안성, 용인, 여주 등 경기도의 주요 3·1운동을 검토해보고자 한다. 제3부에서는 주요 인물들의 3·1운동 판결문 자료집을 날짜별 지역별로 재배치하여 경기도 3·1운동을 보다 심층적이고 입체적으로 알아보고자 한다.

　끝으로 3·1운동 100주년을 맞이하여 이 책의 간행을 위해 물심양면으로 도와주신 경기문화재단에 깊은 감사를 드린다.

2019. 2.

박환, 최재성

일러두기

1. 이 책의 집필은 박환 · 최재성 두 사람이 분담했다. 분담 범위는 다음과 같다.
   - 제1부: 박환
   - 제2부 제1장: 최재성
   - 제2부 제2~8장: 박환
   - 제3부: 최재성

2. 지역별 삼일운동 상황 서술에서는 당시 지명을 사용했다. 당시 경기도는 경성부를 포함하여 2부, 20군이 있었다. 그 가운데 오늘날 경기도에 속하지 않는 경성부 · 인천부 · 강화군을 서술 대상 지역에서 제외하여 19개 군의 3·1운동을 다루었다. 또 현재 서울(예를 들면 고양군 용강면 · 은평면 · 연희면 · 독도면 · 숭인면 등이다.)과 인천에 편입된 인근 지역도 될 수 있는 한 제외하였다. 그러나 군별 시위횟수 통계에서는 오늘날 서울 편입 지역과 그렇지 않은 지역의 것을 분류할 수 없어서 그대로 인용하였다.

3. 이 책의 주석(각주)은 경기문화재단의 '원고 집필 지침'에 따라 부연 설명 · 용어 설명 · 개념 정의 · 특기 사항 · 참고 사항 등에 한했으며, 인용 문헌은 각주에 넣지 않고, 책 말미의 참고문헌에 소개하였다.

1부

경기도 지역 3·1운동의 연구 동향과 과제

01
경기도 지역 3·1운동의 전개와 그 특징

경기지방의 3·1운동은 3, 4월에 걸쳐 지속적으로 전개되어 21개 부·군에서 225회의 시위운동이 계속되었다. 특히 3월 말에서 4월초 사이의 기간에는 운동이 집중적으로 발생하면서 도내 전 지역에 걸쳐 농민들의 참여가 두드러져 3·1운동의 민중 운동적 성격을 분명히 보여주었다.

경기지방의 3·1운동은 당초 조직과정부터 민족대표와의 연계성이 미약하였다. 민족대표와 사전 연계 하에 독립선언서가 배포된 곳은 오화영이 남감리파 계열에게 전달한 개성 한 곳뿐이었다. 그럼에도 불구하고 경기지방의 운동이 전국에서 가장 많은 회수의 치열한 양상으로 촉발될 수 있었던 것은 전통적으로 서울의 움직임과 가장 밀착되어 있고 지방사회의 지식인, 청년, 유생들의 선도적인 역할과 농민대중들의 적극적인 참가 때문이었다.

서울의 운동소식은 3월 초순부터 중순사이에 비조직적으로 도의 중앙부인 고양군, 김포군, 파주군, 광주군, 양주군 등으로 전파되었고, 3월 22일 서울의 노동자대회 이후 운동의 대중적 성격이 고양되면서 도의 외곽 지역에까지 확산되어 갔다. 초기의 운동이 촉발되는 데 선도적인 역할을 한 것은 지식인, 청년 학생들이었다. 이들은 서울 등 도시 지역에서 유포된 독립선언서, 독립신문 등 각종 유인물과 도시의 운동경험을 각 지역에 전파하거나, 선언서, 태극기, 독립만세기 등을 제작 배포하며 직접 시위대를 이끌어가는 등 선도적인 투쟁을 벌여나갔다.

특히 3월 하순 이후 농민들의 적극적 참가가 두드러지던 시기에는 농민 가운데에서도 서당교육이나 계몽운동의 세례를 받은 향촌사회 내의 식자층, 유생들이 실질적으로 운동을 조직하고 주도해 갔다. 민족적 자각과 반일의식이 고조되어 있던 이들은 통일적인 지도이념이나 지도조직이 부재한 상태에서 전국의 시위운동, 민족대표들의 독립선언, 고종 인산일因山日에의 참석 등에 영향받아 이전의 운동경험에 기초한 자신들의 운동방법으로 운동을 조직해 갔다. 여기에서 주목되는 것은 3월 하순 이후 운동이 마을에서 마을로 들불처럼 확산되는 데에는 향촌사회 전래의 리里체계가 활용되었고, 이에 비례하여 이장(구장)들의 역할이 현실적으로 크게 작용하였다는 것이다. 종교적, 이념적 지도조직체계 없이 농민을 동원하여 운동을 조직하는 데에는 마을 공동행동의 단위인 리와 그 대표자인 구장의 역할이 크게 활용되었던 것이다.

이와 같이 하여 경기지방의 운동이 전 지역적으로 통일적인 지도세력 없이 분산적으로 전개되기는 하였지만 지역 단위로 가능한 수준에서 운동의 조직화가 모색되었고, 각 지역운동 주도자들의 조직적인 준비와 적극적인 참여는 운동의 발전에 중요한 영향을 미쳤다.

경기지방의 애국적인 민중들은 각기 그 위치와 역할에 따라 여러 형태의 투쟁을 전개하였다. 지식인, 청년 학생들은 선전, 선동을 통한 운동의 고취와 선도적인 투쟁으로서, 대다수의 농민들은 대규모의 만세시위운동을 통해, 노동자, 중소상인들은 파업과 철시투쟁 등을 통해 각기 일제로부터의 독립을 쟁취하고자 하였다.

그 가운데에서도 경기지방의 운동이 광범하고도 격렬하게 전개된 것은 농민들의 적극적인 참여 때문이었다. 운동이 절정에 달한 3월 하순에서 4월 초순 사이에 경기 지역 피被기소자의 90%가 농민이었던 것은 이를 증명해 주고 있다. 농민들은 주로 리 단위의 조직에 의해 평화적 만세시위, 횃불봉화시위, 폭력투쟁 등 스스로의 다양한 투쟁방법을 구사하며 운동에 적극적으로 참여하였다. 농민들의 투쟁양상은 주로 만세시위로 시작되었지만 일단 세가 모여지고 투쟁의 열기가 고양되면 면사무소, 군청, 경찰관서 등을 공격하는 폭력투쟁으로 전화하였다. 그러나 농민들의 폭력투쟁은 본질적으로 일제의 무단통치하에서 충분히 그 계기가 성숙되어 있었다. 따라서 운동의 초기 단계부터 일제 지배에 직접 저항하는 폭력투쟁의 양상이 33.8%나 나타나고 있었고, 3, 4월 전 기간에 걸쳐 전체 투쟁의 30%이상이 폭력투쟁이었던 것은 이 지방의 운동이 일제에 대한 직접투쟁을 지향했음을 보여주는 것이다.

경기지방의 3·1운동은 외견상으로는 당초 민족대표들이 의도했던 독립선언식과 만세시위의 형식으로 촉발되었으며 실제로 운동에 참여한 민중들은 독립청원 방식이 아닌 주체적인 시위운동을 독립 획득의 방법으로 구상하고 있었다. 대다수의 민중들은 '민족의 자존' '독립'을 선언한 민족대표의 독립선언 자체에 크게 고무·선동되었으나 그것의 의미에 대한 구체적인 이해는 없었고, 즉각적인 '독립'에 매몰되어 있었다. 따라서 독립 후 지향하는 사회상에 대한 정치사상적 이해도 희박하여 민주공화제 등에 대한 이해보다는 왕조의식을 미未 탈피한 경향을 보이고 있었다. 그러나 민중들의 의식은 비록 명확한 정치사상적 지향을 갖지는 못했으나 생활상의 불만에 기초한 변혁의지를 가지고 민족모순과 계급모순의 해결을 지향하고 있었다. 토지분배, 식민지 무단농정의 철폐, 부역, 세금의 거부 등은 맹아적인 의식 변화의 실체를 반영하는 것이었다.

이와 같이 1910년대 일제의 엄혹한 무단통치와 민족말살에 저항하며 독립에 대한 희원을 새겨온 경기지방의 각 계급, 계층의 애국민들은 3·1운동을 통해 반일 민족의지를 대중투쟁으로 승화시켜 갔다. 일제의 폭력적 지배로 민족의 주체적 역량이 위축되어 있던 정세속에서 3·1운동을 통해 민중의 투쟁력은 복원되었으며, 새로운 변혁이념과 올바른 운동노선이 확인되고 걸러져 갔다. 이같은 과정을 거쳐 우리의 민족해방운동은 새로운 단계로의 비약을 맞이하게 되었다.

02
경기도 지역 3·1운동의 연구동향과 전망

서언

경기도지역은 주지하는 바와 같이 3·1운동에 적극적으로 참여한 대표적인 지역으로 널리 알려져 있다. 지역적으로 만세운동이 처음으로 일어난 서울지역과 인접하고 있다는 지역적 특성도 있었겠지만 고종의 인산 날에 참여한 인사들도 많이 있었고, 서울로 통학하는 학생들이 많았던 점 역시 경기지역의 만세운동을 보다 활성화시키는 데 크게 기여하였을 것이다. 아울러 매일신보 등 신문을 구독하는 식자층이 많았던 것 또한 만세운동에 일정한 영향을 끼친 것으로 보인다. 그 결과 경기도 지역의 화성, 안성, 강화, 개성 등지는 특히 전국적으로도 만세운동이 활발히 전개된 대표적인 지역으로 널리 알려져 있었던 것이다. 이에 향토사학자들도 일찍부터 경기도지역의 3·1운동에 깊은 관심을 가져 이 분야 연구가 보다 활성화되는 데 크게 기여하였다.

특히 경기도 지역의 3·1운동사 연구는 지방자치 시대를 맞이하여 향토사학자들의 연구를 토대로 보다 발전하는 계기가 마련되었다. 이러한 발전에는 경기도에 있는 대학들이 일정한 역할을 하였으며, 아울러 경기도지역의 각 지방자치단체, 경기문화재단, 수원문화원, 안성문화원, 화성문화원, 용인문화원 등 문화원, 국사편찬위원회, 국가보훈처 등이 큰 역할을 하였다. 또한 새로이 건립된 안성 3·1운동 기념관, 제암리 3·1운동 기념관 등도 이 지역의 3·1운동사를 알리는 데 기여하고 있다.

본고는 기존의 경기도 지역의 3·1운동사 연구를 살펴보고, 아울러 앞으로의 방향을 설정하는데 도움을 주고자 작성되었다.

20세기 3·1운동사 연구동향

일제 하의 3·1운동에 대한 대표적인 연구성과로는 1920년에 간행된 박은식의 『한국독립운동지혈사』와 1921년에 간행된 김병조의 『한국독립운동사략』을 들 수 있다. 이들은 민족주의적 관점에서 3·1운동을 서술한 책들로서 이 분야 연구의 최초의 성과들로서 주목된다. 특히 박은식은 민족주의적 관점에서 3·1운동을 서술하고 3·1운동을 민족독립운동의 최고점으로 높이 평가하였다.

해방 이후 이 분야에 대한 가장 대표적인 연구성과로는 3·1운동 50주년을 맞이하여 동아일보사가 간행한 『3·1운동 50주년 기념논집』(1969)과 『역사학보』 41집, 『아세아연구』 33호 등을 들 수 있다. 그 가운데 동아일보사에서 간행한 논문집이 가장 주목되는데 이 논문집은 3·1운동에 대한 총체적인 연구로서 72명의 학자가 참여하여, 3·1운동의 역사적 배경, 전개, 일본정부의 정책, 외국의 반응, 의의, 영향 등에 대하여 집중적으로 분석하여 이 분야 연구에 큰 획을 그었다.

그리고 이러한 연구성과들을 계승 발전시킨 입장이 한국민족운동사연구회와 조선일보사에서 공동주최한 『3·1운동과 대한민국임시정부 수립의 현대적 해석』(1989)과 동아일보사 주최의 『3·1운동과 민족통일』(1989) 등이다. 이들 논문집들에서는 3·1운동의 역사적 의미를 대한민국임시정부 수립과 민족통일의 실천 등에 두고 있다.

한편 3·1운동에 대한 저서도 다량 간행되었다. 안병직의 『3·1운동』(한국일보사, 1975), 윤병석, 『3·1운동사』(정음사, 1975) 등이 출간된 데 이어 김진봉의 『3·1운동』(세종대왕기념사업회, 1977), 이현희의 『3·1운동사론』(동방도서, 1979), 신용하의 『3·1독립운동의 사회사』(현암사, 1984), 『3·1독립운동』(1989) 등을 들 수 있다.

1980년대 연구성과로서 가장 주목되는 것은 3·1운동 70주년을 맞이하여 한겨레신문 후원으로 만들어진 『3·1민족해방운동연구』(한국역사연구회 역사문제연구소 엮음, 청년사, 1989)를 들 수 있다. 이 책은 개별연구가 아닌 공동연구라는 특징을 갖고 있으며, 아울러 기존의 연구들을 3·1운동에 대한 과학적인 분석 작업을 충분히 해내지 못했다고 비판하고 과학적인 연구를 할 것을 주창하였다. 즉 이 논문집에서는 3·1운동의 가장 중요한 역사적 의의로서 이 운동을 계기로 민중의 민족적 계급적 자각이 크게 고양되어 민중이 민중해방운동의 주력군으로서의 자기 위치를 다져가기 시작했다는 데에서 찾고 있다. 뿐만 아니라 3·1운동은 항일민족운동가와 식민지 지식인, 청년들에게도 민족해방운동의 주체와 이념, 노선이 어떠한 것이 되어야 하는지에 대해 심각한 반성과 새로운 모색의 계기를 제공했다고 하고 있다.

1990년대 들어 3·1운동에 대한 연구는 3·1운동의 배경, 참여계층, 민족대표의 생애와 역할, 지방에서의 운동 등에 대한 연구에 비중이 두어졌으며, 특히 중국과 러시아와의 국교 정상화이후 그곳의 연구 성과가 국내에 다수 소개되어 더욱 생기를 불어 넣고 있다. 특히 이 시기의 대표적인 연구 성과로는 양양, 강릉,

안성, 창녕, 합천, 공주, 청도, 화성 등 다양한 지역 사례연구가 집중적으로 이루어진 점이 주목된다. 특히 이정은은 경기도 안성군 원곡면과 양성, 경남 창녕군 영산, 합천군, 화성군 우정면 등 다양한 지역 사례를 통하여 이 분야의 영역을 보다 확대하고 있다.

앞으로 3·1운동에 대한 연구는 민족주의적 입장과 민중적 입장을 떠나 보다 객관적인 연구들이 이루어져야 할 것이다. 그리고 그런 연구를 토대로 부르주아와 민중의 역할론이 보다 심도있게 논의되어야 할 것이다. 아울러 투쟁형태, 투쟁노선의 변화, 조직노선, 국내운동과 국외운동과의 상호관계, 국제적 조건 등도 보다 깊이 있게 검토되어야 할 것이다. 또한 3·1운동에 대한 사상사적 접근과 지역사례별 연구, 일제의 탄압책과 대응책에 대한 연구도 활성화되어야 할 것이다.

수원지역 3·1운동 연구 동향

경기도지역의 3·1운동에 대한 체계적 연구는 이지원에 의하여 이루어졌다. 씨는 「경기도 지방의 3·1운동」(『3·1운동 70주년 기념논문집』, 청년사, 1989)에서 3·1운동과 조직과정, 투쟁양상과 이념 등에 대하여 분석하여 경기도지역 3·1운동의 전체적인 특징을 살폈다. 경기도 지역 3·1운동 연구의 대표적 성과라고 할 수 있다.

다음으로는 경기도사편찬위원회에서 간행한 『경기도항일독립운동사』(경기도, 1995)중 「3·1운동의 전개」 부분을 들 수 있다. 이 부분은 전문적인 연구는 아니나 수원, 용인, 진위, 안성, 여주, 이천, 양평, 가평, 포천, 개성, 장단, 파주, 연천, 고양, 시흥, 광주, 양주, 부천, 김포 등 식민지시대 경기전역의 3·1운동사를 개관할 수 있도록 하여 길잡이 역할을 하고 있다는 점에서 의의가 있다고 생각된다.

수원지역 3·1독립운동의 연구 동향과 과제에 대하여는 김창수 교수의 글이 있다. 그러나 3·1운동 전체 가운데 일부를 할애하여 언급하고 있는 정도이다. 수원지방의 3·1운동연구는 홍석창에 의하여 본격적으로 이루어졌다. 씨는 「수원지방의 3·1운동사」(왕도출판사, 1981)에서 수원지방 3·1운동의 원인, 3·1운동에 있어서 수원지방의 위치, 3·1운동 주동자 김세환선생, 3·1운동과 선교사, 3·1운동과 33인, 각 지방의 중요 운동자, 각 지역의 운동상황, 3·1운동의 반향 등 현재의 수원과 화성, 오산 일대에서 전개된 3·1운동을 체계적으로 정리하여 이 분야 연구에 큰 기여를 하였다. 특히 수원의 김세환, 오산의 이성구, 태안의 황창오 등 여러 인물에 대하여도 주목하고 있다.

　아울러 씨는 『감리교회와 독립운동』(에이멘, 1998)에서도 「수원지방의 3·1운동」이라는 논고를 통하여 수원, 화성, 오산 등 식민지시대 수원군 지역의 만세운동을 개괄적으로 정리하고 있다. 또한 『1893-1930 수원지방 교회사자료집』(에이멘, 2001)도 간행하여 기독교사적인 측면에서 수원지방 운동사를 살펴보는 데 도움을 주고 있다.

　수원지역 기독교인들의 3·1운동 참여에 대하여는 김권정의 「수원지방 기독교인들의 3·1운동 참여와 동향」(『수원지역 민족운동의 역사적 위상』, 2003년 2월)이 주목된다. 여기서 씨는 수원지방 기독교인들의 3·1운동 참여배경과 그 전개과정, 3·1운동 이후의 동향에 대하여 집중적으로 다루고 있다. 씨는 논고에서 수원지방의 기독교인들이 3·1운동에 참여하게 된 조직적 배경에는 3·1운동 이전에 수원지방 전체를 대상으로 하는 교회 조직과 젊은 학생층의 중심지인 기독교학교의 조직력이 있었기 때문이라고 파악하고 있다. 아울러 수원읍보다 장안, 우정, 향남면에서 적극적으로 전개되었다는 특징을 보이고 있다고 보고 있다.

　기독교인으로서 수원지역의 31운동에서 중요한 역할을 한 김세환에 대한

학술회의가 개최되었다.『김세환 3·1운동기념비 건립기념학술회의』(2004. 수원문화원)가 그것이다. 이 학술회의에서는 조이제 목사가「김세환의 생애와 종교운동」, 조성운이「수원지역 사립학교의 성장과 김세환」, 김권정이「김세환과 기독교민족운동」등을 주제로 깊이 있는 검토를 하였다.

수원지역과 천도교의 역할에 대하여는 천도교를 집중적으로 연구하여 많은 업적을 이루고 있는 성주현의「수원지역의 3·1운동과 천도교인의 역할」(『수원지역 민족운동의 역사적 위상』, 2003년 2월)이 있다. 씨는 수원과 화성지역의 천도교에 대하여 집중적으로 분석하고 있다. 아울러 김세영이「일제강점기 수원지역 천도교의 항일독립운동」(『상명사학』 8.9, 2003.8)을 발표하여 수원지역의 동학과 천도교의 교세발전, 천도교의 항일독립운동에 대하여 다루고 있다. 특히 씨의 연구는 기존의 연구성과를 바탕으로 구술자료를 활용하여 수원지역의 역사를 보다 풍성하게 하고 있다는 점에서 각별한 의미가 있다. 앞으로 구술자료에 대한 보다 깊은 관심이 이루어지는 계기가 되었으면 한다.

이동근 역시 수원지역 3·1운동 당시 천도교의 역할에 주목하였다.「수원지역 3·1운동에서 천도교의 역할」(한신대학교 대학원 2003년 6월 석사학위청구논문)이 그것이다. 씨는 논문에서 지금까지 활용하지 못했던 통감부 조사자료인『재무주보』를 사용하고 있는 점, 일제강점기 수원지역의 천도교인들을 농민과 염업종사자로 보고 있는 점, 천도교의 교육운동이 우정, 장안면의 3·1운동에 밑바탕이 되었다고 보고 있는 점, 우정 장안면을 포함하는 남양군에서는 일제의 염업정책으로 제염업자들이 큰 타격을 입게 되어 염세를 거부하는 조세저항운동이 일어났다고 보는 점 등은 이 분야 연구에서 새로운 언급이라는 점에서 신선미를 더해주고 있다.

지금까지 살펴본 바와 같이 수원지역의 3·1운동 연구는 현재 수원지역에 대한 연구와 더불어 화성시를 포함한 수원지역이라는 개념으로 주로 연구가 이루어지고 있다. 앞으로 식민지시대 수원읍과 타 지역을 분리 또는 연결시켜 연구하는 작업들이 이루어져야 할 것 같다. 그래야만 공통점과 차별성이 검토될 수 있을 것이다.

수원지역의 3·1운동사는 주로 운동사 중심으로 이루어져 왔다. 김세환 등 주요 인물 등 인물사에 대한 체계적인 검토 역시 이루어지지 못하고 있다. 앞으로 기독교, 천도교 등 종교적 차원을 떠나 보다 다양한 연구 검토가 이루어져야 할 것으로 보인다. 특히 수원읍의 유교, 천주교, 불교, 성공회 세력, 상공인세력 등의 3·1운동에 대한 입장 및 태도 등도 밝혀져야 할 것이다. 아울러 수원읍에 진출한 일본인, 군대, 경찰 등 다양한 일본측의 대응 역시 검토되어야 할 것으로 보인다.

화성지역 3·1운동 연구 현황

희생중심의 연구—제암리와 수촌리

3·1운동의 최대 피해지로서 국내외에 가장 널리 알려진 지역으로는 화성시 제암리와 수촌리를 들 수 있다. 이 지역은 선교사들에 의하여 그 역사적 사실들이 해외로도 널리 알려져 일본 당국을 곤혹스럽게 만들기도 하였다. 특히 이곳 제암리는 기독교 감리교신자들이 다수 학살당한 것으로 알려져 기독교의 항쟁지이자 순교지로서 널리 알려져 있다. 그 결과 제암리에 대한 연구는 기독교인들에 의해 주로 연구되었다. 초창기의 대표적인 학자로는 홍석창목사를 들 수 있다.

홍목사는 『수원지방 3·1운동사』(왕도출판사, 1981)와 『감리교회와 독립운동』(에이멘, 1998)을 통하여 화성 및 수원지역의 기독교인들의 독립운동을 다루면서 특히 제암리지역의 3·1운동에 크게 주목하였다. 특히 씨는 본 연구에서 기독교인들의 역할과 기독교인의 순교를 강조하였다. 홍목사는 수원일대의 기독교를 보다 심층적으로 분석하기 위하여 『수원지방교회사 자료집: 1893-1930』(에이멘, 2001)도 간행하여 수원일대의 기독교 및 민족운동 연구에 크게 기여하였다. 그러나 씨의 연구는 기독교적 관점이 부각되었다는 일정한 한계성을 띠고 있다.

김선진은 『제암 고주리의 3·1운동: 일제의 학살만행을 고발한다』(미래문화사, 1983)에서 제암리와 고주리 학살사건을 집중적으로 검토하였다. 씨의 연구는 지금까지 기독교적인 관점에서 이루어진 연구를 또 다른 시각에서 검토할 수 있음을 보여주었다는 측면에서 한 단계 발전된 것이라 할 수 있다. 특히 씨의 연구를 통하여 고주리 학살 사건의 상당부분이 알려지게 되어 일제의 잔악상을 복원시키는 데 기여 한 것으로 보인다. 씨는 더구나 300여명의 마을의 촌로들과의 면담과 3년여의 현장 답사 등을 통하여 많은 사실들을 밝히고 있어 방법론적인 측면에서 시사하는 바 크다. 아울러 연구 영역을 제암리와 수촌리에서 우정, 장안의 여러 지역으로 확대한 것도 큰 기여라고 할 수 있다. 다만 천도교적인 입장이 강조된 것이 장점이자 한계라고 지적할 수 있다.

성주현은 기독교적 관점에서 제암리 학살사건을 다루고 있는 점에 일정한 한계를 느끼고 문헌적인 자료를 근거로 치밀하게 이에 대한 재조명을 시도하였다. 「수원지역의 3·1운동과 제암리 학살사건에 대한 재조명」(『수원문화사연구』, 수원문화사연구회, 2001)이 그것이다. 본고에서 씨는, 홍석창의 경우 기독교적인 시각에서 서술되어 지극히 단편적이고 전체적인 이해가 부족하다고 하며, 제암리의 희생자수를 23명으로 한정하고 있어 일제의 사실왜곡을 그대로 수용하고 있다고 지적하고 있다. 씨는 논고에서, 다음과 같이 주장하고 있다.

사건의 희생자는 그동안 알려진 것처럼 23명이 아니라 37명으로 바로 잡아야 한다는 것이다. 제암리사건의 희생자 수는 1959년 4월 순국기념탑이 건립되면서 23명이 희생된 것으로 공식화되고 있다. 그러나 제암리사건에서 희생된 사람은 이보다 훨씬 많은 37명으로 보아야 한다. 당시 사건을 목격하고 증언한 기록은 희생자의 수를 37명으로 확인하고 있다. 그리고 주서울 미총영사 홀쯔버그의 두 보고서는 매우 중요한 점을 시사하고 있다. 처음 4월 23일 보고한 내용과 이어 다시 보고한 5월 12일자에서도 역시 희생자는 37명으로 기독교 12명, 천도교 25명으로 확인하고 있다. 또한 일제측인 총독부도 희생자가 37명임을 스스로 밝히고 있다. 이러한 점으로 미루어보아 제암리에서 희생된 사람은 23명이 아니라 37명임을 확인할 수 있다. 다만 이러한 사실은 해방 이후 순국기념관이 건립되면서 23명으로 축소되었다. 이와 같은 23명의 희생자수는 일제의 축소 보고한 기록을 그대로 수용하고 있다는 점이다. 그 과정에서 많은 의문점이 없지 않지만 새롭게 조명되어야 한다. 당시 제암리 마을의 증언자들도 하나같이 천도교인 25명, 기독교인 12명으로 37명이 희생되었다고 증언하고 있다. 또한 희생자 중 초기에 기록된 사람이 누락되는가 하면 초기에 없던 사람이 나중에 포함되는 경우도 없지 않았다. 앞으로 본고를 계기로 하여 제암리사건에 대한 사건 경위를 비롯하여 희생자 수, 명단, 종교상황 등을 구체적으로 조명되기를 기대해 본다.

제암리사건에 대한 보다 객관적인 연구는 이덕주목사의 「3·1운동과 제암리 사건」(『한국기독교와 역사』7, 한국기독교역사연구소, 1997, 3·1운동과 제암리사건 특집)에 의해서 이루어졌다고 평가할 수 있다. 이 목사는 그의 논문에서 제암리사건의 배경, 내용, 희생자 등에 대하여 본격적으로 조망하고 있다. 씨는 사건이 일어난 지 78년이 지났음에도 사건의 정확한 진행 과정과 희생자들의 인적 상황에 대한 연구가 아직도 미진한 상태라고 지적하고, 기록마다 다르게 나타나고 있는 사건의 내용에 대한 진술들을 객관적으로 검증해 사건의 실체에 보다 가깝게 접근하는 실증 작업이 필요하다고 강조하고 있다. 특히 씨는 29명으로 알려지고 있는 희생자들의 정확한 신분과 종교를 밝혀내는 작업이 필요하다고 보고, 이를 위해 일본 경찰측 자료와 선교사 보고 자료, 그리고 생존자의 증언 기록을 종합해서 살펴보아야 하며 지금까지 소홀하게 취급되었던 천도교측 자료도 참고하고자 하였다. 또한 지금까지는 민족 '수난사'의 의미가 강조되었다고 보고, 민족 저항운동사 성격을 규명하는 데 초점을 맞추고자 하였다.

씨는 논고에서 고주리에서 희생된 천도교인 6명을 제외한 제암리 희생자 23명은 천도교인 11명, 감리교인 12명으로 나눌 수 있다. 결국 제암리 희생자들은 천도교와 기독교인들로 이루어지고 있음을 알 수 있다고 하고 있다. 그리고 씨는 제암리사건의 성격을 항일 '저항운동'으로 보아야 할 충분한 이유가 있다고 주장하고, 그 이유로서 이 사건은 우리 민족의 저항운동에 대한 탄압으로 빚어진 것이며, 사건의 희생자들이 보여준 꾸준한 민족 저항의식을 강조하고 이어서 농민 중심의 민중 저항운동이었음을 실증적으로 보여주고 있다.

아울러 김승태, 일제의 제암리교회 학살·방화 사건 처리에 관한 소고」, 『한국독립운동사연구』30, 2008도 주목된다. 제암리학살을 주도한 일본군에 대한 재판기록을 중심으로 살펴보고 있다.

한편 제암리 사건시 순국한 홍원식에 대한 새로운 주장이 있어 주목된다. 충남대의 김상기교수는 「당진 소난지도 의병항전」(『당진 소난지도 의병의 역사적 재조명』, 충청문화연구소 제1회 학술회의, 충청문화연구소, 2003·11)에서 소난지도 의병대장은 50세 정도의 홍원식으로 경기도 안성 사람으로 파악하고 있다. 그리고 그를 제암리의 홍원식과 동일인으로 보고 있다. 그리고 그는 의병장 홍원식과 홍일초가 동인일이 가능성이 크다고 보고 있다. 이에 대해 앞으로 보다 면밀한 검토가 필요할 듯하다. 특히 여기서 우리는 화성지역의 경우 충남 당진과 바닷길로 상호 긴밀한 관계를 갖고 있었음에 유의할 필요가 있을 듯하다.

제암리학살사건에 대한 증언집으로는 전동례 할머니의 『두렁바위에 흐르는 눈물』(구술 전동례, 편집 김원석, 뿌리깊은 나무, 1981)을 들 수 있다. 일본측 및 서양측 문헌자료에 주로 의지하고 있는 입장에서 구술사는 내면적 흐름을 파악하는 데 보다 큰 도움을 줄 수 있을 것이다.

지금 현재 제암리의 큰말, 넘말, 곡구레미 등에는 학살당한 주민들의 후손들이 살고 있다. 이들의 증언 또한 당시 집안의 내력, 집의 위치 등을 파악하는 데 큰 도움을 주고 있다. 예컨대 큰말에 안경순, 안상용의 후손 안용웅, 곡구레미에 김덕용의 손자 김명기, 넘말에 김정헌의 아들 김원돈, 안종락의 고손 안효남, 안정옥, 안종엽, 안명순, 안관순의 후손 등이 그들이다. 이들에 따르면, 제암리에서 학살당한 사람들은 주로 현재 제암리로 알려진 마을의 맞은편에 있는 곡구레미 거주자들이었다. 안종락, 감덕용, 안정옥, 안종엽, 안명순, 안관순, 김정헌, 안정옥, 안종엽, 안명순, 안관순 등이 그러하다.

학살당한 홍원식의 부인 묘소는 현재 넘말에 홀로 외로이 남아 있다. 23인

순국자 묘 역시 일정한 한계를 지니고 있다. 한편 일본 NHK에서 1990년 3월에 방영한 『삼일운동사』역시 제암리 지역의 만세운동을 이해하는 데 도움을 주고 있다. 특히 이 방송에서는 당시 일본인 사사카의 고향 및 아들을 찾아 그들의 이력을 보여주고 있으며, 아울러 당시 향남면사무소에서 보관하고 있던 토지대장을 통하여 당시 발안일대에 일본인들이 소유하고 있던 토지 및 간척사업 등에도 주목하고 있어 이 지역 3·1운동사를 연구하는 데 또 다른 시각을 제시하고 있어 신선미를 더해주고 있다.

한편 외국인의 눈을 통해 제암리 사건을 재조명해 볼 수 있는 연구도 있어 신선감을 더해주고 있다. 김승태의 「일제의 제암리교회 학살·방화 만행과 서구인들의 반응」(『한국기독교와 역사』 7)이 그것이다. 씨는 주한 미국인들에게 보낸 실(Sill)의 회람장(1897. 5. 11), 주한 미국영사 커티스(Curtice)의 수원지방 출장 보고서(1919. 4. 21), 주한 영국 대리총영사 로이즈의 제암리 현장 방문(1919. 4. 19) 기사, 주한 프랑스 부영사 갈루아(M. F. Gallois)의 보고서(1919. 5. 20) 등의 원문을 번역하여 영국, 미국, 프랑스 영사관의 반응과 역할을 짐작케 해주고 있다. 이어서 재한 선교사들의 반응을 살펴볼 수 있는 자료로서 노블 부인의 일기, 노블 선교사의 연례보고서, 캐나다장로회 선교사들의 항의서(1919. 7. 10), 영국외무성의 "일본 만행에 대한 보고서" 등을 제시하고 있다. 또한 서구의 민간 여론과 해외에서의 반응에서는 〈뉴욕 타임즈〉(The New York Times) 1919년 4월 24일자 기사를 보여주고 있으며, 특히 일본인들의 반응에서는 일본인 기독교인 영문학자 사이토 타케시齋藤勇가 일제의 제암리교회 학살 방화 만행 사건의 보도를 접하고 1919년 5월 6일 지어 5월 22일자 교계신문인 〈복음신보〉에 발표한 "어떤 살육 사건"을 보여주고 있다.

선교사들의 기록으로는 이장락이 지은 〈한국 땅에 묻히리라-프랭크 윌리암 스코필드박사 전기-〉 중 스코필드 박사가 조사한 〈수촌리에서의 잔학행위에 관한 보고〉도 도움을 준다.

최근에는 신효승, 「일제의 '제암리 학살사건'과 미국 선교사 기록의 형성 과정」『학림』41, 연세사학연구회, 2018이 발표되었다.

한편 발안지역의 만세운동과 관련하여서는 이 운동의 중심적인 역할을 한 것으로 알려진 이정근의사의 『3·1독립운동의 선구자 탄운 이정근의사전기』(채대원편, 탄운이정근의사 창의탑건립위원회, 1971)가 있다.

서굉일은 「화성지역 3·1운동의 지방사적 배경」(『경기지역 역사와 문화』, 한신대학교 출판부, 2003)을 발표하여 화성지역의 3·1운동을 전체적인 시각에서 파악하고 있다. 씨는 본고에서 화성 3·1운동의 전개양상, 의식과 이념, 1910년대 화성지역 민중운동의 조직과정, 화성 3·1운동의 지도부, 민중의 처지와 사회경제적 조건 등을 심도 있게 분석하고 있다. 씨의 연구는 화성지역의 3·1운동을 전체적으로 파악한 최초의 논고라는 측면에서 높이 평가할 수 있다. 특히 씨는 결론에서 제암리 사건의 역사적 의미를 다음과 같이 평가하고 있다.

제암리 유적은 우리 민족의 역동하는 힘을 상징하고, 세계평화를 염원하는 미래를 여는 인류사의 모든 관심이 집중되어야 할 역사의 터이다. 화성 3·1운동은 개별화된 역사적 사실이어서는 안된다. 또한 과거적인 사건으로 규정되어서도 안된다. 화성민의 정신 속에 마음 가운데 내면화된 민족사적 사건이며, 제국주의 침략세력인 일제를 구원할 수 있는 동아세아 평화 염원사건이며, 세계사적 의미가 내화된 상징(심볼)이다.

앞으로 제암리, 수촌리 등에 대한 연구는 종교적인 시각을 벗어나 객관적이고 실증적인 연구가 보다 활성화되어야 할 것이다. 특히 1910년대 이후 일본인의 발안지역 이주와 간척사업 등 이민사와 사회경제적 측면에서의 검토 또한 보다 활발히 이루어져야 할 것이다. 이를 위해서는 당시 발안일대에 이주한 일본인들에 대한 보다 폭넓은 조사와 촌락사, 이주사, 침략사 등 다양한 분야의 연구가 이루어져야 할 것이다. 또한 우정, 장안, 오산, 양감 등지와의 연계성 또한 파악되어야 할 것이다. 아울러 사강장, 오산장, 발안장 등 장시와의 연계성 등도 아울러 언급되어야 할 것이며, 화성지역 전체 3·1운동사 차원 및 전국적인 차원에서 검토가 이루어져야 할 것이다.

항쟁 중심의 연구—우정, 장안, 송산, 서신

우정, 장안 지역

우정, 장안지역의 3·1운동에 대하여는 이정은이 「화성군 우정면 장안면 3·1운동」(『한국독립운동사연구』 9, 독립기념관, 1995)에서 처음으로 이에 주목하였다. 씨는 국사편찬위원회에서 새로이 공개한 심문자료(『한민족독립운동사자료집』 19, 20)를 바탕으로 이 지역 만세운동을 새롭게 복원하여 개척적 연구를 이루었다. 씨는 본고에서 장안 우정지역의 3·1운동의 태동, 전개, 일제의 대응과 탄압 등을 깊이 있게 검토하였다.

박환은 기존 연구를 토대로 「화성 화수리 3·1항쟁의 역사적 성격」(『경기도지역 3·1운동의 특성과 성격』, 수원대학교 동고학연구소 및 한국민족운동사학회 주최, 2003.3)을 발표하였다. 이 논고에서 씨는 화수리 항쟁의 역사적 의의는 3·1운동 당시 일본 주재소를 파괴전소하고 순사를 처단한 국내 유일의 항쟁지라고 규정하였다. 또한 화수리항쟁은 모든 종교세력이 일치단결하여 이룬 항쟁이라는 특성 또한 갖고 있다고 주장하였다. 씨는 석포리, 주곡리 등의 유교, 수촌리의 천도교와 기독교, 장안리의 일부 천주교 세력 등 다양한 종교 세력이 연합한 면모를 보여주고 있으며, 당시 만세운동에 참여한 주민들은 자신의 신앙체계보다도 항일이라는 측면에 보다 주안점을 둔 특징을 보여주고 있다고 강조하며, 그럼에도 불구하고 지나치게 종교적인 성향으로 분류하여 3·1운동을 해석하는 것은 문제가 있다고 보고 있다. 또한 씨는 만세운동 참여 배경이 화수리 주재소의 탄압, 면사무소의 탄압 등 현실적인 문제와 직결되어 있고, 특별히는 이 지역이 해안지역에 위치하고 있어 일본인들에 의하여 간사지 매립에 인력이 동원되는 경우가 많아, 이 점이 결국 주민들에게 큰 불만으로 작용하였으며, 석포리, 수촌리 등의 사람들이 주로 참여하는 계기가 되지 않았나 보고 있다.

또한 박환은 국사편찬위원회에서 불탄 화수리의 모습, 화수리 주재소 평면도, 화수리 주재소 위치도, 우정면사무소, 장안면사무소 도면, 우정, 장안지역 항쟁도, 송산 사강지역 만세운동도 등도 발굴하여 화성지역의 만세운동을 보다 생생히 복원하는 데 기여하였다.

최근에는 이용창 「재판 관련 기록으로 본 화성 장안·우정면 3·1만세운동」 『한국독립운동사연구』 62 독립기념관 한국독립운동사연구소, 2018이 발표되어 새롭게 조명되고 있다.

송산, 서신지역

지금까지 학계에서는 화성지역의 3·1운동의 경우 우정면, 장안면, 향남면 제암리 등이 부각된 나머지 화성시에서 최초로 만세운동이 전개되었고, 시발점 역할을 하였던 송산면에 대하여 주의를 전혀 기울이지 못하는 우를 범하였다. 그러나 사실 송산면지역의 만세운동의 경우 3월말 1천 여명의 주민들이 참여한 가운데 일어난 대대적인 만세시위로서 의미를 가질 뿐만 아니라 일본 순사부장을 살해함으로써 평화적인 만세운동이 공격적인 성향을 지니는 단계의 운동으로서도 특별히 주목된다고 할 수 있다.

송산면의 3·1운동은 박환의 「경기도 화성 송산지역의 3·1운동」(2002년 3월, 화성시주최 3·1운동 학술회의)에 의하여 처음으로 이루어졌다. 씨는 논고에서 송산면의 사회경제적 상황과 민족운동의 전통, 3·1운동의 전개과정, 주요구성원에 대하여 분석하였다. 특히 구성원에서는 학력, 연령, 재산정도, 생활 상태, 종교 등에 대하여도 밝혀 보았다. 아울러 일본의 탄압과 송산면 3·1운동의 역사적 위상에 대하여 검토함으로써 이 지역의 3·1운동사를 체계화 하고자 하였다.

이어 송재준은 「화성시 송산면의 3·1운동」(『한국교원대학교 교육대학원 석사학위 청구논문』, 2002년 8월)을 발표하였다. 씨는 현장답사와 후손 및 관련자 면담 등을 통하여 이 지역의 만세운동을 보다 깊이 있게 다루었으며, 특히 일제의 탄압과 주민피해 등에 대하여 체계적으로 정리하였다.

한편 정수억은 「화성 서신지역사연구-근대 민족운동과 관련하여-」(『수원대학교 교육대학원 석사학위청구논문』, 2003년 6월)에서 송산면과 접해 있는 서신지역의 3·1운동, 피해상황과 복구, 역사적 의의 등에 대하여 검토하였다. 특히 3·1운동 관련 후손들을 면담하고 현장을 답사하여 지역사 연구를 한단계 높이는데 기여하였다. 씨는 본고에서 서신지역의 3·1운동은 상안리 이원행, 전곡리 홍성휴, 이재향 그리고 송교리 홍대규 등 유교적 지식인들이 3·1운동을 적극 주도하였다고 밝히고 있다.

앞으로 송산, 우정, 장안 등 제암리 이외의 지역에 대한 연구가 보다 활성화되길 기대한다. 노블 감리사 부인인 마티 윌콕스 노블의 현장 기록인 『삼일운동, 그날의 기록』(기독교대한감리회 서울연회본부, 2001)에 따르면, 송산면 사강리에서 39명이 총살되었고, 326채의 가옥이 불타 1,600명의 이재민이 발생되었을 뿐만 아니라 연이어 16개 마을에서 학설이 자행되었고, 이 과정에서 수원지방 내 또는 다른 5개 처 교회가 화를 당했다고 보고하고 있는 것이다.

화성 3·1운동 관련 자료와 3·1운동유적지 실태조사보고서, 화성지역의 3·1운동과 항일영웅들, 화성출신독립운동가들

수원대박물관의 화성지역 3·1운동 유적지 실태조사단(단장 박환)은 화성지역 3·1운동 유적지를 실태 조사하는 가운데 국사편찬위원회에서 화성지역 3·1운동관련 유적지 도면들을 최초로 발굴하였다. 이 도면들은 〈대정 9년(1920) 檢刑 943호 소요 김현묵외 26명〉 및 〈송산면 3·1운동관련 자료〉 등에 포함되어 있다. 이들은 화성지역의 유적지를 조사하는 데 가장 기초가 되는 자료들이다. 아울러 기존에 잘못 이해되고 있던 유적지의 위치를 올바로 바로잡을 수 있을 뿐만 아니라 유적지 위치비정, 나아가 유적지 복원에도 큰 기여를 할 수 있을 것으로 보인다. 나아가 이를 토대로 화성지역 3·1운동사를 보다 생생히 복원시킬 수 있을 것이다.

특히 전국에서 수많은 주재소 및 면사무소가 불탔음에도 불구하고 이에 대한 도면 및 복원도가 전혀 알려지지 않은 상황에서 본 자료는 전국 타 지역 독립운동유적지 복원 및 역사복원에도 크게 기여할 수 있을 것으로 보인다. 주요 도면을 유형별로 분류하고 그 특징을 설명하면 다음과 같다.

수원군 우정 장안면 만세운동도

1919년 당시 우정, 장안지역의 전체적인 행정지역을 파악할 수 있을 뿐만 아니라 만세운동 경로를 파악하는 데 큰 도움을 주고 있다. 특히 쌍봉산의 만세운동을 이해하는 데 큰 도움이 된다.

장안면 사무소 평면도, 인근도, 복원도

1919년 4월 3일 석포리, 수촌리, 독정리 등 주민들이 파괴한 장안면사무소(현재 장안면 어은리 133번지)의 구조, 위치비정 및 인근상황을 이해하는 데 큰 도움이 되고 있다. 이를 바탕으로 장안면사무소의 복원이 가능할 것으로 보인다. 면사무소는 사무실, 숙직실, 소사실, 창고, 목욕탕 등으로 이루어져 있다.

우정면 사무소 평면도, 복원도

1919년 4월 3일 우정, 장안 주민들이 파괴한 우정면사무소의 복원 및 구조의 이해에 큰 도움을 주고 있다. 면사무소는 사무실, 면장실, 현관, 목욕탕, 소사실, 창고 등으로 이루어져 있다.

화수리주재소 평면도, 불탄 후의 모습, 위치도, 가와바다川端豊太郎순사 처단 장소

화수리 항쟁은 전국적으로 중요한 위치를 차지하고 있다. 평화시위의 현장이 아니라 치밀한 계획 하에 이루어진 공격적인 만세운동의 현장이기 때문이다. 특히 일본 순사를 처단하였을 뿐만 아니라 주재소까지 불태운 전국 유일의 역사적인 현장이다.

　　본 도면을 통하여 당시 화수리주재소 인근의 지형, 집, 주재소의 위치, 도로 등 전체적인 내용을 파악할 수 있게 되었다. 주재소의 복원 및 일본 순사 처단의 역사적 현장 등을 이해하는 데 중요한 자료가 될 것이다. 아울러 주재소를 복원하여 화수리 항쟁의 참 모습을 보여줄 수 있는 교육의 현장으로도 큰 기여를 할 수 있을 것으로 보인다.

한각리 광장

한각 1리의 소나무 밭에 위치한 곳으로 화수리항쟁을 계획·추진한 곳으로 역사적 의미가 있는 곳이다. 현재까지 이 부분에 대하여 주목하지 못하였다. 앞으로 3·1광장으로서 그 기능을 할 수 있을 것이다. 정확한 위치는 현재 비정하지 못하고 있다.

송산면 사강리 만세운동 표시도

1919년 3월 26일부터 28일까지 전개된 송산지역의 만세운동의 현장을 이해할 수 있는 중요한 자료이다. 지금까지 발굴된 3·1운동관련 자료 중 만세운동의 시위장소, 도로 및 지형 표시, 산, 밭, 인가 등과 함께 나타낸 자료는 이번이 처음이다. 주민들이 사강리 구도로를 중심으로 면사무소, 주재소 인근 등에서 만세운동을 벌이고 있음을 살펴볼 수 있는 자료이다.

노구지野口廣三 순사부장 처단 장소

3월 28일 송산, 서신면 주민들이 일본순사부장을 처단한 장소를 이번 자료를 통하여 구체적으로 위치비정할 수 있게 되었다. 사망장소는 일본측 검증조서에 따르면 수원군 송산면 사강리 동단 사강경찰관주재소로부터 동방 약 63칸(인가로부터 23칸) 남양에 이르는 도로변 밭(강업동 소유임), 사강시장에서 남양방면으로 약 2町 거리라고 한다.

한편 박환과 조규태는 『화성지역 3·1운동 유적지 실태조사보고서』(화성시, 수원대 박물관, 2003·12)를 발간하였다. 이 조사보고서는 전국에서 최초로 간행된

3·1운동 실태조사보고서로서 일차적인 의의가 있다고 생각된다. 보고서에는 3·1운동 참여자 사진, 3·1운동 관련 도면, 3·1운동 참여자 집터, 묘소, 3·1운동 기념비, 기념탑, 항쟁지 등을 두루 실고 있어 이 분야 연구에 큰 도움이 될 것으로 기대된다.

또한 박환, 조규태는『화성지역의 3·1운동과 항일영웅들』(2005),『화성출신 독립운동가들』(2006)도 발행하였다. 이 가운데 후자에서는 화성출신 가운데 지금까지 밝혀지지 않은 인물들과 더불어 사회주의자들도 포괄하고 있어 통일지향적 면모를 보여주고 있다.

안성지역 3·1운동 연구 동향

1919년 4월 1일 경기도 안성군 원곡면과 양성면에서 일어난 만세 운동은 농민층이 주류가 되어 일어난 비폭력시위가 폭력시위로 전환되어 전개된 대표적인 것이었다. 이 시위는 주민 2,000여명이 궐기하여 주재소·우편소·면사무소를 파괴 또는 방화하였고, 경부선 철도 차단을 기도하였으며, 일제의 탄압으로 24명이 죽고 127명이 투옥되었으며, 일제에 의해 황해도 수안군 수안면의 시위, 평안북도 의주군 옥상면의 시위와 더불어 전국 3대 실력항쟁의 하나로 꼽힌 점에 있어서도 그러하다.

안성지역에 대한 연구는 일찍이 이정은에 의하여 깊이 있게 연구되었다. 씨는「안성군 원곡·양성의 3·1운동」에서, 원곡·양성지역 3·1운동의 전개, 일제의 대응, 주동인물의 피신, 원곡·양성의 3·1운동의 특징과 몇 가지 문제들에 천착하여 안성지역 만세운동을 체계화하였다. 본 연구는 안성 원곡면·양성면 현지 및 서울·천안·평택 등지의 유족과 당시 상황 목격자의 증언을 듣고, 현지

면사무소 · 안성군청 등에서의 기록 확인 및 당시의 재판기록을 참조하면서 진행됐다.

안성의 3·1운동에 대한 연구는 그 후 2002년 안성 3·1운동 기념관 개관을 기념하여 안성문화원 주최로 『3·1운동과 안성의 4월 독립항쟁』이란 학술회의로 계속되었다. 본 발표회에서 「3·1운동의 배경과 전개」, 「3·1운동의 역사적 의의」, 「안성 4.1독립항쟁의 특성과 의의」 등이 발표되었으나 학계의 기대에는 크게 부응하지 못한 것 같다.

안성지역 3·1운동의 경우 한국을 대표할 수 있는 항쟁지라고 할 수 있다. 아울러 심문 조서, 재판기록 등 다수의 자료들이 남아 있다. 따라서 이 지역의 3·1운동에 대한 보다 본격적인 연구가 기대된다. 이를 위해서는 일차적으로 3·1운동 유적지 실태조사 등이 이루어져야 하며, 이를 토대로 안성지역 3·1운동사가 재조명되고, 아울러 수원, 오산, 화성, 용인 등과의 연계성, 전국적인 의미 등이 보다 천착되어야 할 것이다. 또한 이들 연구들을 바탕으로 기념관의 전시물들도 안성지역 3·1운동 지역 중심으로 보다 보완되어야 할 것이다.

한편 수원대학교 동고학연구소에는 2006년 3월 국사편찬위원회에서 새로이 발굴한 자료들을 중심으로 안성지역 3·1운동을 새롭게 조명하고자 하였다. 성주현, 황민호, 김호일, 박환, 조규태 박사 등의 발표가 있었으며, 특히 이 가운데 황민호 교수는 죽산 및 읍내지역의 3·1운동을 매일신보 등을 이용하여 더욱 깊이 있게 천착하였다.

용인지역의 3·1운동 연구 동향

용인지역의 3·1운동 연구는 이인영에 의하여 주로 이루어졌다. 씨는 『내고장 용인 독립항쟁사』(용인군, 1995)에서 이 지역의 만세운동가와 만세운동을 이야기체 형식으로 서술하여 일반인들이 보다 쉽게 이해할 수 있도록 서술하였다. 또한 이와 같은 내용들이 각 지역별로 지금까지 발행된 용인의 각 면지인『구성면지』,『수지면지』,『기흥면지』,『양지면지』등에 수록되어 이 지역의 만세운동을 알리는 데 개척적인 단계로서 기여하고 있다.

용인지역의 3·1운동에 대한 연구는 이상일의「용인지역의 3·1운동」(『경기도지역 3·1운동의 특징과 성격』, 수원대학교 동고학연구소 및 한국민족운동사학회 주최, 2003년 3월)에 의하여 처음으로 체계적으로 연구되었다. 씨는 논고에서 3·1운동의 배경으로서 용인의 의병활동, 사회경제적 상황을 검토하고, 3·1운동의 전개에서는 시위운동의 전개, 주요 구성원분석 등을, 맺음말에는 용인지역 3·1운동의 특질에 대하여 다루고 있다. 특히 씨는 종교인이 시위를 주도하였으며, 운동의 확산 과정에서 구장이 중요한 역할을 하였고, 농민층이 시위에 적극적으로 참가하고 있음을 밝히고 있다. 또한 시위운동 주동자인 정규복, 이덕균, 홍종엽, 권종목, 홍종옥 등의 수형카드로 제시하고 있어 신선미를 더해주고 있다.

2004년 3월에 용인항일독립운동기념사업회는『용인지역 3·1운동 전개와 특성』이란 주제로 학술회의를 개최하였다. 이 회의는 용인지역 3·1운동을 본격적으로 다룬 최초의 학술회의라는 측면에서 중요한 의미가 있다고 생각된다. 김명섭은「용인 3·1운동의 사회적 배경」을, 박환은「용인지역 3·1운동과 항일유적지」를, 이상일은「용인지역 3·1운동의 특질」에 대하여 각각 발표하였다.

용인지역은 타지역에 비하여 많은 의병들과 독립운동가들이 배출된 곳이다. 의병으로서는 정주원, 임옥여, 오인수 등을 들 수 있으며, 독립운동가들로는 여준, 김혁, 오의선 등 다양한 인물을 들 수 있다. 앞으로 3·1운동의 전사로서 의병에 대한 연구가 보다 활성화되기를 기대해 본다. 또한 용인지역에서 처음으로 만세운동이 전개된 원삼면 지역의 3·1운동에 대한 면밀한 검토와 발발 배경 등에 대한 연구 또한 요청된다. 아울러 용인지역의 원삼면이 금광 및 사금으로 유명한 점 역시 이 분야 연구의 한 실마리가 될 수 있을 것으로 보인다.

한편 최근의 연구성과로 김명섭(『한국사가 기억해야 할 용인의 근대 역사인물』, 노스보스, 2015)의 단행본이 주목된다. 김명섭은 이 책에서 3·1운동과 관련하여 이덕균에 주목하고 있다.

기타

그밖에 경기도 지역의 3·1운동에 대한 연구로는 김용달의 포천지역, 김승태의 고양지역, 황민호의 광주지역, 조성운의 김포지역 논고들이 주목된다.

김용달, 「경기도 포천지역 3·1운동의 전개와 성격」, 『한국근현대사연구』32, 한국근현대사학회, 2005.

김승태, 「일제의 기록을 통해서 본 경기도 고양 지역의 3·1독립운동」, 『한국기독교와 역사』 40, 한국기독교역사연구소, 2014.

황민호, 「경기도 광주군지역의 3·1운동」, 『한국민족운동사연구』72, 한국민족운동사학회, 2012.

조성운, 김포지역 3·1운동의 역사적 의의 – 김포지역사적 관점에서」, 『숭실사학』22, 숭실사학회, 2009

결어: 3·1운동 연구 방향

지금까지 경기도 일부 지역의 3·1운동 연구 동향에 대하여 살펴보았다. 이를 통하여 몇 가지 사실을 파악할 수 있었다.

첫째, 경기도 일부지역 특히 화성지역의 3·1운동에 대한 연구가 집중적으로 이루어지고 있다. 그 외에 수원, 안성, 강화 등지의 연구는 시작단계로 보이며 앞으로 보다 심층적인 연구가 필요하다고 생각된다.

둘째, 기독교, 천도교 등 특정 종교의 3·1운동에 대한 연구들이 주로 이루어지고 있다. 천주교 등 보다 다양한 종교, 인물, 단체들의 3·1운동에 대한 검토가 이루어져야 할 것 같다. 특히 불교의 3·1운동 당시 동향에 관해서는 용주사의 역할 등에 주목할 필요가 있을 듯하다. 이와 관련하여서는 주지인 강대련이 주목된다. 그에 대하여는 한동민의 「근대 불교계와 용주사 주지 강대련」(『경기사학』6, 2002)이 주목된다.

셋째, 각 지역의 3·1운동은 인근 지역과 서로 밀접한 관련을 맺고 있다. 화성, 수원, 오산, 안성의 경우 하나의 운동권으로 파악할 수 있을 듯하다. 용인의 경우도 안성과 밀접한 관련을 맺고 있다. 따라서 지역별 상호관계에 주목해야 할 듯하다. 이와 관련하여 장시의 경우에도 깊은 관심이 이루어져야 할 것이다. 용인의 경우, 읍내장, 백암장 등이, 화성의 경우 사강장, 발안장 등이, 오산의 경우 오산장 등이 만세운동과 관련을 맺고 있다. 아울러 시장을 여는 장꾼들의 움직임과 이동은 타 지역으로 만세운동을 전파하는 한 요인으로 작용하였을 것으로 보인다. 이러한 점에서 장시에 대한 연구는 3·1운동 이해에 도움을 줄 수 있을 것이다. 조선시대의 것이기는 하나 수원지역에 대한 연구로는 이정일의 「조선후기 수원지역의 장시연구」(『경기사학』6, 2002)가 도움을 준다.

아울러 경기도지역의 3·1운동사 연구는 다음의 점들에 유념하였으면 한다. 첫째, 3·1운동 유적지 실태조사를 통한 연구의 기초 토양을 마련할 필요가 있다고 생각된다. 경기도 지역의 경우 수도권으로서 계속적으로 개발되고 있다. 따라서 3·1운동 유적지 또한 계속 파괴되고 있는 실정이다. 그러나 지금까지 3·1운동 유적지에 대한 체계적 조사가 거의 이루어지고 있지 못한 형편이다. 화성지역이 전국에서 유일하게 이 작업을 이루었다. 앞으로 타 지역에서도 3·1운동 항쟁지, 주동자의 집터, 역사적 장소, 만세길 등에 대한 파악이 이루어지길 기대해 본다. 이는 3·1운동사를 연구하는 기본 토대이기 때문이다.

둘째, 사진 자료들의 수집을 통한 영상을 통해본 3·1운동 복원을 시도할 필요가 있다. 3·1운동에 참여한 인물 가운데 수형자의 경우 사진이 있는 경우가 많다, 국사편찬위원회에서 소장하고 있는 것이다. 또한 심문조서, 재판기록 등에 항쟁지 도면, 주재소 도면 등이 있는 경우가 있다. 만세운동 후손들의 가지고 있는 독립운동가들의 집, 인물 사진들도 있다. 향토사학자 및 각 지역 문화원에서는 당시의 지도, 지역 사진들을 소장하고 있기도 하다. 이를 토대로 시흥과 용인 등지에서는 사진첩이 간행되기도 하였다. 이들 사진들로 〈사진으로 보는 3·1운동〉 등도 만들 필요가 있다고 생각된다. 특히 안동대학교 박물관에서 만든 근대 안동에 대한 사진집 등은 우리에게 시사해주는 바가 크다.

셋째, 지방사 자료 발굴을 통한 새로운 3·1운동사에 접근할 필요가 있다. 식민지시대의 호족등본(민적)의 경우 일부 면사무소에서 소장하고 있다. 화성시의 경우 송산면, 향남면 등이 그러하다. 팔탄면의 경우 일부 소장하고 있다. 용인시의 경우 양지면에 일부, 원삼면의 경우 거의 전부 남아 있다. 특히 향남면의 경우 순국한 23인 중 일부 희생자들의 제적등본이 남아 있어 그들의 성씨, 부모, 형제 등을 파악할 수 있으며, 친일파 앞잡이 조희창[1]의 호적도 볼 수 있다.

화성시청의 경우 식민지시대 인물들의 토지대장을 소장하고 있어 그들의 재산 정도를 파악할 수 있으며, 제암리학살의 실마리를 제공한 일본인 사사카의

---

1) 조희창은 대통령 소속 친일반민족행위진상규명위원회에서 결정한 친일반민족행위자 1006명 중 1명으로 보고서에 수록되어 있다(친일반민족행위진상규명위원회, 「친일반민족행위진상규명보고서」, Ⅳ-17, 친일반민족행위진상규명위원회, 2009, 293~303).

토지 소유관계도 파악할 수 있다. 이들 지방 자료의 효율적 활용은 3·1운동사를 보다 풍성하게 복원시키는 데 큰 도움을 줄 수 있을 것이다. 또한 3·1운동 당시 태형을 받은 인사들이 있다. 이들과 관련된 서류들은 경찰서에서 보관하고 있어 도움을 받을 수 있다. 특히 국사편찬위원회를 중심으로 지방사자료 수집을 위한 안내 책자들이 다수 발간되어 이 분야 연구의 길잡이가 되고 있다. 대표적인 것으로는 『현장조사와 정리를 위한 근현대 지방사료 창열기』(국사편찬위원회, 2003), 『지역사 연구의 이론과 실제』(한국사론 32, 국사편찬위원회, 2001) 등을 들 수 있다.

넷째, 일본측이 수집한 자료들에 대한 보다 적극적인 자료 수집이 있어야 할 것이다. 2003년도에 국가보훈처에서 발행한 『3·1운동 독립선언서와 격문』은 이를 단적으로 반증해 주고 있다. 이 자료는 1919년 3월 1일부터 5월말까지 서울과 고양군 등 경기도 일원의 시위 현장에서 배포되거나 소지 혹은 인쇄 도중에 수거, 압수된 각종 독립선언서와 상소문, 지하신문, 경고문, 격문 등을 모아 발간한 것이다. 이를 통해 볼 때 기타 경기도의 여러 지역의 3·1운동에 관한 자료들이 우리의 발굴을 기다리고 있다고 생각된다. 또한 대표적인 3·1운동지인 제암리와 안성 등과 관련된 자료들도 보다 발굴될 필요가 있다고 생각된다. 제암리의 경우 책임자 문책 차원에서 일본에서 재판이 있었으므로 재판문이 있을 것으로 추정되며, 안성의 경우도 도면 등 보다 많은 자료들이 있을 것으로 추정된다. 이들 자료들의 수집을 통하여 경기도 지역의 3·1운동사 연구는 보다 풍성해 질 수 있을 것이다. 수집된 자료는 경기도 문화재단 등 일정한 곳에 비치하여 이 분야를 연구하는 사람들이 공통적으로 활용할 수 있는 시스템도 구축되어야 할 것이다.

다섯째, 후손 및 관련인사들과 인터뷰를 통하여 3·1운동의 실상을 보다 상세히 파악할 필요가 있다. 수원시에서 간행한 『수원근현대 증언자료집』1(2001)

이 그 대표적인 것이다.「김시중편」에서는 송산면 사강의 만세운동을 주도한 홍면옥에 대하여 살필 수 있으며, 발안지역 만세운동을 주도한 이정근편에서는 손자 이신재의 증언을 볼 수 있다. 또한 우정 장안 지역 만세운동을 주도한 차병혁편에서는 손자 차진환의 목소리를 접할 수 있다. 그러나 구술사는 이에 만족할 수 없다. 화성시 송산면의 경우 문상익, 홍면옥, 홍관후 등 여러 지사들의 후손들이 살고 있다. 이들과의 면담을 통하여 당시 집안 형편, 가계, 재산정도, 친인척 관계, 신분 등 보다 다양한 내용에 접근할 수 있다. 또한 용인의 경우 양지면 남곡리에는 이 지역의 만세운동을 주도한 한영규의 손자 한종혁이 살고 있다. 씨는 대대로 천주교 집안으로 천주교 내력 등 가족사에 대한 다양한 증언을 해주고 있다.

후손의 경우 아들 및 손자를 넘어가면 사실 증언을 거의 들을 수 없다. 따라서 더 늦기 전에 후손들의 증언을 통해본 3·1운동사 등 지역별 다양한 증언자료집이 시급히 간행되어야 할 것이다,

여섯째, 각 지방의 사회경제적 여건을 조사하여 3·1운동이 발발한 구체적 배경을 살필 필요가 있다. 화성지역 우정, 장안면의 경우 간척사업과 밀접한 관련을 맺고 있는 것 같다. 심문 기록에 간간히 언급되고 있으나 답사 및 면담을 자주 하지 않으면 파악하기 힘든 사항이다. 용인 원삼면의 경우 금광 및 사금과 일정한 관련이 있는 곳으로 추정된다. 그러나 간단히 처리된 재판기록에는 언급이 없다. 따라서 보다 심층적인 연구를 위해서는 답사가 필수적이라고 할 수 있다.

일곱째, 3·1운동의 위상을 보다 분명히 하기 위해서는 3·1운동을 전후한 시기의 경기지역의 지역사, 종교사, 민족운동사 연구가 보다 활성화되어야 할 것이다. 이런 점에서 최홍규의 『조선시대 지방사연구-경기지역을 중심으로』(일조

각, 2001)와 조성운의 『일제하 수원지역의 민족운동』(국학자료원, 2003), 경기문화
재단에서 발간한 『일제하 경기도지역 종교계의 민족문화운동』(기전문화예술총서
9, 2001), 한신대학교 국사학과 창설 20주년 기념사업회가 편한 『경기지역의 역
사와 문화』(한신대학출판부, 2003), 이창식이 지은 『일제강점기 민생실록 수원사람
들은 어떻게 살았을까』(수원문화원, 2003) 등은 좋은 길잡이가 될 수 있을 것이다.

지금까지 살펴본 바와 같이 경기도 지역의 3·1운동사 연구는 이제 시작단계
이다. 앞으로 지역별 사례별 연구가 보다 활발히 이루어져야 할 것이다. 그리고
이를 토대로 주제별, 인물별 연구가 이루어져야 할 것이다. 이러한 기초적인 작
업을 마친 후에 다양한 방법론을 통한 연구의 질적 변화를 도모하여야 하는 것
이 경기지역 3·1운동사연구의 현 단계라고 할 수 있겠다.

2부

3·1운동의
전개와 특징

01
경기도 3·1운동 개관

서언

1919년의 3·1운동이 역사책에 기록된 것은 박은식의 『한국독립운동지혈사』가 최초이다.[2] 이 책에서는 각 도별, 각 부·군별 집회횟수·집회인수·사망자수·부상자수·투옥자수 등이 다음 표와 같이 소개되어 있다. 박은식은 임시정부에서 발행한 독립신문을 비롯하여 조선과 일본, 그리고 세계 각국에서 발행된 신문들을 참고하여 이 책을 집필했다.

〈표2-1-1〉 『한국독립운동지혈사』의 경기도 3·1운동 상황 소개 표

구분	집회횟수	집회인수	사망자수	부상자수	투옥자수	비고
고양	19	2,500	3		158	
부평	6	950		52	98	
시흥	6	1,950			37	
수원	27	11,200	996	889	1,365	'소실교회 15'
평택	7	800	64	100	7	
진위	8	5,000		74	250	
안성	13	1,800	51	50	300	

---

2) 박은식(1859~1925)은 민족주의 역사가이자, 독립 운동가이다. 1925년 임시정부의 제2대 대통령에 선출되었다. 그리고 이 책은 1920년 상해에서 출판되었다.

구분	집회횟수	집회인수	사망자수	부상자수	투옥자수	비고
죽산	6	3,000	25	160		
양성	7	3,500	124	200	125	
용인	13	13,200	35	139	500	
이천	7	2,300	80	87	62	
김포	13	15,000		120	200	
파주	7	5,000		71	212	
개성	28	3,800		140	76	
포천	4	1,000				
연천	3	1,200	12	48		
광주	21	7,500				
양평	4	1,900	21	76	50	
양주						
가평	28	3,200	23	50	25	
여주	2	1,000	26	125		
장단	2	700				
계	231	86,500	1,460	2,381	3,465	15

출전: 박은식 지음, 김도형 옮김, 2008. 『한국독립운동지혈사』, 소명출판, 192쪽에서 발췌.
주1: 현재 경기도에서 분리된 서울 · 인천 · 강화는 제외하였음.
주2: 표의 '계'는 원문에 없지만, 인용자가 편의상 난을 추가하고, 계산하였음.

위 표에 따르면, 경기도 3·1운동에서는 231회의 시위가 벌어졌고, 8만 6천 5백명이 시위에 참여했다. 또 시위 참여로 인해 사망자는 천 4백 60명, 부상자는 2천 3백 80여 명, 체포 · 투옥된 사람은 3천 4백 65명이었다. 같은 자료에서 조선 전체 시위횟수 1,542회, 사망 7천 5백 9명으로 소개한 것에 비춰볼 때, 경기도의 시위횟수와 사망자수는 각각 15%, 19.4%를 차지하여 13개 도 평균에 비해 2~3 배 더 큰 비중을 차지했음을 알 수 있다.

다만, 위 표에서는, 경기도 양주군의 3·1운동만이 소개되어 있지 않다. 또 1914년에 시행된 군 통폐합의 결과 하나로 통합되었던 '진위 · 평택'과 '안성 · 죽산 · 양성'을 별도로 서술하고 있다. 아마 일제의 행정 조치를 인정하지 않으 려는 의도가 작용하지 않았나 생각된다.

한편 이지원은 경기도 3·1운동을 다룬 그의 논문(이지원, 「경기도 지방의 3·1운
동」, 『3·1민족해방운동연구』, 청년사, 1989)에서 경기도내 각군별 날짜별 시위횟수와
참여인원수를 표로 작성하였는데, 그중 각군별 시위횟수만을 발췌하여 정리하
면 다음 표와 같다.(원문의 표를 인용하면서 편의상 2개로 나누었다.)

〈표2-1-2〉 경기도 각군별 · 날짜별 시위횟수-1

구분	3.3	4	5	6	7	10	11	14	15	16	18	19	21	22	23	24	25	26	27
고양															6	5	1	4	5
부천																3	1	1	1
시흥				1										6			1	1	
수원														1			2	1	1
진위							1			1									
안성							1												
용인																			
이천																			
김포													2	3	1		1		
파주																		4	2
개성	1	1	1	1	1														
포천																			
연천												2	2						4
광주																		3	5
양평					1										1				
양주							1	2		1								1	2
가평								1	2										
여주																			
장단																1		2	

출전: 이지원, 「경기도 지방의 3·1운동」, 『3·1민족해방운동연구』, 청년사, 1989, 313~316쪽에서 발췌 정리하였음.
주: 발췌 과정에서 현재 경기도에서 분리된 인천·강화는 제외하였고, 참가자수는 생략하였음.

〈표2-1-3〉 경기도 각군별 · 날짜별 시위횟수-2

구분	28	29	30	31	4.1	2	3	4	5	6	7	8	10	11	15	계
고양																21
부천	2						1			1	1					11
시흥	2	7	2	2			1									23
수원	1	4	1	6	1		1								1	20
진위				2			?							1		5
안성			1	2	2	2	1									9

48 한권으로 읽는 경기도의 3·1운동

구분	28	29	30	31	4.1	2	3	4	5	6	7	8	10	11	15	계
용인		1	3	3		2										9
이천				1	2	2	?	1								6
김포																7
파주	1		2													9
개성			1	1	1	1	1		3	1						14
포천		3	3				1									7
연천			1		2			1					1			13
광주	1															9
양평				1	1		1		3			1		1		11
양주	1	4	1													13
가평																3
여주					2	2	2									6
장단		1		1	4											9
																205

주1: 4월 3일 진위와 이천의 '?'는 '수개처'로 구체적 횟수(군데) 불명

위 표의 원 작성자는 "일제 관헌에 의해 확인된 명확한 것만을 종합한 것이어서 실제로는 이것보다 훨씬 많았으리라"고 보았다. 위 표에 따르면, 시흥·고양·수원 등지가 20회 이상의 시위가 발생하여 가장 많은 시위를 벌인 곳이다. 이어 개성·연천·양주·양평·부천 등이 10회 이상 시위가 벌어진 곳이다. 그 다음으로는 안성·용인·파주·장단이 9회로 모두 같다.

이제 위 표와 같은 날짜별, 각 군별 추이를 전제로 하고, 경기도 지역의 3·1운동을 개관하려 한다. 그리고 보다 연구가 활발히 이뤄져 있는 지역의 3·1운동에 대해서는 제2장부터 제8장에 걸쳐 상세히 다룰 것이다.

이 장의 집필은 『경기도항일독립운동사』(경기도사편찬위원회 편저, 『경기도 항일독립운동사』, 경기도 발행, 1995)와 『국내 3·1운동 Ⅰ-중부·북부』(김정인·이정은, 『국내 3·1운동 Ⅰ-중부·북부』, 독립기념관 한국독립운동사연구소, 2009)의 서술을 기본으로 하고, 지역에 따라 관련 논문를 참고하였다. 또 일제 측 보고서(「騷擾事件ニ關

スル件報告」, 秘第244號 京畿道長官 → 政務總監, 1919.4.2.)도 각 지역 관련 대목에서 인용하였다.

경기도 각군의 3·1운동

가평

박은식의 한국독립운동지혈사에는 가평의 집회횟수는 28회, 집회인 3,200명이라 기록되어 있다. 또 이지원은 가평 시위를 3회로 집계하였다. 3월 15일 1회, 16일 2회이다. 아래에서는 15일과 16일의 시위를 소개하겠다.

3월 15일부터 16일 양일간 가평에서 시위가 일어났다. 3월 15일(음력 2월 14일) 북면사무소 앞에서 수백 명의 군중들이 모여 조선독립만세를 외치고, 이윤석과 정흥룡 기타 여러 이민들이 만든 태극기 10여 개를 떠받들고 맹렬한 기세로 대를 지어서 같이 가평군 가평 군내에 이르러 군청 앞과 기타 각 지역에서 독립만세를 외쳤다. 김정호 · 최기흥 · 장귀남 · 김창현 · 권임상 · 이도봉의 6명도 또한 가평 면내에서 위의 취지를 찬동, 그 군중에게 참가하여 함께 조선독립만세를 불렀다.

그에 앞서 가평군 북면 목동리沐洞里의 이윤석은 각지에서 독립시위운동이 일어났다는 소식을 듣고 가평군에서도 이 독립운동을 하려고 하여 3월 14일 정흥교 · 정흥룡와 비밀리에 만나 미리 등사한 조선독립선언서 2통을 제시하여 찬동을 얻은 다음, 다시 밀통密通이라는 제목으로 "세계 만국 공회公會에서 속국은 이번 독립하게 되었다. 그러니 조선도 역시 독립할 것이므로 음력 2월 14일 (3월 15일) 아침 9시 가평에 집합하여 조선독립만세를 외치라"는 취지의 격문 3

통을 작성하여 가평군 북면의 각 동리 이민들에게 배부하거나 또는 구두로 전달하였다.

이들 중 이윤석·정홍룡 등 10여 명이 붙들려 경성헌병분대 가평헌병분견소에 갇히자 장기영·정성교는 그들을 탈환하려고 3월 16일 약 200명의 이민들과 같이 가평군 북면 목동리에서 회합하고, 구금된 사람들을 구출할 방법을 논의하였으며, 헌병대에 많은 수의 사람들이 함께 가서 청원하기로 하였다. 장기영이 군중의 선두에 서고 정성교는 그 중간에서 통솔하여 목동리를 떠나 가평헌병분견소로 향하여 행진하던 중 가평군 북면 목동리 당고개祭堂峴라는 고개에서 군수와 치안 경찰, 경성헌병분대 헌병 오장 송본은장松本銀藏이 이끄는 헌병상등병 2명 이외 수 명의 진압대를 만났다. 장기영 등이 구속자 석방을 요구하자 시위대의 기세에 눌려 일제 관헌들이 뒤로 도망을 쳤다. 이때 응원병이 도착하여 공포를 쏘았다. 약 200명의 군중은 총칼로 위협하는 군경에 마주하여 함성을 올리며 돌진하여 투석으로 대항하였으며, 진압 헌병과 격투를 벌이기도 하였다. 그러나 주도자들이 체포되고 총칼로 가하는 위협 앞에 시위대는 기세를 꺾지 않을 수 없었다. 3월 15~16일 이틀 동안 시위로 붙잡힌 사람이 70여 명이었으며, 이들 중 28명이 징역 3년 형에서 6개월 형에 이르는 형벌을 받았으며 나머지는 태형에 처해졌다.

개성

앞에서 소개한 박은식 자료에 따르면, 개성군의 시위는 모두 28회, 집회인수 3,800명이다. 또 이지원이 집계한 통계에 따르면, 시위횟수는 14회이고, 시위가 열린 날은 3월 3일부터 7일까지 5일간, 그리고 3월 30일부터 4월 3일까지 연 5

일간, 다시 4월 5일 3회, 6일 1회 등이다. 아래에서는 3월 3일과 4일, 26일, 28일부터 31일, 4월 1일부터 6일까지의 시위를 소개한다.

이를 날짜별로 구체적으로 살펴보면, 다음과 같다. 먼저 3월 3일에는 호수돈여학교 학생들이 독립가와 찬송가를 부르며 시위가 시작하였다. 여기에 송도고등보통학교 학생들과 일반 군중이 합세하여 천여 명에 달하는 인원이 참여하였다. 그 외에도 천오백여 명의 군중들이 남산정南山町의 이형순李亨淳의 주도로 시위를 벌였다. 같은 날 오후 5시 반경부터는 10대의 소학교 생도를 비롯한 소년 시위대 수백명이 선죽교에서 만세를 부르고 시가를 행진했다. 그 뒤를 뒤따른 시위대는 2천여 명에 이르렀다. 이들은 태극기를 휘두르며 만세를 부르고, 다른 한편으로는 일장기를 불태우고 파출소에 진입하여 일본 경찰과 투석전을 전개하였다. 시위는 해가 저물도록 그치지 않고 밤 12시까지 지속되었다. 이것이 개성의 시위 첫날 광경이다.

이와 같은 동시 다발적 시위는 준비가 있었기 때문인데, 그것은 다음과 같다. 3월 1일 남감리교 여전도사인 어윤희魚允姬 · 신관빈申寬彬등은 송도면의 유치원 교사 권애라權愛羅로부터 독립선언서를 전달받아 송도면의 만월정滿月町과 북본정北本町 · 동본정東本町일대에 독립선언서 2,000장을 배포했다. 이로 인해 이 지역에서는 서울의 운동 소식이 즉각 알려졌고, 학생들을 중심으로 일찍부터 만세운동의 분위기가 만들어졌던 것이다.

이어 3월 4일에도 송도고등보통학교와 호수돈여학교의 학생들을 중심으로 시위를 벌였는데, 오후에는 군중 약 600명이 합세하여 시가행진과 투석전을 전개하며 경찰의 저지선을 돌파하기도 하였다. 밤에는 2,000여 명으로 불어났다.

그러다가 3월 26일 진봉면에서는 지금리의 이재록李在祿이 주도하여 만세

시위를 벌였다. 이재록은 여러 문건들을 만들어 동리 사람들에게 회람을 시키며 시위를 준비했다. 같은 날인 3월 26일 중면中面에서는 창내리 앞산에서 주민들이 만세시위를 벌였다.

경기도장관이 정무총감에게 보낸 보고에 따르면, 3월 26일부터 송도면에서는 상점을 폐쇄하기도 하였고 28일에 이르기까지 음식점·수육점獸肉店 및 식료품점을 제한 외에 거의 전부가 폐점하여 상거래가 중단되었다. 이에 앞서 송도면 동본정에 거주하는 최두순·김형렬·김세중·이형기 등은 상인들도 독립운동에 동참하게 하고자 "개성 상민商民은 본서 도착과 동시에 폐점하라"는 권고문 6통을 작성하여 개성의 대상大商들 상점에 투입했다. 이에 개성의 상점들은 3월 27일부터 폐점하고 철시에 들어갔다. 일본인 상점들이 문을 열어도 개성 사람들은 일본인 상점을 이용하지 않았다. 이에 일본인 상점들도 하는 수 없이 문을 닫지 않을 수 없었다.

3월 28일에는 동면東面 대조족리에서 동리민洞里民들이 오관산에 올라 횃불을 들고 독립만세를 높이 부른 데 이어 29, 30일 연속 산상 횃불시위를 벌였다. 이민里民들은 동면 사무소 앞으로 나아가 면장에게 독립만세를 부를 것을 요구하고 일장기를 불태웠다. 이들은 3월 31일 밤에도 횃불시위를 벌였는데, 인근 백전리, 진봉면 탄동리 주민들도 참여하였다. 광덕면에서도 3월 31일 사분리·황강리·고천리·중련리 등지에서 수백명이 만세시위를 벌였다.

3월 29일 상도면에서는 300여 명의 시위군중이 상도리를 출발하여 대성면 풍덕리로 가서 헌병 분견소 건물을 애워싸고 시위를 벌이며 전선을 끊고 전신주를 넘어뜨리고자 하다 일제의 총격을 받았다. 3월 31일부터 중면 대룡리에서는 4월 2일까지 뒷산에 태극기를 세워놓고 밤마다 봉화를 올리며 시위가 계속되었다.

4월 1일 중서면의 곡령리에서는 수십명의 청년들이 망치와 곤봉 등으로 무장을 하고 시위를 벌였다. 허내삼許迺三이 이끈 시위대는 일전불사의 각오로 나아가 만월대를 지나 북본정 당교堂橋 앞에서 일제 경찰과 충돌하였다. 이들은 총칼로 위협하는 일제 경찰에 맞서 돌을 던지며 대항하며 격투를 벌이기도 하였다. 결국 총칼의 위협 앞에 주도자들 17명이 체포되고 군중은 해산되었다.

4월 1일부터 영북면에서도 4월 6일까지 길수리 주민들의 주도로 여러 차례 시위가 있었다. 4월 6일 흥교면에서는 사곡리 기독교인을 중심으로 만세시위가 있었는데 일제 관헌의 발포로 부상자가 발생했다.

박은식의 한국독립운동지혈사(앞의 〈표2-1-1〉)에 따르면, 개성의 인명 피해는 부상 140명, 투옥자 76명이다.

고양

고양군의 시위는 오늘날 서울로 편입된 용강면 · 은평면 · 한지면 · 독도(뚝섬)면 · 연희면 · 숭인면과 신도면 일부(구파발리 · 진관리)를 비롯하여 지금의 고양시에 속하는 지도면 · 신도면 · 송포면 · 중면 · 벽제면에서 벌어졌다.

박은식은 고양군의 집회 횟수가 19회, 집회인은 2,500명이라고 하였다. 이지원은 고양군의 시위횟수가 21회라고 집계했다. 3월 23일(6회), 24일(5회), 25일(1회), 26일(4회), 27일(5회)이다. 5일에 걸쳐 집중적으로 일어났다는 특징이 있다.

그 가운데 지금 고양시에 속하는 지역에서 일어난 3·1운동을 살펴보면 다음과 같다. 3월 24일에는 지도면 행주리幸州里 주민 800여 명과 신도면 능내리陵內里 주민 500명이 만세를 불렀다. 또 같은 날 중면 일산리一山里에서도 군중 160여 명이 일산 헌병주재소 부근 세 곳의 고지에서 독립만세를 부르다가 일제 헌병이 출동하여 해산하였다. 같은 날 오후 3시 경 송포면 대화리 주민 30여 명도 면사무소 부근에서 만세를 불렀다.

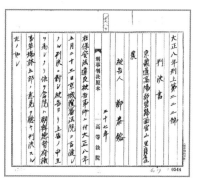

관산리 가장곡산 시위 참가자인 정태용 상고 기각 판결문(국가기록원)

25일에는 송포면 덕이리德耳里 주민 200명이 밤에 독립만세를 외치며 시위를 벌였다. 26일과 27일 밤 벽제면 대자리大慈里 · 관산리官山里에서도 주민 30여 명이 가장곡산에 올라가 횃불시위를 벌였다. 26일 중면 일산리 장날 시장에 모인 중면 주민 수백 명이 야간에 면사무소 앞에서 독립만세를 고창하고 일인 가옥에 투석하는 등 격렬한 항일투쟁을 전개하다가 15명이 체포되었다.

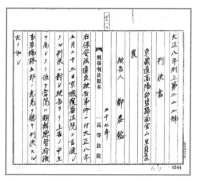

관산리 가장곡산 시위 참가자인 김종환 · 정재점 · 최숙석 · 한기원 공소 기각 판결문(국가기록원)

27일 송포면 대화리 주민 150여 명은 독립만세를 부르며 시위하다가 30여 명이나 일제 헌병에게 피체되었다. 28일에 중면 내 여러 지역에서 100~150명 시위대는 횃불을 들고 만세를 불렀다. 같은 날 지도면 행주 내리內里와 외리에서 시위대 500명이 시위운동을 전개하였는데, 일본 헌병이 출동하여 시위주동자 38명을 체포하였다.

박은식은 고양군 삼일운동 결과 사망 3명, 투옥 158명의 피해를 입었다고 적었다.

광주

일제강점기 광주군은 이후 관할 구역 가운데 일부가 서울시(현재의 강남구, 송파구, 강동구 등)로 편입되고, 또 다른 일부는 각각 성남시와 하남시로 분리 독립되었다. 박은식에 따르면, 광주군에서는 21회의 집회횟수와 7,500명의 집회인수를 기록했다. 이지원은 모두 9회의 시위가 있었다고 집계했다. 3월 26일(3회), 27일(5회), 28일(1회) 등이다.

이 시기 광주군의 시위를 보자. 먼저 3월 21일 서울과 가까운 중대면中垈面 송파에서 장덕균張德均 · 김현준金賢俊은 《조선독립신문》과 독립선언문을 50부씩 등사한 후 송파리 주민에게 배부하여 독립의식을 고취시켰는데, 그들은 서울에서 《독립신문》과 그외 여러 가지 독립운동 관계 인쇄물을 각 지방에 반포하는 책임을 지고 있었다.

이어 3월 26일 중대면 송파에서 천중선千仲善 등이 주민 수백 명과 함께 만세 시위운동을 벌여 헌병파견소까지 가서 일제헌병과 한때 대치하는 등 열렬히 운동에 참여하였다. 또 같은 날 중대면 송파리와 대왕면 수서리에서 열린 만세 시위는 돌마면突馬面 여수리麗水里의 이시종李時鍾과 대왕면大旺面 수서리水西里의 이재순李載淳이 주도했다.

3월 26일 동부면東部面 풍산리豊山里의 김홍렬金弘烈은 풍산리에서 시위를 주도했다. 또 같은 날 같은 면인 동부면에서는 교산리校山里에 거주하는 이대헌李大憲이 이곳 면사무소 앞에서 태극기 1매를 만들고, 다음날(27일) 오전 2시에 동리 사람 10여 명을 인솔하고 태극기를 휘두르며 뒷산에 올라가 약 1시간 동안 봉화를 올리며 만세시위를 하였다. 오전 3시경 산에서 내려와 약 30분 동안 동부면사무소로 시위 행진하였다. 오전 11시경 다시 동민 30여 명과 함께 면사무소로 시위 행진하여 약 3시간 동안 만세시위를 하였다.

3월 27일 아침 동부면 김교영金教永은 망월리望月里 구장이었는데, 동리 김용문金用文을 시켜 동민을 소집케 하였다. 그리하여 모인 동리 사람 9명을 인솔하고 면사무소까지 만세시위를 하였다. 같은 날 서부면西部面 감일리甘一里에 사는 구희서具義書는 자기 동리 주민 40여 명과 함께 서부면 사무소 앞에서 만세를 부르고 다시 상일리上一里 헌병주재소 앞까지 시위행진을 하며 대한 독립만세를 불렀다. 이날 시위대는 천명에 달하였는데, 서부면사무소와 상일리 헌병주재소에 몰려들어 헌병을 포위하고 투석을 하였다. 일제는 이에 발포하여 사망 1명, 부상 2명의 피해를 낳았다.

또 같은 날인 27일 오전 1시부터 광주 오포면, 용인군 일대에 봉화를 들고 여기저기서 만세시위가 일어났다. 오포면 추자리楸自里 사는 정제신鄭濟莘(이명 鄭濟華)은 오포면 고산리高山里에서 동리 사람 40여 명과 함께 만세를 부르고 횃불을 높이 들어 한국이 독립되었다고 기뻐하였다.

3월 28일 오포면 정제신鄭濟莘은 동민 40여 명을 인솔하고 오포면 사무소 앞에서 독립만세를 불렀다. 그리고 계속하여 동민을 인솔하고 광주군청에 가서 만세를 불렀다. 그런데 이때 뒷산에서 만세를 부른 일을 『독립운동사』 제2권(3·1운동사 상)(독립운동사편찬위원회, 1971)에서는 3월 27일 새벽 일로 기록하고 있으나, 『판결문』에서는 3월 28일의 일이라고 했다.

3월 28일 밤중에 오포면 문형리文衡里에서는 김인택金仁澤과 임무경林武京 등이 선두에 나서 동리 사람 약 30여 명과 함께 뒷동산에 올라가 횃불을 올리며 독립만세를 불렀다. 일단 집으로 돌아와 쉰 다음 다시 그날 오후 2시경에 동민을 인솔하고 경안면 경안리慶安里 광주군청에 모였는데 광주군 각면에서 모인 군중이 1천 명 이상이 되었다. 군중들은 독립만세를 부르며 경안리를 돌아다니며 시위행진을 하였다.

3월 28일 아침, 오포면 양벌리陽筏里 유면영柳晃永이 오포면사무소 앞에서 독립만세를 부르자 시위할 민중이 6백 명이나 모였다. 이때 유면영이 "대한독립만세!"를 선창하니 군중들도 이에 호응하여 만세를 불렀다. 그는 다시, 군중의 사기를 돋우어 주고 만세를 부르며 광주군청을 에워쌌다.

3월 28일은 오포면의 정제신·김인택·임무경·유면영이 이끌었던 오포면의 시위대와 군청 소재지인 경안면 시위대가 연합 시위를 일으킨 날이었다. 오포면사무소 앞에서 출발한 시위대는 오후 2시 경 광주군청 앞에서 시위를 재개했다. 이 과정에서 경안면을 비롯하여 광주군내 각군 시위대도 합류하였다. 이들은 군수와 군청 직원들에게 시위에 참여할 것과 군수에게 한국의 독립을 승인 날인할 것을 요구하고 군청과 우체국에 투석하였다. 그리고 시위대가 군청 안으로 진입하는 과정에서 일제 헌병, 헌병보조원, 그리고 일본 재향군인들과 충돌하였고, 헌병대의 발포로 6명이 즉사하고 10명이 부상당하는 피해를 입었다.

3월 28일 돌마면突馬面 율리栗里 한백봉韓百鳳은 동리 사람들 1백여 명과 함께 다음 날 저녁때까지 태극기와 횃불을 들고 만세시위 행진을 계속했다.

이어 4월 6일에는 실촌면 만선리에서 오수식의 주도로 시위가 벌어졌다. 이날 시위는 오후 5시경에는 약 4백 명으로 불어나 실촌면 사무소에 이르러 면장으로 하여금 독립만세를 외치게 했다고 한다. 또 만선리를 집결 장소로 정한 것은 곤지암에서 양평으로 통하는 교통의 요지였기 때문이라고 한다.

김포

일제강점기 김포군의 관할구역 일부(양동·양서·검단면)가 해방 후에 각각 서울

(현재의 강서·양천구 등)과 인천(검단)으로 편입되었다. 박은식에 따르면, 김포에서는 13회 집회가 열렸고, 1만 5천명이 집회에 참여했다. 또 이지원은 모두 7회의 시위가 열렸다고 집계했다. 날짜별로는 3월 22일(2회), 23일(3회), 24일과 26일 각 1회이다.

3월 19일 양촌면 누산리 박충서는 향리의 동기들과 함께 안성환의 집에 모여 만세 시위를 계획하고, 격문과 통문을 만들어 양촌면 내 각 마을에 배포하였다.

3월 22일 월곶면 군하리 장터에서 400여 명의 주민들이 모여들었다. 이살눔이 태극기를 휘두르고, 박용희朴容義가 군중을 지휘하여 독립만세를 부르며 면사무소·주재소와 보통학교 등을 돌면서 시가행진을 했다. 성태영은 면사무소 앞 높은 곳에 올라가 군중들에게 일본의 식민지 지배의 부당성을 규탄하는 연설을 하였다. 이에 군하경찰관 주재소 산전중양山田重洋 순사가 성태영을 제지하자 백일환이 순사에게 달려들어 총과 칼을 빼앗고 순사를 구타하였으며, 일동이 순사주재소로 쇄도해갔다. 백일환 등은 군중과 함께 순사보 이성은을 끌어내어 만세를 부르라고 요구하고 면사무소로 가서 면서기들에게 태극기를 쥐어주면서 만세 삼창을 하도록 요구했다. 이에 앞서 김포군 월곶면 고양리 사는 성태영成泰永과 군하리 백일환白日煥은 고정리에 사는 최우석崔禹錫은 3월 22일 월곶면 군하리 장날을 기해 만세시위를 계획했다. 이들이 장터의 군중들에게 "조선의 독립을 원하는 자는 향교 앞으로 모이라"고 하였는데, 이 시위는 거기에 호응한 것이었다.

같은 날인 3월 22일 대곶면 초원지리에서는 정인섭丁寅燮이 먹으로 쓴 "독립만세"깃발과 태극기를 들고 동리 시장에서 독립만세를 불렀다. 장꾼들이 모여들어 300여 명의 시위대가 형성되어 주재소와 면사무도 등지로 나아가며 독립

조남윤 사진(국사편찬위원회 한국사데이터베이스)

만세를 불렀다.

3월 23일 양동면 양화리에서 주민 백여 명이 만세 시위를 벌이고, 24일에도 면내에서 농민 백여 명이 만세를 불렀다. 3월 24일 고촌면 신곡리에서 학생과 청년들이 주도하여 주민 50여명이 뒷산에서 만세를 불렀다. 다음 날에도 다시 동네 사람들 50여 명이 모여 독립만세를 부르며 동네를 돌았다. 3월 26일 군내면 감정리에서 주민 수십명이 만세 시위를 벌였다.

3월 28일 조남윤趙南潤은 '29일 오전 11시 통진 면내에 모여 조선독립만세를 부른다'는 통문 7통을 작성하여 동리에 돌렸다. 이에 다음날(29일) 오전 11시 통진 면내에 400여 명의 주민이 모였다. 시위대는 향교와 면사무소 앞에서 독립만세를 부른 후 일본 경찰이 압박을 가해 오자 이날 밤 수십 명과 함께 인근의 함반산에 올라가 횃불을 올리며 조선독립만세를 불렀다. 갈산리에서도 3월 29일 정오에 갈산리와 조강리 등 여러 마을에서 주민 수백 명이 갈산리에 모여 최복석崔復錫이 앞장 선 가운데 통진면내로 들어가 향교 · 보통학교 · 면사무소 앞에서 독립만세를 부르며 시위를 벌였다.

경기도장관이 정무총감에게 보낸 보고서에 따르면, 3월 29일 오후 9시 10분 양촌면 양곡리 오라리시장에서 화재가 발생했으나 경관과 군대가 진화하였는데, 이 불길이 높아짐과 동시에 사방의 산 위에 모여 있던 군중이 일제히 만세를 부르고, 동시에 주재소 뒤편 수풀 속에서 약 50명의 군중이 주재소를 습격하려 했으나 군대가 저지했다고 한다.

4월 5일 월곶면 군하리에서 이화학당 재학생 이경덕이 성태영·박용희·조남윤·윤종근·최복석 등과 함께 만세시위를 벌였다.

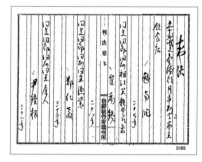

조남윤 판결문(국가기록원)

부천

부천군은 1914년 4월 신설되었는데, 종래의 부평군 일원을 비롯하여 인천부 구읍면·서면·남촌면·오동면·신현면·전반면·황등천면·주안면·영종면·용유면·덕적면, 그리고 다소면 중 인천부에 속하지 않은 지역, 강화군 신도·시도·모도·장봉도, 남양군 영흥면·대부면을 관할 구역으로 했다. 해방 이후 서울과 인천의 확장에 따라 서울과 인천에 편입되었고, 대부면(대부도)은 현재의 안산시, 소래면은 현재의 시흥시에 속하게 되었다.

박은식은 부평의 집회횟수는 6회, 집회 인원은 950명이라고 했다.[3] 이지원은 부천군의 시위횟수는 모두 11회로, 이를 다시 날짜별로 구분하여 3월 24일(3회), 25일부터 27일까지 각 1회, 28일(2회), 4월 2일, 6일, 7일 각 1회로 집계했다.

3월 24일 계남면에서는 다수의 군중이 면사무소를 습격하여 집기를 부수고, 서류를 소각하였다. 이 사실은 경기도장관이 정무총감에게 보고한 문건에 기록되어 있다. 이 기록에 따르면, 3월 24일 시위 군중이 계남면사무소를 습격하여 유리창과 판자벽 등을 파괴하고, 민적부·조선인 거주 등록부·과세 호수 대장

---

3) 1914년에 조선총독부는 부평군을 폐지하고, 신설 부천군에 통합시켰는데, 박은식은 그 조치를 인정하지 않으려는 의도에서 부평으로 표시한 것이 아닌가 생각된다.

등 서류와 탁자·의자·시계 등 비품을 불태웠다. 그리하여 25일 아침부터 인근 부내면사무소에서 집무를 보고, 27일에 이르러 평온해지자 돌아와 면사무소 인근 민가를 일시 차입하여 집무하였다고 한다. 역시 같은 보고서에는 면서기 이경응李敬應이 경찰관헌에게 '밀고했다고 오인'하여 시위 군중이 이경응의 집을 습격하여 가옥과 기구 등을 모두 파괴했다고 기록되어 있다.

또 같은 날인 3월 24일 계양면 장기리 시장에서 오류리 농민 심혁성沈爀誠이 태극기를 흔들며 독립만세를 선도하였다. 이에 300여 명의 장꾼들이 호응하여 만세시위를 벌었다. 오후 5시경 장기리 시장을 순찰 중이던 부내富內 경찰관 주재소 순사 이궁희삼차二宮喜三次 외 순사 3명이 심혁성을 보안법 위반으로 현장에서 체포하여 끌고 가려 하였다. 이에 많은 군중들이 순사들의 뒤를 따라가며 심혁성을 석방하라고 요구하였다. 그러나 순사들은 이를 듣지 않고 계속 심혁성을 끌고 가려 하자 장터의 약장수 임성춘林聖春이 군중들에게 순사를 따라가며 계속 압박을 가하도록 암암리에 신호하면서 심혁성을 순사들의 손에서 탈취하도록 지휘하였다. 이에 군중들은 더욱 기세를 올리며 순사들을 에워쌌다. 군중들은 함성을 높이며 순사들에게 압박을 가하면서 한편으로는 순사 몰래 심혁성의 포승을 풀었다. 이에 순사들은 칼을 들어 휘둘렀고, 군중 속의 이은선李殷先이 칼에 찔려 죽어 넘어졌다. 군중들은 불의의 사태에 놀라 심혁성을 놓아두고 뿔뿔이 흩어져 달아났다.

이은선의 6촌 친척으로 다남리에 사는 이담李墰은, 이은선의 죽음을 듣고서 순사의 잔혹한 행위에 분노하여 면민을 규합하기 위해 통문을 만들어 면내 각 동리에 회부하였다. 밤 12시경 약 200명의 군중이 계양면사무소에 모였다. 이 자리에 면서기 이경응이 나타나지 않았다. 이담은 이를 분개하여 군중에게 "이경응은 자신이 범한 죄가 있어서 여기에 모이지 않았을 것이다. 그러니 먼저 그의 집을 부숴 버리라"고 하며 앞장서서 100여 명의 군중을 이끌고 최성옥·전원순 등과 함께 계양면 선주지리仙住地里 이경응의 집으로 몰려가서, 그 집을 파괴했다.

수원

일제강점기 수원군은 지금의 수원시, 화성시, 오산시, 의왕시로 분리되었다. 박은식은 수원군 집회횟수는 27회, 집회 인수는 11,200명이라고 했다. 이지원은 시위 횟수를 20회로 집계했는데, 3월 23일, 25일(2회), 26일부터 28일까지 각 1회, 29일(4회), 31일(6회), 30일과 4월 1일, 3일, 15일 각 1회라고 했다.

3월 1일 수원 북문 안 용두각에 수백 명이 모였는데, 경찰이 해산시키니 군중은 해산하는 척 하다가 만세시위를 시작했다. 만세소리를 듣고 모여든 군중이 수천 명이었다. 성호면에서는 3월 14일 오산리에서 시위 움직임이 있었으나 일제의 경계로 불발되었다.

3월 16일 장날을 이용하여 팔달산 서장대와 동문 안 연무대에 수백 명씩 모여 만세를 부르며 종로를 통과하여 시위행진을 하는데 경찰이 소방대와 헌병과 합동으로 시위를 제지하고 주도자를 검거하였다. 주도자들을 검거하자 시내 상가는 전부 철시하였다 이에 일제 경찰은 검거하였던 사람들을 석방하지 않을 수 없었다.

3월 23일 수원역 부근의 서호西湖에서 700명이 시위를 벌이다가 수원역 앞에서 일제 경찰과 헌병대, 소방대의 제지를 받고 해산했다. 3월 25일 수원 장날을 맞아 면내에서 약 20명이 시위를 벌여 6명(10명이라는 설도 있음)이 붙잡혀 갔다. 이튿날인 3월 26일, 전날의 시위에서 만세 시위자들을 잡아 가둔 데 항의하여 아침부터 상인들이 철시하였다. 3월 27일에는 전 상점의 약 40%인 60호가 문을 닫았는데, 철시는 31일까지 이어졌다. 3월 25일 오산에서 보통학교 졸업자와 천도교도들이 금융조합과 일본인 · 중국인 가옥을 파괴했다.

3월 29일 수원 면내에서는 기생들의 시위가 있었다. 수원 기생조합 기생들이 자혜의원으로 검진을 받으러 가다가 경찰서 앞에 이르러 김향화金香花가 선두에 서서 만세를 부르자 일행이 일제히 따라 만세를 불렀다. 이들은 병원으로 가서 다시 독립만세를 불렀고, 병원에서 이들의 검진을 거부하자 병원을 나와 다시 경찰서 앞에서 만세를 불렀다. 이날 또한 300명의 학생 · 기독교인 · 보통민을 중심으로 한 격렬한 시위가 일어나 18명이 체포되고 관공서와 민가 6채가 파괴되었다.

3월 29일 오산 장날 오후 4시경 우시장에서 시위가 시작되었다. 성호면 세교리 안낙순과 오산리의 유진홍이 주도했다. 이들은 면사무소와 경찰관 주재소 앞에서 만세를 외쳤다. 군중은 7~8백명으로 불어났다. 면사무소, 주재소, 우편소를 파괴하고, 인근에 사는 일본인들의 집도 파괴했다. 3월 29일 안룡면에서는 각 동에서 일제히 북을 치고 등불을 들고 만세 시위를 벌였다. 같은 날 양감면에서 수백명이 진위군 청북면 율북리의 주민들과 합세하여 산에서 봉화를 올리고 만세를 불렀다. 또 이날 태장면에서도 등불과 태극기를 들고 만세를 부르며 산마다 횃불을 올리고 30일 새벽에 해산했다.

3월 31일 의왕면 고천리에서 천도교도 · 기독교도 · 농민 8백여 명이 시위를 벌였다. 이들은 지지대 고개에서 횃불을 높이 들고 만세를 부르며 주재소와 면사무소를 습격했다.

4월 1일 반월면 반월장에서 천도교도 · 기독교도 · 농민 6백여 명이 평화시위를 벌였다. 시위 군중들은 태극기를 들고 군포장(북), 구룡동(서), 반월리 · 본오리 · 범실 · 들묵(남) 쪽으로 가면서 만세를 부르다 해산했다.

태장면 · 안용면 · 양감면 등지에서 3월 하순 등불과 태극기를 들고 산상에 올라가 봉화를 올리고 만세를 고창하는 등의 시위를 벌였다. 사강반도의 마도면 · 송산면 · 서신면 일대에서는 3월 26일부터 시위가 계속되다가 3월 28일 일인 순사 1명을 격살하는 등 치열한 시위운동이 일어났다. 팔탄면 발안장에서는 3월 31일부터 대규모 시위와 함께, 인근 산상에서 봉화시위가 일어났고, 의왕면 · 동탄면 · 반월면 등지에서도 3월 하순부터 4월 초에 걸쳐 시위가 계속되었다.

4월 3일 아침 장안면 사무소에 각 동리별로 주민들이 집결했다. 우정면 주곡리 주민들이 이치덕 · 장순명 · 차봉습 · 장봉내의 인도를 받아 장안면 석포리로 왔다. 장안면 석포리 주민들도 우정면 주곡리 시위대와 합류하여 장안면사무소로 향했다. 수촌리 주민의 집결지는 수촌리의 밀양산이었다. 점심 전에 일동은 독립만세를 연호하면서 장안면 사무소로 갔다. 장안리에서도 전 주민이 동원되었다. 오전 10시 반경 장안면사무소에 모인 시위군중은 면사무소 안으로 들어가 장안면장 김현묵에게 시위에 참여할 것을 촉구하였다. 면장이 만세를 연호하자 시위는 크게 활기를 띠었다. 시위대는 장안면 면사무소의 서류와 집기를 파괴하고 불태워버렸다.

이어 시위 군중은 쌍봉산으로 이동하여 만세를 부른 후 우정면으로 향하였다. 당시 시위군중은 1,500명으로 늘어났다. 우정면사무소에 도착한 군중은 면사무소를 쳐부수고, 비품과 장부 · 서류 전부를 태웠다. 이후 시위 군중은 화수 주재소로 이동하였다. 주재소에 이르러 시위군중은 일제히 돌을 던지며 공격했다. 천단川端 순사는 총격으로 응사하여 장안면 사곡리 이경백李敬伯이 죽고, 부상자가 속출하였다. 흥분한 시위군중은 화수주재소를 불태우고, 천단 순사를 살해하였다.

일본인 순사가 살해되자 일제는 보복에 나섰다. 4월 4일 새벽, 사방에서 요란한 총소리와 함께 일본군 제20사단 39여단 78연대 소속 유전준부有田俊夫(제암리 학살의 주역) 중위가 이끄는 1개 소대병력이 발안에서 달려와 화수리를 완전 포위했다. 화수리 여수동·화수동·굴원리 주민들은 일경의 보복을 예상하고 노인들만 남기고 캄캄한 밤중에 원안리와 호곡리 바다쪽으로 피신했다.

4월 5일 새벽 유전 중위가 이끄는 30명의 수비대가 수촌리를 포위하고 집집마다 불을 놓아 불길을 피해 뛰쳐나오는 주민들에게 사정없이 총질을 해 댔다. 이날 수비대의 방화로 민가 24채가 불탔다. 제2차 보복은 발안장터 시위가 있은 4월 5일 저녁 70여 명의 주민들을 밧줄로 묶어 발안 주재소로 끌고 가서 악랄한 고문을 가했다. 제3차 보복은 발안주재소장 좌판佐板과 유전有田의 전 병력을 동원하여 수촌리 주변 마을 주민들을 집합시킨 다음 주민 130여 명을 발안주재소로 끌고 가 갖은 고문을 가했다. 4월 8일 제4차로 수촌리에 남은 가옥을 불태웠다. 그리하여 총 42채 가운데 38채가 잿더미가 되었다. 이와 같은 탄압은 어은리·주곡리·석포리·먹우리·금의리·사곡리·독정리·이화리·고온리·덕다리·사랑리·화산리·호곡리·운평리·원안리 등 여러 동네에 걸쳐 행해졌다.

4월 9일 다시 진촌津村 헌병특무조장을 책임자로 하여 하사 이하 6명, 경찰관 4명에 고옥古屋 수원경찰서장 이하 7명과 보병 15명이 3개반을 편성하여 오산과 장안·우정면이 있는 화수반도 일대에 대해 대대적인 검거를 실시하였다. 특히 4월 10일부터 11일 오후 5시까지 화수리를 중심으로 부근 장안·우정 면 내 25개 마을을 수색하여 200명을 검거하였다. 이어 4월 15일에는 수원경찰서 순사부장 열전실熱田實과 순사 장촌청삼랑長村淸三郎이 차인범車仁範 등 34명을 구속하고, 4월 29일 경성지방법원 수원지청 검사분국에 송치되었다. 이러한 탄압 결과 일제측이 밝힌 우정·장안면의 피해상황은 그들 보고서에 따르더라도 다음과 같다. 수원지역 58개 마을, 328채의 가옥 소실, 47명 사망, 17명 부상, 442명 체포 등이다.

시흥

오늘날 서울시에 편입된 북면(영등포리·당산리·노량진리·양평리·구로리·신길리)과 신동면(잠실리·양재리)을 비롯하여 서이면·수암면·남면·서면·과천면·군자면에서 시위가 벌어졌다. 박은식은 집회횟수 6회, 집회인수 1,950명이라 집계했다. 이지원은 모두 23회의 시위가 발생했다고 했다. 3월 7일, 23일(6회), 25일, 26일, 28일(2회), 29일(7회), 30일(2회), 31일(2회), 그리고 4월 3일이다.

3월 27일 밤 8시 서이면 일동리 서쪽 언덕에서 일동리 주민들이 모여 독립만세를 외쳤다. 이는 비산리 사는 포목 행상 이영래가 일동리 백기화의 집에 들러 이종교 등 여러 사람들에게 만세 시위를 벌일 것을 설득한 데 따른 일이었다.

같은 날인 27일 밤 이정석李貞石이 서면 노온사리老溫寺里의 주재소 근처에서 노온사리 주민들의 만세 시위를 주도하다가 붙잡혀 구금되었다. 이튿날 그의 아버지 이종원李宗遠이 동리 사람들에게 아들의 구금 사실을 호소했다. 이에 동리민 약 백 명이 모였다. 서울 배재고등보통학교 학생이었던 최호천과 윤의병이 더 많은 사람들을 규합하자고 제의하여 일동은 가리대리로 가서 각 집을 찾아 불러내어 100여 명이 더 합세하였다. 이날(28일) 밤 10시경 그 동리 경찰관주재소를 포위하고 수백 명이 모여 이정석의 석방을 위해 노온사리 주재소로 향하였다.

최호천은 가리대리에서 주재소로 가는 도중 "곤봉 같은 것이나 돌을 가지고 가자"고 말하였다. 또 주재소 앞에서 합세를 할 때 최호천이 "만일 주재소 직원이 발포하거나 폭행을 하더라도 결코 퇴각하지 말라. 휴대한 돌이나 곤봉으로 대항하라"고 하면서 지휘하였다. 이에 동리민들은 일본 순사가 발포할 것에 대비하여 돌과 몽둥이 등을 준비하여 주재소로 갔다. 주재소 앞에 이르러 주민들은 이정석의 석방을 요구하였다. 주재소 안의 순사들은 주재소 안에 소등을 하고 숨을 죽이며 반응을 하지 않고 있었다. 그러자 최호천은 주재소 안에 순사들이 없는 것으로 알고 한 무리의 사람들을 이끌고 주재소 순사보 최우창과 김정환, 금택성웅金澤成雄의 집으로 달려갔으며 다른 무리는 주재소 뒷벽 일부를 무너뜨리고 게시판을 부수었다.

당시 최우창은 마을 음식점에서 하숙하고 있었다. 음식점 주인을 불러내 등불을 켜고 그 집안을 수색하였으나 순사보는 집에 없었다. 최호천은 윤의병과 함께 다른 순사보인 김정환 집으로 달려갔으나 김정환도 집에 없었다. 다시 최호천은 순사보 금택성웅의 집으로 달려가 집을 포위하고 수색하였으나 그 또한 집에 없었다. 다시 주재소로 되돌아오자 일본인 순사가 나왔다. 최호천·윤의병 두 사람은 그 순사와 담판을 시작하여 순사에게 구금된 이정석을 놓아 주도록 요구했다. 기세에 눌린 순사는 놓아 돌려주도록 조처하겠다고 하였다. 그러나 이종운은 "계약서를 제출하라"고 강박하였다. 순사는, "틀림없이 방면하도록 하겠다"고 말하므로 만세를 외치면서 해산하였다.

3월 29일에는 과천면 막계리와 주암리 주민들이 각기 자신의 마을에서 만세시위를 벌였다. 30일에는 하리의 이복래李復來가 동리민들에게 통문을 돌려 저녁 8시 남태령에서 횃불시위를 벌였다. 이때 모인 50여 명의 주민들은 남태령에서 만세를 부른 후 면내로 행진하여 경찰관 주재소·우편소·보통학교 등을 돌며 횃불 만세 시위를 벌였다. 또 29일 군자면 장곡리 주민들도 만세를 불렀다.

3월 30일 오전 10시 약 2,000명의 주민이 수암경찰관주재소의 서쪽 밭에 모여서 크고

이복래 수형기록(국사편찬위원회 일제감시대상인물카드)

작은 깃발을 들고서 "수암주재소·면사무소를 불태워버리자"고 외치면서 동 관청에 몰려가 만세를 불렀다. '수암면 수암리 비립동 비석거리에서 독립만세를 부르니 모이라'는 격문을 보고 모여든 군중들이 벌인 시위였다. 홍순칠은 와리에서 만든 태극기를 받아 대열의 선두에 서서 시위대를 이끌며 수암리 면내로 들어갔다. 경찰관이 출동하여 시위대에 해산을 요구했으나, 시위 군중은 이를 무시하고 공립 보통학교, 경찰관 주재소, 면사무소로 행진하며 그 앞에서 만세를 불렀다. 홍순칠은 자기 동리에서 유익렬柳益烈의 하인 임학신林學信에게서 통지를 받고 참여하였으며, 동리 허치선許致善 집에 모여가지고 그 집에서 30명을 인솔하고서 수암면 남쪽 밭에 이르니 그때 그곳에는 이미 1,200~1,300명이 모여 있었다. 홍순칠은 동리민 참여자의 인원조사를 하고 있을 때 순사가 와서 해산을 명령하자, 그곳에 모인 사람들끼리 해산의 가부에 대하여 논란이 일어났다. 그때 유익수가 선두에 서서 면내 쪽으로 인솔하자 군중도 "눈사태가 난 듯이" 행진하여 면내를 돌며 만세시위를 왕성하게 전개하였다.

3월 31일 남면 주민들은 인근의 수원군 의왕면 주민들과 합세하여 2,000명

이 군포장에 집결하여 독립만세를 부르고, 일부 군중들은 주재소 등을 습격하였다. 이에 일제 경찰이 발포하여 시위대를 해산시켰다. 같은 날 군자면 선부리의 주민들이 면사무소와 주재소를 습격하여 시위를 벌였다. 경기도장관이 정무총감에게 보낸 보고서에서는 이날 시위를 다음과 같이 기록했다. 3월 31일 시흥군 남면 및 수원군 의왕면에서 약 2천 명이 대거 군포장 순사주재소를 비롯하여 일대를 습격하여 경비하던 군대(6명)와 경찰관(3명)이 발포하여 해산시켰다고 했다. 또 같은 날 군자면 선부리에서 인원 불명의 다수가 면사무소 및 주재소를 습격하여 경비하던 군대(6명)가 해산에 힘쓰다가 영등포경찰서로부터 경부 이하 2명이 응원을 위해 이곳에 급행했다고 한다.

4월 4일 군자면에서는 3월 29일 만세시위가 있은 후 이날 다시 거모리 면사무소와 경찰관 주재소 부근에 수백 명의 주민들이 집결하였다. 죽률리 이민들은 김천복金千福의 주도로 수십 명이 모여 거모리를 향해 나아갔다. 이들은 중도에 총소리를 듣고 사방으로 흩어졌으나, 곧 거모리에 집결하였다. 군자면 원곡리 사는 강은식은 군중 속으로 들어가 태극기를 흔들며 군중을 격려하여 일동이 조선독립만세를 외쳤다.

4월 6일 군자면 장현리 권희와 장곡리의 장수산은 시위운동을 일으키기 위하여 격문을 작성하고 각 동리에서 회람하도록 했다. 장곡리 구장 이덕증李德增은 이를 보고 월곶리 구장에게 전달하였다. 이 과정에서 일본 경찰에게 이 사실이 알려져 주모자들이 체포되었다.

안성

안성군은 이전 3개의 군(안성군 · 양성군 · 죽산군)이 1914년 일제의 행정구역 개편으로 안성군으로 통합되었다. 박은식은 안성·양성·죽산의 집회횟수와 집회인 수를 각각 13회 1,800명, 7회 3,500명, 6회 3,000명이라고 소개했다.[4] 이지원은 3월 11일(1회)을 시작으로 3월 30일부터 4월 3일에 이르기까지 5일간 집중적으로 시위가 열린 것으로 집계하였다. 이제 날짜별로 상세히 살펴보면 다음과 같다.

먼저 3월 11일 읍내면에서 50명의 시위가 있었다. 3월 12일에도 시위 움직임이 있었으나 사전에 저지되었다. 그리고 본격적인 시위가 3월 30일부터 전개되었는데, 그 며칠 전부터도 소규모 시위는 계속되었다고 한다. 다음과 같은 두 가지 사례에서 그것을 알 수 있다. 3월 28일 읍내면 동리 날품팔이하는 서순옥徐順玉(36세)이 이민 약 20명과 같이 동리에 있는 산 위에서 조선독립만세를 불렀고, 계속해서 만세시위를 하다 4월 1일 많은 이민들과 함께 조선독립만세를 부르며 동리·서리·장기리를 돌아 다녔다. 또 3월 29일 읍내 장기리에서 음식점을 하는 진공필陳公弼(40세)이 이민 수십 명과 함께 조선독립만세를 불렀다.

3월 30일 시위가 본격화되었는데, 읍내면 동리·서리·장기리에서 500~600명이 조선독립운동을 외치며 읍내를 시위하다 군청에 쇄도했다. 자정 무렵까지 경찰서에 투석하고 면사무소와 군청을 공격하는 등 시위가 치열하게 전개되었다. 또 이날 이곳 장터의 상인들이 일제히 폐점에 들어갔다.

3월 31일에는 읍내에서 3,000명의 시위군중이 군청과 면사무소를 습격하고 파괴하였으며 등불행진을 하였다. 일병 6명이 출동하여 약간 명이 붙잡혀 갔다. 4월 1일 안성읍내에서 500명이 시위했고 일병의 발포로 2명이 사망하고 1명은 체포되었다.

3월 28일의 원곡면 내가천리의 이시련李時連의 집에서 모여 의논하여 가

---

4) 안성·양성·죽산으로 구분하여 따로 기록한 것은 역시 1914년의 행정구역 개편을 반영하지 않은 것이다.

안성장터 3.1운동 만세시위 모습(독립기념관)

까운 동리와 칠곡리 등에 연락을 하여 면사무소에 모여 만세 불렀다. 이후 3월 29일부터 31일까지 계속 면사무소 앞에서 만세시위를 벌였다.

4월 1일 칠곡리에서는 아침에 이민이 모여 만세를 불렀다. 이날 저녁 면민들이 다시 면사무소 앞에 집결하였다. 외가천리에서는 정오쯤 이덕순이 마을 사람들에게 "오늘 면사무소에서 독립 만세를 부르니 저녁식사 후 모이라"고 전달했다. 내가천리는 이덕순 · 최은식 · 이근수 등이 맡고, 월곡리에서는 이근수가 담당하고, 칠곡리에서는 홍창섭 · 이유석이 주도하여 면사무소에 모였다. 이때 면사무소에 나오지 않았던 사람들은 시위 대열이 양성으로 가기 위해 칠곡리를 통과할 때 합류했다. 지문리에서는 원성삼 · 안문보가, 죽백리는 이양섭 · 이덕순이 권유하자 서병돈 · 정호근 등이 주도하여 시위에 참가했다. 이날 저녁 8시경 등불 또는 횃불을 밝혀 들고 원곡면 사무소 앞에 모인 원곡면 각 동리 주민 1,000여 명은 태극기를 들고 "대한독립만세"를 불렀고, 면장 남길우南吉祐와, 그와 함께 있던 면 서기 정종두를 끌어내어 태극기를 쥐어 주며 만세를 부르게 했다. 시위 군중은 근처의 나뭇가지를 꺾어 몽둥이를 준비하였고, 바지에 작은 돌을 싸가지고 양성 주재소와 면사무소 · 우편소 등이 있는 양성면 동항리로 갔다.

4월 1일 밤 양성면 덕봉리에서 약 200명이 동리 산위에 올라가 독립 만세를 불렀다. 그 자리에서 같은 면의 오세경 · 오관영 두 사람의 주도로 약 2km 떨어진 면소재지 동항리로 가서, 주재소 앞에서와 보통학교 앞에서 독립만세를 불렀다. 양성면 산정리·도곡리·추곡리 등 면소재지 주변 지역 동리들에서 각기 동리 뒷산 또는 행길에서 독립 만세를 부른 후 면소재지로 가서 경찰관 주재소와 보통학교 앞에서 독립만세를 불렀다. 이들이 동리연합 시위를 끝내고 각 동리로 흩어지려 하던 밤 9시경 원곡면에서 양성면으로 넘어오는 성은고개에서 일단의 사람들이 횃불을 밝혀들고 양성면 쪽으로 내려오고 있는 것이 보였다. 양성면민들은 돌아가던 발걸음을 멈추고 원곡 주민들을 기다려 그들과 합류하였다. 이리하여 2,000여 명으로 불어난 시위 군중은 동리로부터 동쪽 끝으로 약 300m 거리에 있는 순사주재소로 가서 그 앞에서 조선독립만세를 부른 뒤 투석하기 시작하였다.

양성주재소 순사와 순사보가 도망쳐 나가자 주재소에 불을 놓았다. 군중의 일부는 "전선을 끊으러 간다"고 하며 달려가고 나머지는 양성우편소로 몰려갔다. 시위 군중은 사무실에 들어가 쳐부순 책상·의자들을 가지고 나와 약 100m 남쪽의 밭 가운데 쌓고서 짚 횃불로 불을 붙여 태웠다. 또 우편소 사무실에 걸린 일장기를 떼어 내 집밖에서 불태웠다. 이어 시위 군중은 잡화상하는 일본인 외리여수外里輿手와 대금업자 융수지隆秀知 집을 파괴하고, 가구류와 기물들을 집 바깥 뜰에 들어내어 불태워 버렸다. 그 다음으로 양성면사무소로 가서 물품을 부수고 서류를 끄집어내어 집 바깥에서 불태웠다. 시위 군중은 그 이튿날(4월 2일) 새벽 다시 성은고개를 넘어서 원곡면 외가천리에 있는 원곡면사무소 사무실과 서류·물품 전부를 불태웠다.

일제는 보복에 나섰다. 조선주차군 헌병사령부는 수원과 안성지방에 대해 검거반을 4파로 나누어 헌병장교와 경부警部 등을 지휘관으로 하여 4월 2일부터

14일 사이에 64개 마을에 걸쳐 '확실히 검거를 기하기 위해' 주로 야간에 검거를 실시하여 약 800명을 검거하고, 19명의 사상자를 내었으며, 17개소에서 총 276호의 가옥에 불을 질렀다. 일제는 그해 6월 1일 세번째로, 하사 이하 36명의 군병력을 투입하여 경무 관헌과 합동 검색을 폈다. 그 결과 수백명을 구속하여 고문을 가하고 127명을 기소하였다.

양주

일제강점기 양주군은 오늘날 양주시, 구리시, 남양주시, 동두천시, 의정부시로 분리되었다. 또 노해면과 구리면 일부는 서울시에 편입되었다. 박은식의 한국독립운동지혈사에는 양주군의 시위가 빠져 있다. 이지원의 집계에 따르면, 양주군의 시위는 모두 13회이다. 그리고 날짜별로 보면 3월 14일, 15일(2회), 18일, 26일, 27일(2회), 28일, 29일(4회), 30일이다. 아래에서는 3월 13일부터 15일까지, 그리고 18일, 24일, 26일부터 31일까지, 그리고 4월 2일 시위를 소개한다.

3월 13일 미금면 평내리 구장 이승익李昇翼 주도로 시위가 열렸다. 그는, 당시 서울에서 일어나고 있었던 독립운동 소식을 들어 알고 있었다. 그는 반일시위 확산을 막기 위해 총독(長谷川好道)이 일선 기관을 통해 배포한 '대국민 담화문'인 고유문告諭文을 동리민들에게 낭독한다는 명목으로 주민들을 소집하였다. 고유문은 "주민들이 유언비어에 휩쓸려 광분하지 말 것이며, 일본의 한국 지배는 변경의 여지가 없다"는 내용이었다. 100여 명의 주민들은 고유문의 내용을 야유하며 만세시위를 벌였다.

다음날 14일에 이민里民 150여 명이 다시 집결하여 평내리에서 만세를 부른 후 면사무소가 있는 금곡리金谷里 방향으로 행진하던 도중 일본 헌병이 제지하자 저항하였으나, 이승익 등이 주도자로 체포되고 시위대는 해산하였다. 같은 날(14일) 와부면瓦阜面 송촌리松村里의 이정성李正成 · 김춘경金春經 · 김현모金顯模 · 김정하金正夏는 와부면 일대를 순회하는 대규모 만세시위를 계획했다.

이승익 수형기록(국사편찬위원회 한국사데이터베이스)

다음날(15일)이 되자 이들은 이른 아침부터 송촌리와 부근의 주민 100여 명을 모아 태극기를 앞세우고 독립만세시위를 벌이며 면사무소가 있는 덕소리德沼里로 행진하였다. 시위대는 조안리鳥安里와 그 부근의 동리를 지나면서 500여 명으로 불어났다. 시위대가 덕소리까지 진출했을 때 출동한 일본헌병들이 막아서며 해산을 요구하며 주도자 3명을 체포하였다. 시위 군중은 체포된 인사의 석방을 요구하며 총칼로 탄압하는 일본 수비대에 맞서면서 곤봉을 휘두르며 헌병주재소까지 쇄도하여 압박해 갔다. 헌병들은 공포를 발사하고 40명을 총칼로 체포함으로써 시위대를 해산시키고 17명을 기소하였다. 이는 양주군의 시위운동 가운데 가장 많은 기소자 수이다.

3월 18일 화도면和道面에서는 밤 10시 이달용李達鎔의 주도로 답내리 구영식具永植 등과 월산리의 김필규金弼奎 등은 월산리와 답내리 주민 200여 명과 함께 만세시위를 일으켰다. 이때 일본 헌병에 3명의 주도자가 붙잡혔다. 그러자 시위군중은 1,000명으로 불어났고 일동은 면소재지 마석우리 헌병대 병참 앞으로 나아가 검거된 인사의 석방을 요구했다. 시위의 규모가 커지고 가열되자 일본 헌병은 시위 군중을 향해 무차별 발포를 하여 앞장서 시위를 이끌던 이달용 등 4명이 현장에서 사망하고 이재혁 등 7명이 중상을 입었으며, 김필규 등 5명이 체포되었다.

3월 24일 진접면 금곡리에서 청년 13명이 태극기를 흔들며 독립만세를 불렀다. 3월 26일 이담면伊淡面 동두천東豆川 시장에는 10여 개의 마을 주민 1,300여 명이 집결하였다. 이는 동두천 장날을 기해 배재학당 학생 정원이鄭元伊가 중앙과의 연락을 맡고, 한원택韓元澤과 박창배朴彰培 등이 중심이 되어 선언서와 태극기를 만들고, 3월 26일을 거사일로 잡는 등 준비에 따른 것이었다. 동두천 시장 시위대는 홍덕문洪德文이 지휘하여 면사무소로 몰려가 면장 신공우申公雨에게 선언서에 서명케 하고 시위 대열에 앞세워 아래장거리, 동두천역 앞 등지를 돌며 시위를 계속하였다. 동두천 헌병분견소는 자체 병력으로 저지가 불가능해지자 주내면의 본대에 증원병을 요청하였다. 증파된 기마 헌병이 칼을 빼고 저지하려 하니 선두에 섰던 박경필朴慶弼·고복돌高福乭이 말의 다리를 몽둥이로 후려쳐 쓰러뜨렸고, 이 과정에서 주모자 7명이 체포되었다.

3월 27일 백석면白石面 연곡리蓮谷里에서 구장 안종규安鍾奎와 그의 형 안종태安鍾台가 시위를 주도하였다. 안종태는 "조선은 일본에게서 독립할 수 있다"고 말하며 주민들과 함께 시위를 벌였다.

또 같은 날인 3월 27일 구리면九里面 상봉리上鳳里에서 주민 30여 명이 만세 시위를 벌이다가 출동한 일본 헌병에 19명이 체포되었고, 28일 오후 5시경에는 아천리峨川里에서 이강덕李康德과 심점봉沈點奉 등의 주도로 이민 수십 명이 태극기를 앞세우고 이웃한 토평리土坪里와 교내리橋內里를 돌면서 만세시위를 계속하였다.

경기도장관이 정무총감에게 보낸 보고서에는 3월 28일 광적면사무소 부근의 시위 상황과 인명 피해 상황이 다음과 같이 기록되어 있다. 약 7백명의 군중집단이 오후 4시 경 헌병 5명이 도착하여 해산을 명했으나 헌병에 반항하여 투석했고, 헌병이 발포하여 사망 3명, 그리고 인원 미상의 부상자가 발생했으며 오후 6시 경 해산했다는 내용이다. 이를 보다 상세히 살펴보면 다음과 같다. 오후 4시경 광적면廣積面 면사무소가 있는 가납리佳納里에서는 백남식白南軾 · 김진성金辰成 · 이용화李龍和등이 주도하여 350여 명의 주민과 함께 광적면사무소에 집결하여 독립만세를 부르며 시위를 벌였다. 일본헌병이 제지하자 일단 해산하였다가 다시 400여 명이 가납리의 추교시장楸橋市場에 재집결하여 격렬한 시위를 벌였다. 일본 헌병을 대동하고 왔던 면장 이하용李河鎔이 뒤로 도망하자 시위대는 일본 헌병과 면장 이하용에게 돌팔매질을 시작했고, 일본 헌병은 시위대를 향하여 발포하여 백남식 · 김진성 · 이용화 등이 사망하고 다수의 부상자가 발생하였으며, 오후 6시경 해산하였다.

28일에도 안종규 · 안종태 형제는 농민 김대현金大鉉 · 이사범李士範 · 조필선趙弼善 등 주민 600여 명과 함께 오산리梧山里 대들벌에서 시위한 후 백석면사무소까지 행진하여 만세 시위를 계속하였다.

3월 28일 장흥면長興面의 면사무소가 있는 교현리橋峴里에서도 오후 8시경 이회명李會明 등이 주동이 되어 동리민 수십 명과 함께 동리 주점에 모여 만세시위를 불렀다. 29일 이른 아침 이민이 다시 모이자 이회명은 태극기를 들고 선두에서 시위대를 이끌고 면사무소로 향하였다. 면사무소에 도착하였을 때 시위대는 300여 명으로 늘어났고, 정윤삼鄭尹三 · 김순갑金順甲 · 김완순金完順이 이들을 이끌었다. 일본 헌병이 급히 출동하고 헌병보조원이 총기로 위협하자 시위대는 이들의 총기를 탈취하는 등 적극 저항하였고, 일본 헌병은 시위대를 향하여 발포하여 1명의 사망자와 다수의 부상자를 내고 1명이 체포당했다.

3월 29일에는 별내면別內面 퇴계원리退溪院里에서도 200여 명이 시위를 벌여 5명이 체포되었다. 같은 날 진접면에서 400여 명이 시위하자 일본헌병이 발포하여 1명이 사망하고 3명이 부상당하였으며 1명이 체포되었다. 역시 같은 날 구리면 아천리의 아차산峨嵯山 꼭대기까지 올라가 태극기를 들고 만세 시위를 벌였다. 진건면眞乾面 오남리梧南里에서도 나상규羅相奎 · 손삼남孫三南 등이 주동하여 수십 명의 이민과 함께 만세시위를 벌였다. 시둔면柴屯面 자일리自逸里에서 목수인 조염호趙念鎬가 30여 명의 이민과 함께 시위를 벌였고 부근의 동리에서도 봉화를 올리며 가세하였다.

3월 29일 봉선사 서기실에서 약 200매 정도 유인물을 인쇄하여 승려 강완수 등 2명이 그날 밤 9시부터 다음날 새벽까지 부평리 · 진벌리 등 부근 4개 동리 민가에 배포하였다. 그에 앞서 진접면 봉선사奉先寺의 승려인 이순재李淳載 · 김성숙金星淑(이명 성암)은 서울 종로에서 약종상을 하는 김석로金錫魯로부터 경성에서 손병희 등 민족대표 33인이 독립선언을 발표하였다는 소식을 듣고, 부평리 부근의 주민들을 모아 시위운동을 전개하기로 하였다. 이들은 독립만세 시위를 할 것과 이에 동참을 촉구하는 문건을 제작 · 배포하기로 하였다. 이들은 '조선독립단 임시사무소'라는 명의로 "지금 파리강화회의에서는 12개국이 독립국이 될 것을 결정하였다. 조선도 이 기회에 극력운동을 하면 독립을 달성할 수 있다"는 내용의 문건을 만들었다.

3월 30일 주내면州內面에서도 600여 명이 독립만세를 부르며 면사무소를 공격하는 시위를 전개하였다. 3월 31일 진접면 부평리 이재일 · 김순만 등의 주도로 최대봉·박석몽朴石夢·최대복崔大福·유희상柳熙庠·이흥록李興綠·최영갑崔永甲·양삼돌梁三乭 등 동리 사람 600여 명이 광릉천에 집결하여 조선독립만세를 외쳤다. 그에 앞서 부평리의 이재일李載日은 '동리의 주민들이 광릉천변에 모여 독립만세를 부를 것'을 촉구하는 격문을 접하고 이 격문을 동리 사람들에게 돌렸으며, 동리 사람들과 함께 격문에 호응하여 모인 것이었다. 일제는 즉시 헌병들을 출동시켜 시위를 해산시키고, 시위 주동자 8명을 체포하여 기소하였다.

이어서 4월 2일 봉선사 승려였던 김성숙·이순철·현일성·강완수 등 4명은 양주군 광주 시장에서 격렬한 만세 시위를 주도하였다.

별내면 고산리에 사는 유생 유해정柳海正은 3월 하순 글을 써서 봉투에 "일본황제전하日本皇帝殿下"라 쓰고, 동경 부윤 앞으로 보내는 봉투에 넣어서 우편함에 넣어 보냈다. 이 일은 일본 '천황에 대한 불경행위'로 간주되어 징역 3년이라는 중형에 처하였으며, 유해경이 상고하자 공소 이유가 없는 것으로 기각되어 형이 확정되었다.

양평

박은식은 양평의 집회횟수와 집회인원을 4회 1,900명으로 기록했다. 이지원은 모두 11회로 집계했다. 3월 10일을 시작으로 24일, 31일 그리고 4월 1일, 3일, 4일, 5일, 7일, 11일인데, 4월 5일은 3회이다.

먼저 3월 10일 서종면 문호리에서 수백 명이 참가한 만세시위가 있었다. 이어 3월 23일 청운면 용두리 시장에서 장날을 맞아 시위가 열렸는데, 주로 천도교인들이 중심이 되었다. 단월면 덕수리 신재원申在元과 부안리 김종학金鍾學은 천도교인으로 독립운동을 계획하고 장으로 향하던 길에 여물리餘勿里에 있는 다리 아래에서 양동면 쌍학리의 정경시鄭慶時, 청운면 갈운리의 민주혁閔周赫 등을 만나 용두리 장터 만세시위를 계획했다. 신재원이 광목을 내놓아 "조선독립기朝鮮獨立旗"라고 쓴 깃발 3개를 만들고 시장 안에서 신재원과 김종학이 독립만세를 외치며 시위를 선도했다. 이에 200여 명의 장꾼들이 호응하여 독립만세를 부르며 시가행진에 들어갔다. 일본 헌병이 출동하여 주도자들을 체포함으로써 시위대가 해산하였다.

3월 24일에는 갈산면에서 만세시위가 일어났다. 3월 24일은 갈산면 양근리 장날이었다. 이 시위는 연희전문학교 서기인 이진규李盡珪가 독립선언서 수십 매와 대한독립회大韓獨立會 명의로 된 격문 수십 매를 가지고 3월 23일 서울을 출발하여 양근에 도착했다. 이진규는 장터에 모인 1,000여 군중들에게 "조선민족은 이 기회를 타서 일본 제국의 굴레를 벗어나 독립하지 않으면 안된다"는 취지의 연설을 하고 독립선언서와 격문을 배포하면서 독립만세를 선창하였다. 이에 군중들은 이진규와 함께 독립만세를 부르며 시장 안을 행진하였다.

오후 2시경 양평헌병분견소 헌병이 출동하여 이진규와 시위를 앞장서 이끌었던 곽영준을 구금하자 군중들은 헌병분견소 앞으로 모여들어 체포된 인사를 석방하라고 요구하였다. 또 수백 명의 군중은 갈산면사무소·양평군청·양평우편소와 박희영의 집에 쳐들어갔다. 이들은 군청과 면사무소의 서류, 장부 일부를 파손하고 면장 김찬제를 사무소 밖으로 끌어 내 구타하였으며, 우편소 유리창을 파괴하고 군수와 면장이 숨은 것을 찾아내고자 박희영의 집을 뒤졌다.

이날 갈산면 공흥리 사는 이용준李容俊도 이와 별도로 400여 명의 군중을 이끌고 양근리에서 조선독립만세를 외치고, 갈산면 사무소로 쳐들어가 면장 김찬제, 면서기 서병일徐丙一을 바깥으로 끌어내어 같이 독립만세를 부를 것을 요구하였다.

3월 29일 강상면 송학리의 신석영辛錫永은 갈산면 양근리 장에 가려고 교평리 도선장에 나갔다. 도선장에는 100여 명의 사람들이 모여 있었다. 신석영은 꽂혀 있던 태극기를 뽑아 흔들며 독립만세를 선창했다. 이에 모여 섰던 100여 명의 사람들이 호응하여 나루터가 시위장으로 변하였다.

3월 30일 용문면 마룡리의 조영호趙瑛鎬는 오촌리 김윤구金崙求와 신순근辛淳根 등과 함께 용문면 광탄리에서 태극기를 흔들며 군중들과 함께 조선독립만세를 외쳤다. 조영호는 군중들 앞에서 큰 소리로 연설하며 군중들을 고무했다.

3월 31일 강하면에서는 면사무소 앞에서 300여 명의 동리민이 모여 태극기를 흔들며 독립만세를 불렀다. 이날의 시위는 68세 된 노인 최대현崔大鉉이 주도하였다. 최대현은 군대 해산 후 의병을 일으켜 700여 명의 부하를 이끌고 일본군과 교전한 경험이 있었다. 그는 윤기영·이보원·신우균 등과 함께 3월 31일 강하면 사무소 앞에서 300여 명의 군중과 함께 만세를 불렀다.

4월 1일 양서면에서는 2,000명의 군중이 모여 만세시위를 벌였다. 이 시위에서는 강하면 시위를 주도했던 최대현이 다시 참여했다. 시위군중은 헌병주재소 앞으로 나아가 조선독립만세를 연호하면서 독립의 의사를 표명하였다. 이튿날인 4월 2일 여운긍呂運兢·여광현呂光鉉등이 주도하여 1,000여 명의 시위군중이 양서면사무소 앞에서 독립만세를 부르며 시위를 전개하였다.

4월 3일에는 고읍면에서 4,000명이 참가한 대규모 만세시위가 일어났다. 이날의 시위는 4월 2일 최대현 등이 서울에서 온 학생 2명과 동리민들과 함께 의논하여 4월 3일에 만세시위를 결행하기로 한 데 따른 것이었다. 4월 3일이 되자 강상·강하·양서·고읍 4면의 주민 약 4천 명이 고읍면에 모였다. 최대현은 군중 앞에 나서 "면내로 가려는 사람은 손을 들라"고 하니, 군중들은 전부 손을 들었다. "모두 가려면 가자", 또한 "면내로 가지 않으면 안된다"고 제창하여 최대현이 앞장서서 면내를 향하여 행진하여 고읍면 옹암리瓮岩里와 용암리龍岩里 사이의 작은 언덕까지 행진하다 일본 헌병대와 마주쳐 최대현은 체포되고 시위대는 해산되었다. 같은 날 지제면 곡수리에서도 3천여 군중이 만세시위를 벌였다.

여주

박은식은 여주의 집회횟수와 집회인원을 2회 천명으로 기록했다. 이지원은 여주에서 4월 1일부터 3일까지 각각 2회식 모두 6회 시위가 있었다고 집계했다.

4월 1일 금사면金沙面 이포리梨蒲里에서 3,000여 명의 군중이 헌병주재소를 습격하여 크게 독립만세시위를 벌였다. 4월 3일 북내면北內面에서 오금리五今里 · 오학리五鶴里 일대의 시위와 천송리川松里 · 당우리堂隅里에서 시위가 일어났다. 오금리 · 오학리 일대의 시위는 경성공립농업학교 원필희元弼熙 · 이원기李元基가 주도하여 시위계획을 세우고, 여주 군내의 각 면으로 태극기를 들고 다니며 독립만세시위에 참여하도록 전파하였다. 이들은 심상의沈相義 · 이원문李元文 · 조경호趙經鎬 등의 마을주민들과 시위일을 4월 5일 장날로 정하였다. 이에 따라 읍내 다락문 앞으로 모이라는 격문을 각 동리에 돌리는 한편, 시위 날짜를 4월 3일로 앞당겼다. 4월 3일 공북拱北학교 마당에 800여 명의 군중이 모였다. 모인 군중은 지도자들의 인도로 조선독립만세를 외치면서 여주 읍내를 향해 행진하여 오학리에 이르렀다.

또 천송리 · 당우리에서는 신륵사神勒寺 승려 인찬仁瓚 김용식金容植의 주도로 천송리의 권중순權重純 · 조규선曹圭善과 당우리의 조석영曹錫永 · 조근수趙根洙

등이 모여 4월 3일을 독립만세시위 날로 정했다. 4월 3일이 되자 수십 명의 주민들이 모여 들었다. 김용식이 선두에 서서 태극기를 들고 대열을 이끌며 읍내를 향해 행진했다. 읍내로 가는 도중에 있는 마을들에서 합류하여 주민들은 200여 명으로 늘어났다. 시위대는 한강 대안에 이르러 강가에서 태극기를 흔들며 만세삼창을 크게 외쳤다. 하지만 강을 건널 배가 없어서 강가에서 만세를 부른 후 해산했다.

원필희 사진(국사편찬위원회)

 4월 3일 북내면의 시위를 접한 일제는 폭발적인 시위양상을 억누르기 위해 오금리·현암리에서 45명을 체포하였다. 이에 현암리 주민 200여 명은 곤봉을 들고 돌을 던지며 항의하였다. 일제 헌병은 총기를 발포하여 강제로 해산시켰다. 그 과정에서 3명이 목숨을 잃었고, 1명이 부상하였다.

연천

일제강점기 연천군 지역은 6.25전쟁 이후 관할 구역 일부(삭녕면 등)가 휴전선 이북에 남아 있게 되었다. 박은식은 연천군 집회횟수는 3회, 집회 인원은 1,200명이라고 했다. 이지원은 모두 13회의 시위가 있었고, 3월 21일(2회), 22일(2회), 27일(4회), 30일(1회), 4월 1일(2회), 그리고 4일과 10일에 각각 1회씩 시위가 일어났다고 했다. 아래에서는 3월 21일, 29일, 31일, 그리고 4월 1일, 10일 시위를 살펴보겠다.

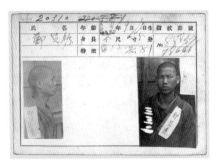

정현수 수형기록(국사편찬위원회 한국사데이터베이스)   이낙주 수형기록(국사편찬위원회 한국사데이터베이스)

    3월 21일 백학면 두일리 장날에 열린 시위는 미산면 석장리 사는 조우식趙愚植과 왕징면 동중리의 정현수鄭賢秀가 주도하였다. 여기에 이낙주·홍순겸·김복동·김문유·구금룡·한상혁 등도 가세하여 군중들을 이끌고 앞장서서 독립만세를 외치며 일제히 만세시위에 돌입하였다. 이들은 면장 윤규영尹圭榮을 끌어내어 시위대열의 선두에 세우기로 결의하고, 장터 인근 민가에 숨어 있던 면장을 찾아내어 붙들어 와서 독립만세를 부르게 하며 분위기를 고조시켰다. 또 집집마다 대문을 두드리거나 소방용 경종을 울려 주변 일대의 주민들을 더욱 집결시켰다. 군중수가 불어나자 시위 군중은 백학면사무소로 쇄도하여 면 서기들

구금룡 수형기록(국사편찬위원회 한국사데이터베이스)

도 시위에 동참하도록 요구했다. 그러나 이를 거절하자 두일리의 면사무소에 투석하여 유리창과 문을 파괴하였다. 이후 밤 10시경 200명의 군중은 독립만세를 부르며 미산면 마전리로 들어가 태극기를 만들어 향교 앞에 세우고 독립만세를 부른 후 미산면 석장리

로 가는 도중 마전 헌병 주재소 앞에서 주도자들이 헌병들에 체포되고, 시위대는 해산되었다.

3월 29일 적성면 장파리에 사는 한은동韓殷東이 장파리 구장 유병성柳秉性의 집에서 유병익과 우춘산 등과 함께 시국에 관한 토론을 하고, 3월 31일 밤 20여 명이 동리 뒷동산에 모여 횃불을 올리며 대한독립만세를 불렀다.

4월 1일 오전 7시 중면 삼곳리에 약 400여 명의 시위 군중이 모였다. 나용기는 태극기를 흔들며 앞장서 독립만세를 부르고 시위대열을 이끌어 면내로 향했다. 그 전날인 3월 31일 중면 적거리의 나용기羅龍基와 이홍식李洪植이 시위계획을 의논하고 각 구장에게 "조선독립만세를 부르기 위하여 명 4월 1일 오전 7시 경 세얄골에 집합하라"는 격문 6통을 작성하였다. 그리고 이 격문을 삼곳리 · 횡산리 · 합수리 등 면내 각 구장에게 보냈는데, 이 날 시위는 그 계획에 따른 것이었다. 시위대가 면내 근처에 이르렀을 때 헌병대가 출동하여 대기하여 있다가 총검으로 나용기 등 주도자를 체포했고, 시위군중은 해산되었다.

4월 10일 관인면에서는 수백 명이 다랑고개에 모여들었다. 이 모임은 삼율리에 사는 기독교인 조아당과 박용길 등이 다랑고개에 집결할 것을 촉구하는 격문을 써서 돌린 데 따른 것이었다. 군중들은 독립만세를 부르며 삼율리 · 신촌동 · 남창동으로 행진하며 태극기를 흔들고 독립만세를 불렀다.

박은식은 연천 3·1운동의 결과 사망 12명, 부상 48명의 피해가 있었다고 썼다.

용인

박은식은 용인에서 13회의 집회횟수와 만 3천 2백명의 집회인수를 기록했다고 썼다. 이지원은 시위 횟수를 9회로 집계했다. 날짜별로 보면, 3월 29일을 시작으로 30일(3회), 31일(3회), 그리고 4월 2일(2회) 집중적으로 열렸다.

3월 28일 용인군 수여면 유방리에서 500명의 농민들이 격렬한 시위를 벌였다. 이 시위로 55명이 검거되고 1명이 사망했다. 이날 수여면 김량장리에서 300명 농민이 평화적인 만세시위를 벌여 3명이 검거되었다. 이날 용인군 모현면 왕산리에서 400명의 평화적인 시위가 있었다. 이때 8명이 검거되었다.

3월 28일 포곡면의 시위는 독특하게 이뤄졌다. 모현면 방면에서 용인읍내 쪽으로 시위를 해나가면서 태극기를 릴레이식으로 전달했다. 모현면 초지리에서 포곡면 삼계리로, 삼계리에서 금어리로, 금어리에서 삼계리 사람들은 둔전리로 가고 금어리 사람들은 내사면 대대리를 거쳐 김량장 방면으로 시위행진을 하였다.

모현면 초지리에서 포곡면 삼계리에 시위대가 모였을 때는 오전 7시경이었다. 시위대가 도착하자 권종목權鍾穆(34세, 농업)은 같은 삼계리 사람에게 태극기를 전달받아 삼계리 이민 200여 명과 함께 포곡면 금어리를 지나 둔전리까지 시위행진을 하였다. 그는 금어리에 도착하자 금어리의 홍종욱·종엽 형제에게 태극기를 전달하며 "모현 방면에서 순차적으로 이와 같이 만세를 부르기로

권종목 수형기록(국사편찬위원회 일제감시대상 인물카드)

정규복 수형기록(국사편찬위원회 일제감시대상 인물카드)

되어 있으니, 당신 동리에서도 만세를 부르라"고 하였다. 금어리 이민 약 200여 명은 홍종욱洪鍾煜(27세, 농업, 기독교 장로교)과 홍종엽(21세, 무직, 기독교 안식일교)의 주도로 태극기를 받들어 들고 내사면 대대리까지 시위행진을 전개하였다.

홍종욱 수형기록(국사편찬위원회 일제감시대상 인물카드)

3월 29일에는 내곡리에서 100명의 시위와 내사면 양지리에서 100명의 평화시위가 일어났다. 내사면 시위는 드물게 보이는 경우로 천주교인에 의해 주도되었다. 남곡리 천주교인 한영규韓榮圭(37세)와 김운식金云植(21세)은 3월 29일 100여 명의 이민들을 집결시킨 후 한영규가 가지고 있던 태극기를 받들고 만세를 높이 부르면서 같은 면 양지리까지 시위행진을 하였다.

3월 30일 김량장리 읍내에서 2,000명이 시위를 벌여 일제의 발포로 2명이 사망했다. 또 기흥면 사무소 앞에서 300명의 시위가 있었다. 같은 날 오전 10시경 기흥면 하갈리 강가 평지에서 수십 명의 이 마을 주민들이 김구식金九植(39세, 농업)의 선도로 조선독립만세시위를 연달아 부르고, 오후 2시경에는 읍삼면 읍내에까지 진출하여 만세시위를 벌였다. 그리고 수지면·읍삼면에서 천도교 인과 농민 1,500명이 격렬한 시위가 일어나 35명이 검거되고, 2명이 사망, 3명이 부상했다.

3월 31일 외사면에서 3,000명의 대규모 시위가 일어나 면사무소 헌병주재소를 습격했다. 일본군의 발포로 1명이 죽고 약간 명이 부상했다. 이날 이동면 송전리에서도 700명의 농민이 평화시위를 벌였고, 원삼면 사암리에서 300명, 송전리에서 300명이 시위를 벌였다.

3월 31일 남사면에서는 면사무소를 습격하고 면장을 끌어내 시위대의 선두에 세워 송전리 헌병출장소를 습격하려고 했는데, 면장이 완강히 거부하자 그를 폭행했다. 면장은 자전거를 타고 그 자리를 빠져 나와 헌병출장소에 밀고하여 헌병이 출동하여 시위대를 해산시켰다. 이에 다음날인 4월 1일 아침 군중 약 200명은 면사무소를 포위하고 면장을 다시 끌어내려고 했다. 면장은 부근의 산 속으로 달아나 군중이 뒤쫓아가 다시 그를 포위했다. 이때 급보를 받고 헌병이 출동하여 군중을 해산시켰다.

4월 1일 고삼면 삼은리에서 시위가 미연에 발각되었고, 4월 2일 원삼면에서 500명의 시위가 있었으며, 남곡리에서 100명의 시위가 있었다. 그리고 이날 외사면에서 500명의 농민들의 폭력시위가 일어났다. 또 같은 날 남사면 창리에서 400명의 기독교인 · 천도교인 · 농민의 격렬한 시위가 일어나 1명이 부상했다.

이천

박은식은, 이천에서 7회 2,300명을 기록했다고 썼다. 이지원은 6회로 집계했는데, 3월 31일(1회)부터 4월 4일(1회)까지 5일간 집중되었다. 또 4월 1일과 2일은 2회이고, 3일은 '수개처'이다.

3월 30일부터 4월 1일까지 3일간 계속해서 마장면麻長面에서 시위가 시작되었다. 첫날인 3월 30일 마장면 오천리의 박종설朴鍾卨 · 이창호李昶鎬 · 이기재李起載 · 구창서具昌書 · 이용근李用根 · 이태순李泰淳 · 이현호李玄鎬 등이 주도하여 오천리에서 시작되었다. 이날 1,000여 명의 군중이 만세를 불렀다. 첫날은 평화적인 시위로 끝났다.

둘째 날은 장암리長巖里에서 천도교인 250여 명이 중심이 되어 시위를 벌였다. 시위대가 장암리에서 오천리까지 행진하는 과정에서 새로 합류한 사람들이 있어 시위대 규모는 350명 가량으로 불어났다. 시위대는 오천리에 있는 일본 헌병주재소 앞으로 밀고 나아갔다. 헌병주재소 헌병은 일본군 보병의 지원을 받아 공포를 쏘며 시위대를 해산시키려 하였으나 시위 군중은 이에 맞서 투석을 하면서 더욱 격렬하게 일본군에 저항하였다. 이에 일본군은 장총에 착검을 하고 시위대를 향해 총검을 휘둘렀다. 시위대원 20여 명이 총검에 찔려 자상刺傷을 입었으며 2명이 체포되었다.

4월 1일에는 전날의 일본군 만행에 분개하여 신둔면 · 마장면 · 백사면 · 모가면 · 대월면 · 호법면 · 읍내면의 7개면 연합 만세시위가 일어났다. 3월 31일 신둔면 수하리水下里 김명규金明奎 집에서 같은 마을의 서기창徐基彰 · 이상혁李商爀 · 김영익金永益, 모가면의 권중효權重孝, 백사면의 김순철金順哲 목사 등이 모여 대응책을 협의하였다. 그리하여 시위일자가 4월 2일로 결정되었다.

신둔면에서는 일본 군경의 삼엄한 감시로 인해 당초 계획보다 하루 앞당겨 4월 1일에 일어났다. 이날 수광리水廣里의 면사무소 앞에 500여 명의 시위군중이 모여들었다. 이상혁이 독립선언서를 낭독했으며, 서기창의 선창으로 대한독립만세를 부르면서 면내로 행진해 나아갔다. 시위대가 지나가는 연도에 있는 마을 사람들이 가세하여 숫자가 더욱 늘어갔다. 이천 헌병분견소 헌병들이 출동하여 총칼을 앞세워 시위대를 강제 해산하였다.

4월 2일 마장면 덕평리德坪里를 비롯하여 모가면 · 백사면 · 읍내면 · 대월면 · 호법면 등 6개 면에서 당초 계획한 대로 만세시위가 일어났다. 마장면 덕평리에서는 4월 2일 밤 300여 명이 시위에 참여하였다. 일본군의 발포로 10여 명

서기창 · 이상혁 사진(국사편찬위원회 자료)

이 부상을 입었다. 모가면 서경리에서는 권중효와 그의 자형 한석동韓石東이 주도하였다. 권중효는 3월 31일 준비모임에 참여하였으며, 한석동 · 남상찬南相贊 등과 함께 자신의 집에서 만세시위를 계획하였다. 이들의 주도로 마을 주민 150여 명이 모였다. 시위군중은 응봉산鷹峰山에 올라가 조선독립만세를 외치면서 시위하였다.

백사면 시위는 김순철 목사가 3월 31일 신둔면 수하리 모임에 참여하고 돌아와 각 동리를 돌며 격문을 돌려 시위참여를 독려하였다. 이에 힘입어 송말리 주민들은 야간에 산에 올라 봉화를 올리고 독립만세를 부르며 시위를 전개하였다. 대월면 군양리 주민들과 호법면민들도 야간에 산에 올라 봉화시위를 하였다.

6개 면의 산상 봉화시위는 현장에서 일본 군인들에 의해 해산되기도 하였으나, 산에서 내려와 당초 계획대로 읍내면으로 모여 들었는데, 이렇게 모인 군중이 300여 명이 되었다. 이천공립보통학교 학생인 최종석崔鍾奭 · 강문형姜文馨 · 서석운徐錫雲 등이 앞에 나서 시위대를 이끌었으며, 상인들은 장날임에도 전 상가가 철시하여 시위에 동참하였다. 일본군의 무차별 발포로 7명의 부상자가 발생하였음에도 시위는 다음날 오전 2시까지 계속되었다.

4월 3일 부발면夫鉢面 등 이천군 각 면에서 산발적으로 독립만세 시위가 일어났다. 4월 4일에는 청미면淸渼面 주민들이 야간에 백족산 정상에 올라 봉화시위를 전개하였다. 그러자 인근 여러 면의 주민들이 각기 100여 명의 시위대를 구

성하여 동시 다발의 봉화시위를
벌였다. 이를 해산시키려고 일본
군이 출동하자 면민들은 산위에
서 돌을 던지며 일본 군경에 대
항하였다. 또 4월 19일 오전 2시
부발면과 강원도를 잇는 경계에
설치된 옥하교沃河橋에 화재가
발생하여 65칸의 교량 중 30칸
이 소실되는 사건도 있었다.

권중효 · 한석동 사진(국사편찬위원회)

장단

일제강점기 장단군은 전쟁과 분단으로 그 관할구역의 일부 지역은 휴전선 이북
에 있으며, 다른 일부 지역(장단면, 군내면, 진동면, 진서면)은 1972년에 파주에 속하
게 되었다. 박은식은 장단에서 2회 700명이 모였다고 기록했다. 이지원은 9회
시위를 했다고 집계했다. 날짜별로 보면, 3월 24일, 26일(2회), 29일, 31일, 4월 2
일(4회)이다.

　　장단군의 3·1운동은 3월 23일 진남면에서 110명이 만세 시위를 했다는 기
록이 있고, 24일 거곡리에서 약 2백명의 군중이 시위를 벌이다 1시간 만에 해산
했다. 이어 본격적인 시위는 3월 26일부터 4월 초 사이에 일어났다.

　　3월 26일 진남면 지역에서 시위운동이 본격화되었다. 동장리의 이창영李
昶永 · 강규수姜奎秀 · 한기동韓基東 · 정순만鄭順萬 · 백태산白泰山 · 조진행趙秦行 ·
이성구李聲九 · 양재영梁在瑛 · 정종락鄭鍾樂 등은 3·1운동 발발 소식을 접하고, 자신들의 고장에서도 독립만세 시위를 벌일 것을 계획하였다. 이들은 3월 26일 밤에 100여 명의 군중과 함께 성화학교聖化學校 뒤에서 독립만세를 불렀다. 이후 대열을 지어 면사무소로 갔다. 면장을 찾았으나 도망치고 없었다. 흥분한 시위대는 돌·흙덩이·몽둥이 등으로 유리창 10여 장을 부수었다. 진남면에서는 27일에도 약 500여 명의 만세시위가 일어났다.

3월 28일 군내면에서 300여 명이 만세시위를 벌였다. 3월 29일 장도면長道面에서는 이날 시위운동을 시작으로 4월 초까지 여러 번에 걸쳐 지속적으로 시위가 발생하였다. 3월 29일 시위는 항동리의 우정시禹禎時와 우정화禹禎和가 주도했다. 이들은 그날 밤에 동리 주민 수십 명과 함께 도덕암산에서 횃불을 올리며 대한독립만세를 불렀다.

3월 29일 진서면의 시위는 면민 100여 명이 집합하여 면사무소를 중심으로 전개되었다. 이날 밤 경릉리의 이봉철李奉哲이 선도하여 군중들과 함께 독립만세를 부르며 진서면사무소로 시위행진을 하였다. 그는 면장 송원섭宋遠燮에게 만세를 부르게 하고 면사무소에 걸린 일본 국기 상자를 꺼내어 불태워버렸다. 군중들은 불타는 일본 국기를 바라보며 더욱 기세를 올렸다.

3월 30일 밤 장도면 항동리 시라위산에서 횃불만세시위가 있었다. 이날 장남면에서는 650여 명이 참여하는 가운데 시위가 일어났다. 3월 31일 밤에는 장도면 항동리 주민 약 70여 명이 태극기를 들고 고읍리에 있는 장도면사무소 앞에까지 나아가 조선독립만세를 외쳤다. 이날 밤 11시 경에는 석주원리에 있는 면장 윤좌영尹佐榮 집 앞에서 시위를 계속하였다. 이날 강상면에서 약 200여 명이 만세시위를 벌였다.

4월 1일 군내면에서 800여 명이 세 번째 시위를 벌였으며, 12명이 검거되었다. 또한 장남면에서 330명의 시위가 일어나 일제의 발포로 1명이 사망하고 10명이 부상당했다. 4월 1일 대남면 시위는 장좌리의 함정원咸貞元 · 이재삼李在三 등이 주도했다. 이들은 주민의 조직적인 참여를 위하여 4월 1일 "이날 밤 동민 각자는 작은 구한국 국기 1류, 5명마다 봉화 1개, 각 동마다 큰 구한국 국기 1류를 가지고 위천리 용산동에 집합하라"는 내용의 문서를 만들어 각 동장들에게 전달하였다. 이에 각 동장들은 이 문서를 회람시키고 시위에 필요한 준비물을 갖추었다. 이날 밤이 되자 군중 100여 명이 시위장소인 용산동 대남면사무소와 사립 명성학교明成學校에 모였다. 시위대는 교정을 돌면서 독립만세시위를 하였다.

4월 1일 강상면江上面 구화리九化里에서도 대규모 군중이 만세를 부르며 시위운동에 적극 나섰다. 특히 이날 시위는 면사무소를 습격하여 방화하기도 했다. 이에 일본 헌병들은 강압적으로 제지하여 시위 군중을 해산시켰다.

4월 3일에도 대남면민의 시위 열기는 식지 않아 4월 1일의 시위에 이어 이날 대남면민 1,000여 명이 앞서 만세시위를 벌인 대남면사무소와 학교에 운집하여 만세시위를 전개하였다. 4월 3일에는 장도면 항동리의 구시장 터에서 오전 10시부터 정오에 이르기까지 태극기를 흔들며 만세를 불렀는데, 마침 고랑포高浪浦 장날을 맞아 장꾼 100여 명이 합세하여 시위를 벌였다.

파주

박은식의 기록에는 파주군의 집회횟수와 인원이 각각 7회 5천명이다. 이지원의 집계에 따르면, 3월 26일(4회), 27일(2회), 28일, 30일(2회) 등 모두 9회이다.

파주에서는 와석면 · 임진면 · 주내면 · 청석면 · 광탄면 · 조리면 · 천현면에서 3·1운동이 일어났다. 3월 10일 와석면 교하리에 있는 교하공립보통학교에서 처음 만세시위가 일어났고, 이후 잠잠하다가 3월 26일부터 30일까지 사이에 집중적으로 일어났다.

3월 10일 교하공립보통학교 만세시위는 구세군 교인인 임명애林明愛가 주도하여 100여 명의 학생들이 교정에서 독립만세를 부르며 시위를 하였다. 이후 3월 25일 임명애와 염규호廉圭浩 부부는 학생 김수덕金守德, 농민 김선명金善明 · 김창실金昌實 등과 자신의 집에서 만세시위를 계획했다. 이때 염규호가 작성하여 등사한 격문 60매를 김창실이 와석면 구당리 · 당하리 등지에 배포하였다.

3월 26일 임진면 문산리에서 농민 500여 명이 만세시위를 벌이다가 이기남이 피격되어 사망했다. 또 이날 주내면에서는 파주리 장날이었다. 파주리와 인근 주민 500여 명은 곤봉으로 무장하고 독립만세를 부르며 시위행진을 하였다. 일제 헌병이 주도자를 체포하려 하자 시위대원들이 달려들어 일제 헌병에 타격을 가하고 보호하여 체포를 저지시켰다. 일제 헌병은 세부득하여 개성헌병대에 지원병을 요청하였다. 이날 밤에는 청석면내 높은 봉우리 일제히 봉화가 오르며 독립만세 소리가 하늘을 진동시켰다.

3월 27일에도 청석면 심학산에 많은 군중이 흰 옷을 입고 집결하여 온 산

임명애 수형기록(국사편찬위원회 한국사데이터베이스)

염규호 수형기록(국사편찬위원회 한국사데이터베이스)

이 하얗게 되었다. 이들은 정오를 지나 산에서 내려와 오후 2시경 면사무소 앞에서 만세시위를 벌였는데, 그 수는 300여 명이었다. 시위대는 면장의 시위 참여를 요구하고, 일부 시위대는 면사무소 판자문과 기와 일부를 부수었다. 시위대가 교하주재소를 향하던 도중에 출동한 주재소 헌병들이 발포하자 해산한 후, 밤이 되자 다시 봉화를 올리고 만세시위를 계속하였다. 이날 광탄면에서도 발랑리 주민들을 중심으로 수백 명이 집결하여 독립만세를 외치며 신산리에 있는 면사무소로 행진했다.

3월 27일 염규호 · 김수덕 · 김창실 등이 700여 명의 동리민을 모아 면사무소로 행진했다. 이들은 면사무소 면서기들에게 업무를 중단할 것을 요구하며 유리창을 부수었다. 시위대는 1,500여 명으로 불어났다. 이들은 교하헌병주재소로 행진하여 갔다. 교하주재소 헌병들이 파주헌병분소에서 병력지원을 받아 시위대를 향하여 발포했다. 당하리 최홍주崔鴻柱가 사망하자 시위대는 해산했다.

3월 28일 광탄면 신산리 심상각과 김웅권金雄權 · 권중환權重煥 · 심의봉沈宜鳳 등 19인이 주도하여 대대적인 만세시위가 일어났다. 이들은 광탄면에 본부를 두고 고양군민 일부까지 참여시키는 주도면밀한 군중동원계획과 시위계획을 수립했다. 28일 집결한 2,000여 명의 군중들은 신산리 광탄면사무소 앞에 집결하여 조리면 봉일천 시장으로 행진했다. 봉일천 장에 모인 1,000여 명과 합세하여 3,000여 명으로 불어난 시위대는 조리면사무소 건물과 집기 일부를 파손하고 면장과 면서기를 붙들어 봉일천 시장까지 앞장세웠다. 이들은 봉일천 헌병주재소에 대해서도 공격하였다. 이에 봉일천주재소 헌병들이 시위대에 발포하여 광탄면의 박원선 등 6명이 현장에서 사망하고 수십 명이 부상당하였으며 많은 사람들이 체포되었다.

3월 30일 광탄면에서는 봉일천 시장에서서 일본 헌병대 만행을 규탄하는 시위가 일어났다. 수많은 주민들이 이에 합세하여 시위규모는 3,000여명에 이르렀다. 이들은 헌병주재소를 습격하고 구금된 인사 한 명을 일시 탈환하기도 했다. 또 이날 천현면 법원리에서는 봉일천 만세시위에서 희생된 김남산의 장례를 치른 후 일제의 만행에 항의하는 추모 만세시위가 열렸다. 시위대는 법원리를 출발하여 문산 방면으로 행진하였는데 도중에 일제 군경의 발포로 강복산姜福山 등 2명이 또다시 목숨을 잃었다.

포천

포천의 집회는 박은식에 따르면, 천 명이 4회에 걸쳐 벌였다. 또 이지원의 집계에 따르면, 모두 7회의 시위가 있었는데, 3월 29일(3회), 30일(3회), 그리고 4월 3일(1회)이다.

3월 13일 오전 11시경 포천공립보통학교와 영중면永中面에 소재한 영평永平공립보통학교에서 만세시위 움직임이 있었다. 이날 포천공립보통학교에서는 3·4학년 학생들이 주동이 되어 1·2학년 학생들과 함께 일본인 교원들의 눈을 피해 학교 뒷산에 올라가 독립만세를 불러 포천 지방에 3·1운동의 첫 함성을 울렸다. 같은 날에 영평공립보통학교에서도 3학년 학생인 정수환鄭壽煥은 3·4학년 학생들에게 철원鐵原과 포천에 있는 다른 학교들은 이미 3·1운동에 호응하여 동맹휴학을 단행하고 독립만세 시위운동에 적극 참여하고 있다는 소식을 전하였다. 정수환은 영평공립보통학교도 빨리 동맹휴학하고 독립만세 시위운동에 나설 것을 권유하다가 일본인 교원들의 제지로 말미암아 그 뜻을 이루지 못했다.

이후 3월 24일 소흘면蘇屹面 송우리松隅里와 영중면 영평리永平里에서 독립만세 시위운동이 일어나서 송우리 주민 600여 명이 모여 독립만세 시위운동을 벌였다. 헌병대가 출동하여 주모자 1명을 체포하였다. 이에 시위대는 주민 체포에 거세게 항의하였고, 일본 헌병들은 칼을 빼어 마구 휘두르면서 주민들을 해산시켰다. 이때 부상자들이 생겼다.

영평에서는 1,000명의 주민들이 모여 면사무소를 습격하고 유리창을 파괴하였다. 또한 친일 면장을 구타한 뒤 영평헌병분견소永平憲兵分遣所로 몰려가 압박하다 해산하였다.

이후 3월 29일 소흘면 무봉리茂峰里에서는 1,000여 명의 주민들이 대한독립만세를 외치며 시위운동을 전개하였다. 같은 날 군내면郡內面 주민 200여 명도 유교리柳橋里에서 대한독립만세를 고창하며 시위운동을 벌였다. 신북면의 각 구장들인 삼성당리 서성달徐成達, 심곡리의 이치상李致相, 고일리의 성성문成聖文은 심곡리의 윤충렬尹忠烈 등과 비밀리에 모여 서울의 천도교 본부로 사람을 보내 연락을 주고받았다. 3월 29일 밤 동리에 "3월 30일 신북면사무소 부근에 집합하여 조선독립만세를 부르라"는 통문이 나돌았다. 통문을 받은 동민들은 이 통문을 다른 이웃들에게로 돌렸다. 이렇게 하며 밤을 타서 다음날의 만세시위 계획이 면민들에게 알려졌다.

예정한 3월 30일 오전 11시 300여 명의 주민들이 모여 들었다. 주도자 윤충렬이 기수가 되어 태극기를 앞세우고 시위대는 면내를 향해 독립만세를 부르며 시위행진을 시작하였다. 일행은 면내로 가는 중간 지점인 가채리 앞 들판에서 일본 기마병과 맞부딪혔다. 일제 헌병경찰은 군중들에게 무차별 총격을 가하여 3명의 시위 운동자가 현장에서 순국하고 다수의 부상자가 발생하였으며 3명의 주동자가 피체되었다.

3월 30일 신북면사무소 앞에는 포천 지방 각 지역 주민들에게 시위운동 계획을 전파한 결과 신북면·일동면一東面·이동면二東面·영중면 등에서 2,000여 명의 주민들과 시위를 계획하고 추진했던 조훈식·최학돌·유중식·김수종·함병현 등이 모였다. 이때 한 청년이 "여러분, 우리나라는 독립되었으며 세계 각국이 우리를 원조하고 있습니다"고 하는 일장의 연설을 하여 군중들의 피를 끓게 하였으며, 이어 군중들의 "대한독립만세"의 소리가 우렁차게 울려 퍼졌다. 그리고 태극기를 앞세우고 대한독립만세를 고창하는 조훈식의 뒤를 따라 만세시위를 전개하였다.

가산면에서는 최석휴崔錫休가 중심이 되어 청년들을 규합하며 치밀하게 시위운동을 준비하여 마침내 이날 1,000명이 모여 독립만세 시위행진을 벌였으며, 다음은 소흘면주재소를 습격하여 경찰과 충돌하였다. 최석휴는 경찰이 쏜 총에 맞아 현장에서 순국하였다.

4월 1일에는 일동면 기산리機山里의 주민 200여 명이 독립만세 시위운동을 펼쳤고, 4월 3일에는 신북면 삼정리三政里에서 독립만세 시위운동이 있었다. 같은 날, 일동면 장암리場岩里의 주민 500여 명과 노곡리蘆谷里 주민 400여 명도 독립만세 시위운동을 전개하였다.

영북면 자일리 사는 안응건安應乾은 주변 각지에서 독립만세시위가 일어나는 것을 보고, 시위운동을 더욱 확산시키고자 태극기 25장을 만들어 각 집에 게양하도록 하였다. 또한 "4월 3일 밤에 동리에 모여 독립만세를 부르겠다. 여기에 참여하지 않는 사람은 애국자가 아니다"라는 격문을 동리에 돌려 시위에 참여하도록 독려하였다.

진위(현재의 평택)

오늘날의 평택은 1914년 3월 1일 충청남도 평택군 전부와 경기도 수원군 일부가 경기도 진위군에 병합되면서 만들어졌다. 이후 1938년 진위군이 평택군으로 개칭되었다. 박은식은 평택과 진위의 집회횟수와 집회인원수를 각각 7회 8백명, 8회 5천명이라 기록했다.[5] 또 이지원의 집계에 따르면, 5회 이상인데, 3월 11일과 18일, 4월 1일(2회), 3일(수개처), 10일 등 한달간에 걸쳐 산발적으로 이어졌다.

당시 진위군에서는 병남 · 부용 · 고덕 · 오성 · 청북 · 송탄 · 서탄 · 북 · 현덕면에서 3·1운동이 일어났다. 먼저 3월 9일 현덕면 각 동리에서는 산에 올라가 봉화를 올리고 만세를 불렀다. 이에 인근 동리에서도 호응하였다.

3월 10일 청북면 토진리 뒷산 오봉산과 마루산 등지에서 만세를 불렀다. 오성면에서도 평야지대는 물론 산간지대에까지 일제히 만세를 불렀다. 청북면에서도 토진리 오봉산과 마루산에 신포 등지의 이민들이 집합하여 독립만세를 불렀다.

3월 11일 아침 '만세를 부르자'는 격문이 평택정거장 앞에 게시되었다. 이날 오후 5시 평택정거장 앞 사거리에 수천 명이 모여 독립만세를 부르며 군문리 다리를 향해 행진하였다. 이 시위는 병남면 비전리에서 미곡상을 하던 이도상李道相(30세)이 주도하였다. 그는 서울 시위 소식을 듣고 시위에 참여하고자 3월 10일 동생 이덕상에게 집안 일 모두를 맡겼다. 그리고 이튿날 평택면내로 들어가 장날 역전에 모인 군중들을 선도하여 독립만세를 부르게 했다. 이에 학생과 군중들이 일제히 호응하여 큰 시위로 발전하였다. 소방대에서 이를 보고 종을 쳐서 일본 경찰이 출동하였으며, 주도자 13~14명이 체포되었다.

---

5) 진위와 평택을 나누어 표기한 것 역시 1914년의 지방행정구역 개편 결과가 반영되지 않은 것이다.

3월 21일 북면 야막리·봉양리 주민들이 시위를 벌였다. 이곳에는 천도교구가 있고, 천도교인이 많은 곳이었다. 야막리·봉양리 주민 5백여 명은 태극기를 들고 면사무소를 습격한 후 면장을 앞세우고 만세 시위를 벌였다. 이때 주도자 박창훈이 체포되었다.

3월 31일 북면 소재지 봉남리 주민 4백여 명이 시위를 했다. 이 마을 박성백·최구홍·유동환·전영록 등은 미리 태극기 30개를 만들어 두었다가 이날 오후 4시경 주민들과 함께 면사무소와 경찰관 주재소 앞을 돌며 독립만세를 부르고 오후 6시까지 면내 각 동리를 행진했다.

4월 1일 평택의 각 상점들은 일제히 폐점하여 독립운동에 동참하였다. 그에 앞서 3월 31일 조선인 상점 2개소에 평택우체국 소인이 찍힌 협박장이 배달되었는데, 다음날 폐점은 그에 호응한 것이었다.

4월 1일 밤 평택에서 대규모 만세시위가 일어났다. 밤 10시 반 경 평택 주변 일대에 산봉우리마다 봉화를 올리며 독립만세를 외쳤으며, 10여개 마을에서 3,000명의 군중이 평택으로 모여 들어 새벽 2시까지 만세시위를 벌였다. 일제 경찰은 시위대를 향해 발포를 자행하여 1명이 숨지고 4명이 중상을 입었으며, 그밖에 경상자가 있었다. 그날 팽성(부용면)에서도 평택 구읍 뒷산에서 봉화를 올리며 평택역 시위에 합세하였다. 같은 날 고덕면 율포리에서 500여 명의 농민들이 평화시위를 벌이고, 평택역 시위에 합세하려 달려갔다. 청북면에서도 면민 수십 명이 마을에서 만세를 불렀다. 이는 오성면 안화리에 사는 안육만이 김원근과 함께 청북면 백봉리 큰길에서 시위를 촉구하고 오성면 안화리와 청북면 백봉리 주민 수십 명이 호응하여 일어난 것이다. 북면 은산리와 봉남리에서도 시위가 벌어졌다. 은산리 정경순이 주도하여 30명 가량이 은산리 산 위에 올라가 만세

를 부르자 많은 주민들이 호응하
여 산 아래에서 독립 만세를 외
쳤다. 이후 시위 군중은 면 소재
지인 봉남리로 가서 순사 주재소
앞에서 시위를 벌였다.

4월 2일 오성면과 외삼면에
서 1,000여 명의 주민들이 만세
시위를 벌이다 11명이 체포되었

이도상 일제감시대상인물카드(국사편찬위원회)

다. 이날 송탄면 독곡리에서 500명이 만세시위를 벌였다. 또 고덕면에서는 일
본 경찰과 수비대가 평택 자위대와 함께 출동하여 두릉리 안재홍 집을 수색하
자 주민들이 반발하여 시위를 벌였다. 이에 일본 경찰이 군중에게 발포하여 6~7
명이 부상을 입었다.

4월 3일 밤 오성면 학현리에서 봉오산 위에 주민들이 올라가 만세를 외쳤다.
김용성·공재록·이충필이 주도하여 짚을 쌓아 봉화를 올리며 만세를 불렀다.

4월 10일 서탄면 금암리에서 100여 명이 주재소를 습격하고 만세를 불렀
다. 일제 경찰이 발포하여 1명이 죽고 3명이 부상당했으며 5명이 체포되었다. 사
리·수월암리에서도 만세를 부르다가 해산하였다.

02
수원군 송산 지역의 3·1운동

서언

1910년 일제에 의하여 조선이 강점된 후 한민족의 민족적 투쟁으로 가장 높이 평가되는 것이 3·1운동임은 주지의 사실이다. 이 3·1만세운동은 전국 방방곡곡은 물론 만주, 러시아, 미주 등 국외에서도 활발히 전개되었다. 그 가운데서도 화성지역은 3·1운동과 관련하여 가장 널리 알려져 있는 지역일 것이다. 운동도 활발하였을 뿐만 아니라 제암리 등의 일제의 만행이 세계적으로 널리 알려진 것 또한 그 한 원인이라고 할 수 있다.

그러므로 학계에서도 일찍부터 화성군의 3·1운동에 주목하여 제암리, 우정면, 장안면 등 다수 지역의 운동상황 및 일제의 학살 전모가 구체적으로 많이 밝혀지게 되었다. 그러나 그렇다고 하여 화성지역 3·1운동의 전체상이 밝혀진 것은 아니라고 생각된다. 지나치게 만세운동과 학살측면에 초점을 맞춘 나머지 운동의 발발 배경에 대한 보다 구체적인 내용들이 살펴지지 못하였으며, 그 영향과 다른 지역과의 상관관계 또한 아직까지 심도 있게 조망되지 못하였다고 생각된다. 또한 우정면, 장안면, 향남면 제암리 등이 부각된 나머지 화성시에서 최초로 만세운동이 전개되었고, 시발점 역할을 하였던 송산면, 서신면 등에 주의를 기울이지 못하는 우를 범하기도 하였다. 그러므로 필자는 본고에서 특별히 송산면 지역의 3·1운동에 주목하고자 하는 것이다.

본고에서는 우선 송산면의 사회경제적 상황과 운동의 전통을 3·1운동의 배경으로 살펴볼 것이다. 이어서 3·1운동의 전개과정을 알아보고 또한 주요구성원도 분석해 볼 것이다. 여기에서는 특히 학력, 연령, 재산정도, 생활 상태, 종교 등을 밝혀볼 것이다. 아울러 일본의 탄압에 대하여도 알아보고, 끝으로 송산면 3·1운동의 역사적 위상에 대하여 살펴보고자 한다.

송산면 3·1운동의 배경

사회경제적 상황

송산면은 1914년 일제가 부·군·면 통합 폐합시 송산, 세곶, 수산 등을 합하여 송산면으로 개칭되었다. 남양반도의 중심을 이루고 있는 이곳은 15개리 중에서 10개 리가 바다에 접해 있다. 그럼에도 불구하고 농토도 풍부하여 농사에 종사하는 사람들이 많았다. 1922년 12월 말일 일본측 조사(별첨 〈표1〉 참조)에 의하면, 송산면의 경우 수원군내 총 206,250 정보의 일모작 논 가운데 5.5%인 11,214정보의 논이 있었다. 이것은 반월면(14,678), 안용면(14,159), 태장면(13,474), 우정면(13,041), 향남면(11,135) 다음 순위이다. 논과 밭을 합한 경우에는 전체 수원군내 344,301정보 가운데 송산면의 경우 19,029정보로서 5.5%를 차지하고 있다. 이것 역시 반월면(25,115), 태장면(22,752), 우정면(21,488), 안용면(21,232) 다음으로 많은 것이다. 이를 통해서 볼 때 송산면은 바다에 접해 있는 지역이지만 많은 농경지를 소유하고 있던 곳이었다고 볼 수 있겠다.

　　한편 송산면의 경우 별첨〈표2〉에서 보는 바와 같이 1922년의 경우 수원군 내 전체 농가수 22,581호 가운데 6.3%인 1,443호를 차지하고 있다. 그리고 수원군 내에서 가장 많은 호가 전업 및 겸업으로서 농사에 종사하고 있음을 보여주고 있다. 또한 전체농가 1,443호 가운데 지주(갑)이 10호, 지주(을)이 37호, 자작호가 136호, 자작 겸 소작이 703호, 소작이 557호를 차지하고 있다. 즉, 전체 1, 443호 가운데 73·1%인 1,260호가 자작 겸 소작 또는 소작농인 경제상황을 보여주고 있다. 그러므로 1919년 4월 이 지역의 이재민 상황을 시찰한 경기도 장관은 4월 10일 밤 서울에 돌아와 "송산면 마도면 방면은 반은 농사를 짓고 반은 고기잡이를 하는 백성인데 반은 농사를 한다고 하지만 자기 땅을 농사하는 자는 자는 거의 없고 모두 소작인뿐 임으로 구착한 백성이 많다"고 지적하고 있는 것이다.

　　수원 화성지역은 서울의 관문이어서 예로부터 군사주둔지와 총융청 둔전 등 군용지와 왕실토지, 철도부설지 등이 많이 있었다. 그런데 1910년 일제는 조선을 일제의 값싼 쌀 공급지이자 공업원료 수탈지로 만들기 위한 준비작업으로 1910년부터 1918년까지 근대적 토지 소유권의 확립이라는 미명아래 토지조사사업 등을 시행하였다. 그 결과 국유지, 역둔토 등 전 농토의 40%나 되는 토지가 조선총독부 소유로 넘어갔다. 조선총독부는 동양척식주식회사 등 식민지사업회사에 토지를 불하하고 일본인을 이주시켜 지주로 만들었다. 수원에도 동양척식회사의 출장소가 설치되었다. 토지조사사업의 결과 총독부 소유의 땅이 늘어났을 뿐만 아니라 소유권 조사를 통해 지세수입이 2배, 과세지가 52% 증가하였다. 또한 일본인 토지 소유가 급증하는 반면 조선인 자작농, 자소작농은 토지를 잃고 소작인으로 전락하였다. 송산면의 경우도 예외는 아니었다. 송산면의 경우 현재 사강 시장 앞 벌판에 동양척식주식회사 및 일본인들이 다수 진출하여 토지를 소유하고 농사를 지었다고 알려지고 있다. 이 지역은 송산면지역에서 가장 넓은 농토를 가지고 있는 지역이다.

또한 송산면지역의 토지 소유 형태는 1920년 4월 당시 일제에 의하여 탄압 받았던 이재 농가 204호를 소유지 면적 순으로 배열한 〈표2-1-1〉을 통해서도 짐작해 볼 수 있다. 이들 중 가장 소유지가 많은 농가는 사강리 옆에 있는 봉가리 안모의 17,945평이었다. 송산면에서는 6천평(30 두락)이상이 10호, 3천평(15두락)이상이 18호이다. 그리고 나머지는 그 이하의 영세농이었다.

〈표2-2-1〉 송산면 罹災 농가 204호의 소유지 면적별 일람표

평 동	20000평 미만	15000평 미만	12000평 미만	6000평 미만	3,000평 미만	1,500평 미만	900평 미만	무소유
봉가	1		3	4	5	6	5	22
삼존	1		2	3	2	3	4	24
사강			3	10	10	3	12	44
육일				1	3	4	4	18
해문						1	1	5
계	2	0	8	18	20	17	26	113

*1 마지기(두락)은 150~300평임.
* 「수원군 송산면 지방에 있어서의 소요사건 복명서」, 1919년 4월 25일 참조, 박성수, 『독립운동사연구』, 창작과 비평사, 1980, 321 재인용.

즉 〈표2-2-1〉에서 보는 바와 같이 113호에 이르는 50%이상이 토지를 소유하고 있지 못하였던 것이다. 이 점은 후일 이 지역 농민들이 적극적으로 만세운동에 참여하는 계기가 되었을 것이다.

동학 및 해안 의병의 영향

동학농민전쟁은 1894년 1월 -3월 고부민란 단계, 3월-5월 제1차 동학농민전쟁

단계, 5월- 9월 동학농민전쟁의 집강소 단계, 9월 -12월 남 · 북접이 연합한 제 2차 동학농민전쟁의 단계등 4단계로 진행되었다. 이러한 가운데 경기도지역에서는 1894년 6월 28일 제1차 동학농민전쟁 발발 직후에 남양에서 최초로 농민전쟁이 발발하였다. 이러한 점으로 보아 남양일대는 경기도에서 일찍부터 동학이 전파되어 성한 곳이었다고 할 수 있다. 그 후에도 남양에서는 천도교가 번창하였던 것 같다. 1909년 8월 남양교구가 전국에서 성미 납부성적이 우수하여 1등에 선정된 점은 이를 반증해 주는 것이라 할 수 있다. 즉 남양지역은 동학농민전쟁이후 일제에 대한 저항의식이 농민들 사이에 이어져 내려온 것으로 보인다.

한편 송산면 인근지역인 남양지역에서는 1894년 6월 고을원의 지세수탈 등에 대항하여 농민항쟁이 발생하였다. 또한 1895년 명성황후 시해이후 의병항쟁이 일어나자 1896년 이천에 있는 수창의소의 김하락 의병장의 격문에 감동되어 그곳으로 옮겨가 의병활동에 참여하였다. 1907년 8월 남양에서 군대가 해산되자 동년 9월 10일 신경춘은 부하 10여명을 이끌고 남양군 연안 화령도와 대부도에서 활동하였다.

송산면은 바다와 접해 있는 지역이다. 그러므로 일찍부터 바다를 중심으로 전개된 의병활동은 이들 주민들의 민족의식 형성에 일정한 역할을 하였을 것으로 보인다. 즉 이 지역에서는 1908년 3월부터 "수적"의 항일투쟁이 전개되었다. 그들 의병들은 인천 앞 바다인 영종도와 남양만 앞 바다에 있는 대부도, 영흥도를 근거지로 섬들을 옮겨 다니거나 때로는 남양군 해안에 상륙하여 수원방면으로 진출하여 토벌대와 항쟁하기도 하였다.

의병들의 활동이 활발해지자 일제는 남양군과 수원군 남부 해안에 출몰하는 수적들이 대부도 등을 근거지로 하고 있다고 파악하고 인천 세관 소속의 작은 증기선을 빌려 대부도와 노흥도, 풍도를 중심으로 의병을 정찰하고 3월 16일부터 19일까지 토벌전을 전개하기도 하였다. 이에도 불구하고 5월에 들어서도 수적이 활동이 그치지 않자 일제는 6월 5일 일제는 경찰 8명을 파견하여 섬들을 수색하기도 하였다.

이에 1908년 8월 27일 남양지방 금융조합이사(色川元市)는 탁지부대신 임선준에게 보낸 보고에 "이곳 지방민의 상황을 말씀드리면 극히 악질로 배일사상이 가장 격렬한 곳이며 해안으로 남양반도 전면에는 대부도를 주로 하고 작은 여러 개 섬이 있어 폭도가 잠복하거나 총기 등을 몰래 옮기기에 아주 편리한 곳이다. 해안에는 아무 시설도 없고 일본인 순사(남양군 전체에 3명)가 단속하므로 매우 곤란하다. 따라서 일본인에 대하여는 이를 갈며 응수하고 있다."라고 하고 있고, 1908년 9월 16일자로 탁지부 대신에게 〈관유창고 이용에 관한 건〉으로 보낸 공문에서는 "이곳은 인심이 나쁘고 배일사상이 가장 격렬한 곳이다."라고 하여 이 지역 주민들의 항일의식을 보여주고 있다.

송산면의 3·1운동 전개

1919년 3월 1일 만세운동이 전개되었다. 그 소식은 서울 인근 지역인 경기도지역에 즉시 알려지게 되었다. 그 결과 수원에서도 3월 1일 만세운동의 움직임이 있었다. 그리고 3월 16일 장날을 이용하여 팔달산 서장대와 창룡문 안 연무대에 수백 명씩 모여 만세를 부르며 종로를 통과하여 시위행진을 전개하였다. 그리고 3월 23일 수원역 부근의 서호에서 700명이 시위를 벌이다가 수원역 앞에서 일경과 헌병대 및 소방대의 제지를 받고 해산했다.

아울러 인천, 안산 등지에서도 알려져 만세운동이 전개되었다. 특히 지역은 송산면과 지리적 인접성과 더불어 인천의 경우 배를 통한 인적, 물적 교류가 활발하였다.

수원읍내와 친천, 안산지역의 만세운동 소식은 그곳을 오가는 지역민들을 통하여 입으로 입으로 전해졌을 것임은 자연스러운 일일 것이다. 그런 가운데 서울 등 인근지역의 만세소식은 신문을 통하여 확인 될 수 있었을 것이다. 송산면 사강리 지역에 살고 있는 홍면옥(일명 홍면)6) 역시 매일신보를 통하여 만세소식을 접하였다.7) 그는 3월 9일 신문을 통하여 만세소식에 접한 후 조선은 원래 독립국이었으므로 당연히 독립이 되어야 한다고 인식하였다. 홍면옥은 당시 35세의 장년으로 활발한 활동가였던 것 같다. 그는 일찍이 1914년 9월 25일 경성지방법원에서 횡령죄로 징역을 산적이 있었으며, 1917년에는 인천지청에서 도박죄로 태형 30을 받은 적이 있었다. 그가 어떠한 이유로 도박 및 횡령죄에 처하여졌는지에 대하여는 알 수 없지만 그가 식민지지배에서 저항적인 인물이었던 것으로 추정된다. 그는 서당에서 한문을 2-3년 공부한 인물이었으므로 한문을 해독할 수 있는 지식인이었다. 한편 홍면옥의 동생 홍준옥 역시 당시 신문을 보고 서울에서 만세운동이 시작될 때부터 알고 있었다고 한다.

홍면옥은 만세운동을 추진하기로 하였던 것 같다. 그가 일제측의 심문에서 "금년 음력 2월 초순경에 서울의 매일신보를 읽고 조선 각지에서 만세를 부르고 있는 것을 알았다. 또 그 무렵에 송산면 사무소 게시판에 이러한 좋은 기회에 만세를 부르는 것은 독립을 구하는 것으로 만세를 부르는 사람은 조선인민이다. 만세를 부르지 않는 마을에는 방화한다는 의미의 광고가 익명으로 붙여져 있는

---

6) 홍면은 1919년 체포된 후 1920년 징역 15년을 언도받고 12년에 처해진 후 10년을 살다 출옥하였다. 해방이후 건국준비위원회와 인민위원회에서 활동하였다.(수원시, 「수원 근현대사 증언 자료집」 I, 김시중 면담, 2001, 77-78) 또한 한국독립당에서 활동하다 월북하여 1949년경 사망한 것으로 알려져 있다(아들 홍진후 증언)

7) 당시 장안면장이었던 김현묵도 서울에서 만세운동이 일어난 수일 후 〈매일신보〉를 통해 알았다고 한다.

것을 보았다."라고 하고 있지만 이것은 실제 홍면옥이 중심이 되어 추진한 것이 아닌가 추정된다.

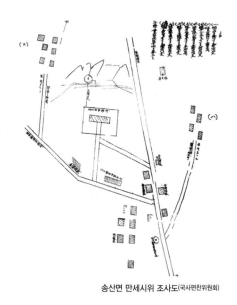

송산면 만세시위 조사도(국사편찬위원회)

홍면옥은 이규선[8], 홍효선[9] 등 주변의 가까운 동지들을 통하여 3월 26일 만세시위운동을 전개하고자 추진하였던 것 같다. 이날은 구장집에 모여 세금을 납부하는 날이었기 때문에 사람들이 자연스럽게 모일 수 있었기 때문일 것이다. 또한 홍윤일 등 다른 동지들을 통하여 비밀리에 3월 26일에 만세운동이 있을 것임을 알리고 꼭 참여하도록 유도하였다. 홍설후의 신문조서에,

나는 3월 23일 오후 1시경 송산면 육일리의 형 집에 가는 도중에 사강리의 홍윤일이 말하기를 오는 26일에 사강리 시장에 모여 한국독립만세를 부르지 않으면 너를 죽이든가 집을 태워버리겠다고 말하였으므로 26일 오전 11시 경 시장에 모여서 만세를 불렀다.

라고 하고 있는 점으로 보아 만세운동은 미리 준비되기 시작하였던 것 같다.

---

8) 송산면 중송리 거주, 당 30세 가량, 21권 217 참조.

9) 사강 만세운동에 중심적인 역할을 한 홍효선에 대한 자료는 제한되어 있다. 제적등본에 따르면 수원군 송산면 사강리 544번지 거주이다. 본관은 남양이며, 아버지는 홍대연, 어머니는 조씨이다. 생몰연대는 1879-1932로 되어 있으나 1919년 체포후 고문에 의하여 순국한 것으로 알려져 있다. 그의 장남인 홍승한도 역시 만세운동에 참여하였다.

3월 26일(음력 2월 25일) 오전 9시경 사강리 구장 홍명선의 집으로 호세를 납부하려고 모인 사람이 140명 정도 되었다. 이때 홍효선은 주민들에게 다른 마을에서도 만세를 부르고 있으니 우리도 만세를 부르자고 외쳤다.[10] 그러자 일동이 이에 동의하였다. 이때 홍면옥은 여러 사람들에 대하여 시위운동을 전개하는 것은 좋은데, 만약 일경에게 붙잡혔을 때에는 누가 주모자라는 것은 말하지 말아야 한다고 주민들에게 주의를 주었다. 그는 과거 경찰에 체포되어 신문을 받은 경험이 있기 때문에 이처럼 치밀한 계획을 추진하였던 것으로 보인다.

그 후 홍면옥, 홍효선 등의 주도로 주민들은 송산면사무소[11]로 향하였다 그곳은 바로 일본의 최하단 말단 행정기구였기 때문이었다. 주민들은 오후 5시경 사강리 송산면 사무소 부근에 구한국국기를 게양하고 조선독립만세를 고창하였다. 이때 왕광연, 홍명선, 홍봉근, 홍복룡, 홍준옥, 김교창, 김도정, 김용준, 차경현, 진수익, 이순일, 이윤식, 이윤식, 최추보, 안순원, 오광득, 정군필, 김병준, 김성실, 임팔용 등과 150여명의 군중이 함께 만세시위를 전개하였다. 이에 놀라 순사보 2명이 와서 주모자가 누구냐고 다구치자 홍효선은 자신이 주모자라고 밝히는 대담성을 보여주고 있다.

만세시위가 끝나자 일본 경찰이 중심인물인 홍면옥과 홍효선 등을 체포하려하자 그들은 서신 방향 마을 앞 육일리 뒷산인 궁평산(현재 구봉산)에 가서 숨어 있었다. 사강주재소12)의 경우 숫적 열세로 일단 주민들을 무마시키기에 급급하였다.

---

10) 이러한 주장은 자못 만세운동이 피동적인 것처럼 보인다. 재판 및 신문과정에서 형량을 줄이기 위하여 언급한 대목으로 사료된다.

11) 현재 위치는 송산초등학교 우측 옆에 있는 공영주차장 자리이다.

12) 사강주재소는 1917년 2월 8일에 설치되었다.(『조선총독부관보』, 1917년 2월 8일자)

사강리 주재소에서는 3월 26일의 만세사건을 남양경찰관 주재소 순사(竹內階吉)에게 보고하였고, 그는 즉시 수원경찰서에 이 사실을 보고하였다. 그리고 동월 27일 오전 8시 순사보 김학응, 조종환과 함께 주민들을 설득하기 위하여 쌍송리방향을 지나 사강리로 왔다. 이때 그들은 송산면 사강리 서쪽 육일리 방면에서 만세를 부르는 소리를 들었다. 그리고 정오경 면사무소 뒤의 작은 산[13]에 사람들이 모여 태극기를 들고 독립만세를 부르는 것을 들었을 것이다.

이에 사강 주재소 근무 순사보 장용남과 모두 4명이 그들을 진정시키기 위해 그곳으로 가자 주민들은 그들이 오는 것을 보고 전부 해산하였다. 이에 일경도 우선 사강주재소로 철수하였는데 수원경찰서에서 순사부장(野口廣三)과 순사보 정인옥이 응원차 왔다.

3월 28일 오전 11시경 홍면옥이 중심이 되어 그의 집 앞뜰에서 홍면옥, 홍효선, 김창준, 왕국신, 홍태준, 홍문선 등이 만세를 불렀다. 그리고 홍면옥은 송산면 중송리 거주 이규선과 사강리 거주 홍효선 등과 함께 3월 28일이 사강리의 장날이므로 오후 2-3시에 동네 주민들과 사강 시장에 오는 인근 마을 사람들을 모아서 만세를 부르라고 하며 면 사무소 뒷산에서 만세운동을 주도하였다. 이때 송산면 면사무소 앞, 뒷산 및 그 부근 그리고 사강 주재소[14]에서 홍문선, 홍남후, 홍승한, 홍관후, 문상익, 이경집, 박춘흥, 민용운, 전도선 등 및 다른 1천 여 명의 군중이 국권회복을 위하여 태극기를 치켜들고 조선독립만세를 불렀다. 태극기는 약 2척 5촌에서 3척 가량의 흰색 천에 염색을 하였다.

만세운동이 전개되자 일본 순사들은 해산을 명령하는 한편 주민들을 설득

---

13) 현재 송산초등학교가 위치하고 있다. 송산초등학교 구내에는 현재 3·1운동 기념비가 서 있으며, 기념비 옆에 지금까지 살아있는 소나무 한그루가 옛날의 일들을 증언해주고 있다.

14) 사강 주재소는 과거 송산면사무소 뒤편 도로 부근에 위치하고 있었다.(노구찌 순사부장 사망장소 도면 참조)

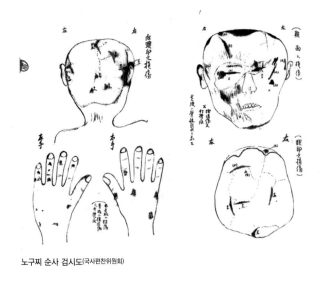

노구찌 순사 검시도(국사편찬위원회)

하고자 하였다. 이에 대하여 홍면옥 등은 계속적으로 만세운동을 전개하는 한편, 주민들에게 "조선독립은 결코 총독부에서 허락하는 것이 아니요. 세계대세와 민족자결주의에 의거하여 조선민족된 의무로 만세를 부르는 것이다"라고 외치며, 만세운동을 독려하였다.

이에 노구찌 순사는 홍면옥과 홍교선, 예종리 등 3명을 잡아 앉혀두었다. 이때 홍면옥이 갑자기 일어나 만세를 불렀으므로 오후 3시경 일본순사 노구찌가 총을 발포하여 주민들을 해산하려고 하였으나 홍면옥이 등(어깨)에 맞고 피를 흘렸다.[15] 이에 홍면옥은 동생 홍준옥에게 업혀서 송산면 사무소 숙직실에 앉아 동생으로부터 응급 조치를 받았다. 그때 홍면옥의 부인이 아버지인 김명제에게 연락하였고 즉시 그는 현장으로 달려왔다. 그는 순사가 말리자 나를 죽이라며 저항하였다. 홍면옥은 송산면 면서기로 있던 동생 홍준옥, 그리고 홍효선, 마산리 거주 예종구 등과 함께 송산면 사무소 안팎에 있던 주민들에게 일본순사를 죽이라고 호소하였다. 한편 이때 얼마 안 있어 서신면 방면에서 대한독립이라고 쓴

---

15) 홍면옥이 총을 맞은 장소는 사강리 면사무소 뒷 도로이다.(21권, 219)

깃발을¹⁶⁾, 송산면 중 송리 방면에서도 태극기를 내세우고 만세를 고창하며 몰려왔다.

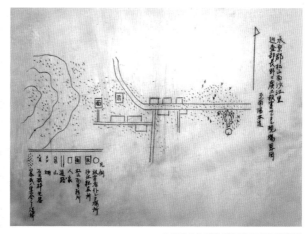

노구찌 순사 처단 현장 검증도_(국사편찬위원회)

사태가 걷잡을 수 없게 되자 노구찌 부장은 자전거를 타고 남양 방면을 향하여 도주하기 시작하였다. 일경은 일단 남양으로 철수하여 수원경찰서에 응원을 청함과 동시에 남양에 거주하는 일본인들을 소집하여 이를 진압하려는 방책을 세우고자 하였던 것이다. 사강리 주재소에 들리어 노구찌부장이 자전거를 타고 남양에 돌아갈 준비를 하고 있을 때 군중들은 빨간모자를 쓴 자를 죽이라고 절규하고 도로를 점

---

16) 서신면 지역의 만세운동에 대하여는 그 중요성에 비하여 자료들이 별로 남아 있지 않다. 다만 홍면옥의 신문 시에 그는 서신면, 송산면 사람들이 독립운동에 참여하였다고(21권, 217)하고 있고, 또한 김명제(21권, 220) 그리고 일제측도(21권, 226, 229) 서신면민의 참여를 기정사실화하고 있다. 또한 송산면 상안 1리에 주민이 세운 만세운동 기념비(1979년 3월 28일자, 이중우 글, 노경호 씀)가 남아 있어 그 일단을 추측해 볼 수 있다. 앞으로 보다 심층적인 분석과 조사가 필요할 듯하다. 3·1운동 기념비에는 다음과 같이 기록되어 있다.

"당시 상안리에 거주하던 이원행씨가 주동이 되어 일제에 항거한 서신면은 노도와 같이 들고 일어섰다. 3월 26일부터 주민이 합세한 이 운동은 3월 28일 새벽 굴고개를 단숨에 넘어 송산면민과 합세, 마침 사강 장날이라 수많은 군중이 이에 호응, 거센 독립만세소리는 천지를 진동케 했다.

주로 민중의 선두에 나섰던 이원행씨와 전곡리 홍성휴씨 그리고 이재항씨와 송교리 홍대규씨는 더욱 울분에 싸여 일제의 만행에 소리쳐 항거했다. 그 후 일제 왜경과 헌병은 마을을 습격 불을 지르며 전곡리 홍대우지사를 학살하는 등 만행을 자행했다. 이원행씨는 그 후 해외로 망명, 블라디보스톡, 하얼빈, 상하이 등지에서 조국광복을 위한 독립운동으로 이국 타향에서 가진 고초 끝에 수년 후 귀국하여 향리에 돌아 오신 뒤 국권회복은 오직 젊은 청소년들에게 애국정신 고취와 민족교육에 있음을 느끼시고 서신학습강습소에서 후배 양성을 위한 몽학에 전념하시다 조국광복전에 53세로 돌아가셨다."

상안 1리 노인들 특히 이용안(1917년생, 이원행의 조카, 상안 1리 거주)의 증언에 따르면 이원행은 양성 이씨로 부농이었고, 보성전문 학생이었다고 한다. 1984년에 만들어진 『양성이씨 대동보 권3』에 따르면 이원행은 1889~1939이며 아버지는 이현진, 형은 이원영이다. 또한 홍성휴는 남양홍씨 대호군파이며, 이재항은 전부이씨이고, 홍대규는 당성 홍씨라고 한다.

거하여 투석하였다. 노구찌부장과 일경은 함께 발포하며 길을 열어 남양으로 돌아가려는 도중 다수의 주민들이 던진 돌에 맞아 노구찌순사가 자전거로부터 떨어져 도로변에 쓰러졌다.[17] 이때 수백명의 주민들이 다가가서 돌과 곤봉으로 그를 처단하였다.[18] 3시 30분경이었다.

노구찌 순사를 처단할 당시 주민들은 200-300명 정도 되었다고 한다. 사강리 거주 홍준옥, 문상익, 임팔룡, 강업동, 왕국신, 박영순, 김치연, 송산면 송산리 거주 이주선(송산면 송산리 거주), 마산리 거주 예종구 등이 중심적인 역할을 하였다고 한다.

한편 부상을 당한 홍면옥은 장인 김명제에게 닭을 잡아달라고 하여 닭의 고기를 상처에 약으로 발랐다. 그리고 장인, 임팔용, 홍준옥이 끄는 인력거를 타고 수원의원으로 오는 도중 수원군 마도면 두곡리에서 순사를 만나, 다시 사강리로 돌아올 수 밖에 없었다.

한편 일경은 남양에 돌아온 후 그곳에 거주하는 일본인들을 모아 재차 송산면으로 만세운동을 진압하기 위하여 돌아왔다. 이때는 이미 만세운동은 해산된 뒤였다.

주요 구성원 분석

1919년 3월 26일부터 동 월 28일까지 송산면 지역을 중심으로 전개된 만세운동의 참여인원은 기록에 따라 1천명으로 나타나기도 한다. 그리고 실제 상당히 넓은 지역에서 그리고 많은 수의 한인들이 일제에 의하여 가옥이 파손되었고 살

---

17) 순사부장 사망장소는 수원군 송산면 사강리 동단 사강경찰관주재소로부터 동방 약 63간(인가로부터 23간) 남양에 이르는 도로변 밭(강업동 소유임)(21권. 211), 사강시장에서 남양방면으로 약 2정거리라고 한다.(21권. 262)
18) 일본순사가 처단된 곳은 현재 송산파출소 근처라고 한다.

상 및 부상을 입기도 하였다. 그러나 이들 전체 명단을 파악하기는 어렵다. 따라서 이 운동의 주요 구성원으로 알려져 있는 인물들을 중심으로 살펴보고자 한다. 이들을 연령, 직업, 학력, 종교, 생활정도, 재산정도, 주소지 등을 중심으로 살펴보면 다음과 같다.

〈표2-2-2〉 송산면 만세운동 주요 인물 일람표

이름	생몰연도	연령	직업	학력	종교	생활정도	재산	주소	징역
홍면옥	1884–	35	농업	한문2-3년	없음	곤란	3-40	사강	12년
홍효선	1879–1919	40	농업		없음	보통		사강	순국
왕광연	1872–1951	47	농업	한글조금해독	없음	극빈	40	사강	12년
김명제	1862–1926	57	농업	무학	기독교	곤란	120	사강	10년
임팔용	1887–	32	농업	무학	없음	곤란	70	사강	8년
홍준옥	1888–1945	31	면서기	남양사립학교	없음	곤란	2,500	사강	12년
문상익	1892–1960	27	면서기	남양보통학교	없음	약간곤란	1,100	사강	12년
홍명선	1900–1974	19	농업	한문2년	없음	곤란		사강	8년
차경현	1882	37	음식업	한문2년	없음	풍족	200	사강	8년
김교창	1889–1959	31	이발업	한문4-5년	없음	극빈		사강	8년
홍남후	1871–1922	47	농업	한문6-7년	없음	유복	3,900	삼존	8년
김도정	1889–1971	31	농업	무학,한문조금 해독	없음	보통		사강	6개월
김성실	1869–	50	농업	문맹	없음	곤란		사강	6개월
최춘보	1866	53	농업,음식업	문맹	없음	곤란	250	사강	6년
홍승한	1894–?	25	농업	한문1년	없음	보통	100	사강	6개월
박춘흥	1899–?	21	농업	문맹	없음	곤란	130	사강	7년
홍문선	1889–	30	농업	한문1달	없음	극빈	160	사강	7년
민용운	1874–1925	45	농업	문맹	없음	극빈	35	사강	7년
이경집	1873–	46	농업	문맹	없음	풍족	1,190	사강	6개월
홍태근	1860–	59	농업	문맹	없음	풍족	2,500	사강	6개월
황칠성	1893–	26	고기전	언문해독	없음	곤란	없음	사강	7년
홍복룡	1901–	18	농업	문맹	없음			사강	6개월
홍관후	1890–1971	29	농업	무학(한문)	없음	풍족	2,500	삼존	7년
김용준	1881–1936	35	농업	문맹	없음	극빈	140	사강	7년
전도선	1891–	28	잡화상	문맹	없음	극빈	70	사강	7년
오광득	1878–	41	농업	한문 1년	없음	곤란	160	사강	6년
이윤식	1879–1955	40	농 · 식당	한문 1년	없음	곤란	250	사강	6년
안순원	1887–1950	32	농업	문맹	없음			사강	6년
정군필	1883–1973	36	포목상	국문해독	없음	보통	1,300	사강	7년

* 연령은 1919년을 기준으로 하였음. 재산 단위는 엔임.
* 본 표는 『한민족독립운동사자료집』21-22 및 국가보훈처의 『독립유공자공훈록』, 재판기록, 후손과의 면담 등에 근거하여 작성되었음.

〈표2-2-2〉에서 보는 바와 같이 사강 만세운동은 연령적으로 10대부터 50대까지 다양한 연령층이 참여하였다. 그리고 그 가운데 중심인물은 홍면옥, 홍준옥 등 30대가 중심이었다. 특히 홍면옥[19], 홍효선[20] 그리고 홍면옥의 장인인 김명제가 중심적인 역할을 하였다. 또 면서기인 홍면옥의 동생 홍준옥과 문상익 역시 중추적인 역할을 하였다. 당시 30대는 홍면옥, 임팔용, 홍준옥, 차경현, 김교창, 김도정, 홍문선, 홍문선, 김용준, 안순원, 정군필 등이었다. 10대는 홍면선, 홍복룡, 20대는 문상익, 홍승한(홍효선의 장남임), 박춘흥, 황칠성, 홍관후, 전도선 등이다. 40대는 왕광연, 홍남후, 민용운, 이경집, 오광득, 이윤식 등이다. 50대는 김명제, 김성실, 최춘보, 홍태근 등이다.

둘째, 직업을 보면 대체로 농업에 종사하는 사람들이 주류를 이루고 있다. 그 외에 일부가 면서기(홍준옥, 문상익), 음식업(차경현), 이발업(김교창), 고기전(황칠성), 잡화상(전도선), 포목상(정군필) 등에 종사하고 있다. 문상익은 어려서부터 한문을 배우고 1911년 8월부터 경성토지조사국의 기사가 되고, 1916년 11월까지 동 국에 근무하고 있었다. 1917년 7월에 송산면 서기로 임명되었다. 홍종옥은 어려서부터 사강리에서 한문을 배우고, 1911년 11월 14일 경기헌병대 보조원이 되었다. 1914년 3월 30일에 만기되어 1916년 2월경 파주군 임진면 서기가 되었다. 그리고 1918년 1월 30일 의원 면직되어 동년 2월 4일 수원군 송산면 서기가 되었다.

---

19) 제적 등본에 따르면 홍면옥의 아버지는 홍태원이고, 홍준옥의 아버지는 홍태정이다. 홍면옥의 아들 홍진후에 따르면 홍준옥은 양자를 갔다고 한다.

20) 홍효선은 1919년 3월 28일 체포되어 수원수비대에서 모진 고문 끝에 순국하여(홍효선의 3남 홍승천(1913년생)이 1973년 5월 증언) 시신조차 확인하지 못하고 있다고 한다(당시 만세운동에 참여했던 박영호가 1977년 2월에 증언). 그러나 홍효선의 아들 홍성환의 당시 증언에 따르면 부친은 부천군 육부면에 피신하였다가 4월 5일 집에 들러 1박하고 서신면 장외리 정태환의 집으로 간다고 하였다 한다(21권. 249). 앞으로 좀더 검토의 여지가 있을 듯하다.

셋째, 학력을 보면 특히 중심인물인 홍면옥이 한문을 2-3년 정도 공부한 인물임이 주목된다. 그 외에 인물들은 한문을 좀 공부했거나 한글을 해독할 수 있거나 문맹인 경우이다. 이들의 한문 공부는 주로 서당에서 이루어졌을 것이다. 당시 서당은 항일운동의 중심적인 역할을 담당하였다. 대한제국관리를 지낸 이정근은 수원군내 장안면 등 7개 면에 서당을 세우고 학생들에게 항일의식을 고취하였다. 또한 서당에서 문맹을 퇴치하기 위한 교육활동을 펼치는 한편 동지들을 규합해 나가면서 일제식민통치는 3년을 넘지 못한다는 말을 유포시키기도 하였다. 따라서 이 지역의 서당은 무단통치하에서는 반일운동의 거점으로서 중요한 역할을 하였을 것으로 보인다.

먼서기인 홍준옥과 문상익은 신식공부를 하였다. 문상익은 5년간 한문을 배우고 난후 남양의 사립학교인 보흥학교에서 반년-1년간 배웠다. 그가 다닌 사립 보흥학교는 1901년 미국인 조원시의 기부금, 매달 6원을 기금으로 삼아 설립된 학교였다. 그 후 학생들이 늘고 교세가 확장되자 경향 각지의 인사들의 기부금으로 유지되었다. 특히 보흥학교는 기독교학교로 "폭도를 양성하는 학교"로 불리워질 정도로 반일적인 학교였다.[21] 다음에 그는 남양 공립보통학교 야학을 두달 동안 다녔다. 이 학교는 1898년 10월 1일에 당시 남양군 음덕면 남양리에 있던 원 남양도호부 집사청을 차입하여 남양공립소학교를 개교하였으니 고종의 교육입국조서 이후 신학제에 의한 이 지역 교육기관의 효시였다. 현 남양초등학교의 전신인 남양공립소학교의 설립 당시 교원은 박재현 1인이며 아동수는 35명이었다. 1905년 을사조약 체결이후 1906년 8월 27일 공포된《보통학교

---

21) 보흥학교 부교장을 역임한 이창회는 1919년 보안범을 위반하여 금고 4개월에 처해졌으며, 1924년에는 공산당 선전 관계로 징역 3년에 처해졌다고 한다.(조성운 학형 교시)

령》에 의하여 초등학교의 교육은 변질되었다. 종래의 소학교를 보통학교로 개칭하고 수업연한도 종래의 5-6년을 4년으로 단축하였다. 교과목은 종전과 차이가 없었으나 일본어를 전학년에 걸쳐 매주 6시간 부과하는 등 한국교육을 식민지 교육으로 재편하고자 하였다. 이에 따라 화성군의 남양공립소학교도《보통학교령》에 의하여 1906년 공립남양보통학교로 개칭되기에 이르렀다. 1908년에는 2학급으로 편성되어 초대교장에 남양군수 김관현이 임명되었다. 1911년 11월 4일《조선교육령》의 실시에 따라 남양공립보통학교 개칭되었다. 한편 문상익은 한문과 일본어를 해득할 수 있었다. 홍종옥은 남양의 사립학교에서 1년간 수학하고 서울로 올라가 야학교를 다녔다. 한문을 10년 간 공부하고 남양보통사립학교를 졸업하였으며, 한문 및 일본어에 능통하였다.

넷째, 종교의 경우를 보면 김명제가 기독교인 것을 제외하고는 모두 종교를 신앙하는 인물들이 아니었다. 이점은 우정면, 장안면, 향남면의 경우가 주로 기독교, 천도교인들이 많이 참여한 것과 비교되는 점이라고 생각된다.

그러나 앞으로 기독교, 천도교 관계는 보다 심층적인 검토가 필요할 듯하다. 기독교의 경우 1902년 3월에 남양읍, 양철리, 용머리, 경다리, 포막, 덕방리, 영흥도, 대부도, 선감도 등 아홉 교회들로 "남양계삭회"(구역회)가 조직되어 있었던 것이다. 또한 만세운동의 중심지인 송산면 사강 정교동에 1908년에 감리교 사강교회가 설립되었고, 1919년에 방화소실되었고, 1920년 5월에 15평 교회를 재건하였다고 알려지고 있기 때문이다. 또한 용포리에는 1906년에 감리교 당산교회가 설립되었다고 한다. 특히 정교동의 경우 일제에 의하여 가장 많이 탄압받고 많은 집이 소실된 것으로 전해지고 있다.

천도교의 경우도 동학이 1880년경부터 전해지기 시작하여 1909년 8월에는 남양교구의 경우 전국에서 성미납부성적이 우수하여 1등에 선정되고 있다. 또한 1913년에 수원대교구는 수원군교구, 진위군교구, 시흥군교구, 부천군교구, 인천군교구, 강화군교구, 용인군교구, 안성군교구, 광주군교구, 남양교구 등을 관할할 정도로 발전을 보이고 있는 상황이었다.

다섯째, 참여자의 생활정도를 보면 다양한 계층이 참여하였음을 볼 수 있다. 극빈계층, 곤란계층, 보통, 풍요로운 자 등 여러 계층의 사람들이 참여한 모습을 보여주고 있다. 물론 극빈이거나 생활곤란자가 풍요로운 사람들에 비하여 더 많이 참여한 것을 알 수 있다. 그러나 차경현, 홍남후, 이경집, 홍태근, 홍관후 등 어느 정도 여유 있는 계층들도 참여하고 있음은 주목된다고 하겠다.

만세운동에 참여한 주요 인물들의 생활 정도와 빈부정도를 구체적으로 표로 작성하면 〈표2-2-3〉 및 〈표2-2-4〉와 같다.

〈표2-2-3〉 만세운동 주요 인물 생활정도 일람표

성명	생활정도	내　　　역
차경현	여유	음식점 영업이익
홍남후	유복	논 28두락
이경집	풍부	논 20두락 자작, 밭 반날갈이(반일경) 소작
홍태근	풍부	논 20두락, 밭 하루갈이(일일경)
홍관후	풍부	논 20두락, 밭 반날갈이
김도정	보통	논 10두락 밭 하루갈이, 타인 논 20두락 소작
홍승한	보통	논 15두락, 밭 하루갈이 소작
정군필	보통	생활에는 곤란이 없다.
임팔용	곤란	동내소유 논 4두락, 타인의 밭 1경소작, 마을심부름담당
김명제	곤란	타인의 논 12두락, 밭 하루갈이 소작
홍면옥	곤란보통	타인의 논 15두락 소작/논 5두락 밭 반날 소작
이윤식	곤란	논 12두락 밭 하루갈이 소작, 음식점 경영
문상익	약간 곤란	논 30두락, 밭 하루갈이 소작, 월급 12원
홍명선	곤란	논 18두락, 밭 하루갈이 소작
김성실	곤란	논 6두락, 밭 하루갈이 소작
최춘보	곤란	밭 하루갈이 소작
박춘흥	곤란	논 9두락, 밭 반날갈이 소작

성명	생활정도	내역
홍준옥	곤란	자기 논 9두락, 밭 3일 경작지 월급 12원
황칠성	곤란	잡화소매상 경영
오광득	곤란	밭 하루갈이 소작, 음식점 경영
왕광연	극빈	밭 반나절갈이 소작
김교창	극빈	밭 반나절갈이 소작, 음식점
홍문선	극빈	논 10두락, 밭 반나절갈이 소작
민용운	극빈	논 3두락, 밭 반나절길이 소작, 고용살이
김용준	극빈	논 10두락, 밭 반나절갈이 소작
전도선	극빈	잡화행상

*생산량 단위: 결 부, 씨앗뿌리는 단위: 두락(마지기, 단보) 노동수단: 소가 일하는 양, 경
*본 표는 『한민족독립운동사자료집』21-22에 의거하여 작성하였음.

〈표2-2-4〉 만세운동 주요 인물 재산 총액 및 내역 일람표

성명	재산총액	내역
홍남후	3,900(원)	초가20간(400원)논28두락(300원)산림3천평, 동산 100원
홍준옥	2,500	초가11간(300), 논,밭, 산림, 동산
홍면옥		초가 9간 밭 2일경, 동산 3-40
홍태근	2,500	초가 20간(150), 논 및 밭(2,100), 동산 25
홍관후	2,500	초가 13간(200), 논 및 밭(2,100), 동산 100
정군필	1,300	답 8두락(800), 밭 하루반갈이(500원내외)
문상익	1,100	초가 14간(400), 동산 700
이경집	1,190	초가 10간(90원), 논 및 밭(1,000), 동산 100
최춘보	250	초가 6간(150), 동산 약 100
이윤식	250	초가16간(250), 논 12두락, 밭 하루갈이 소작 음식점
홍봉룡	240	초가 9간(70), 밭 하루갈이((100) 동산 70
차경현	200	초가 6간(100), 동산 100
홍성한	200	초가 11간(100), 기타 동, 부동산 합이 100
홍문선	160	초가 9간(90), 동산 70
오광득	160	초가 8간(160), 밭 하루갈이 소작, 음식점
김용준	140	초가 6간(70), 동산 70
박춘흥	130	초가 6간(80), 동산 50
김명제	120	초가 7간(70), 동산 50
임팔용	70	초가 4간(40), 동산 30
전도선	70	잡화행상 자금 70
왕광연	40	초가 6간(40)
민용운	35	초가 4간(25) 동산 10
황칠성		자산 및 재물 없음

*본 표는 『한민족독립운동사자료집』21-22에 의거하여 작성하였음.

일곱째, 참여계층의 주소지를 보면 대부분이 사강에 거주하고 있는 인물들이며, 홍남후, 홍관후 등이 삼존리에 거주하고 있는 인물들이었다. 다만 전도선은 잡화행상으로 1년전부터 사강에 살고 있다. 출신지 및 본적은 전남 흥양군 동양이다. 김명제는 마도면 해문이 출생이며, 차경현은 시흥군 노량진 출신이고 김교창은 강화도 선원면 창리 출신이다. 이순일은 수산면 삼준리출생이며, 김도정은 음덕면(현재 남양) 온석리출생이다. 김성실은 마도면 해천리출신이며, 최춘보는 안성군에서 출생하였다. 그리고 민용운은 경성부 청파에서, 황칠성은 본적은 인천부 외리이나 송산면 고포리에서, 이윤식은 수원면 남창리에서 태어났다.

지금까지의 내용을 통해볼 때 사강 지역을 중심으로 전개된 송산면 지역의 만세운동은 연령별로는 10-50대, 학력은 전통 교육 또는 문맹자가, 종교는 무교, 직업별로는 농민들이, 재산정도로는 다양한 계층이 참여한 만세운동이라고 할 수 있겠다.

일제의 대응과 탄압

노구찌 순사부장이 피살되자 수원 및 천안 철도 원호대에서 4명의 헌병들이 진압차 와서 무차별 사격을 가해 군중 가운데 33명이 부상을 당하였다. 그 중 한 사람은 복부에 관통상을 입었으며 중심인물 10여명이 체포되었다.

한편 일경은 날이 갈수록 시위가 격화되자 수원, 안성지방의 시위를 진압하기 위해서 특별 검거반을 편성하고 파견하기에 이르렀다. 이 특별검거반이 편성된 것은 우선 3월 28일 사강리에서 경찰관 주재소가 파괴되고 노구찌 순사부장이 살해되었기 때문이었다. 이렇게 해서 4월 2일 경기도 경무부 경시이며 경성헌병대 부관(長谷部 대위)이 헌병 순사 11명을 이끌고 먼저 안성군 양성방면 발안,

수촌리 일대에 출동하였다. 그 후 4월 2일부터 6일까지 일차로 만세시위가 진정되지 않자 4월 9일 헌병 특무조장律村 아래 하사 이하 6명과 경찰관 4명이 경찰서장古屋 이하 7명과 보병 15명의 협력을 얻어 3개 반을 편성하여 오산, 화수리 반도 및 사강 반도로 검거활동을 또 다시 나섰다 이들은 14일 오전 6시부터 오후 5시까지 사강리를 중심으로 한 그 부근 송산면, 마도면, 서신면의 동리 20개 리에서 주동자 이하 175명을 검거하고 증거품 여러 점을 압수하였다.

특히 이들은 닥치는 대로 체포 구금하고 민가에 방화하기 시작하였다. 붙잡혀간 사람들은 모조리 "세탁봉 또는 장작으로 머리 또는 허리를 힘껏 구타"당하였다. 헌병과 경찰은 서로 떨어져 있는 동리를 돌아다니면서 방화하였는데, 사강리를 비롯하여 봉가 삼존 육일 마산 중송 등 6개 동리 총호수 525호에서 200여 호를 소각하였다. 가장 심하였던 곳은 사강리와 봉가리였다. 사강리에서는 131호 가운데 82호가 불타 없어졌고[22], 봉가리에서는 57호 중 47호가 불탔다. 일본 헌병과 경찰은 성냥을 다 써버려 짚에 불을 붙여 방화하였다고 한다. 또한 일경은 4월 12일의 방화 뒤에도 4월 16일 일본헌병은 다시 송산면에 출동하여 주모자 집을 다 소각하지 못하였다는 구실로 나머지 집에 방화하였다고 한다.

한편 1920년 4월 6일부터 4월 17일 사이에 소실된 호수, 사망자, 부상자 등을 일본측 통계를 통하여 보면 다음 〈표2-2-5〉와 같다.

〈표2-2-5〉 남양반도지방 검거 및 손해상황

| 검거지방 | 소실호수 | 검거로 인한 손해 | |
		사망	부상
송산면 사강리	81		4
마산리	1		1

---

22) 현지 주민들의 증언에 따르면 정도리(현재 사강 2리)에 있는 송산중학교 근처에서 많은 집이 불타고 사람들이 다수 희생되었다고 한다.

검거지방	소실호수	검거로 인한 손해	
		사망	부상
육일리	30		
봉가리	47	1	1
삼존리	40		
중송리	1		
마도면 해문리	7		2
서신면 전곡리	2	1	
상안리	2		
합계	211	2	8

*강덕상, 『현대사자료』26, 318에 근거하였음.

즉 〈2-2-5〉에서 보는 바와 같이 송산면, 마도면, 서신면의 경우 소실호수가 212호, 사망자 2, 부상자 8명 , 검거인원 175명 이상으로 나타나고 있다. 이 가운데 사강 지역이 가장 피해가 컸던 것은 〈표2-2-2〉 주소 항목에서 보듯이 중심 인물이 그 지역에 많았기 때문이었다. 당시 수원군내 전체 피해상황은 소실호수 328, 사망 45, 부상 17명으로 나타나고 있다. 그리고 주민들이 검거된 주요 마을은 송산면의 사강, 양지, 마산, 관현, 육일, 육교, 이일, 봉가, 문산, 삼존, 중송, 장문 등과 마도면의 백곡, 소곡, 해문, 중간, 서신면의 칠곡, 지곡, 전곡, 상인 등으로 이들 마을에서 175명이 검거되었다.

일제의 검거반이 3차에 걸쳐 활동하는 동안 인명피해와 더불어 많은 재산 피해가 있었다.[23] 그 가운데 소실 호수가 392호요, 이재민이 1600명이나 되었다. 그리고 그 손실을 당한 지방의 생존자에 대해서는 적십자사에서 여러 의사와 간호부들을 파견하여 치료하고 추수 때까지 매일 한 사람에게 3홉씩 쌀을 배부하였다. 그리고 부서진 집들에 대해서는 임시가옥을 건축하도록 하였고, 농기구를

---

23) 남양지역의 16개 마을의 피해상황은 노블 선교사기록 4월 16일, 4월 19일자에 생생히 기록되어 있다.(기독교 대한감리회, 『삼일운동, 그날의 기록』, 2001, 73-76)

주었으며, 새롭게 가옥을 건축하는 이에게는 매 건축물에 50원을 보조하였다. 이러한 일제의 정책은 민심수습과 세계 여론의 악화를 의식한 태도라고 할 수 있을 것이다. 한편 이재민들은 집과 더불어 종자까지도 모두 불탔기 때문에 종자를 대여해 주었는데 그 수량은 다음 〈표2-2-6〉과 같다.

〈표2-2-6〉 일제의 이재민에 대한 배급 일람표

이름	이재민 호수	급여 인원	급여 수량	경작 두락	평균 급여량	1두락 평균 급여량	비고
마도	7	3	1,600	63	530	254	이재민중 3호는 半燒, 1호는 인출한 種物을 소지함
송산	200	155	63·150	2,384	400	264	이재민 중 商 18호, 무직 2호, 불명 23호는 인출하여 소지함
서신	4	2	1,100	46	550	239	이재민 중 2호는 불명
팔탄	3	3	1,500	49	500	306	
향남	26	25	13,000	522	520	249	기독교회당 1호
장안	52	50	25,500	975	510	261	수촌리 기독교회당 1호 漁隱천도교회당 1호
우정	33	29	14,500	608	500	238	4호는 種物을 인출하여 소지함
합계	325	267	120,350	4,647	450	258	

〈비고〉 평균배부량: 평균 2두락을 1 反步라 함.
種糧 배부표준: 10두락 이상은 5두락을 넘을 때마다 매번 1 두락을 더 주었다. 단 3두락 이하의 端數는 치지 않았음(예 11. 12, 13 두락은 10두락분을 주었으며, 14,15두락 될 때에는 15두락 분, 즉 4斗를 주었음).
**강덕상, 『현대사자료』26, 318에 근거하였음.

〈표2-2-6〉에서 보는 바와 같이 이재민가운데 송산면의 경우 200호로 가장 많은 비중을 차지하고 있는 것이다. 이점은 송산면이 타지역에 비하여 보다 큰 피해를 입었기 때문이라고 여겨진다.

한편 사강 등지의 만세운동을 주도했던 인물들은 일제에 의해 강한 처벌을 받게되었다. 일제는 1919년 3월 29일 소요 및 살인 등 죄로 홍면옥, 김명제, 임팔용, 홍준옥, 문상익, 홍명선, 왕국신, 차경현, 진순익, 김교창, 홍남후, 노건우, 이순일, 김도정, 김성실, 최춘보, 박춘흥, 홍문선, 민용운. 이정집, 홍태근, 황칠성,

홍복룡, 홍열후, 김성우, 홍관후, 김용준, 이성봉 등을 구속하였다. 그러나 중심인 물로 그들이 수괴로 지목한 홍효선, 이태순, 이석춘, 오경운, 예종구 등은 4월 20일까지 체포하지 못하였다. 그리고 일제는 체포된 사람들에 대하여 혹도한 고문을 가하였다. 그들을 빨가벗기고 담금질을 하였으며, 잡아비틀고, 입과 코에 냉수를 드러부었으며, 주리를 틀기도 하였던 것이다.

결국 1920년 5월 홍면옥, 홍준옥, 문상익, 왕국신은 각 징역 12년, 임팔용, 홍명선, 차경현, 김교창, 홍남후, 박군홍, 홍문선, 민용운, 황칠성, 홍관후, 김용준, 전도선, 정군필은 징역 7년, 최춘보, 오광득, 이윤식, 안순원은 징역 6년을 판결받았다. 홍면옥 등 17명은 고등법원에 상고하였으나 1920년 7월 5일 모두 기각되었다.

결어

지금까지 1919년 3월 송산면지역에서 전개된 3·1운동에 대하여 살펴보았다. 이를 토대로 송산면지역의 3·1운동의 특징을 언급하는 것으로서 결어에 대신하고자 한다.

첫째, 오늘날 화성지역에서 가장 먼저 전개된 만세운동이 송산리 사강지역에서 전개되었다는 점이다. 이 운동은 그 후 화성지역에서 전개된 3·1운동의 모태가 되었다고 할 수 있다.

둘째, 지식인과 특히 농민주도의 운동으로서 폭력성을 띤 특징을 갖고 있다. 일본 순사부장의 처단은 그 한 특성을 보여주는 것으로 생각된다.

셋째, 우정면, 장안면 등과 같이 서해안 지역을 중심으로 전개된 운동이란 특성을 보이고 있다.

경성복심법원에서 재판 중인 송산면 3·1운동 주도 애국지사들
(동아일보 1919년 6월 6일 기사)

넷째. 경제적으로는 부농, 중농, 자작 및 소작농 등 다양한 계층이, 연령별로는 10대부터 50대까지, 학력으로는 한문, 신학문, 문맹 등 다양한 계층, 종교는 신앙하지 않는 인물들이 주로 참여한 운동이라고 할 수 있다.

결국 본 연구를 통하여 화성 송산지역의 3·1운동이 일부 밝혀지기는 하였으나 앞으로 보다 심층적인 연구가 이루어지길 기대한다. 특히 서신지역과의 관계, 우정 장안, 향남면과의 연계관계는 보다 밝혀져야 될 부분이다. 또한 동학, 기독교 등 종교와의 관계 등도 검토되어야 할 것이다.

〈별첨 표1〉 수원군 면별 경지면적표(1922.12월조사)

면 명	논			밭	합계	자작, 소작별 면적			
	1모작	2모작	계			자작		소작	
						논	밭	논	밭
수원면	336(反)	0	336(反)	410(反)	746(반)	133(반)	156	204	254
일형면	10,378	147	10,525	8019	18544	1707	3991	8818	4028
의왕면	5,814	0	5,814	6179	12003	1321	2757	4503	3422
반월면	14,678	0	14,678	10437	25115	2622	2686	12056	7751
매송면	8,939	0	8,939	4585	13524	2950	1505	5989	3080
봉담면	8,274	0	8,274	4683	12957	2158	2092	6116	2591
비봉면	8,382	0	8,382	5142	13524	1585	1554	6797	3588
음덕면	10,976	0	10,976	7389	18365	1690	3931	9286	3458
마도면	6,893	0	6,893	4456	11349	2280	2782	4613	1674
송산면	11,214	0	11,214	7815	19029	2855	2480	8359	5335
서신면	7,963	0	7,963	5794	13757	3055	2350	4908	3444
팔탄면	9,319	0	9,319	6405	15724	3130	2296	6189	4109
장안면	10,559	0	10,559	5,471	16030	3509	2028	7050	3443
우정면	13,041	0	13,041	8,447	21488	3720	3073	9321	5374
향남면	11,135	0	11,135	7,019	18154	4261	3022	6874	3997

면 명	논			밭	합계	자작, 소작별 면적			
	1모작	2모작	계			자작		소작	
						논	밭	논	밭
양감면	8,134	0	8,134	5,682	13816	3422	3080	4712	2602
정남면	11,051	0	11,051	8,849	19900	4731	3663	6320	5186
성호면	12,025	0	12,025	7,443	19468	3708	2002	8317	5441
동탄면	9,496	0	9,496	7,328	16824	2790	3380	6706	3948
태장면	13,474	0	13,474	9,278	22752	2934	2455	10540	6822
안용면	14,159	150	14,309	6,923	21232	3632	2755	10677	4168
합계	206,150	297	206,547	137,754	344301	58192	54038	148355	83716

*단위는 町步(結)-上品 3,000평, 下品 1만 2천평. 1段步는 1마지임. 지역에 따라 150-300평.
*酒井政之助, 「水原」, 1923, 24-25에 근거하였음.

〈별첨 표2〉 수원군 내 면별 농업자수 일람표(1922.12)

면명	전업 겸업 각 농가호수			지주, 자작, 자작겸 소작, 소작 각농가호수					
	전업	겸업	계	지주(갑)	지주(을)	자작	자작겸 소작	소작	계
수원면	180	153	333	135	12	38	25	123	333
일형면	1043	89	1,132	55	57	134	365	521	1132
의왕면	706	40	746	8	23	25	174	516	746
반월면	1257	97	1,354	4	14	98	873	365	1354
매송면	818	45	863	6	22	35	295	505	863
봉담면	776	44	820	0	35	69	201	555	820
비봉면	878	68	946	5	35	50	310	646	946
음덕면	999	357	1,356	38	54	75	369	820	1356
마도면	697	253	950	0	41	102	395	412	950
송산면	1050	393	1,443	10	37	136	703	557	1443
서신면	800	207	1,007	0	24	45	240	698	1007
팔탄면	1068	84	1,152	4	16	87	456	589	1152
장안면	715	273	988	0	18	59	418	493	988
우정면	1064	329	1,393	0	29	86	580	698	1393
향남면	922	256	1,178	0	30	98	448	502	1178
양감면	766	34	800	6	27	53	399	315	800
정남면	1203	64	1,267	1	36	109	495	626	1267
성호면	774	282	1,056	0	30	86	405	535	1056
동탄면	1074	85	1,159	8	50	89	412	600	1159
태장면	1168	156	1,324	4	22	107	432	759	1324
안용면	1086	288	1,374	4	39	147	360	824	1374
합계	19044	3537	22,581	288	651	1728	8255	11659	22581

*지주 갑, 을의 경우 면적차이, 不在地主, 在地地主 등 여러 기준에 의하여 나눌 수 있음.
*酒井政之助, 「水原」, 1923, 26-27에 근거하였음.

03
수원군 우정면 화수리 3·1운동

서언

화성(당시는 수원군)지역에서는 1919년 3월 26일부터 28일까지 송산면을 중심으로 만세운동이 전개되었다. 이때 일본 순사 노구찌野口廣三를 처단하는 등 전투적인 성격이 강하였다. 아울러 3월 31일 발안장터에서도 만세운동이 있었으며, 이때에는 만세운동을 주도하던 주민이 피살되어 주민들의 흥분은 한층 고조되었다. 그러한 가운데 동년 4월 2일에는 주변 14개소의 산에서 봉화 횃불 시위가 전개되어 화성일대는 만세운동의 열기로 가득 찼다.

이러한 시기인 4월 3일 오후 5시경 우정면, 장안면 주민 200여명이 참여한 가운데 우정면 화수리에서 일본 주재소를 파괴 전소하는 한편 일본 순사 가와바다川端豊太郎를 처단하는 격렬한 항쟁이 전개되었다. 이 화수리 3·1항쟁은 다수의 대중이 참여한 만세운동이었다. 당시 이들 두 면의 호수가 약 2천 여 호인 점을 감안한다면 각 집마다 1인씩의 장정이 나온 것으로 추정된다. 아울러 장안면사무소, 우정면사무소를 파괴 방화한 후 일본 치안의 상징인 주재소를 파괴 방화하는 한편 일본 순사를 죽인 대표적인 항쟁지인 것이다. 그러므로 일제는 이 사건을 단순 소요사건이 아닌 내란죄로 규정하여 강력히 처벌하고자 하는 강한 의지를 표하였던 것이다. 또한 화수리, 수촌리를 비롯하여 우정, 장안일대에 대한 대대적인 보복행위를 자행하였던 것이다. 그 결과 차희식, 이영쇠 등이 징역 15년에 처해지는 등 20여명이 실형에 처해졌으며, 장안면의 경우 일본측 통계에 따르면 수촌리 33호, 석포리 2호, 독정리 2호, 기린리 12호, 사곡리 1호 등 총 50호, 우정면의 경우 조암리 10호, 한각리 1호, 화수리 19호 등 총 30호가 소실되는 큰 피해를 입었던 것이다.

그럼에도 불구하고 학계에서는 화수리 지역의 만세운동에 대하여는 별로 주목하지 못하였다. 화성지역의 3·1운동의 경우 제암리 학살사건 등 주민의 피해 현장에 주로 주목하였기 때문이었다. 그런데 국사편찬위원회에서 우정, 장안지역 3·1운동 참여자들에 대한 심문조서가 간행된 이후 이정은이 우정면, 장안면 지역의 만세운동을 개척적으로 다루어 큰 성과를 거두었다. 그럼에도 불구하고 기존의 연구는 화성의 우정, 장안지역이 바닷가에 위치한 마을이란 점을 간과하고 있다. 따라서 당시 석포리 일대를 중심으로 전개된 간척사업에도 별로 주목하고 있지 못하고 있다. 또한 당시 화수리에 설치된 주재소가 주민들에게 미친 영향 등에 대하여도 관심을 기울이지 못한 것 같다. 그리고 주도세력의 경우 천도교적 시각이 강한 김선진의 책에 의존한 결과 운동의 주도세력이 수촌리의 백낙열을 중심으로 한 천도교세력인 것처럼 묘사되고 있다. 그 결과 운동의 주도세력인 석포리의 차병한, 주곡리의 차희식 등 주모, 행동집단, 특히 전통적인 유교세력의 참여에 대하여도 주의를 기울이지 못하였다고 생각된다. 아울러 기독교, 천주교세력에 대하여도 등한시하였다. 또한 화수리 행쟁의 결과 화수리 등지의

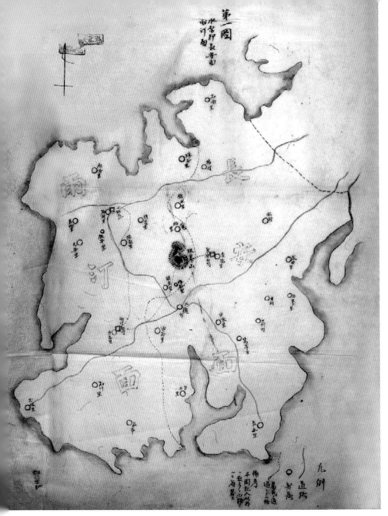

장안·우정 지역 3·1운동 현장 조사도(국사편찬위원회)

피해에 대하여도 심문 조서에만 주로 의존한 결과 피해현황에 대한 선교사 등의 보고 등에도 관심을 기울이지 못하였다.

이에 이글에서는 우정면 화수리 지역의 3·1항쟁에 대하여 본격적으로 검토해 보고자 한다. 우선 그 배경으로서 우정, 장안 지역의 사회 경제적 배경, 주재소의 설치와 주민의 대응, 간척사업의 실시와 주민들에 미친 영향 등에 대하여 검토해 보고자 한다. 이러한 배경이 곧 화수리 지역에서 3·1운동이 격렬하게 일어난 배경을 이해하는 데 도움을 줄 것으로 기대되기 때문이다. 이어서 화수리 항쟁의 주도세력과 항쟁의 내용, 그 역사적 의미에 대하여도 검토할 것이다.

화수리항쟁의 배경

우정 · 장안 지역의 사회경제적 배경

우정면은 고려시대에는 쌍부현이라고 했고, 조선말기에는 삼괴 7면이라고 하여 본면, 마정, 팔라곶, 압장, 화방면으로 구분 설치되어 있었으나 이는 우정면, 압정면 등으로 행정구역상 변화를 거듭해 왔다. 1910년 남양군에 편입되면서 조암 북쪽을 우정면, 조암 남쪽을 압정면으로 구획하였다가 1914년 군, 면 통폐합 때 우정면과 압정면 일원을 병합하여 우정면으로 개칭하였다.

장안면은 고려시대에 쌍부현이라고 했으며, 조선시대에는 남양부로 편입 되었다가 숙종 13년(1687) 남양군 초장면과 장안면으로 개칭되었다. 조선시대부 터 한말에 걸쳐서 초장면과 장안면으로 분리 개칭되었다가 1914년 군, 면 폐합 때 장안면으로 되면서 수원군에 속하였다.

우정면과 장안면에는 산들이 별로 없는 편이다. 우정면 조암리에 쌍봉산 (117.4미터), 우정면 이화리에 보금산(60.5), 우정면 화산리에 봉화산(61.3), 장안면 사랑리에 소남산(107.2미터) 등이다.

1929년에 간행된 『생활상태조사 其一 수원군』편에는 수원군에는 21개면 과 277개리가 있다. 그 중 1925년 말 현재 장안면은 총 922호이며, 각 리별로 보 면, 덕다리 59, 사량리 71, 사곡리 163, 노진리 84, 어은리 111, 금의리 70, 석포 리 136, 수촌리 120, 독정리 150, 장안리 121 호등이다. 우정면은 총 1,468호이 며, 원안리 105, 호곡리 102, 운평리 138, 한각리 74, 멱우리 120, 화수리 166, 주 곡리 77, 이화리 144, 석천리 136, 매향리 125, 화산리 134, 조암리 147호 등이다.

한편 1922년 당시 화성일대에서 가장 많은 농업 호수를 가진 곳은 송산면이다.(1,443호) 다음이 우정면(1,393호), 안용면(1,374호), 음덕면(1,356호), 반월면(1,354호) 등이다. 우정면의 경우 총 농가수 1,393호 가운데 전업농가가 1,064. 겸업농가가 329호이다. 그 가운데 한국인 지주는 없으며 일본인 지주는 29호, 자작 86호, 자작겸 소작이 580호, 소작이 698호이다. 장안면의 경우 총 988호 가운데 전업농가가 715호, 겸업이 273호이다. 그 중 지주는 일본인 18호, 자작 59호, 자작 겸 소작 418호, 소작 493호 등이다. 화성시 일대 중 일본인 지주만 있는 곳은 봉담면(35호), 마도면(41), 서신면(24), 장안, 우정, 향남면(30호), 성호면(30호) 등이다. 이로서 볼 때 화성지역에는 일본인지주들이 각 지역에 골고루 퍼져 있음을 알 수 있다.

한편 화성군에는 큰 항구로는 남양지역의 장덕, 송산의 마산포, 서신의 용두, 우정의 주곡등을 들 수 있다. 특히 우정면에는 소규모 어항들이 다수 있다. 주곡, 화산, 매향 2리, 고온포, 석천, 국화, 원안 등이 그것들이다.

1911년에 간행된 한국수산지에 따르면 당시 수원에는 성내장(4일 개시), 성외장(9일 개시), 오산장(3.8일 개시), 발안장(5.10일 개시), 안중장(1.6일 개시) 등 5개의 장시가 개설되어 있었다. 이 가운데 특히 오산장이 번성하였다. 수원의 장시는 진포에 내박하는 다른 지방의 어선들과 연결하여 발달하였다. 해창의 경우 인구 115명, 27호였으며 발안장과는 1km 떨어져 있다. 1926년 당시에는 수원 성내, 성외, 오산, 반월, 남양, 신기(송산면), 발안시장 등이 있었다. 발안시장에서는 해산물류, 곡류, 가축류, 직물, 잡화 등을 취급하였다. 그리고 1934년에는 성내, 성외, 오산, 남양, 발안, 반월, 신기, 삼괴시장(우정면) 등이다.

지금까지 살펴본 바와 같이 우정, 장안지역은 농업을 주로 하면서 어업을 겸하는 지역이라고 할 수 있다. 특히 우정지역에는 소규모 어항들이 있었다. 주민들의 생활정도는 소작인이 반수이상을 점하고 있으며, 지주들은 모두 일본인들이었다. 경기도에는 인천을 위시하여 수원, 고양, 개성, 시흥군 등에 약 2만 3천여 명의 일본인이 거주하고 있었다. 수원군에는 권업모범장, 동산농업주식회사조선지점 농장, 국무합명농회사조선지부농장, 동척수원출장소농장 등과 함께 3천 여명의 일본인이 거주하고 있었다.

면사무소의 설치와 주민탄압

일제는 조선을 강점한 후 전국을 13도, 12부, 317군으로 나누어 지방의 행정을 관장하였다. 또한 1914년에는 지방행정 정리조처를 시행하였으며, 1917년에는 이른바 조선 면제를 시행과 더불어 법제화에 들어갔다. 당시 이들 식민지 관료 행정기구는 식민지 민중을 억압, 수탈하는 주요한 도구였다. 예컨대 지방 행정의 최말단 관청이었던 면의 경우를 보아도 이는 분명히 드러난다.

조선의 면은 통감부 시기에 이미 말단 징세의 단위로서, 또는 의병탄압의 보조수단으로서 중요한 역할을 담당하였다. 그러나 지방 행정단위의 최말단기구로서 제 기능을 하기 시작한 것은 합방이후부터였다. 이때부터 일제는 조선인 유력자들을 포섭해 면의 운영자로 임명하고 면 구역개편, 면유재산 확보 등을 통해서 행정말단기구로서의 기능을 강화하였으며, 이는 1917년 이른바 조선면제의 시행과 더불어 법제화되기에 이른다. 당시 면장은 헌병경찰의 물리적 비호하에 법령의 주지, 징수금의 납입고지, 징수독려, 민적의 이동보고, 제 청원서류의 전달, 그리고 면내 정황보고, 통계자료의 조사, 동자의 감독 업무를 수행했다.

특히 농민들은 각종 조세부담이 큰 부담이 되었다. 이 시기 농민들에게 부과된 조세에는 지세, 호세, 지세부가세, 시장세, 도장세 연초세, 주세, 면비, 학교

조합비, 기타 각종 조합비 등의 갖가지 종류가 있었다. 따라서 농민들은 식민지 통치의 큰 피해자였다. 그리하여 우정 장안의 경우 농민들 2천 여명이 참여하는 적극적인 면모를 보여주고 있는 것이다. 또한 이제부터는 모포일도 할 것 없고, 송충이도 잡을 필요 없으며, 해안의 간석공사도 하지 않아도 좋을 것이다라고 하고 있는 것이다. 일반 민중들에게 이러한 일들이 얼마나 심한 고통으로 다가 왔는가를 짐작해 볼 수 있는 부분이라고 할 수 있다.

이에 4월 3일 우정, 장안면민들은 우선적으로 장안면 사무소를 파괴하고 이 어 우정면사무소를 파괴하였다. 그리고 각종 서류들을 방화하였다. 당시 각 면사 무소별 피해 현황을 보면 다음과 같다.

장안면사무소

건물의 종류 및 파손의 정도

면사무소는 조선식 가옥이므로 기둥, 지붕, 바닥만 남고, 창, 유리문, 문지방, 도 리 따위가 다 부숴지고 타버렸음.

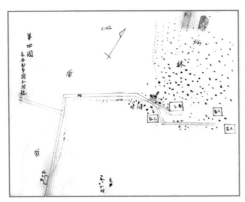

장안면사무소 인근 3·1운동 조사도(국사편찬위원회 홈페이지)

구조 및 그 평수

구조는 조선식 건물, 평가, 초가 로서 건평은 14평임.

파괴 또는 소실된 물건의 종류

시계 二개, 의자 六개, 탁자 六 개, 서류상자 八개, 등사판 二개, 벼루집 三개, 벼루 三개, 소화기 三개, 물통 二개, 수판 五개, 나무

의자 三개, 양등 一개, 대나무자 四개, 저울 一, 붉은 벼루 三, 가위 一, 되(枡) 一, 기 二, 깃대 二, 차그릇 二, 제도기기 一조, 고무 삼각자 一, 긴자 一, 대나무 축척 一조, 화구 그릇 二, 붓 씻는 그릇 一, 작은 숫돌 一, 유리 막대기 一, 작은 화로 一, 제등提燈 二, 이불 一, 요 一, 모포 一, 지우는 도장 一, 고무 도장 판 一, 궤 三, 도장 상자 二, 인주 통 一, 고무 도장 一, 견취도 七五장, 지적약도 三四二장, 일람도 一○장, 그림 넣은 상자 二, 민적부 일부, 기타 도서 장부 거의 전부.

우정면사무소 3·1운동 조사도(국사편찬위원회)

이상 각 항의 손해 견적액은 약 630원으로 추정됨. 다만 장부나 제 책의 비용은 다액이 소요될 것이나 쉽게 견적할 수 없음.

우정면사무소

건물의 종류 및 파손의 정도

면사무소는 조선식 가옥으로 지붕, 바닥을 남기고 창, 유리문, 문지방, 도리 따위가 다 파괴되고 소실되었음.

구조 및 그 평수

조선식 건물로 평가 초가이며 건평은 14평임.

파괴 또는 소실된 물건의 종류

서류상자 八, 책 놓는 틀 一, 시계 二, 나무 의자 四, 소화기 二, 연통 一二, 작은 칼 一, 세면기 一, 기 二, 벼루 四, 차 그릇 一, 의자 一〇, 탁자 七, 등사판 三, 수판 四, 삼각자 一, 잉크병 一, 벼루집 一, 도장통 一, 컵 三, 연적 二, 가위 五, 미롱 등사판 一, 대나무 자 一, 철주 一, 여러 가지 도장 一二, 제등 二, 돗자리 二, 이불 一, 요 一, 램프 一, 질그릇 화로 一, 저울 二, 양동이 一, 종 一, 骨筆 二, 등사 철필 三, 인 주 四, 철필 一, 파리통 一, 스탬프대 一, 수입인지 소인 一, 고무판 一, 5품 제도기 一조, 고무 삼각자 二, 긴 자 一, 대나무 축척 一조, 文鎭 四, 화구 그릇 二, 붓 씻 는 그릇 一, 작은 숫돌 一, 유리막대기 一, 작은 화로 一, 원통 二, 종이말이 넣은 원통 二, 분무기 二, 물통 一, 눈금자 一, 깔때기 一, 秋葉式 펌프 一조, 소독할 때 입는 옷 五, 자동 분무기 一조, 민적부, 등록부, 지적약도, 기타 서적, 장부 전부.

이상 각 항의 견적 가격은 약 550원으로 추정됨. 다만 장부, 제 책에 소요되는 비용은 다액이 소요되므로 쉽게 견적할 수 없음.

위에서 보는 바와 같이 우정, 장안면민들은 면사무소에 있는 각종 서류를 불태 웠다. 각종 서류이 주요 내용은 면사무소의 역할과 타 지역에서 불태운 서류들을 통하여 짐작해 볼 수 있다. 즉, 안성군 양성면이나 부천군 계양면의 농민들이 면 사무소를 습격하여 불태운 서류들이 민적부, 조선인 거주등록부, 과세호수대장, 근검저축조합 저금대장, 주세수시수입 수납부, 연초판매 수시수입 수납부, 묘지 사용료 원부철, 국유지 소작인 명부 등이었음을 통해 짐작해 볼 수 있다.

　　3·1운동 당시 장안면장은 김현묵이었으며, 우정면장은 최중환이었다. 김현 묵은 3·1운동 당시 34세로, 수원군 장안면 금의리에 살고 있었다. 종교는 없었다. 그는 어릴 적부터 장안면 금의리에 있는 서당에서 한문을 배우고, 뒤에 수원 사

립 화성학교에서 7개월, 수원 사립 측량학교에서 4개월 공부하였다. 또한 서울에서 경무학교를 졸업하고 잠시 순사보로 근무한 경력을 갖고 있는 인물이었다. 그는 일본어를 야학하여 간단한 회화를 구사할 수 있었으며, 1918년 12월 19일부터 우정면장으로 일하고 있었다. 김현묵의 재산 정도를 보면, 주택 초가 한채 싯가 180원, 논 4두락 반, 싯가 450원, 밭 사흘갈이 싯가 300원, 산 3000평, 싯가 200원, 빌려준 소 두 마리 싯가 200원, 면장 봉급 1달에 14원 등이며, 가족은 총 7명이다. 우정면장인 최중환은 우정면 한각리에 거주하였으며, 당 43세였다. 그에 대하여는 구체적인 내용은 알 수 없다.

우정 장안면민들이 면사무소를 파괴한 것은 순사보 오인영의 신문조서에서 알 수 있는 바와 같이, 면사무소가 세금을 많이 징수하고 주민들을 괴롭혔기 때문이었다.

화수리주재소의 설치와 주민탄압

일제는 1910년 조선을 강점한 후 식민통치를 보다 공고히 하기 위하여 동년 9월 10일 칙령 제343호로 〈조선주차헌병대조례〉를 발표하였다. 이어 일제는 이를 토대로 〈조선통감부 경찰관서제〉를 공포하여 통감부의 헌병 경찰제도를 확립하였다. 이와 같은 기구를 갖춘 헌병경찰은 1910년에 전국에 1,135개의 헌병 경찰기관에 경찰 5,694명, 헌병 2,019명, 합계 7,713명으로 당시 한국인 2천명에 1명씩으로 되었다. 이들 방대한 조직을 갖춘 헌병경찰은 군사, 치안뿐만 아니라 행정, 사법 기타 잡무에 이르기까지 모든 분야에 다 간섭할 수 있는 권한을 갖고 있었다.

일제는 1914년 3월의 부, 군, 면을 통폐합하여 12부, 220군, 2,522면으로 지방행정을 정리하였다. 이에 따라 헌병경찰의 배치를 대폭 변경할 필요가 생겨 그 결과 모든 군 단위에 경찰서 내지는 경찰서의 사무를 관장하는 헌병 병관이 최소한 하나씩 설치되었다. 그리하여 1914년 현재 경찰기관이 732(순사주재소 504, 순사파출소 108, 경무부 13, 경찰서 101등), 헌병기관이 997개였다. 또한 경찰은 5,756명, 헌병은 11,159명이었고, 그 중 한국인은 경시 1명, 경부 100명, 순사 100명이었고, 순사보와 헌병보조원은 전원 한국인이었다.

헌병경찰의 기능을 보면 군사경찰(의병토벌, 첩보수집), 정치사찰, 사법권행사, 경제경찰, 학사경찰, 외사경찰, 조장행정, 위생경찰(종두보급, 害獸驅除, 전염병예방, 도축단속 등), 기타(해적경계, 우편호위, 수로수축, 묘지이장, 화장단속, 도박, 무인, 예창기, 매음부, 풍속 등의 단속)등의 업무를 맡고 있었다. 즉 헌병경찰은 검사사무, 민사소송의 조정, 행정사무, 호구조사 등을 담당하였다. 이처럼 일제는 헌병경찰에게 광범한 권한 기능을 부여하는 한편 그것을 뒷받침하기 위해 조선태형령, 경찰범처별규칙, 범죄즉결례 등의 법규까지 제정하였다. 특히 범죄즉결례는 1910년 12월에 제정된 즉결심판권이다. 이것은 무고한 한국인에게 벌금, 태형, 구류 등의 억압을 가하기 위한 조처였다. 때문에 한국인의 범죄율이 가장 높은 도박, 상해미수, 폭행 등에 적용되었으며, 특히 태형은 한국인에게만 적용되는 탄압의 수단이었다. 특히 1912년 4월부터 검찰 및 집달리 위생개선 등의 사무도 맡게 되었는데, 위생개선과 관련하여 한인들의 원성을 샀다.

한편 1910년 8월 5일 고시에 따르면 경기도 수원경찰서 관할 하에 남양, 발안장, 진위, 삼괴, 안중장, 평택순사주재소 등이 있었다. 1914년 9월경에는 수원경찰서 관내에 10개 주재소가 있었다. 매산리, 발안장, 병점, 료당, 남양, 삼괴, 마산포, 야목리, 오산, 반월장 순사주재소 등이다. 그리고 조선총독부 관보 1917

년 2월 8일자에 따르면, 수원경찰서관내에 수원면 매산리, 향남면 발안리, 태장면 병점리, 양감면 료당리, 음덕면 남양리, 우정면 화수리, 송산면 사강리, 매송면 천천리, 성호면 오산리, 반월면 팔곡1리, 의왕면 고천리 등에 매산리, 발안, 병점, 요당, 남양, 화수, 사강, 천천, 오산, 반월, 고천 순사주재소가 설치되었음을 밝히고 있다.

당시 발안장 주재소에는 조선총독부 순사 井上龜雄이 근무하고 있었다. 그는 평민으로서 연령은 1919년 당시 41세였다. 제암리 및 고주리 학살사건과 관련하여 가장 주목을 받는 인물은 순사보 조희창이다. 그는 제암리 322번지에 거주했던 인물이다. 제적등본에 따르면, 1914년 4월 7일 경기도 파주군 칠정면 문산 상동에서 이주하였고, 1917년 3월 26일 수원군 성호면 도산리로부터 제암리로 이주하였다. 1919년 4월 제암리 고주리참변 이후 동년 6월 경기도 고양군 용강면 염리로 이사하였다. 풍양 조씨로 부친은 조영년, 어머니는 유씨, 부인은 오봉근이고, 슬하에 1남 1녀, 조옥희, 조성재를 두었다.

화수리주재소에는 일본순사 1명, 조선 순사보 3명이 있었다. 주임순사 川端豊太郎의 본적은 鹿兒島縣 薩摩郡 下瓶村 手內였으며, 당년 25세였다. 그리고 순사보 오인영은 본적은 경기도 진위군 서면 송화리일칠오번지였고, 출생지는 충청남도 아산군 배방면 장재리이며, 사립평택보통학교 2년을 수료하였다. 1919년 당시 25세였다. 그는 1913년 3월 19일 순사보가 되었으며, 그 이전에는 토지조사국의 필생, 또는 면의 고원으로 일하였다. 오인영은 1917년 12월 17일부터 화수리 주재소에 부임하였다. 순사보 박재옥, 이상룡과는 동숙하며 지내고 있었다.

순사보 박재옥은 본적 및 출생지가 경기도 수원군 음덕면 송림리 487번지

였다. 1919년 당시 25세였다. 1918년 3월 26일 순사보에 임명되었으며, 그 전에
는 농업에 종사하고 있었다. 1919년 2월 10일 화수리주재소에 착임하였다. 순사
보 이상룡은 1919년 당시 23세였으며, 주소는 수원군 수원면 남창리였다. 그는
1918년 10월부터 1919년 4월 3일까지 화수리 주재소에서 근무하였다.

　　1917년 장안면 화수리에 주재소가 설치되자, 부임한 川端 순사는 조선인들
을 가혹하게 취급하였다. 특히 조선인들에 대하여 위생검사 등을 시행하여 조선
인들을 모욕하는 사태들이 벌어졌다. 그는 당시 젊은 나이임에도 불구하고 조
선인들의 뺨을 때리는 등 모욕적인 언사와 행동을 하였던 것이다. 또한 천단 순
사는 부임 이래로 도박에 대하여 심하게 단속하였기 때문에 동민의 반감을 사
게 되었다. 그것이 원인이 되어 죽인다는 상의가 이루어진 것으로 보인다. 특히
주곡리의 차희식의 경우 도박혐의로 옥고까지 치른 상황이었다. 따라서 차희식
은 주곡리, 석포리, 수촌리 등의 주민들을 중심으로 화수리 항쟁을 이끄는데 주
도적인 역할을 하게 된다.

우정면 장안면 일대의 간척사업

화성시에 연하고 있는 해안선의 길이는 장장 196km로 이는 경기도 해안선의 약
절반에 해당되는 거리이다. 해안선의 모습은 드나듦이 대단히 복잡하여 전형적
인 리아스식 해안 모습을 보여주고 있다.

　　화성시의 해안선은 굴곡이 특히 심하고 조차가 큰 데다가 수심이 얕아 간
사지의 발달이 두드러짐으로써 간척사업이 용이하다. 따라서 이곳 해안에서는
일찍부터 크고 작은 간척사업이 진행되어 왔던 것으로 추측된다. 과거에는 주로
주민들의 손에 의하여 갯벌을 조금씩 막아 경지로 이용되어 오던 것이 일제시

대에는 경지확장, 염전개발 등으로 점차 규모가 커진 것 같다.

당시 장안면 석포리지역에는 수로를 만들고 개간사업을 하기 위하여 서울에서 石倉玉吉(憲一), 永野藤藏라는 일본인들이 와 있었다. 그들은 秋山開墾공장에서 일하고 있었으며, 석창은 경성부 元町 二丁目 61번지에 살고 있었으며, 청부업자이고, 당시 34세였다. 그는 1918년 5월부터 석포리에 와 있으면서 간사지 공사를 감독하고 한 달에 2, 3회쯤 용달을 위하여 서울에 다녀오곤 하였다.

1918년 3월부터 석포리에서 간사지 경영사업을 하고 있었다. 영야는 석포리 차병혁의 아버지 車尙文집에 1916년경부터 임시사무소로 빌려 출입하고 있었다. 그러므로 영야는 차병혁과는 친숙하게 지내는 사이었다.

당시 개간 사업에는 경성에서 불러온 인부 29명과 현지에서 조달된 인부 등으로 작업을 하고 있었다. 당시 서울에서 온 인부로 1918년부터 4월 3일 당일까지 일하고 있는 인물로는 신주백, 박운성, 이순학, 최도일, 이경식, 이순식, 최성천, 이용구, 김봉수, 김영식 등을 들 수 있다. 그리고 4월 3일 이전에 해고된 사람은 신영수, 이희준, 김학준, 조순만, 김봉성, 홍억원, 박춘일, 강숙영, 장편문, 이성규, 장춘명, 정원득, 이흥원, 서일성, 임순식. 김흥원, 송대정, 박준영 등이다.

경성에서 온 인부는 총 29명인데 그중 일부는 다른 곳으로 간 사람도 있고 만세 당일에는 12-3명이었다. 그들은 시위 전에 만세시위가 있을 것이라는 소문을 듣고 있었다. 또한 4월 2일경부터 주민이 많이 발안 장터쪽에서 몰려 올 것이라는 이야기를 듣고 있었다. 그래서 영야는 술을 마시려면 사다가 마시라고 했고, 일체 마을 사람들과 교제하지 말도록 지시하고 있었다.

신주백은 석창 간사지공장에서 인부감독으로 1918년 3월부터 일하고 있다. 한편 이들 인부들 가운데에는 마을 사람들도 있었다. 문춘실이 그 예이다. 그는 용인군 이동면 묵리 출신으로 당 41세. 교육을 받은바 없으나 당시 주곡리에 거주하고 있었다.

한편 석포리에서 일을 하고 있던 노동자들 가운데 일부는 3·1운동에 참여한 것으로 보인다. 우정면장 최중환은, "석포리사람으로 일본인이 경영하는 공사에 고용되어 있는 사람이 주모자"라고 언급하고 있다. 우정면장 최중환은 3·1운동의 주모자는 "석포리 사람으로 일본인이 경영하는 공사에 고용되어 있는 사람이라는 것이다"라고 언급하고 있다.

석포리에서 간척공사를 하고 있던 일본인들은 소작을 빼앗아서 자신의 밑에서 일하는 인부들에게 제공하기도 하였던 것 같다. 문춘실은 1919년 7월 2일 경성 서대문 감옥에서 열린 신문조서 제2회에서

> 문: 그대가 쌍봉산에 올라가 있었다는 것은 장봉래, 김치덕 등의 진술에 의하여 명백한데 어떤가라는 질문에 대하여,
> 답: 그 사람들이 소작하는 토지를 石倉이 빼앗아서 나에게 소작을 하도록 한 일이 있다. 그러한 관계로 그 사람들이 나를 모함하는 지도 모른다

라고 대답하고 있다. 이점을 통하여 볼 때 일본인들은 임의로 한인들의 소작권을 빼앗기도 하였을 것으로 보인다. 그러므로 소작권을 빼앗긴 한인들은 이에 깊은 불만을 갖고 있었으며 만세운동에 적극 참여하였던 것이다.

한편 당시 석포리에서는 바다를 막는 일로 인해 각처 사람들이 많이 모여 살고 있었다. 그래서 이 동리에는 많은 주막들이 있었고, 술집도 여러 집이 있었다. 일본인 감독들은 술을 마시면 주민들에게 횡포를 부렸으며, 아녀자들에게 희

롱을 하여 주민들과 이따금 시비가 벌어졌다. 또한 일본인 감독들은 너무나 과중하게 인부들에게 노동을 강요하여 인부들은 늘 불평불만 속에서 살아가고 있었다. 따라서 이곳 주민들과 인부들은 적극적으로 만세운동에 참여하였던 것이다. 화수리 주재소를 불태운 혐의로 징역 15년을 언도 받은 이영쇠 역시 외지인이었다. 수촌리의 차인범은 이봉구의 말을 빌어, "석포리의 노동자가 몽둥이로 순사를 타살"했다고 언급하고 있는 점에 주목할 필요가 있을 듯하다. 그리고 장안면장 김현묵도 그의 조서에서,

> 노동자풍의 20명 쯤이 (우정)면장의 집으로 몰려가서 찾는 모양이었는데 없다고 하면서 돌아왔다.

고 한데서 노동자들의 참여를 살펴볼 수 있다.

한편 장안리에도 방축공사가 있었다. 오경환은 4월 3일 장안리의 이주상의 방축공사 감독으로 일하고 있었다. 또한 우정면 멱우리의 경우도 방축공사장이 있었다. 멱우리에 살고 있던 송영만의 경우도 4월 3일 아침부터 아들과 머슴을 데리고 방축공사장의 수문을 수리하러 갔다고 기술하고 있는 것이다.

장안면 장안리 구장 김준식은 진위군 포승면 홍원리의 佐坂의 공장에 가서 일하고 있었다는 기록이 있다. 이는 좌판의 방축공사장이라고 짐작된다. 이곳 좌판의 공사장의 경우 좌판의 동생 佐坂才吉이 일본인 감독과 조선인 감독 박동현, 홍사문, 김익삼등을 이끌고 다니면서 장안리, 홍원리 주위의 동리들을 돌아다니며 횡포가 심하였다. 특히 홍원리에서 일하고 있는 일본인 감독들은 홍원리에 술집이 없어 술 생각만 나면 배를 타고 이따금 장안리로 나와 술을 마시고 돌

아가곤 했다. 그 당시 장안리에는 그들 인부를 상대로 하는 술집이 12개나 있었다. 일본인 감독들은 술을 마시면 동리 아녀자를 희롱하는 한편 주민들에 대한 횡포가 말이 아니었다.

당시 장안면 석포리에서는 개간사업이 진행되고 있었는데 이를 위해 石倉憲一과 永野藤藏이라는 사람이 서울에서 와서 수로를 만들고 개간사업을 하고 있었고, 장안면에서는 간사지를 수축하기 위하여 인부를 사용하여 일을 하고 있었다. 군중속에서 "면장을 간사지에 쳐넣고 밟아 죽여 버리라"는 등의 말을 하는 사람도 있었다.

화수리 항쟁의 주도세력

화수리 항쟁을 주도한 세력은 누구일까. 이 부분에 대하여 김선진은 그의 저서에서 천도교신자인 수촌리 구장 백낙열에 주목하고 있다. 그리고 기독교 계통에서는 이 부분에 대하여 연구가 없으나 제암리 등의 연구결과를 토대로 검토해 볼 때, 체포된 수촌리의 인물들 가운데 기독교인들이 많은 점에 주목할 것으로 보인다. 필자는 우정 장안지역의 만세운동의 경우 이를 계획하고 주도한 것은 주곡리의 차희식, 석포리의 구장 차병한, 수촌리의 구장 백낙열 등이 아닌가 생각한다. 그리고 행동대로서 주곡리, 석포리, 수촌리 사람들이 중심이 되어 우정 장안 전지역의 주민들이 참여한 형태로서 파악하고자 한다. 종교적인 측면에서 보면 주곡리, 석포리, 장안리의 유교, 수촌리의 기독교, 수촌리, 어은리, 기린리 등 천도교, 장안리 등의 천주교 등 다양한 세력들이 연합한 형태로서 파악된다.

우정 장안지역의 만세운동은 서울에서 있었던 고종의 장례식에 참여하고 만세운동을 접한 인물들에 의해 전해짐으로써 야기되었다고 할 수 있다. 백낙열, 김성열, 안종후 등이 그러하며, 정서송 역시 그러하다고 밝히고 있다. 아울러 수원지역에서의 만세운동 역시 영향을 주었을 것임은 자연스러운 귀결이라고 생각된다. 주도적인 역할을 한 주도 인물에 대하여 살펴보면 다음과 같다.

백낙열을 중심으로 한 천도교 세력

천도교측의 참여를 보면, 서울의 만세운동에 참여한 백낙열이 우정, 장안지역의 천도교 전교실을 돌며 만세운동을 촉구한데서 출발하였다고 볼 수 있다. 3·1운동이 발발하자 장안면 수촌리 천도교 남양교구 순회전도사인 백낙열은 김성열, 안종후 등과 3월 1일 서울의 만세시위에 참여하고 돌아온 후 남양교구 관하 각 전교실을 돌며 거목골 리종근·우영규·우종열, 기린골 금현조·금익배, 장안리 월교순·금인태, 덕다리의 금창식, 우정면 사기말의 금영보, 고온리의 백락온, 덕목리의 한세교, 안곡동 박룡석·박운석, 우정면 주곡리의 차희식, 팔탄면 고주리의 금흥열과 거사를 협의했고, 김흥열은 제암·고주리 천도교 전교사인 제암리 안종환과 안정옥·안종후 등과

연락을 취했다. 당시 천도교는 고주리 , 장안, 우정 등지에 일정한 세력을 갖고 있었다. 또한 백낙열은 수촌리 구장으로서 수촌 주민들의 적극적인 참여를 독려하였다. 우정면사무소에 가서 군중들의 선두에 서서 만세를 부를 것을 독려하기도 하였다. 백낙열은 화수리주재소 앞 개물주막에서도 만세를 불렀다. 아울러 그때에도 몽둥이를 휘

백낙열 사진(독립기념관 홈페이지)

두르면서 오늘이 밥을 마지막으로 먹는 것이니 다 오늘이 끝장이라고 생각하고 활동해야 한다. 그리고 남의 일이 아니고 각각 자기의 일이라고 생각하라는 등의 말을 하면서 주창하였다. 아울러 순사를 살해한 후 백낙열은 이제 수비대가 오면 총으로 우리를 사살할 것이니 남산에 가서 웅거하여 대항하자고 결사항전을 주창하였던 것이다.

김교철 중심의 수촌리의 기독교세력

수촌리 주민들은 화수리항쟁에 적극적으로 참여하였다. 그 결과 그들은 3-4차례에 걸쳐 일제의 탄압을 받아 큰 피해를 입기도 하였던 것이다. 수촌리 참여자 가운데 방축골을 제외한 큰말, 가장말, 꽃밭에 등에 기독교 신자들이 다수 거주하고 있었다. 이들 기독교인들의 지도자는 언급되고 있지 않으나 김교철이 그 중심 인물이었다고 생각된다. 그는 당시 41세의 나이로 1910년에 기독교에 입교하여 1916년에는 남양교회 담임전도사를 역임하였으며, 3·1운동 당시에는 수촌교회와 제암리교회의 담임전도사를 맡고 있었던 것이다.

김교철은 4월초 풍문을 통하여 만세운동이 전개되었음을 알고 있었다. 4월 2일 밤에 그는 교회당에서 예배를 보았다. 이때 4월 3일의 만세운동에 대한 논의가 있지 않았나 생각된다. 김교철이 예배를 보고 나올 무렵 수촌리 부근에 있는 14개소의 산에서 불을 피우고 만세를 부르고 있었다. 또한 수촌리 산에서도 만세를 불렀다.

김교철은 일제의 신문에서 독립에 대한 견해를 묻자,

나는 다만 신의 뜻에 따르므로 별로 독립이 되어서 좋을지 나쁠지는 모르나 일찍이 기독교 신자인 山道의사가 조선인은 일한합방에 대하여 불만을 품고 있겠지만 다 신의 뜻이라는 것을 들었으므로 이번에 독립이 되고 안되는 것은 신의 뜻에 따라야 할 것으로 생각하고 있다.

라고 하여 신의 뜻에 따를 것임을 밝히고 있다. 그러나 김교철 전도사는 장안면사무소, 쌍봉산 만세운동, 우정면사무소, 화수리 항쟁 등에 참여하고 있다. 또한 그는 화수리 주재소에서 순사가 살해당한 것을 보고 기도를 드렸다고 밝히고 있다. 이로 보아 그가 일제의 심문에서 직접적으로 독립에 대한 의사를 밝히고 있지 않으나 만세운동에 적극적으로 참여하였던 것이다. 이점은 수촌리 기독교인들의 만세운동 참여에 큰 힘이 되었을 것이다.

　　수촌리 주민들 가운데 기독교인으로서 만세운동에 적극 참여한 인물로는 차인범, 김덕삼, 김종학, 김명우, 김응오, 김응식 등을 들 수 있다. 수촌리에서 백낙열 이외에 만세운동에 적극적으로 참여한 인물들을 보면 다음 표와 같다.

〈표2-3-1 수촌리지역 3·1운동 주도자〉

인명	나이	주소	종교	학력	형량
車仁範	19	694(2),큰말	기독교, 8세부터 신앙, 14세시 세례	서당에서 한문	징역 10년
金興三	39	가장말	무	무학문맹	징역 3년
金德三	45/42?	573, 가장말	기독교	서당에서 한문 배움	징역 3년
白順益	39	꽃밭에	무	무학문맹	징역 3년
金鍾學	30	68, 꽃밭에	기독교	한문	징역 2년 6월
金明友	34	73, 꽃밭에	기독교	무학, 언문해독	징역 3년
金應五	50	584, 꽃밭에	기독교	무학문맹	징역 2년 6월
金教哲	41 1881-1954	577, 가장말	1910년 기독교에 입교, 1916년 남양교회 담임전도사, 1919년 당시 수천교회와 제임교회의 담임 전도사.(홍석창 삼인운동사, 195-197).	7세부터서당에서 한문, 1911년 배재학당 입학 1년 만에 졸업 1912 피어선 신학원 입학, 1914년 졸업	징역 3년
金汝根	34	128, 용당골	무	서당에서 한문	징역 3년
金應植	44	72, 꽃밭에	기독교		징역 3년

인명	나이	주소	종교	학력	형량
金黃雲	30	127, 용당골	무	무학	징역 2년 6월
金德根	32	가장말	무	무학	징역 3년
鄭淳榮	53	681, 큰말	무		징역 5년
李順模	28/37.8?	69, 꽃밭에	천주교		징역 10년

*국사편찬위원회, 『한민족독립운동사자료집』 19~21등 참조.

〈표2-3-1〉에서 보는 바와 같이 수촌리에서 만세운동에 참여한 인물은 대부분 30-50대로 집안 가장들이었다. 체포된 주요 인물들은 김교철을 비롯하여 김흥삼, 김응오 등 주로 가장말 사람들이 많음을 엿 볼 수 있다. 종교는 기독교 감리교인이 다수이며, 학력은 무학자 외에 차인범, 김덕삼, 김종학, 김명우, 김교철, 김여근 등이 서당에서 한문을 공부하였다.

차병한, 차희식을 중심으로 한 석포리 유교 토착 세력

차병한

석포리 주곡리 주민들은 거의가 다 유교를 숭상하였고, 대부분 차씨, 장씨 집안들로 마을을 형성하고 있어 종친 어른의 한마디면 모두들 복종하여 따르는 상황이었다. 특히 석포리 마을에는 조선시대 '이시애의 난' 때 순직한 강열공의 사당이 있어 국가에 충성하는 마음을 항상 가다듬고 있었다.[24]

석포리의 구장인 차병한은 당시 35세로 석포리에 사는 차병혁과는 8촌간이었다. 그는 1913년 2월부터 석포리의 구장이었으며, 13세부터 한문공부를 7년 쯤 하여 통감, 논어, 맹자 등 기본 한학을 공부한 지식층이었다. 차병한은 3월 27

---

24) 차진한(차병혁의 손자)의 증언.

일 구장회의에 참석하기도 하였다. 한편 차병한은 1918년 여름까지 매일신보를 직접 구독하였으며, 그 후에는 7촌이 되는 차상문의 집에서 매일신보를 보고 3·1운동이 전개되고 있음을 파악하였다.

차병혁은 당시 31세로 우정면 석포리에 거주하고 있으며, 농업에 종사하고 있었다. 특히 그는 당시 지역의 지주 송영만[25]의 마름을 하고 있어 경제적으로는 윤택한 편이었다. 그리고 그의 부친 차상문과 동생 차병억(당시 24세)은 포목상을 하고 있었

차병한 일제감시대상인물카드(국사편찬위원회 홈페이지)

다. 차병억은 당시 솔가리 수백개를 사 모아 배에 실어 서울 쪽으로 싣고 가 장사를 하기도 하였다. 또한 그는 영야와는 7-8년 전부터 아는 사이이고, 석창과는 1918년부터 아는 사이었다. 석포리의 개간 사업은 어업을 생업으로 하는 주민들과 배를 이용하여 서울과 장사를 하던 차씨일가에게는 큰 경제적 타격이었을 것이다.

시위가 있기 1주일전인 3월 27일 구장회의가 열렸다. 이때 참석자는 수촌리의 백낙열, 어은리의 리시우, 독정리의 최건환, 장안리의 김준식, 덕다리의 김대식, 사낭리의 우시현, 사곡리의 금찬규, 금의리의 리호덕, 석포리의 차병한, 노진리의 금제윤의 아들 등 10명이었다. 이 회의에서 석포리의 구장 차병한이 일

---

25) 송영만은 당시 43세로 우정면 멱우리 229번지에 거주하고 있었다.

동에게 수일 전 발안리에서 시위가 있었을 때 체포된 사람을 일본인 아이가 게다(일본식 나막신)로 구타라는 것을 보고 분개를 견딜 수 없었으니 만세를 부르자고 말했다고 한다. 이점을 통해서 볼 때 차병한은 3월 31일에 있었던 발안 시위에 참여하였고, 우정 장안 지역의 만세운동을 제안하였을 가능성이 크다. 또한 차병한은 4월 3일 차병혁과 함께 한 걸음 앞서서 면사무소에 와서 오늘 우정면 사람들과 함께 독립만세를 부르자고 했었던 것이다. 한편 석포리 구장인 차병한은 4월 3일 아침 소사인 엄성구집에 가서 주곡리의 차희식이 많은 동민들을 데리고 장안면사무소로 몰려간다고 하면서 자기의 마을도 가기로 했으니 빠짐없이 전해달라고 하였다.

　　또한 수촌리의 차인범 역시 차병한이 다수에게 명령하고 지휘하였다고 증언하고 있다. 김현묵 역시 우정면 사무소 파괴시 석포리 사람들이 수건으로 머리띠를 하고 주도적인 역할을 했다고 밝히고 있다. 그리고 장안리 마을의 소사인 박복룡(일명 박선제) 청취서에 따르면, 〈누가 주가 되어서 위 소요를 기획했는가〉라는 질문에,

　　　　석포리의 사람이 주가 되어서 위 소요를 계획하고 다른 마을 사람들을 선동했었다.

라고 하고 있고, 또한 〈폭행자의 주도니 사람은 누구누구인가〉라는 질문에도,

　　　　간 사람은 모두 폭행했을 것이다. 그 중에 석포리의 어업에 종사하는 사람이 가장 활발히 활동했던 것 같다.

라고 하여 석포리 사람들이 중심적인 역할을 한 것으로 증언하고 있다. 특히 어업에 종사하는 사람들의 참여는 간척사업이 완성되었을 때 생업을 잃을 가능성이 크기 때문일 것이다. 현재에도 간척사업의 경우 어민들의 생존권 문제가 야기될 수 있다. 또한 만세시위 이후 5월부터 석포리의 구장을 담당한 김현갑 청취서에 따르면, 〈석포리에서 누구누구가 갔었는가〉라는 질문에,

남김없이 다 갔다. 한 사람도 소요에 가담하지 아니한 사람은 없다

라고 하여 석포리사람들이 모두 참여했음을 밝히고 있다.

이처럼 석포리 사람들이 주도적으로 참여한 것은 바로 간척사업이 그들의 생존권을 위협할 수 있기 때문이었다. 결국 간척지가 생기면 주곡리의 경우 부유해 질 수 있으나 석포리의 경우 생존권에 막대한 타격을 입게 되는 것이다. 따라서 주곡리의 경우 석포리와 밀접한 관련을 맺고 있는 차희식, 장소진, 장제덕 등이 주로 만세운동에 참여하였다. 한편 주곡리의 구장인 한규회는 차희식이 만세운동에의 동참을 요구하자 이를 찬성하지 않았다. 아울러 그 외 주곡리 주민들도 참여하지 않았다. 이에 차희식 등은 이 마을 사람들은 할 수 없는 놈들이라고 욕을 하였던 것이다. 석포리 사람으로서 만세운동에 참여한 주요 인물을 도표로서 작성하면 다음과 같다.

〈표2-3-2〉 석포리 거주자로서 3·1운동 참여자

인명	나이	주소	종교	학력	비고
車炳漢	36	522	무	한학	석포리구장
李永釗	22	100			노동자
印壽萬	26	417			
尹永善	26		무		

인명	나이	주소	종교	학력	비고
車炳赫	32	537	무		차병한과 8촌
車炳億	24				차병혁의동생 포목상
嚴聖九	39				석포리 소사

행동대장 차희식과 그의 그룹

만세운동에 주곡리에 살고 있는 차희식도 행동대로서 주도적인 역할을 하였다. 그는 교육도 못 받고, 종교도 없었다. 그러므로 그는 신문 잡지 등을 읽을 수 없었다. 1915년 수원경찰서에서 도박죄로 태형 60의 처분을 받은 적이 있다. 그러나 그 후 경성복심법원에서 원 판결을 취소하고 징역 3개월을 받고, 그 집행을 마쳤다. 그 후 그는 1918년 端川순사가 부임한 이래 도박을 하지 말라는 권유를 받았을 뿐만 아니라 항상 감시의 주된 대상이 되었던 것 같다. 그러던 와중에 서울에서 만세운동이 있던 수일 뒤 같은 마을에 살고 있는 유서방으로부터 만세운동에 대한 소식을 들었던 것이다. 특히 그는 성격이 활발하고 교재력도 있었으며 힘도 장사였다고 한다. 당시 구슬리에 살았다. 처가가 양영대군파 전주이씨로서 구술에 주로 거주하였기 때문이었다고 한다. 차병혁, 차병한 등과는 일가였으며, 차희식이 한 항렬 높다고 한다.[26]

　　차희식은 동지인 장제덕(장순년), 장소진(장봉래), 김흥식(김치덕) 등과 함께 행동대로서 중심적인 역할을 하였다. 김흥삼은 신문조서에서, 화수리항쟁과 관련하여 군중을 지휘 선동한 사람이 석포리의 김치덕, 장봉래, 장순명, 차희식 등이라고 증언하고 있다. 또한 김덕삼도 우정면사무소의 파괴 전소에 대하여,

---

26) 차희식의 손자 차창규와의 면담.

김치덕, 장봉래, 차희식, 장순명으로 그 사람들은 많은 사람들과 함께 사무소를 부수고 서류에 불을 지른 것은 차봉습(차희식-필자주)이었다.

고 하고, 이어서 화수리항쟁과 관련하여서도, "주재소에 가서는 차희식이 방화하겠다고 하면서 주재소 왼쪽으로 돌아갔다. 그리고 김치덕, 장봉래, 장순명, 그밖에 많은 사람들은 앞에서 주재소에 투석했다고 하고 있는 것이다.

　　장봉래, 김치덕 등은 자신의 소작하던 토지를 일본인 간척사업 감독 石曾에게 빼앗긴 일이 있었다. 이점이 이들이 만세운동 참여에 일조하였을 것으로 추정된다. 장제덕은 수원군 양감면 출신으로 당년 38세였다. 무종교, 무교육상태였다. 장소진은 석포리출신으로 주소지를 주곡리에 두고 있었다. 그는 당시 34세로, 종교는 없고, 무교육이었다. 김홍식(김치덕)은 당년 37세로, 수원군 음덕면 무송리 출생으로 당시 우정면 주곡리에 거주하고 있었다.

　　동년 4월 3일 주곡리의 차희식과 그 동지인 장제덕, 장소진 등은 석포리에서　이영쇠 등에게 대하여 "오늘 면내에서 조선을 독립시킬 목적으로 독립만세를 외칠 터이니 나와서 참가하라"는 뜻을 전하였다. 특히 이들은　오늘 다 나와서 만세를 부르게 되어 있다. 나오지 않는 사람의 집은 불태워버린다고 하면서 돌아다니므로 나도 집이 불타면 큰일이라고 생각하여 나가게 되었던 것이다. 이영쇠는 특별한 종교가 없으며, 문맹인 인물이었다.

　　한편 차희식 등은 우선 주곡리 구장 한규회 (한운경)를 찾아가 함께 만세운동에 참여할 것을

차희식 사진(독립기념관 홈페이지)

요청하였다. 한규회는 당시 53세로 20년 동안 구장을 해 오고 있는 인물이었다. 그들은 4월 3일 아침 마을에서 다 나와 쌍봉산에 모여라, 만약 나오지 않는 집이 있으면 오늘 저녁 불을 질러 버리겠다고 했다. 그 후 그들은 뒷산에 올라가서 만세를 불렀다. 또한 그는 마을 사람들을 데리고 마을 뒷산에서 북을 치며 독려하였다. 주곡리를 중심으로 한 중심인물들을 도표로 작성해 보면 다음과 같다.

〈표2-3-3〉 주곡리 거주자로서 3·1운동 참여자

인명	나이	주소	종교	학력	비고
車喜植(車鳳習, 車奉習)	44	주곡리 81	무	무	석포리출생, 1915년 도박죄로 태형 60
張韶鎭(張鳳來)	34	주곡리	무	무	석포리 출생
金興植(金致德)	37	주곡리 83	무	무	수원군 음덕면 茂松里출생
張順明(張濟德)	38	주곡리 53	무	무	수원군 양감면 출생
文春實	41	주곡리 242	무	무	용인군 二東面 墨里출생

장안리의 천주교세력

장안면 장안리 주민들도 만세운동에 적극 참여하였다. 이들 주민 가운데에는 천주교, 기독교, 천도교 등 다양한 종교인들이 참여하였다. 그 가운데 특히 주목되는 것은 천주교 신자들이다. 김선문(안드레이), 김여춘(요셉), 안경덕(가별), 김삼만, 김광옥(베드로), 최경팔(도마) 등이 그들이다.[27] 이들 중 김선문은 3대 전부터 천주교를 신앙해 온 독실한 집안이었다.

김여춘은 7-8년 전부터, 최경팔은 2년 전부터, 김삼만은 부모 때부터 신앙하였던 것이다. 장안리주민들은 장안리에서 50리 떨어진 성당에 가서 미사를 보았지만, 당시에는 김선문 집(장안리 1177번지) 근처에 새로운 교당을 만들어 미사를 보고자 하였다. 그 교당은 천도교인인 김여춘, 안경덕, 최경팔, 김삼만 등이

---

27) 천주교왕림교회, 천주교왕림(잣동이)교회 본당 설립 100주년 기념집(Ⅰ), 천주교왕림교회, 1990, 270-271쪽. 1919년 6월 22일자로 김원영 신부가 주교에게 보낸 편지.

출연하여 건립한 것이었다. 천주교에서는 당시 김선문이 조서에서 언급하고 있듯이.

나의 교회에는 신부가 있고 그것은 결코 그런 일에 관여해서는 안된다고 항상 설유하고 있는 것이다.

만세운동 등에 참여하지 못하도록 하고 있었던 것이다.

장안리 주민들 가운데에는 〈표3〉에서 보는 바와 같이 염전에서 일하는 주민들이 많은 것도 한 특징이다. 박경모, 최경팔, 정순업, 김삼만등이 그러하다. 장안리 주민들 가운데 만세운동의 주도자는 다음과 같다.

〈표2-3-4〉 장안리 거주자로서 3·1운동 참여자

이름	나이	주소(직업)	종교	학력	출생지및비고
金善文	45	1177	천주교/3대전부터 신앙		경성부 桂洞
金汝春	52	1271	천주교7–8년전		
安敬德	32	1776	천주교		
朴景模	41	1104(소금굽는일)	기독교		
金正杓	50	1152	천도교(2–3년전부터)		
崔敬八	44	127(소금만드는 것)	천주교 2년		南谷面
金致培	35	75			
鄭殷山	33	1120			
鄭順業	22	(소금 염전)			
宋壽萬 (宋善良)	29	1180(농업 및 목수)			우정 화수리
趙敎舜	34	1208	천도교		백낙열이 함께 의논한 인물. 천도교 전도사
金三萬	26	(소금,농사)	천주교, 부모때		
金寬植	26	1209			우정 石水里
朴福龍	29		성결교		경성부, 장안리의 소사

화수리 항쟁의 내용

화수리 항쟁의 공격계획 및 실행

1919년 3·1운동시 일제는 경기도 수원군 우정면 화수리에 주재소를 설치하여 주민들을 탄압하고 있었다. 이에 우정면, 장안면 일대 주민 2천 여명은 장안면사무소, 우정면사무소를 파괴한데 이어 화수리주재소로 몰려가 만세운동을 전개하는 한편 주재소에 투석, 방화하고 일본인 순사 가와바다川端를 살해하는 등 적극적인 만세운동을 전개하였다.

오후 3시반경에 우정 면사무소를 출발했는데 면장 김현묵은 구한국국기를 들고, 약 2천명의 선두에 서서 조선독립만세를 부르면서 화수리 주재소로 가는 도중에 한각리에서 주민이 잠시 휴식을 취했다.

그때 면장 김현묵은 누구인가의 권유로 군중에 대하여 지금부터 주재소를 습격한다. 순사가 총을 쏘아 죽는 사람이 있더라도 시체를 타고 넘어서 주재소에 뛰어들어 파괴방화하고, 순사를 때려죽이라고 연설을 하였다. 또 면장은 40세쯤의 장안리 사람인 김문명의 지시에 따라 주재소를 공격하는 데는 규칙이 정연한 원형으로 진을 치고 나갈 필요가 있다고 주민들에게 말하였다. 그리고 약 2천 여명의 군중을 2단으로 나누고 1단은 동쪽, 일단은 서쪽에서 전진하여 주재소를 습격하기로 하였다.

화수리에 도착한 일행은 다음과 같이 화수리 주재소를 공격하였다. 차병한은 군중을 지휘하여 동면 화수리에 있는 화수경찰관 주재소로 몰려 가서 차인범, 이영쇠, 백순익, 김덕근은 그 주재소 앞에서 군중과 함께 만세운동을 전개하였다. 이어 차병한은 군중을 지휘하고 김흥식, 장소진, 장제덕, 백순익, 김종학,

인수만, 김명우, 김응오, 김교철, 김여근, 김황운, 윤영선 등은 주재소를 향하여 돌을 던졌다. 이영쇠는 주재소를 불태워 버리려고 주재소 뒤로 달려가 불을 놓았다. 이에 주재소 안에 있던 순사 川端豊太郎이 총을 쏘면서 도망쳐 나오자 군중들은 그를 추적하고 정서성, 이영쇠, 이순모, 차인범은 군중에 솔선하여 몽둥이로 그를 구타하였다. 차희식, 장소진, 장제덕은 돌 또는 몽둥이로 그를 난타하여 기세를 부채질하였다. 이 과정에서 일본순사가 발사한 총에 장안면 사곡리의 이경백이 순국하였다.

결국 주재소는 전소되고 일본 순사는 골파열을 동반하는 열창 1개 이외에 30여 개의 창상을 입고 뇌진탕을 일으킴과 동시에 두개골절 출혈을 하여 마침내 죽게 되었다.

화수리 항쟁이후 주민들은 일단 해산한 후 저녁을 먹고 남산에 모여 군대와의 회진에 대하여 상의하였다.

화수리 탄압

4월 4일 새벽, 어둠의 장막을 찢으며 사방에서 요란한 총소리가 메아리쳤다. 일본군 제20사단 39여단 78연대 소속 유전有田(아리다 - 제암리 학살의 주역) 중위가 이끄는 1개 소대병력이 발안에서 달려와 화수리를 완전 포위하고 마구 총질을 해댔다. 화수리 여수동 · 화수동 · 굴원리 주민들은 일경의 보복을 예상하고 노인들만 남기고 캄캄한 밤중에 원안리와 호곡리 바다 쪽으로 가족들을 이끌고 피신했다. 수비대들은 동네에 사람 그림자가 보이지 않자 집집마다 불을 놓고 보이는 주민들은 닥치는 대로 잡아다가 몽둥이질을 하여 탈진해 쓰러지면 냇가에 들어다 팽개쳤다. 화수리 구장 송찬호는 72군데나 칼로 난도질을 당했다. 이러한 체포와 고문이 동리마다 이어졌다. 한각리·마산동 주민들은 초죽음이 되도록 매질을 당하였고 조암리에서는 주민들이 보이지 않자 큰집들만 골라 불을 질렀다. 일제의 탄압으로 화수리의 경우 집 19채가 소실되었으며 3명이 사망하였다.

화수리의 피해 상황은 당시의 여러 책자에 생생히 묘사되고 있다. 먼저 정한경이 미국 필라델피아에서 1920년에 간행된 『한국의 사정』에서는,

> 화수리는 그야말로 그림처럼 아름다운 마을인데 일본제국의 야만적인 군대는 이 행복한 마을도 잿더미로 말들었다. 이 마을은 울창한 숲의 산으로 둘러싸여 있고, 앞으로는 기름진 논들이 뻗어 있었다.
>
> 마을 가운데에는 기와지붕으로 되어 있는 지주의 좋은 집이 자리잡고 있었다. 그런데 그집은 이제 깨진 기와장과 부서진 벽돌더미로 변하고 말았다.(중략)
>
> 약 40채가 넘는 가구 중에서 18가구만이 남고 나머지는 모두 소실되고 말았다. 물론 바람은 불지 않았으며, 냉혈적이고 살기등등한 일본군인들이 불을 질러 마을을 폐허로 만든 것은 너무도 분명한 사실이었다.
>
> 마을 사람들의 이와 같은 증언을 따르지 않더라도 불타버린 가옥에서는 그런 증거가 많이 발견되었다. 불탄 집과 타지 않은 가옥이 여기저기 흩어져 있는 것만 보아도 알 수 있었다. 불탄 집과 타지 않은 집 사이의 거리는 상당히 떨어져 있었다.(중략)
>
> 완전 무결하게 황폐한 모습이었다. 단 한 장의 이불, 한 가마니의 쌀, 그리고 단 한 개의 그릇, 숟가락도 성한 것이 없었으므로 생존자들은 기아의 위기에 빠져 있었다. 집 잃은 불쌍한 마을 사람들은 이웃마을로 피난해서 문간에서 잠자리를 구하고 음식과 땔감을 얻어 겨우 생명을 부지했다.

다음은 이 마을이 불길에 쌓여진 당일의 상황이다.

4월 11일 새벽 마을 사람들은 집이 불타는 소리와 연기 냄새로 단잠을 깨싸. 마당으로 달려나온 사람들은 경찰과 군인들이 불을 지르는 모습을 볼 수 있었다. 사람들이 뛰어나오자 그들은 총격을 가하고 매질을 했다.

사람들은 목숨을 보존허기 위해서 노소를 불문하고 산으로 도망쳤다. 부녀자들은 어린아이를 품에 안고 남자들은 큰 아이를 끌고 걸음을 재촉해서 산으로 피신했다. 그러나 그들은 피난처를 구하기 전에 총에 맞아 주고 무기로 맞아 중상을 입었으며, 일부는 체포되어 감옥으로 끌려 갔다.

라고 언급하고 있다. 또한 제암리 사건 매티 노블 기록(1919년)에서는,

수원 지역 구호 활동에 대한 기록

구호 물자 분배 위원회는 W.A. 노블, 프레이 양孃, 마커 양, 코원 테일러 씨로 구성되었다. 활동 지역은 수원역에서 정서正西 방향으로 21 마일(약 34 킬로미터)에 위치한 사강리와 인근 마을, 제암·수촌·화수리 마을의 소규모 동리와 그 사이에 흩어져 있는 농가들이다. 이들 마을은 전체적으로 혹은 부분적으로 소실되었다. 마을간의 최장 거리가 20 마일(약 32 킬로미터)에 이르고 어떤 마을들은 좁은 계곡이나 급경사진 언덕과 같은 자연적인 경계선으로 갈라져 한쪽에서 다른 쪽의 마을이 완벽하게 가려져 있기 때문에, 이들 마을에 불을 지른 군인들은 먼 거리를 돌아 다녀야 했을 뿐 아니라 목적을 달성하기 위해서는 많은 노력을 기울여야 했다. 특히 흩어져 있는 농가에 방화 할 때 그러했다. 화수리 마을에서는 시골 부자의 큰 집이 불탔다. 그 집은 37 칸(1 칸은 사방 8 피

트(약 2.4 미터)) 크기로서 17 칸 규모의 2 층집이 달려 있었다. 대문을 제외하고는 아무 것도 남아있지 않았다. 이 마을에서 23 채의 건물이 불타고 3 명이 살해되었다. 마을에서 언덕넘어 약 반 마일(800 미터) 떨어져 있는 절도 소실되었으며 불상을 모신 작은 건물 하나가 남았다.

라고 하여 화수리의 참상을 언급하고 있다.

이어 4월 9일 津村憲美 特務曹長을 책임자로 하여 하사 이하 6명, 경찰관 4명에 古屋 수원경찰서장 이하 7명과 보병 15명이 협력하에 3개반을 편성하여 오산과 장안 우정면이 있는 화수반도 일대에 대해 대대적인 검거를 실시하였다. 특히 4월 10일부터 11일 오후 5시까지 화수리를 중심으로 부근 장안 · 우정면내 25개 동리를 수색하여 200명을 검거하였다.

화수리 항쟁 후 4월 15일 수원경찰서 순사부장 熱田 實와 순사 長村淸三郎에 의해 차인범 등 33명을, 5월 13일 다시 수배자 중 구속된 17명을 합하여 모두 50명 중 23명이 예심 및 고등법원을 거쳐 1920년 12월 9일 경성복심법원에서 형이 확정되었는데, 그 형량은 다음과 같다.

〈표2-3-5〉 장안 · 우정면 만세시위자 및 형량

죄명	수 형 자	인원수	형 량
살인방화 등	이영쇠, 차희식	2명	15년형
	장소진, 장재덕, 정서성	3명	12년형
	차인범, 이순모	2명	10년형
	차병한, 김흥식, 정순영	3명	5년형
보안법 소요 등	김응식, 김명우, 김교철, 김흥삼, 백순익, 김덕근, 김여근, 차병혁, 인수만, 김덕삼	10명	3년형
	김황운, 윤영선, 김응오, 김종학	4명	2년6월형
	유수산	1명	1년, 벌금 20원

화수리 항쟁의 역사적 성격

지금까지 화성 화수리 항쟁에 대하여 살펴보았다. 이를 통하여 화수리 항쟁의 역사적 성격에 대하여 살펴보도록 하겠다.

　　첫째, 화수리 항쟁은 3·1운동 당시 일본 주재소를 파괴전소하고 순사를 처단한 국내 유일의 항쟁지라는 특징을 갖고 있다. 1919년 국내에서 만세운동의 활발히 전개되었다. 일본측의《조선소요사건총계일람표》에 따르면 만세지역은 총 618개 지역이며 그 중 경기도는 143개 지역으로 가장 많은 수를 차지하고 있다. 그 가운데 소요회수는 폭력적인 경우가 총 332건 가운데 경기도의 경우 76건으로, 비폭력의 경우 516건 가운데 경기도는 149건으로 가장 높은 비중을 보이고 있다. 소요인원의 경우 총 587, 641명 가운데 경기도의 경우 169, 300명으로 제일 많은 수를 보이고 있다.

　　그 가운데 주목할 것은 일본측의 피해이다. 군대의 경우 총 3명이 부상을 입었으며, 헌병이 경우 6명 사망(평남), 88명이 부상을 입은 것으로 되어 있다. 경찰의 경우 2명 사망(경기도), 64명이 부상을 입은 것으로 되어 있다. 이 가운데 경찰이 사망한 지역은 경기도 화성지역으로 우정면 화수리와 송산면 사강리가 바

탄압 후 수촌리 마을 모습(독립기념관 홈페이지)

탄압 후 수촌리 마을 모습(독립기념관 홈페이지)

로 그곳이다. 따라서 화성지역의 경우 남한 지역에서 가장 격렬한 항일운동 시위가 있던 곳으로 판단된다.

그 가운데 우정면 화수리의 경우 일본 순사를 처단하였을 뿐만 아니라 일본 경찰서 주재소를 방화한 유일한 곳으로 특히 주목된다고 할 수 있다. 3·1운동 시 4월 25일까지 일본측 통계에 따르면, 양평, 광주, 괴산, 함안, 남해 등 5개 군청의 유리창이 파괴된 것으로 알려져 있다. 아울러 면사무소 47개소가 파괴 방화되었다고 알려져 있다. 그 중 전부 파괴된 곳은 19개소이며, 방화는 5곳, 기타는 서까래와 기둥만 남겼을 뿐, 전부 파괴되고 서류와 기물도 많이 소실되었다. 아울러 일부 파괴된 곳은 28개소라고 밝히고 있다.

피해를 입은 경찰관서의 경우 45개소인데, 경찰서 4곳, 경찰관 주재소 29, 헌병 분대1, 헌병분대 분견소 1, 헌병분견 주재소 10 곳 등이다. 피해상황을 보면 전부 파괴된 곳 16개소, 방하는 1곳이며, 기타는 건물, 기물, 서류 전부가 파괴되고 훼손되었다. 일부 파괴는 29개소이며, 투석 등에 의해 창유리 벽 등을 파괴하였다.

둘째, 우정 장안 전지역의 주민들이 거의 모두 참여한 만세운동이라는 특징을 갖고 있다. 당시 우정 장안 지역의 경우 2천 4백여호이다. 그런데 참여인원은 약간씩 차이는 보이고 있으나 약 2500여명의 참여기록까지 나타나고 있다. 이러한 점을 통해서 볼 때 화수리항쟁은 우정 장안의 전 주민이 참여한 대표적인 항쟁이라고 할 수 있다. 그 가운데 특히 석포리, 주곡리, 수촌리 등의 주민들의 중심세력을 형성하였다.

셋째, 화수리항쟁은 모든 종교세력이 일치단결하여 이룬 항쟁이라는 특성 또한 갖고 있다. 석포리, 주곡리 등의 유교, 수촌리의 천도교와 기독교, 장안리의 일부 천주교 세력 등 다양한 종교세력이 연합한 면모를 보여주고 있는 것이다. 당시 만세운동에 참여한 주민들은 자신의 신앙체계보다도 항일이라는 측면에 보다 주안점을 둔 특징을 보여주고 있다. 그럼에도 불구하고 지나치게 종교적인 성향으로 분류하여 3·1운동을 해석하는 것은 문제가 있다고 생각된다.

넷째, 투쟁노선에 있어서 공격적인 노선을 지향하고 있다는 특징을 보여주고 있다. 3·1운동의 경우 일반적으로 평화적인 만세시위를 연상하는 경우가 많다. 그러나 화성지역의 경우 3월 29일 송산면에서도 노구찌 순사를 처단하였으며, 화수리에서도 역시 가와바다순사를 무력으로 처단하였던 것이다. 이러한 공격적 형태는 만주 러시아지역 무장 투쟁노선과 맥을 같이하는 것이라고 할 수 있다.

다섯째, 만세운동 참여 배경이 화수리 주재소의 탄압, 면사무소의 탄압 등 현실적인 문제와 직결되어 있다. 특별히는 이 지역이 해안지역에 위치하고 있어 간석지 매립에 인력이 동원되는 경우가 많았다. 또는 일본인들에 의한 사적인 개간 및 간척 사업들이 빈번하게 이루어졌던 것이다. 이점이 결국 주민들에게 큰불만으로 작용하였으며, 석포리, 수촌리 등의 사람들이 주로 참여하는 계기가 되지 않았나 한다. 석포리, 주곡리 구술원 일대의 일본인에 의한 간척사업, 수촌리 방축동 등지의 간척사업은 주민들에게 큰 불만을 야기시킨 것 같다.

04
안성군 원곡면 · 양성면 시위

원곡면 · 양성면 만세운동

경기도 안성군 지역에서는 3월 11일부터 양성초등학교와 안성읍내에서 3·1운동이 시작되었다. 이 만세운동은 점차 죽산, 원곡 등 군내 전역으로 확산되었는데, 3월말까지는 큰 충돌이 없었으나 4월 들어 시위가 격화되었다.

안성지역의 본격적인 만세운동은 1919년 3월 28일 안성군 원곡면 내가천리의 이시연의 집에 이덕순 등 주도자들이 운동의 전개를 계획한 후 외가천리에 있는 원곡면사무소에

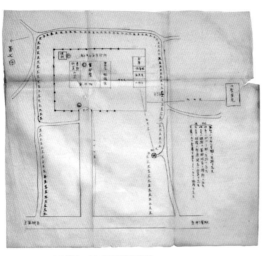

원곡면사무소 시위 현장 조사도면(국사편찬위원회)

서 전개된 운동에서 시작되었다. 그 후 29일, 30일, 31일 계속 면사무소 앞에서 만세시위를 벌였고, 31일의 시위 후 해산할 때에 칠곡리 이유석·홍창섭(홍찬섭)이 "내일도 모이라"고 명하였다.

1919년 4월 1일(음력 3월 1일) 칠곡리에서는 아침에 주민이 모여 만세를 불렀다. 이날 저녁, 면민들이 다시 원곡면사무소 앞에 집결하여 저녁 8시경 횃불을 밝혀 들었다. 원곡면 사무소 앞에 모인 원곡면 각 동리 주민 1,000여 명은 태극기를 들고 "대한독립만세"를 불렀고, 그 중 이유석은 군중들에게 "이제부터 면장을 끌어내어 국기를 쥐어 이를 선두에 세우고 일동이 만세를 부르면서 양성 주재소로 가자"고 하였다. 주민들은 면장 남길우와, 그와 함께 있던 면서기 정종두를 끌어내어 태극기를 쥐어 주며 만세를 부르게 했다.

시위 군중들이 연달아 만세를 부르며 원곡면과 양성면의 경계를 이루는 성은고개에 이르자, 이유석이 군중 앞에 나서서 "오늘밤 기약함이 없이 이렇게 많은 군중이 집합하였음은 천운이다. 제군은 양성 경찰관 주재소로 가서 내지(일본)인 순사와 함께 조선 독립 만세를 부르지 않으면 안 된다. 순사가 이를 응하면 좋으나 만약 응하지 않을 때에는 자기로서도 할 바가 있다"고 연설하였다. 이어서 홍창섭·이덕순·이근수·최은식·이희룡 등이 교대로 일어나서 군중들에게 "조선은 독립국이 될 것이므로 일본의 정책을 시행하는 관청은 불필요하기 때문에 우리들은 모두 같이 원곡면·양성면 내의 순사 주재소·면사무소·우편소 등을 파괴하자. 또한 내지(일본)인을 양성면내에 거주케 할 필요가 없으므로 그 내지인을 양성으로부터 구축하자. 제군은 돌 또는 몽둥이를 지참하여 성히 활동하라"고 하였다. 이에 시위 군중들은 양성 주재소와 면사무소, 우편소 등이 있는 양성면 동항리로 나아갔다.

양성, 원곡 주민들의 정면대결 시위

1919년 4월 1일 밤 오후 9시 반경부터 양성면 주민 수백 명이 주재소에 몰려가 조선 독립 만세를 부른 후, 9시 50분경 해산하여 돌아가려는 길에 원곡 방면에서 온 시위 군중과 만나 합류하게 되었다. 이리하여 2,000여명으로 불어난 시위 군중들은 순사 주재소로 나아가 그 앞에서 독립 만세를 부른 뒤 투석하기 시작하였다. 양성 주재소에는 高野兵藏이라는 일본순사 1명과 순사보 2명이 있었는데, 시위대는 순사보들이 도망쳐 나가자 주재소에 불을 놓았다.

　　주재소에 불을 놓은 군중의 일부는 "전선을 끊으러 간다."고 하며 달려가고 나머지는 양성 우편소로 몰려갔다. 시위 군중은 사무실에 들어가 쳐부순 책상·의자들을 가지고 나와 약 100m 남쪽의 밭 가운데 쌓고서 짚횃불로 불을 붙여 태웠다. 또한 우편사무실에 걸린 일장기를 떼어 내 집밖에서 불태웠다. 이어 시위 군중은 잡화상하는 일본인 外里與手 및 대금업자 隆秀知 집을 습격하여 가옥을 파괴하고, 가구류 기물들을 집바깥 뜰에 들어내어 불태워 버렸다. 그 다음으로 양성면 사무소로 가서 물품을 부수고 서류를 끄집어내어 집바깥에서 불태웠다.

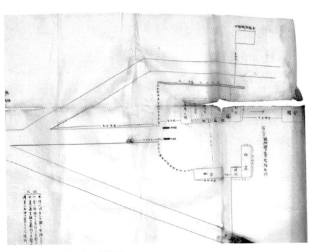

양성주재소 현장 검증도(국사편찬위원회)

양성면에서의 일제 관공서와 일인 상점을 파괴 · 방화를 끝낸 시위 군중은 그 이튿날인 4월 2일 새벽 다시 성은고개를 넘어와 원곡면 외가천리에 있는 원곡면 사무소 사무실과 서류 · 물품 전부를 불태우고(오전 4시) 아침 식사 후 7km 서남방에 있는 평택의 경부선 철도를 침목 핀을 뽑아 파괴 차단코자 하였다.

일제의 탄압

조선주차헌병사령부는 수원과 안성지방에 대해 검거반을 4파로 나누어 4월 2일부터 14일 사이에 64개 동리에 걸쳐 검거를 실시하여 약 800명을 검거하고, 19명의 사상자를 내었으며, 17개소에서 총 276호의 가옥에 불을 질렀다.

원곡 · 양성지역에 대해서는 4월 3일 조선주차군 제20사단 보병 제40여단 제79연대소속 장교 이하 25명이 경찰을 지원하기 위해 투입되어 검거에 나서, 이 과정에서 피살 1명, 부상 20여명, 가옥 9채가 소실되었다. 주동자의 집은 다 검거반이 방화했다.

시위 참여자의 대부분이 피신 상태여서 야간 수색 등 갖은 방법에도 검거가 부진하자 일제는 원곡면장을 시켜서 그때가 농사철임을 구실로 하여 경찰서장의 연설을 듣고 나면 사면해서 농사짓도록 해 주겠다고 하며, 가족 · 친지들로 하여금 피신자들을 설득하여 16세 이상 60세까지의 남자 주민은 모두 4월 19일, 현재의 원곡초등학교 뒷산에 모이도록 했다. 사방각지의 친척집 · 처가집 등에 피신하고 있었던 시위 참가 주민들이 가족들을 통해 이 말을 믿고 당일 지정된 장소에 모이자, 헌병대가 서쪽과 동북쪽으로부터 갑자기 주민들을 포위했다. 그들은 총칼로 위협하는 한편, 몽둥이를 닥치는 대로 휘두르면서 거사 참여자는 일어서라고 명령했다. 이들은 무조건 폭행을 가하면서 저항 또는 도주하는 자를 참살하고(현장순국 3명), 양민의 상투를 줄줄이 묶어서 안성 경찰서까지 30여리 길을 걸려서 연행했다. 이때 투입된 일본군은 보병 79연대 소속 하사 이하 30명이었다.

  일제의 군경 합동 검거반의 이러한 검색과 만행, 기만전술에도 불구하고 주동인물 가운데 이희룡, 이양섭만 검거되고 나머지 최은식, 이덕순, 이근수, 이유석, 홍창섭 등은 검거하지 못하자 부모, 형제, 친척을 앞세워 유인하거나 이들을 붙잡아 대신 매질을 하고, 동리 사람들의 신고를 조장했다. 이러한 갖가지 방법을 통한 일제의 탄압으로 이곳 주민들이 치른 희생은 다음과 같다.

  현장순국 : 3명, 안성경찰서 고문순국 : 5명, 서대문 형무소 순국 : 9명,
  부상 후 순국 : 7명, 피검자 수 : 361명 이상(훈계방면자 제외),
  옥고 : 127명(선고전2, 복역중 순국 7명포함), 가옥 방화 소실 : 9동

위의 인적·물적 손실 이외에도 시위 중 파괴된 일제 재산에 대한 배상과 일부 피고의 공소 비용 26원 78전까지 부담시켰다.

결어: 안성지역의 3·1운동의 특징

원곡 양성지역의 3·1운동은 1919년 4월 1일 경기도 안성군 원곡면과 양성면에서 일어난 만세 운동으로 농민층이 주류가 되어 일으킨 대표적인 항쟁으로 널리 알려져 있다. 이 지역의 만세운동은 특히 2,000여명이나 되는 다수의 민중이 참여하여 주재소, 우편소, 면사무소, 일본인 상점 가옥 등을 파괴 또는 방화한 대표적인 공격적인 만세운동으로서 높이 평가받고 있으며, 또한 경부선 철도 차단을

시도하였다는 점에서 주목되고 있다. 그러므로 일제는 이 지역의 만세운동을 황해도 수안군 수안면의 시위, 평안북도 의주군 옥상면의 시위와 더불어 전국 3대 실력항쟁의 하나로 꼽고 있었던 것이다. 일제의 원곡 양성지역 3·1운동에 대한 평가는 결국 주민들에 대한 대대적인 탄압으로 이어졌고, 24명이 순국하고 127명이 투옥되는 3·1운동 사상 최대의 탄압을 가하였던 것이다.

양성 원곡지역의 만세운동의 특징을 살펴보면 다음과 같다.

첫째는 계획적, 공세적, 정면대결의 특징을 갖고 있다. 원곡·양성의 3·1운동은 장날이 아닌 날에 전개되었을 뿐만 아니라, 일본 순사 주재소도 없고, 일인들이 없었던 면面에서 일본 순사 주재소, 우편소, 일인 상점, 고리대금업자가 있는 이웃마을로 쳐들어가, 주재소를 불태우고, 전선을 끊고, 우편소·면사무소를 파괴 또는 방화했으며, 다리를 끊었고, 경부선 철도까지 차단하려 했다. 이는 사전 계획없이 이루어졌다고 보기 어려운 만세운동이라고 볼 수 있을 것이다. 만세운동의 내용은 공세적이었고 정면대결적 성격을 지니고 있다고 판단된다. 그럼에도 불구하고 만세운동은 정당방위적 만세운동이라고 볼 수 있다. 4월 1일 전개된 안성지역의 실력항쟁은 평화적인 만세운동이 일어난지, 일제의 무력적 진압이 이루어진지 1달이 지난 시점에서 발발하였던 것이다.

둘째, 대다수의 주민이 참여한 만세운동이란 점을 주목할 수 있다. 원곡과 양성의 두 면에서 2,000여명이 모였다. 원곡·양성의 3·1운동이 공세적인 정면대결시위로 전개된 날은 1919년 4월 1일이었다. 이날은 장날이 아니었음에도 불구하고 밤 8시경부터 새벽 4시경 사이에 이 시위가 전개되었고, 다수의 인원이 참여하였던 것이다.

셋째, 만세운동의 지도부는 다양한 보통사람들이었다. 이덕순(내가천리, 농업), **최은식**(내가천리, 농업), **이근수**(외가천리, 대서업), **이희룡**(외가천리, 농업 겸 주막), **이유석**(칠곡리, 서당), **홍창섭**(내가천리, 농업), **이양섭**(죽백리, 농업) 등 7인이 중심적인 인물로 활동하였다. 이들은 한학자와 농업 겸 주막 경영자(이희룡), 배움이 없는 중년의 농민과 대서인, 안성공립보통학교 졸업 청년(최은식)들이었다. 특징적인 것은 최은식은 기독교 장로교 신자였다. 특별히 주목되는 것은 이덕순, 최은식 등은 3월 1일 이태왕의 국장을 보러 서울에 갔다 귀향했다는 점이다. 그리고 행동대로 참여한 2천여명의 사람들은 대부분 농민들이었다. 원곡 양성지역은 장이 서지 않는 곳임에도 불구하고 다수의 농민들이 밤임에도 불구하고 동참한 것은 일제의 수탈과 탄압이 그 만큼 심했음을 반증해 주는 것이라고 판단된다.

넷째, 다수의 인물이 옥고를 치르는 피해를 입었다. 일제는 4월 3일부터 3차례나 군경을 투입, 검거작전을 등 무자비한 보복을 감행하였다. 401명이 검거되어, 127명이 옥고를 치루었으며, 40명이 태형을 받았다. 아울러 민가 9동이 소실되는 큰 피해를 입었다.

05
용인지역의 3·1운동

서언

1919년 서울에서 만세운동이 전개되자 그 영향은 전국 방방곡곡으로 퍼져나 갔다. 특히 수원, 화성, 용인 등 경기 남부지역은 서울과 인접하고 있어 그 영향 은 더욱 컸다. 서울에서 학교를 다니던 학생들이 그 소식을 전하기도 하였으며, 또한 고종황제의 인산 날에 참여한 이들 또한 많았기 때문이었다. 용인의 경우 1919년 3월 21일 원삼면과 양지면의 경계인 좌전고개에서 그 만세의 횃불이 타 올라 3월부터 5월까지 총 13회, 13,200명이 참가하였던 것이다. 이 과정에서 사 망 35명, 부상 139명, 피검 500명으로 일본측에 기록되어 있듯이 용인지역에서 는 활발한 만세운동이 전개되었다. 특히 이 만세운동은 읍내, 포곡면, 기흥면, 수 지면, 원삼면, 남사면, 외사면 등 용인 전역에서 활발히 전개되었다는 특징을 보 이고 있다. 더구나 3월 30일 읍내에서는 2,000명, 수지면에서는 1,500명이 참여 하였으며, 3월 31일에는 외사면에서 면사무소와 헌병주재소를 습격하여 헌병의 발포로 1명이 사망하기도 하였던 것이다.

이처럼 용인지역에서는 특히 3월말 4월초에 걸쳐 활발히 만세운동이 전개되었다. 이에 학계에서도 용인지역의 3·1운동에 주목하여 그 전체상이 밝혀지게되었다. 특히 이상일은 권종목, 홍종욱, 이덕균, 정규복 등 포곡면, 수지면 등의만세운동가들의 수형카드를 발굴하여 이 지역 만세운동의 실상을 밝히는 데 크게 기여하였다. 이에 필자는 용인지역 3·1운동에 대한 전체적인 연구를 바탕으로 이 지역에서 가장 먼저 전개된 원삼면지역의 3·1운동을 중심으로 여러 지역의 3·1운동에 대하여 좀더 집중적으로 검토하고자 한다.

필자가 원삼면지역에 보다 관심을 기울이고자 하는 것은 이곳이 용인지역에서 최초로 만세운동이 일어났던 곳이기 때문이다. 또한 이를 통하여 용인지역에서 만세운동이 일어난 배경 등 전체상을 살펴볼 수 있다고 생각하기 때문이다. 이를 위하여 우선 원삼면지역에서 만세운동이 일어난 배경으로서 용인지역의 특성과 더불어 원삼면지역의 특성에 대하여도 살펴보고자 한다. 아울러 원삼면지역의 의병운동의 배경, 특히 1910년 일제의 한국강점 이후 이 지역에서 전개된 금광개발, 사금광개발 등에도 주목하고자 한다. 금광의 개발이 이 지역 주민들에게 특히 중요한 영향을 끼쳤을 것으로 보기 때문이다.

둘째는 원삼지역의 3·1운동의 전개와 주동인물들에 대하여 분석해 보고자한다. 특히 이 부분과 관련하여서는 재판기록을 참조하고자 한다. 아울러 보다생생한 운동사를 복원하기 위하여 당시의 증언을 토대로 작성된 기록들을 적극활용하고자 한다. 이는 문헌자료에서 밝힐 수 없는 여러 내용들을 보완하는 데큰 도움을 줄 것으로 기대되기 때문이다. 아울러 내사면, 외사면, 남사면, 포곡면, 수지면, 기흥면 등 여러 지역의 3·1운동에 대하여도 전반적인 검토를 추진하고자 한다.

용인지역의 사회경제적 특징

용인은 용구, 처인 두 현을 합병한 것으로 조선 태종 13년에 이르러 두개 현을 합하여 용인현이라 칭하였다. 그러나 근세에 군으로 개칭, 1914년 양지군 일단과 죽산군의 일부를 합병, 1915년에 이르고 있다.

1895년 용인현이 군으로 바뀌면서 군청소재지가 읍내면(현 구성면)에서 수여면 김량장리로 옮겨가고 1914년 일제의 행정구역 개편이 있었다. 이때 제촌면을 제외한 양지 전체와 죽산의 일부가 행정개편을 계기로 용인에 흡수되었다. 1914년의 면리편제는 수여면, 포곡면, 모현면, 읍삼면(1937년에 구성면으로 개칭), 수지면, 기흥면, 남사면, 이동면, 내사면, 고삼면, 외사면, 원삼면 등 12개 행정단위를 주축으로 이루어졌다.

용인군의 지세는 중심지는 경기도의 남부에 위치하고 있으며, 동서 70리, 남북 60리이다. 그리고 도처에 산맥이 있으며, 산봉우리가 중첩되고 있다. 평지 및 경사지가 많지만 전답이 서로 반이다.

군청소재지인 수여면 김량장은 200여 호, 1,000여인이 거주하고 있고, 상거래가 많으며, 흥성흥성한 상태이고 기후는 비교적 온화하다. 1915년 당시 호구수는 조선인 14,000여 호, 7만 2천여명, 일본인 200호, 400여인, 수여면 거주 일본인은 40호, 100여인, 기흥면 30호, 90여인이고, 해가 거듭 할수록 이곳에 이주하는 사람이 많다. 1925년에는 용인은 14,190세대, 남성 38,854명, 여성 37,056명으로 총 75,910명인 것으로 알려져 있다. 이를 통해볼 때 용인의 경우 대체로 14,000호수 정도 거주한 것으로 보인다.

중요한 관아는 용인군청, 헌병분대, 용인우편소, 양지우편소, 용인금융조합, 백암헌병파견대 등이 있다. 경기도 내륙에 위치한 용인은 전형적인 농촌으로 농업에 기초한 산업구조를 바탕으로 성립된 지역이다. 용인군의 1915년 당시 경지 면적은 논 7천 정보, 밭 4천 8백 정보, 농산물은 쌀, 보리, 콩을 주로 하고, 미작 7천 정보에 수확 6만 3천석, 맥작 2천8백 정보에 수확 2만3천석, 콩 2천여정보에 수확 2만천 석, 기타 잡곡, 특용농산물 역시 매우 적다.

용인은 연초로서도 널리 알려진 지역이다. 연초는 질이 우수하며, 생산량이 많았다. 연초 경작자수는 2,220호, 경작반별 23정 5반, 수확량은 44,650관, 가격 3만 5천여원에 올라 장차 발전할 기세다. 이미 연초구매조합이 설치되어 있고, 매우 큰 창고 여러 동을 건축, 차차 규모를 확대할 예정이다.

잡업은 기왕에는 미미하였지만 1915년 당시 도처에서 개량종 사육을 시도, 뽕나무 재배를 하고 있다. 뽕나무 밭 89여 정보, 재배호수는 1200호, 산잠액 450관, 제사호수 250호, 생사생산액은 100관이나 된다.

3·1운동의 전개

원삼면 지역의 3·1운동

원삼면 지역 3·1운동의 배경

원삼지역의 특징

양지현의 목악면과 주서면의 곡돈현(곱등고개)을 경계로 하여 동북쪽의 광곡리 (지금의 사암리)일대를 합치고 좌찬현(좌찬고개)을 경계로 하여 동남간의 원일, 원삼면을 합친 구역이다. 목악면은 학일리, 목악리, 성리, 후동, 고안곡, 신기리 등 6동을 관할하였으며, 원일면은 용암리, 사전리, 천곡, 맹동, 내동, 좌찬리, 항곡리, 행군리, 순당리지역이 이에 속하였는데 1914년 행정구역을 개편할 때 원일면, 목악면, 주서면 일원을 합쳤다하여 원삼면이라 하였다. 그리고 두창, 문촌, 죽릉, 독성, 가좌, 미평, 사암, 좌항, 고당, 학일, 목신, 맹리 등 12개리를 행정구역으로 관할하였다.

위치적으로 동쪽은 백암면과 접해있고, 서쪽은 동부동 해곡동과 이동면 묵리에 접하였으며, 남은 안성시 고산면에 접하였고, 북은 양지면과 이천시 호법면에 접하였다. 동부지역을 제외하고는 산으로 둘러싸여 분지형 지형을 이룬다.

용인군의 원삼면은 금광으로 널리 알려져 있다. 1910년 일제에 의하여 조선이 강점당하자 일제는 전국적인 광산조사를 체계적으로 실시하였다. 일본은 1910년말 회사령을 공포하면서 일본인 재벌에 의한 한국광업개발을 유도하고 조선인 민족자본에 설립한 광업회사 설립을 견제하였다. 또한 식민지수탈을 강화하기 위하여 조선인광업자들을 공공연히 탄압하기 시작하였다. 특히 광업법에 위반되는 일을 행위를 했다고 하여 막중한 벌금을 부과하는 사례가 빈번하였다. 아울러 일본인들은 특히 합방후 사금광업에 적극적으로 침투해 들어가기 시작하였다. 적은 자본으로 손쉽게 수익을 올릴 수 있는 광종이었기 때문이었다. 이를 위하여 일제는 1915년 12월 26일 광업령을 개정공포하기도 하였다. 금광을 목적으로 한 광업권자도 그 금광구내에 사금광구가 있는 경우는 별도로 사금채취권을 출원하지 않아도 채굴 할 수 있도록 하였던 것이다. 1918년 일제는 일본인들이 거의 한국광산을 독차지하게 되자 다시 한번 그들에게 더욱 유리하게 광업법의 일부를 개정하였다. 즉 1918년 금광, 은광, 연광, 철강, 사금 및 사철에 대해서는 이후부터 광산세를 과하지 않기로 하였다. 특히 이 부분이 일본인들이 장악하고 있던 광물이었다. 용인의 경우 1915년에 일본인 酒井政之助에 의하여 작성된 《화성내영》 용인군란에,

본군은 금광이 많아 현재 4광구, 사금 2광구가 있고, 출원 중인 것도 있어 금광 총면적 195만 3천평, 사금광 9천400평으로 어느 광구든지 상당한 이익을 올려 한편으로 보면 용인군은 금광으로 존재한다고 인정되고 있다.

라고 있는 것으로 보아 당시 금광 및 사금이 중요한 자원이었음을 알 수 있다. 그리고 이 금광과 사금이 용인군 원삼면 안골, 미평리 등지에 펼쳐져 있었음은 이 지역 주민이면 누구나 알고 있는 사실이다. 이러한 점을 통해서 볼 때 1910년대에 용인 원삼면 지역에는 일본인 자본가들이 진출하였을 것으로 추정하는 것은 자연스러운 일일 것이다.

용인지역의 대표적인 지역신문인《용인시민신문》〈자연마을 순례〉에서 이 지역을 답사한 우상표 기자는 이에 대해 다음과 같이 서술하고 있어 이 지역 금광에 대한 이해를 돕고 있다.

일제 당시 금광(또는 금점)은 안골마을부터 미평뜰까지 형상되어 있었다. 미평에서는 주로 백금점이었고, 안골은 석금을 채취했다. 금점이 얼마나 번성했는지 여기저기 펼쳐진 모습을 보고 "만벌탕같다"는 얘기를 했다고 한다. 한밤중에도 대낮처럼 전기불로 밝혔음은 물론이다. 외진 곳이어서 안골이라 하지만 일제때는 관방이 있었고, 전기까지 들어온 것도 그탓이다. 직책과 일이 세분화된 금점에서는 자금을 가지고 투자하는 사장을 "연상"이라 불렀다 한다. 현장 소장격인 감독은 "덕대"라 했고, 그 밑으로 인부들이 있었다. 돌과 모래가 섞인채 채취한 금을 물에 씻어 분리해 내는 일은 "함지질꾼"이라 했다는데 이무래도 가장 힘든 일은 금 채취 굴에서 쏟아져 나오는 물을 퍼내는 일이었다. 낮 밤을 가리지 않고 해야만 하는 일이었는데 밤새 물을 퍼내면 "하루 반" 품을 계산해 줬다고 한다.

고되고 반복적인 일에 그나마 흥을 섞지 않으면 견디기 힘든 법. 그들은 노동요를 부르며 일을 했다. 둘이 한조를 이루어 두레로 물을 퍼내면서 하는 일명 "물푸는 노래다" 김희백 이장님과 안치양 옹(82, 원삼 독성리)이 기억하는 가사는 이렇게 흐른다.

헤이려어 물넘어간다. 배뜸에 초열이란 열에 하나 열에 둘, 열에 셋---스물이라 막내딸 시집가기 늦었네. 스물하나 스물둘이요.

안골의 경우 1980년대까지도 금광이 있었다고 하며, 그 흔적들이 농촌지도소 맞은편 언덕에 다수 남아 있어 금광이 있었음을 살펴볼 수 있다. 이를 통해 볼때 원삼면 지역의 만세운동은 금광과 무관하지 않을 것 같다. 만세운동의 주된 활동지인 좌항리, 고당리, 맹리, 문촌리 등이 안골과 가까운 지역에 모두 위치하고 있다. 문촌리의 경우 지금은 고당리로 해서 안골로 가야 하지만 과거에는 문촌리에서 산 하나만 넘으면 바로 안골 농촌지도소가 나오기 때문이다.

일반적으로 광산이 생기게 되면 여러 가지 폐해가 발생하였다. 토지와 가옥, 무덤 제방을 가리지 않고 파헤치고 보상도 하지 않는 일, 부녀자를 겁탈하고, 희롱하는 일, 음식값을 지불하지 않는 일, 주인 허락 없이 집을 빼앗고 기거하고 집과 가축을 빼앗는 일, 마을을 횡행하며 소람을 피우고 인명을 살상하는 일, 술과 도박을 일삼는 일, 물가가 치솟고 민심이 뒤숭숭해지는 일 등은 채광지역 어디에서나 나타나고 있다고 한다.

원삼면지역의 의병활동

원삼면 지역은 구한말부터 의병운동이 활발했던 지역이다. 특히 만세운동의 시발점이었던 좌전고개부근에는 좌찬역이 조선시대부터 있었다. 이곳은 교통의 중심지로서 임진왜란시 왜병들이 구흥, 김량, 좌찬을 잇는 간선도로에 방책을 치고, 병참선 확보에 심혈을 기울인 곳이다. 18세기 좌찬역의 규모는 편호 167, 남성 364호, 여성 441명의 총인구 805명으로 구성된 중규모촌락이다. 1908년 3월 26일 죽산군 좌전 비탈길에서 의병 50여명이 일본군 토벌대와 조우하여 1시간 이상 교전하다가 잠적하였던 일도 있었던 것이다.

원사면 지역의 의병활동을 용인문화원에서 간행한《내고장 용인독립항쟁사》(용인문화원, 1995)에 근거하여 지역별로 나누어 살펴보면 다음과 같다.

죽능리

원삼면 죽능리에서는 1908년 3월 30일 이 지역 출신 의병장 정주원이[28] 인솔하는 의병 80여명이 죽산군 원삼면 능동(죽능리)에서 숙영하던 중 이튿날 기습해온 이천수비대, 경찰관 연합대와 조우하여 약 1시간동안 교전하였다. 의병은 4명이 교전 중 전사하였고, 나머지는 잠적하였다.〈의병항쟁사 3〉

원일면

1908년 3월 31일 죽산군 원일면에 의병 3명이 나타나서 민가 3호에 들어가 의병항쟁에 필요한 군수품을 징취하였다.〈참고 경비 제118호, 수원경찰서장 보고〉

---

28) 정주원은 죽산군 원삼면 하사리 출생으로 1907년 9월에 의병을 죽산군에서 일으켜 그 부하 수백명을 이끌고서 동 2년 5월경까지 일본수비대와 죽산 양지 수원 안성 당진 면천의 여러군을 옮겨가면서 싸웠다.(재판기록, 정주원)

동년 10월 9일경부터 의병 3-8명이 죽산군 원일, 원삼지역에서 활동 중 일본 경찰수비대 첩보망에 포착되어 활동을 중지하고 잠적했다. 의병은 대일항쟁에 필요한 군수전을 모금하였고, 민가 4-5호가 이에 호응하였다.〈참고 경비 269의 1호, 국편 독립운동사 1〉

고당리

1909년 4월 21일 오후 7시 죽산군 원일면 순당동(현재 원남면 고당리)에 의병장 맹집군이 인솔하는 의병 11명이 나타나 잠복중이었다. 의병일행은 모두 국방색 양복을 착용하였고, 30년식 총 1점, 단발총 7점과 군도 1점을 휴대하고 있었다.〈참고 경경비수 제1630호 수원경찰서정 보고서〉

두창리

1909년 9월 3일 밤 9시경 양총을 휴대하고 보통 한복 차림을 한 폭도 5명이 원삼면 두동(현재 두창리)거주 이종벽 의 집에 잠입 동인을 결박하고 동면 가임동(현재 가좌리)거주 이봉하의 집까지 대동한 후, 이들을 위협 활동자금 3원을 징취후, 서북방 원일면 쪽으로 잠적하였다. 원삼면장 윤치복의 신고에 의하여 목하 엄중히 정철중이다.〈참고 경경비수 제1384호〉

위에서 살펴본 바와 같이 원삼면에서는 좌전고개, 죽능리, 원일면, 고당리, 두창리 등지에서 의병활동이 활발히 전개되었다. 이러한 의병활동이 3·1운동의 전개에도 일정한 영향을 주었을 것으로 짐작된다.

다음은 원삼면지역 및 인근 출신으로 원삼지역에서 의병활동 및 계몽운동을 전개한 인물들에 대한 검토이다. 이들의 활동 역시 3·1운동에 적지 않은 영향을 끼쳤을 것으로 보이기 때문이다.

신현구(-1909)

원삼면 분촌에 거주화면서 농업에 종사하였다. 당시 24세의 청년으로서 1908년 1월 원삼면 하사마을에서 봉기한 정주원 휘하에서 활동하였다. 1908년 3월 정주원의 지휘 하에서 동지 수십 명과 함께 죽산군 근삼면 백암리에 잠입하여 이 마을 거주 백윤삼의 집에 들어가 군수물자와 군자금을 조달하였다. 그러던 중 1908년 4월 16일 오전 2시경 죽산군 서삼면 시암시장 여인숙 김운선집에 들어가 그곳에 숙박 중이던 일본인 中原房吉과 尾崎義市 원희일 등 3명을 총대와 곤봉으로 구타 처단하였다. 그 후 체포되어 1909년8월 17일 경성지방재판소에서 교수형을 언도받고 항소하였으나 1909년 9월 13일 교수형을 받았다.

오인수(1868-1935)

제적등본에는 주소지가 원삼면 죽능리 829번지로 되어 있다. 오인수는 원삼면 죽능리 어현(느리재)에서 출생하였다. 명포수로서 용인 죽산, 안성, 여주 등지에서 활동하였다. 이 지역에서 활동한 의병장 정철화 의병장과 합세하여 중군장으로 활동하였다. 안성군 매봉재 전투에 참여하였다. 일군에 체포된후 징역 8년을 언도받고 서대문형무소에 투옥되었다 한다. 아들 오광선은 신흥무관학교와 서로군정서에서 활동하였다.

현재 원삼면 죽능리에는 오인수의병장과 후손들의 의병 및 독립운동을 기리는 비가 서 있다. 〈의병장 해주오공인수, 3대독립항쟁 기적비〉가 그것이다.

정주원(1870-1908)

정주원은 원삼면 하사리 출신으로 1907년 9월에 의병을 죽산군에서 일으켜 부하 수백명을 이끌고서 1908년 5월경까지 일본군과 전투를 벌였다. 그의 활동 지역은 죽산, 양지, 수원, 안성 등지 뿐만 아니라 충청도 당진, 면천 등지에까지 이르렀다.[29] 정주원은 1908년 교수형을 언도받았다.

황명운

죽산군 원삼면 능촌에 거주하였다. 의병장 정주원 휘하에서 활약하였다. 정주원이 체포되어 1,2심에서 사형, 3심에서 종신형을 언도받았을 때에도 투항치 않고 전국 각처에 다니며 활동하였으며, 지명수배 중 1909년 4월 20일 양지군 고동면 향림동에서 체포되었다. 그러나 압송도중 저항하면서 도주를 기도하였다는 이유로 일본군이 총살하였다.

임옥여(임경재, 1871-1907)

내사면 평창리 사람이다. 본명은 경재, 누대로 무관장을 지낸 풍천 임씨의 후예이다. 현재 평창리에는 임옥여의 동상이 있으며, 손자 임성빈이 대대로 거주하고 있다.[30]

　　1907년 8월 이천창의소의 좌장이 되어 21일과 30일에 이천주재 일군 기병과 교전을 벌였으며 포군 12명을 인솔하고 광주군 실촌면에 이르러 다시 포군

---

29) 정주원의 당진에서의 활동은 다음의 논문에 상세하다. 그러나 여기에서는 정주원을 충남 당진출신으로 서술하고 있다. 김상기, 〈당진 소난지도 의병항전〉, 《당진 소난지도 의병의 역사적 재조명》, 충청문화연구소 제1회 학술대회, 충청문화연구소, 충남대학교, 2003·11, 37-43.

30) 임성빈(1941년생)과 2004년 1월 16일에 가진 면담에서 청취.

70여명을 모집한 뒤 용인 굴암에서 일군과 접전을 벌였다. 같은 해 9월 14일에는 포군 18명을 인솔하여 양근·안성을 습격하였으나 실패하고, 다시 포군 36명을 인솔하고 죽산군 원일면으로 가 고초곡에서 일군과 교전을 벌였다.

이어 11월에는 광주군 상림의 길가에서 4명, 백암 장터에서 1명 등의 일진회원을 총살하였고, 또 죽산군 백암에서 순사와 순검 각 1명을 총살하는 등의 활동도 벌였다. 그러나 같은 해 11월 10일 자택에서 일군수비대의 습격을 받고 총살당해 순국하고 말았다.

정부에서는 고인의 공훈을 기리어 1990년에 건국훈장 애국장을 추서하였다. 평창리에는 현재 〈의병장 옥영임경재상〉이 서 있다. 비문은 박영석(전 국사편찬위원회 위원장)이 작성하였다.

여준(1862-1932)

여준은 일찍이 오산학교 교원으로 있다가 고향의 청소년글에게 교육의 기회를 주기 위해 삼악소학교를 원삼면 죽능리 능말에 학교를 세웠다는 설이 있다. 그는 1906년에는 이상설·정순만·이동녕·박정서·김우용·황달영 등과 함께 북간도 용정에 서전서숙을 설립하여 교포 자녀들에게 항일민족교육을 실시하였다.

원삼면 지역 3·1운동의 전개

원삼지역의 3,1운동은 용인지역에서 가장 먼저 일어난 지역이라는 측면에서 일차적으로 중요한 의미를 갖고 있다. 그러나 이 지역의 만세운동의 실상을 구체적으로 파악하기에는 자료가 부족한 실정이다. 따라서 필자는 우선 재판기록에 나타난 원삼면 지역의 3·1운동에 대하여 살펴보고자 한다. 아울러 재판기록상에 나타나 있지 않은 이 지역의 만세운동에 대하여는 후손들의 증언을 통하여 보완하고자 한다.

가장 좋은 방법은 운동 당사자들의 면담을 통하여 복원하는 길이다. 그러나 그들 역시 모두 사망한 상황이다. 그런데 다행스럽게도 운동 당사자들의 해방이후에도 오랜 기간 살았고 생존 당시에 친구 및 후손들에게 만세운동에 대하여 구술한 적이 두루 있었던 것 같다. 이은표(1974년 사망), 김영달(1967년사망), 이인하(1966년 사망), 김은수(1960년 사망) 등이 그들이다. 특히 김영달의 경우 용인 지역의 대표적인 향토사학자인 박용익 선생과 많은 이야기를 나누었다고 한다.

재판기록에서 본 3·1운동

1919년 5월 9일자 재판기록에서는 원산면 지역의 만세운동에 대하여 다음과 판결하고 있다. 길지 않으므로 전문을 그대로 인용해 보면 다음과 같다.

| 판결문 |

1919년 3월 21일 황경준, 최상근, 안명옥, 김은수 등은 주민들에게 "조선독립만세를 부르라"고 권유하고, 주민 수백명과 함께 원삼면사무소 앞에서 오전 3시경부터 동 6시경사이에 조선독립만세를 큰 소리로 연달아 불렀다.

이은표와 이인하는 같은 곳에 모여 있는 군중들에 대하여 미리 만들어 둔 구한국국기 4류를 교부하여 민심을 선동한 후 위위 군중과 함께 앞에서와 같이 조선독립만세를 외치고

이용환, 김성남, 김영달, 김창연 은 이날 앞과 같은 장소에서 위의 군중과 함께 조선독립만세를 외침으로써 안녕질서를 방해한 자이다.

| 판결내용 |

징역 10월: 황경준, 최상근, 안명옥, 김은수, 이은표, 이인하

징역 6월: 이용환 김성남, 김영달, 김창연

| 참여자 |

좌항리: 황경준(농업, 37세), 김성남(농업, 18세), 김열달(농업 17세)
사암리: 최상근(농업, 28세), 안명옥(농업, 49세), 김은수(여인숙, 26세), 김창연(농업, 27세)
맹 리: 이인해(농업, 31세), 이은표(농업, 23세), 이용환(농업, 41세)

위의 내용을 통하여 볼 때 원삼면 지역의 만세운동은 1919년 3월 21일 오전 3시
경부터 오후 6시까지 원삼면 면사무소에서 만세운동이 진행되었으며, 황경준,
최상근, 안명옥, 김은수 등은 주민들에게 "조선독립만세를 부르라"고 권유하였
고, 이은표, 이인하는 구한국국기를 나누어 주었으며, 이용환, 김성남, 김영달, 김
창연은 참여한 인물들로서 파악된다. 즉, 만세운동이 주도인물, 태극기 교부 인
물, 중심적인 참여자들이 파악되고 있는 것이다.

　　그러나 만세운동의 보다 구체적인 내용들을 파악되지 못하고 있다. 이를 후
손들의 증언 등을 통하여 밝혀보고자 한다. 현재 이들 증언 기록 가운데 가장 상
세한 내용을 담고 있는 것은 김은수의 아들 김사원의 다음과 같은 내용이다. 내
용이 좀 길긴 하지만 원삼면 지역의 만세운동을 살피는데 있어서 귀중한 기록이
라고 생각된다. 1991년 3월 27일 작성된 이 기록에 대하여 김사원은 작성경위
를 다음과 기록하고 있다.

　　필자는 3·1만세운동 당시 동리서당에서 통감 셋째 권을 떼고 넷째 권을 배우
기 시작했던 겨우 11세의 소년이었으나 사건이 하도 충격적이고 우리 가정에
크나큰 파탄을 가져다 준 사건이기에 72년이 지난 오늘에도 그 상황을 기억

할 수 있기에 "독립유공자공훈록"을 편집하는데 혹시 참고가 될까하여 이 글을 기고하는 바입니다.

김사원이 작성한 〈용인 원삼면의 3·1만세운동 개요〉는 다음과 같다.

1919년 3월 21일 새벽에 어디서엔가 와…, 와… 하는 여러 사람의 함성을 잠결에 언 듯 듣고, 잠에서 깨어나 어머님을 깨웠다. 그 때 아버님은 출타하신지 10여일이 되도록 돌아오시지 않아 안방에서 어머님을 모시고 8세인 여동생, 5세인 아우와 네 사람이 자고 있었는데, 어머님은 밖에서 들려오는 함성을 듣지 못하셨는지 주무시고 계시기에 "저게 무슨 소리 일까요" 하고 흔들어 깨웠더니 "왜 무슨 소리가 들리니" 하고 귀를 기울이시더니 "글쎄다. 저게 무슨 소리냐. 아마 넓실이나 모래실에서 불이 난 모양이로구나." 하시므로 나는 미심쩍어서 옷을 주워 입고 사랑채에 있는 머슴방으로 달려가서 머슴들에게 물어 보려 했더니 머슴들은 이미 다 나가고 방은 텅 비어 있었다. 할 수 없이 대문빗장을 벗기고 밖으로 나가 보니 많은 사람들이 횃불과 태극기를 들고 "대한독립만세"를 외치며 면사무소로 가는 세거리쪽으로 가는 것이 아닌가. 그때서야 납득이 갔다. 며칠 전에 숙부님이 만세 부를 때 쓸 태극기라면서 만드는 것을 구경한 일이 있었기 때문이다. 시위군중이 지나가니 동네에는 부녀자들만 모여서 제각기 본 이야기, 들은 이야기들을 떠들다 헤어졌다.

오전 열시 경에 하나 둘씩 만세 부르러 갔던 사람들이 돌아왔는데, 우리 큰댁 머슴 최서방이 총에 맞아서 업혀오고 있다고 전했다. 최서방은 오른편 가슴에 관통 총상을 입었는데 요행히 급소는 피했던지 출혈을 많이 했다는데 생명은 붙어있었다. 시골이니 병원도 없고 의사도 없으니 별다른 치료를 받지 못하고 묵은 호박을 쪼개서 앞뒤로 붙이면 화기를 배아낸다고 그리하더니 한두 달 후에는 완치가 되어 농사일을 하고 있는 것을 보았다.

인산因山에 참례하기 위하여 서울에 갔다가 손병희선생 주도하에 일어난 서울의 3·1운동 광경을 보고 감동하여 돌아온 박제원, 이봉현, 이은표, 김은수, 김영달, 김성남, 이용환, 황경준 등이 이은표댁에 모여 원삼면 내에서 독자적으로 대한독립만세 시위운동을 일으키기로 합의하고 다시 안명옥, 박제민, 박제정, 김창연 기타 수인을 연락원으로 포섭하고 각 동리 유지에게 통지하여 "3월 20일 자정을 기하여 좌전고개 (내사면 평창리와 원삼면 좌항리 첩경지에서 최상근이 경영하던 주막집)에서 시발하여 대한독립만세 시위운동을 전개할 것이니, 미리 만반 준비를 갖추었다가 그 날은 산봉우리마다 봉화를 밝혀 이 취지를 전달하는 동시 동리민을 인솔하고 시위행렬에 참가하라고 수차례에 걸쳐 연락을 해놓고 1919년 3월 20일 자정子正을 기하여 주동자와 연락원, 그리고 각 동리에서 모여든 유지들이 오른손에는 태극기를, 왼손에는 횃불을 들고 대한독립만세를 외치며 좌전동래로 내리 닥치니, 여기에 좌항리, 맹리, 미평리 사람들이 미리 모여 있다가 합류하고, 여기서 역골고개를 넘어 사암리 모래실 동리 앞에 이르러 여기에 모여 있던 모래실, 넓실 사람들이 합류하고 면사무를 향하여 세거리로 행진하는 사이에 노리개, 용담, 안골 사람들이 합류하여 고당리 면사무소에 이르르니 면소마당과 앞 길거리에는 이미 고당리, 학일리, 문촌리, 목신리, 독성리 사람들이 모여 있다가 합류하니 모인 군중은 천을 훨씬 넘었을 것이라고 한다. 여기서 3·1독립선언문을 낭독하고 만세를 불렀다고도 하고, 면장을 앞세우고 그냥 만세만을 대대적으로 부르고 다시 면장을 앞세우고 백암리(

헌병분대주둔지)를 향해서 행진하였다고도 하였다. 행진하는 동안 두창리 사람들과 외사면 근창리 사람들이 합세하니 행렬은 더욱 커져서 한 5리 거리에 뻗쳐 실로 장엄했다고 했다.

그런데 선두대열이 비둘기고개를 넘어서 백암천白岩川변에 이르러 보니 개울 건너편에는 헌병대가 총을 걸어놓고 기다리고 있더란 것이다. 그러나 뒤에서 군중이 드러밀으므로 선봉대가 개울을 건너려는 것을 보자 헌병들은 공포를 쏘아서 위협사격을 하기 시작하더란 것이다. 처음에는 일인 헌병이 공포를 쏘았는데 한국인 헌병보조원 국모鞠某[31]란 자가 실탄사격을 해서 수 없는 사람이 총에 맞아 고꾸라지는 것을 본 앞쪽 군중들이 혼비백산하여 되돌아서 달아나려 해도 뒤쪽에서 영문을 모르고 전진을 하려고 드러미니 대열이 흐트러져서 제각기 뿔뿔이 달아남으로써 시위는 이것으로 끝이 난 것이다.

그러나 이 시위운동은 곧 용인군내 각 면으로 확산되고 인접 군과 인접 도에까지 파급시키는 효과를 가져왔던 것이다. 원삼면 내에서는 그 후에도 며칠간은 동산에 올라가 횃불을 들고 대한독립만세를 부르다가 3월 25일에 경찰과 헌병합동반에게 김은수, 이은표가 체포되어 용인 경찰서(용인헌병분견대)로 끌려가고 계속 시위주동자들과 연락원 그리고 각동리 유지들이 체포되니 약삭빠른 몇 명만이 감쪽같이 피신하여 체포를 면했다. 체포된 사람들은 모두 용인경찰서로 끌려가서 동리유지들은 죽지 않을 만큼 매를 맞고 고문을 당하는 등 가진 욕을 본 뒤에 석방이 되고 주동자 10명만 경성지방 검사국에 송치되었다. 검사국에서 단 심한 고문을 받으며 취조를 당한 후 재판에 회부되어 1심에서 황경준, 최상근, 안명옥, 김은수, 이은표, 이인하는 징역 10월 이용환, 김

---

31) 박용익이 1985-6년에 황골 거주 宋鳳錫과의 면담에 따르면 국모는 국종섭이다.

성남, 김영달, 김창연은 징역 6월의 판결을 받았는데 이용환만 복종하고 나머지 9명이 복심원에 상고하였으나 기각되니, 김창연, 안명옥만 1심대로 복종하고, 나머지 7명은 다시 고등법원에 상고하였다. 그러나 또 기각되므로 할 수 없이 1심대로 복역했다는 것이다.

그 중 김은수씨는 출감이 되었으나 용인경찰서, 경성검사국, 감옥 등에서 받은 고문으로 여러 달을 병원에서 지내다 1921년 4월에 환가했으니 체포로부터 환가까지는 만2년이 걸렸으며, 여러 번 항소를 하고 고문후유증 치료에 70섬지기의 가산을 전부 탕진하여 살림살이는 풍비박산이 나고 가족들은 무한한 고초를 겪었다.

석방 후에도 늘 요시찰인으로 감시를 받았을 뿐 아니라 무슨 사업을 해보려 해도 인가나 허가가 되지 않으므로 아무 일도 못하고 극히 한미한 세월을 보내다가 8.15해방 후에야 겨우 사람 대접을 받았는데 얼마안가 6.25 사변이 일어나 공산주의자들에게 시달림을 받다가 수복후에야 양지향교의 직원직도 복구가 되고 약간의 재산도 마련되었으나 1960년 1월에 별세하신 것이다.

김사원의 기록 내용을 간단히 정리하여 보면 다음과 같다.

1919년 서울에서 손병희 등 33인의 독립선언 낭독이 있은 후 경향 각지에서 만세운동이 전개되자 용인지역에도 그 소식이 전해지게 되었다. 이에 1919년 3월 15일 이봉현, 김영달, 김성남, 이은표, 이용환 등은 이은표집에서 독립만세를 거행하기로 계획하였다. 그리하여 동년 3월 20일 밤 용인군 내사면 평창리 도창동리에 거주하는 최상근의 주막에서 최종모임을 갖고 안명옥, 최상근, 김창연, 황경준을 동지로 규합하여 마을사람들을 선동할 사람들에게 통지하는 한편 산봉우리에 봉화를 키게 하는 한편 태극기를 제작하였다.

1919년 3월 21일 0시 반경에 최상근 주막에서 횃불을 들고 만세를 부르며 내려오니 좌항리, 맹리 주민이 합세하였다. 3시경에 좌항을 떠나 사암으로 향하여 이은표, 이인하가 제작한 국기를 마을 주민들에게 나누어주며, 만세를 고창하였다. 원삼면사무소에 이르니 고당, 문촌리 주민들이 합세하였다. 원삼면장을 앞세우고 외사면 백암리에 있는 경찰주재소로 가는 길목인 비들기고개에 이르니 개울 건너에서 경찰과 헌병대원이 발포하니 무수한 사람이 살상당하고 강제 해산당하였다.

김은수의 증언내용은 재판기록과 큰 차별성을 보이지 않으면서 그 내용을 보다 풍성하게 하여 주고 있다.

한편 원산면지역에서는 그 뒤에도 만세운동이 계속되었다. 또한 3월 31일에는 원삼면 사암리에서 300명이, 원삼면에서 4월 2일 500명이 시위를 전개하여, 발포가 있었다.

원삼면 지역 3·1운동 참여자

원삼지역에서 만세운동을 주도한 인물들은 여러 갈래로 나누어 살펴 볼 수 있을 듯하다. 주모집단(태극기 제작자 포함), 행동집단, 단순 참여집단이 그것이다. 주모집단인 황경준, 최상근, 안명옥, 김은수, 이은표, 이인하 등은 징역 10월에 처해졌으며, 행동집단인 이용환, 김성남, 김영달, 김창연 등은 징역 6월을 언도받았다. 이들은 심문 및 수형과정에서 이루 말할 수 없는 고초를 겪었을 것이다. 행동집단인 이용환의 경우 1919년 4월초 경성지방법원 검사국에 압송되어 반항하다 고문에 턱이 빠져 식사 못하니 세브란스병원에 입원, 궐석재판으로 징역 6월 언도, 6월 15일 세브란스병원에서 사망하였던 것이다.

단순 참여집단은 만세운동에 참여한 인물들로 태형 90에 처해졌다. 원삼면 좌항리의 경우, 이웅한 ,장지선, 장병식, 조용산, 황덕재, 황찬경, 변용섭, 박홍도 등을 들 수 있으며, 사암리의 경우 강신복, 가좌리의 경우 한승원, 허충태, 김춘일, 박희적, 이병연, 이태현, 이범기, 문촌리의 경우, 이상철 , 이은상, 오경열, 서천길, 안재섭 등을 들 수 있다. 1987년에 용인경찰서에 발행한 범죄인 명부 이태현조를 보면 태형을 받은 사람들의 단면을 살펴볼 수 있다.

〈용인경찰서발급 범죄인명부〉
이태현 1919년 4월 20일 보안법위반 笞 90. 판결 또는 즉결관청 용인헌병대
주소 용인군 원삼면 좌항리 118번지. 당시 24세(1896년 1월 13일생).
양반. 직업 농업

이태현 등 태형을 받을 사람들도 용인헌병대에 끌려가 죽을 고생을 하였던 것 같다. 이태현의 5남 이원칠(1935년생, 수원시 우만동 거주)과 손자 이봉상(1940년생, 좌항리거주) 등의 다음과 같은 증언을 통해 짐작해 볼 수 있다.

이태현은 1919년 3월 3일경 원삼면 좌항리에서 당시 앞장서 마을 사람들을 동원하여 항일만세를 부른 이유로 이틀 후 용인경찰서 일본헌병대에 밀고 되어 연행, 유치장에 투옥, 수차례 조사를 받으며 혹독한 고문과 매를 맞고 1919년 4월 16일 곤장 90대를 다 맞고 실신, 항문이 빠지고 피투성이가 되어 들것에

실려 방면되어 집으로 모셨지만 매독이 너무 심해 온몸에 살이 시퍼렇게 퉁퉁 붓고 고열로 도저히 소생이 어렵다고들 하였다. 그 당시에는 매독에는 똥물을 먹어야 살수 있다고들 하여 정말 똥물을 마시게 하니 이틀 동안을 얼마를 토하고 나니 차츰 붓기도 좀 빠지고 혈색도 고열도 좋아져 이잼 곧 살게 되었다고 모두들 하여 집안으로 모셨답니다. 그리고 2개월 동안 병석에서 겨우 이러나 뫃을 밟았다고 합니다. 그 후 8.15해방을 맞이하였을 때는 누구보다도 한없이 기뻐하시고 좋아하셨지만 당시 매 맞은 후유증(탈창)으로 늘 손으로 탈창을 바치고 지내시며 괴로움과 고통스러운 여생을 지내시다가 1977년에 별세하시었습니다.

원삼면 3·1운동에 참여한 인물은 10대부터 40대까지 다양하였다. 40대로는 안명옥(49세), 이용환(41세), 30대로는 황경준(37세), 김은수(37세), 김창연(37세), 이인하(31세), 20대로는 최상근(28세), 이은표(23세), 10대로는 김성남(18세), 김여달(17세) 등을 들 수 있다. 이 가운데 주도집단이었던 황경준, 최상근, 안명옥, 김은수, 이은표, 이인하 등은 안명옥 40대, 황경준, 김은수, 이인하 30대, 최상근, 이은표 20대 등으로 30대가 중심을 이루고 있다. 행동집단인 이용환은 40대, 김창연은 30대, 김성남, 김영달, 등은 10대로서 각 연배의 만세운동을 주도한 것이 아닌가 짐작된다.

참여지역을 보면, 좌항리, 사암리, 맹리, 가좌리, 문촌리 등 원삼면의 북부 및 중부지역의 주민들이 주로 참여한 것으로 보인다. 특히 만세운동의 시작은 좌항리, 사암리, 맹리 등을 중심으로 전개되었으며, 그후 가좌리, 문촌리 등에서 다수 참여하였다. 그러므로 가좌리, 문촌리지역의 인사들 가운데 태형을 받은 인물들이 많은 것이 아닌가 한다. 이들 마을들 가운데 이인하, 이은표, 이용환 등의 거주지였던 맹골 맹리는 옛 죽산 고을 3대 길지 가운데 하나로 꼽히는 곳이다. 본래는 죽산군 원일면 맹동이었으나 1914년에 원삼면에 편입되었다. 마을의 주거지는 건지산을 주산으로 삼고 남향하여 주거지가 입지하였다. 또한 맹리는 약 400년전부터 양천허씨陽川許氏들의 집성촌으로 알려진 곳이다. 문촌리 문시랑마을은 죽산 3대길지중 첫 번째로 꼽히는 곳이다. 문시랑마을은 전주이씨가 대성을 이루고 살았다.

만세운동의 형량으로 보아 징역 10월에 처해진 좌항리의 황경준, 사암리의 김은수, 최상근, 김명옥, 맹리의 이인하, 이은표 등이 중심적인 역할을 한 것이 아닌가 생각된다. 이 가운데 특히 사암리에서 다수의 인사들이 참여하고 있다. 이점은 사암리 안골에 금광이 있었던 것과 밀접한 관련이 있었던 것이 아닌가 한다.

학력을 보면, 맹리의 이인하, 이은표, 사암리의 황경준 등이 서당에서 공부한 것으로 되어 있다.[32] 특히 이인하와 이은표는 전주이씨 덕천군파로서 양반으로 보인다. 이은표의 경우 아버지가 진사였다고 한다.[33] 현재 맹리 맹골에 남아 있는 그들의 집의 크기로 보아도 그들이 맹리지역의 양반이자 지주임을 짐작해 볼 수 있다. 그들은 지식계급이었고, 따라서 맹리에서 만세운동을 주도하였고, 태극기 역시 제작한 것이 아닌가 한다. 이들이 제작한 태극기를 100여장 나누어 주었던 것이다.

종교별 특징은 보이지 않는다. 대부분 농민이었으므로 유교적 성향을 갖고

---

32) 이인하, 이은표, 황경준의 공적조서 참조.
33) 이은수(82세, 맹골거주) 증언

있지 않았나 짐작된다. 그런데 김성남의 경우 천주교 신자가 아닐까 추정된다. 아버지는 김성천이며, 어머니는 차마리아였다. 부모의 이름으로 보아 그렇게 짐작한 것이다. 원삼면의 유교적 성향은 양지면 남곡리의 천주교신자들과 포곡면 기독교신자들이 중심이 된 것과는 차별되는 점이라 생각된다.

직업 신분별로 보면 대부분이 농업에 종사하였다. 다만 최상근은 주막을 운영하고 있었으며, 김은수는 여인숙을 운영하였다. 이 가운데 주목되는 것은 김성남은 당시 학생이었다는 점이다. 김성남는 제적등본에 따르면, 본적은 좌항리 71번지이며, 경주 김씨이다. 좌항리에서 출생하였으며, 내사면 양지공립보통학교를 졸업하였다. 이 학교는 1911년 내사면 양지리에 만들어졌으며, 수업 연한은 4년이었다. 1912년 3월 25일 제 1회 졸업생 15명을 배출하였으며, 초대 교장은 小川興五郞이었다.

성씨별로 보면, 김성남은 경주 김씨였다. 김영달은 광산 김씨이다.[34] 최상근은 경주 최씨이다.[35] 이용환은 광주 이씨이다. 아들 이원재는 1897년생으로[36] 전차에서 일하다 일본인들과 다투어 만주로 망명하였다.[37] 이은표와 이인하는 전주이씨이고, 문촌리의 경우 대부분은 조선시대 영조 정조시대의 무신 이주국(1701-1798)의 후손으로 전주이씨이다. 이은표는 맹동마을의 양반집안이라고 생각된다. 증조부인 상식은 생원, 조부인 건흥은 음참봉, 부친은 진사인 창하이다. 생부는 장하이다. 이인하(이인하)의 아버지는 건우이다. 모친은 동몽교관 여주 이용고의 딸이다. 인하의 부인은 진사 대구 서상빈의 딸인 것으로 보아 지역 유지

34) 김한수(1936년생, 좌항리 37번지)의 증언

35) 제적등본

36) 이용환 제적등본

37) 박용익의 증언

인 것으로 보인다.

수지면 · 포곡면 · 내사면 · 기흥면 · 외사면 등지의 3·1운동

1919년 3월 21일 원삼면지역에서 만세운동이 전개된 이후 용인 다른 지역에서도 활발히 만세운동이 전개되었다. 이 지역의 만세운동은 특히 3월 하순부터 4월초에 집중적으로 전개되었는데 이는 인근 용인, 안성지역과 비슷한 양상을 보여주고 있다.

수지면

3월 28일 수지면 고기리 구장인 이덕균은 안종각[38]의 권유로 만세운동을 결심하게 되었다. 구장인 이덕균은 동리 사환에게 "각 동리에서 1명씩 나와 동천리 방면으로 가서 독립만세를 부르라"고 하였다. 이덕균은 3월 29일 오전 8시 안종각이 준 태극기 나누어주고 주민 100여명과 함께 만세운동을 전개하는 한편 동천리로 나아갔다. 동촌리에서도 만세운동 소식을 듣고 대기하고 있던 주민 약 300명과 합세하여 만세운동을 전개하였다. 다시 오전 11시 30분 경 풍덕리에서 면사무소로 몰려가 만세를 외치면서 선두에서 구한국기를 떠받들고 군중에게 솔선하여 읍삼면 마북리로 가고자 하였다. 이에 헌병들이 해산을 명령하였으나 주민들은 계속하여 만세운동을 전개하였다. 결국 오후 2시경이 되어 헌병들의 진압으로 주민들은 해산하였다.

3월 30일 수지방면에서 온 주민들과 읍삼면(현재 구성면) 주민이 합하여 약 1500명이 읍삼면 언남리의 도로상에서 만세운동을 전개하자 이에 헌병들은 발포하였다. 이에 주민 2명이 죽자 주민들은 점차 해산하였다.

---

38) 안종각(1888-1919)은 수지면 고기리 156번지에 거주하였으며, 농토 4천평을 소작하는 농민이었다.(손자 안병화 기록 참조)

수지지역에서의 만세운동으로 고기리에 거주하는 안종각과 구성면 보정리에 거주하는 崔又壬 등이 순국하였고, 동천리지역에 거주하는 김영석 등 16명이 경성지방법원에서 태형 90대에 처해졌다.

포곡면 둔전리

3월 28일 아침 정규복(33세, 농업, 무종교, 둔전리 161번지)은 같은 동네에 거주하는 권명보외 수명을 권유하여 만세운동을 전개하고자 하였다. 둔전리는 안동권씨 집성촌으로 정규복과 같은 나주 정씨는 몇집 안된다고 한다.[39]

수백명으로 군중이 불어나자 정규복은 둔전리와 인근 수여면 유방리까지 진출하여 만세운동을 활발히 전개하였다. 둔전리에서 만세운동을 주도한 정규복은 둔전리에서 많은 토지를 갖고 넉넉한 살림을 영위한 이 지역의 유지인 선비였다고 알려지고 있다. 한학을 공부하였으며 농사일도 직접 지은 인물로서 주민들로부터 신망을 받고 있었다. 성격이 때쪽같아 불의를 보면 참지 못하는 성격이었다고 전해진다. 정규복의 아들 정홍진(정해진)은 1940년대 징용을 가게 되자 포곡면장의 멱살을 잡고 이에 항거하였다. 이를 계기로 피산하다 장티푸스에 걸려 사망하였다. 현재에도 둔전4거리 인근 161번지에 정규복의 집터가 남아 있으며 그곳에 새로이 건물을 지어 손자 정순탁이 살고 있다. 정순탁은 부친이 일찍 사망하여 고생이 심하였다고 한다.[40] 정규복이 묘소는 현재 모현면 모산리에 위치하고 있다.

---

39) 손자 정순탁의 증언
40) 2003년 12월 정규복의 손자 정순탁(1937년생, 포곡면 둔전리 161번지거주)과의 면담에서 청취

포곡면 삼계리

3월 28일 오전 7시경 모현면 초부리에서 김명화, 김동호 등 많은 사람들이 몰려와서 만세를 불렀다. 이에 포곡면 도사지역에서 오랫동안 집성촌을 이루고 있으며 한학을 했던[41] 권종목(34세)과 김병선(김병하, 68세), 권홍규(41세) 등은 동리사람 약 200명을 지휘 인솔하고 거주지 삼계리에서 용인군 포곡면 금어리를 지나 둔전리에 이르렀다. 도중 권종목은 삼계리 사람에게서 태극기를 받아 휴대하였다. 한편 포곡면 금어리에 살고 있는 홍종욱(27세), 홍종엽(21세) 형제는 기독교를 신앙하고 있던 종교인이었다. 특히 형인 홍종욱은 기독교 장로였다. 이들 형제는 이 지역의 유지로서 만세운동을 주도하였다. 권종목은 이들 형제에게 구한국국기를 교부하였고, 이에 형제는 태극기를 들고 주민 200여명을 이끌고 만세운동을 전개하였다. 이들은 이웃에 살고 있던 김량장공립보통학교 학생인 이인봉(학주, 18세)도 이에 참여하여 적극적으로 만세를 불렀다. 주민들은 금어리에서 산을 넘어 대대리로 향하였다. 대대리에서 홍종엽은 김치현의 집에서 태극기를 재작하였으며 이때 이인봉이 이를 도왔다. 한편 금어리 사람 일부는 김량장 방면으로 행진하였다. 그들은 햇골(현 유방리 가스충전소 자리)에 다다를 무렵 헌병들에 의해 시위대는 해산 당하였다. 당시 3월 28일은 김량장날이었다.

포곡면의 만세운동의 중심지였던 도사리는 도사였던 권이중이 직함을 따서 붙여진 이름이다. 그는 충청도 지오군에 살았다고 한다. 이후 500년동안 삼계리 즉 도사리는 도사공의 후손들이 집성촌을 이루면서 살고 있다. 마을 뒷산에는 안동권씨 묘가 현재 100기 정도 남아 있다. 즉 이 마을은 안동 권씨와 일부 김해 김씨가 살고 있던 마을이라고 전한다. 도사리에서 산길로 3km쯤 가면

---

41) 권종목의 손자벌인 권영철(1937년생, 포곡면 삼계리 133번지)과의 면담에서 청취.

금어리가 나온다. 포곡면의 만세운동을 주도했던 권종목은 한학자였으며, 32세까지 한문을 공부했다고 한다. 또한 잠업지도도 했다고 전해진다. 또한 그는 삼계리에 1만 3천평의 토지를 소유하고 있었다고 한다. 그가 살고 있던 집은 삼계리 147번지였으며,[42] 현재에는 폐허화되어 있다. 삼계리에는 현재 권종목의 만세운동을 기리는 비석이 마을 뒤 산 입구에 서 있어 당시 만세운동의 자취를 증언해 주고 있다.

포곡면 금어리는 홍씨마을은 아니었다. 현재 이곳에는 과거 홍종욱, 홍종엽 형제가 살던 580번지는 580-1번지로 변하였으며, 이인봉이 살던 581번지는 현재에도 그대로 581번지이다. 현재에는 조동환씨가 거주하고 있다. 홍종엽은 구장을 역임하였으며, 집도 사랑채, 안채 등이 있는 큰 규모였다. 농토는 몇 천평이나 된 큰 부자였다. 이인봉의 집터도 홍종엽과 홍종욱의 집 바로 근처이다.[43]

내사면 남곡리

3월 29일 용인군 내사면 남곡리의 만세운동은 이 지역 112번지에 거주하는 한영규(당 37세)와 72번지에 거주하는 김운식[44]등 천주교 신자들에 의해 주도되었다. 이들은 바로 옆집에 거주하며 만세운동을 주도하였던 것이다. 한영규는 1882년 내사면 남곡리 112번지에서 출생하여 양지향교에서 한문을 수학하였고, 농사를 지었다. 그는 세례명은 베드로로 이 지역의 구장으로 활동하였으며, 특히 강직한 성품을 가진 인물로 널리 알려져 있다. 그의 조상은 화성 양감면 큰말에 살고 있었으나 군란을 피하여 선친때부터 배매실로 이주하였다.

---

42) 권영철과의 면담에서 청취
43) 포곡면 금어리 어매실 답사에는 심준기(포곡면 금어리 582-2. 1935년생)의 도움이 컸다.
44) 김운식의 딸도 수녀라고 한다.(박용익의 증언)

한영규의 경우 할아버지때부터 천주교를 신앙한 독실한 집안이었다. 한영규의 부친 한윤근때 관헌의 탄압을 피하여 서울에서 이곳 남곡리로 이주하였다고 한다.[45] 특히 한윤근의 동생인 한 바오로(한기근) 신부는 1911년 성경을 한국어로 번역한 분으로 널리 알려져 있다. 한영규는 이곳 남곡리로 피신해온 천주교인들 가운데 중심적인 인물이었다. 그러므로 그의 만세운동 참여는 이 지역주민들에게 큰 영향을 끼쳤을 것으로 보인다.[46] 현재에도 손자 한종혁이 남곡리에 거주하고 있으면 독실한 신자이다.

김운식은 1899년 용인군 내사면 남곡리 72번지에서 출생하였다. 그의 조상은 조선의 천주교도들에 대한 학정을 피하여 충남 서산에서 피신하여 왔다고 한다. 김운식은 3·1운동 이후 중국으로 가 10여년동안 있다가 귀국하였다. 슬하에 딸 5명을 두었으며, 셋째(김명순, 김유스시나)와 넷째 딸이 수녀가 될 정도로 독실한 천주교 신자였다.[47]

이 지역은 우리나라 최초의 신부인 김대건 신부가 프랑스 신부 라 모방에게 영세를 받은 곳이다. 또한 감대건 신부가 첫 사목을 한 지역이었고, 조선천주교회 역사상 최초의 본당이 있던 은이공소가 이웃하고 있는 곳이다. 김대건은 1827년 정해교난때 부친 김제준을 따라 양지현 골배매실(배미실)로 이사하여 왔다. 1827년 3월 초순 용인지방 각처에 은신해 있던 신자들이 골배매실(배미실), 은이골(내사면 남곡리)에서 은밀히 집회를 열고 라모방 신부를 모셔다가 최초의 미사를 봉헌하였다. 대건은 이때 영세를 받고 안드레아라는 본명을 받았다. 1846년 4월 13일 은이공소를 떠난 김신부는 그해 6월 5일 서해 순위도에서 체포되어

45) 한종혁(한영규의 손자, 양지면 남곡리거주)의 증언
46) 한영규의 손자 한종혁(1936년생)과 가진 면담에서 청취.
47) 김 유수시나(77세, 살루트 바오로 수도원 불암동 분원)와 가진 면담에서 청취

1846년 용산 새남터에서 순교하였다. 1900년경 용인에는 600여명의 교우가 시리치, 갈대, 앞고지, 배미실, 김량장 등지에 분포하고 있었다.

남곡리 주민 100여명은 한영규가 만든 구한국국기를 들고 3월 29일 남곡리 용곡동리 밤나물골(현 용동중학교 앞)에서 만세운동을 전개하여[48] 양지면 읍내로 가는 동안 만세운동을 전개하였다.[49]

기흥면

3월 30일 용인 기흥면지역의 만세운동은 기흥면 하갈리에 거주하는 김구식에 의해 주도되었다. 그는 5월 2일 사기죄로 징역 4월에 처해졌던 인물이다. 1919년 3월 30일 오전 10시경 김구식은 기흥읍 하길리 강가 편지에서 만세운동을 주도하였다. 이어 오후 2시경 읍삼면 구읍내로 가서 약 30여명의 주민들에게 만세운동을 전개할 것을 설득하였다.

김구식은 경주 김씨로 1881년 기흥면 하길리 300번지에서[50] 출생하였으며, 상갈리 마을 서당에서 한문을 수학하였다. 그 후 농업에 종사하던 중 기흥면 하갈리 자택에서 하갈리 거주 이행식과 보라리 거주 조국형과 1919년 3월 28일 만세운동을 계획하였다고 한다.[51]

기타 지역

3월 30일에는 읍내에서 2000명이 만세운동을 전개하여 일본헌병의 발포로 2명이 사망하였다. 또한 3월 31일에는 송전리에서 200명의 시위가 있었다. 또한 외

---

48) 밤나무꼴 3000여평에는 현재 동아엘리콘 회사가 들어서 있다.

49) 박용익선생의 증언.

50) 현재 300번지 평강 하이트맨션 102호에는 아들 김학모(1907년생)가 살고 있다.

51) 김학성, 김정환, 김형식 등의 진술서 참조(1989년 8월)

사면에서 3천명이 면사무소와 헌병주재소를 습격하여 1명이 사망하고 약간명이 부상을 입었다. 3월 31일 오후에는 외사면에서 약 3천명의 군중이 외사면 면사무소와 헌병주재소를 공격하였다. 이 만세운동에서 주민 1명이 사망하였고, 약간 명이 부상하였다. 또한 동일 오후 남사면에서는 군중들이 면사무소에서 만세를 부르며, 면장에게도 만세를 부를 것을 요청하였으나 쉽게 응하지 않으므로 그를 구타하고 군중은 뜰앞에서 만세를 불렀다. 한편 면장은 송전리 헌병출장소를 습격하는데 선두에 서게 하려고 하였다고 자전거를 타고 헌병출장소에 밀고하였다. 이에 헌병이 출동하여 주민들을 해산케 하였으므로 4월 1일 아침 주민 약 200명은 면사무소를 포위하고 면장을 죽이고자 하였다. 이에 면장은 몸을 간신히 주변의 산꼭대기로 도피하였으므로 군중은 재차 이를 포위하였다. 급보에 접한 일본 헌병이 출동하여 군중들을 해산시켰다.

4월에 들어서도 용인지역의 만세운동은 계속되었다. 3월에서 5월까지 13회이 걸쳐 13,200명이 참여하였다. 그 과정에서 사망 35명, 부상 139명, 피검 500명에 이르렀던 것이다.

결어

지금까지 용인지역의 3·1운동과 항일유적지에 대하여 살펴보았다. 이를 정리하는 것으로 결어에 대신하고자 한다.

첫째, 용인지역의 최초의 3·1운동은 원삼면 지역에서 전개되었다. 이 지역의 3·1운동은 원삼지역의 의병전통과 금광등과 긴밀한 관계가 있는 것으로 생각된다. 그러나 앞으로 재판기록 외에 보다 많은 자료 발굴을 통하여 이 지역의 만세운동에 대하여 깊이 있는 연구들이 이루어져야 할 것 같다.

둘째, 용인 지역의 3·1운동은 관내 전 지역에서 전개되었다. 수지, 기흥, 원삼, 이동, 포곡, 외사, 내사 등이 이를 반증해 주고 있다. 특히 이들 가운데 외사, 내사, 양지 등의 3·1운동과 남사, 이동의 3·1운동, 수지, 읍삼(구성), 기흥 등지의 3·1운동은 상호 밀접한 관련을 맺고 있다. 앞으로 용인지역내의 상호관계, 타 시군과의 상호 관계에 대한 검토가 보다 깊이 이루어져야 할 것이다.

셋째, 용인지역의 경우 유교, 천주교, 기독교 등과 일정한 연계를 갖고 있다. 포곡면의 기독교, 남곡리의 천주교 등에 대하여는 보다 깊은 관심이 기울여져야 할 것이다.

넷째, 1919년 당시 용인지역의 사회경제적 상황, 일본인의 진출정도 등 주변 상황에 대한 검토 역시 보다 체계적으로 연구되어야 한다. 이들 작업들이 선행될 때 3·1운동에 대한 깊이 있는 연구가 가능할 것이다.

다섯째, 용인지역의 3·1운동이 보다 깊이 있게 연구되기 위해서는 주동자들의 거주지, 인척관계, 학력, 만세항쟁지 등이 밝혀져야 할 것이다. 이를 위해서는 용인지역 3·1운동 유적지 실태조사가 선행되어야 할 것으로 보인다.

06
여주지역의 3·1운동

여주는 구한말 의병활동이 활발하였던 지역이다. 그 전통을 계승하여 이 지역에서는 3·1운동 당시 만세운동이 다양한 지역에서 활발히 전개되었다. 주내면의 조병하는 각 지역에서 만세운동이 전개되는 상황에 고무되어 학생들을 중심으로 주내면의 만세운동을 계획한 바 있다.

또한 서울에서 경성농업학교에 다니던 북내면의 이원기도 민족대표들이 발표한 독립선언서를 입수하여 이를 토대로 수십 장의 경고문을 기초, 인쇄하여 면내 각 지역에 배포함으로써 만세시위의 지침으로 삼았다. 또한 원필희도 경성농업학교 학생으로서 고향의 만세시위의 계획단계부터 참여하였고, 시위대열의 선두에서 만세운동을 주도하기도 하였다.

원필희 사진(국사편찬위원회)

이처럼 여주지역 사람들은 타 지역과 마찬가지로 3·1운동에 적극적으로 참여하였으나 그동안 이 지역의 만세운동에 대하여는 본격적인 검토가 이루어지지 못하였다. 이에 본고에서는 여주지역의 3·1운동에 대하여 살펴보고자 한다. 이를 위하여 우선 여주지역에서 전개된 만세운동에 대하여 구체적으로 알아보고자 한다. 이는 여주지역은 물론 경기도 지역 3·1운동의 전체상을 살피는데 도움을 줄 수 있을 것이다.

여주 지역 3·1운동에 대한 일본측 기록

여주지역의 경우 3·1운동이 활발히 전개되었음에도 불구하고 그 기록은 상당히 제한적이다. 일본측의 자료에 보이는 여주지역 3·1운동에 대한 기록은 다음과 같다.

〈4월 1일〉 (금사면) 이포梨浦에서 약 3천명이 헌병주재소를 습격하였다. 10명을 체포하였다.

〈4월 3일〉 4월 3일 여주군에서 다수의 운동이 있었다.

(4월 3일) 경기도 여주에서 약 1천명의 군중이 소요하여 헌병으로 진압하였다. 폭민에 부상 20여명이 있었다.

〈4월 4일〉 여주군내에서 약 3천명의 군중이 소요하였다. 헌병으로 진압하여 폭민에 사상死傷이 있었다.

〈4월 5일〉 여주헌병대에 군중이 몰려왔다. 그중 37인을 체포하고 해산시키다.

위에서 살펴볼 수 있는 바와 같이 여주지역의 3·1운동은 1919월 4월 1일부터 5일까지 약 5일에 걸쳐 만세운동이 전개되었다. 인원은 1천명에서, 많이는 3천명까지 다수의 농민들이 참여한 것으로 보인다. 특히 4월 1일 이포에서 약 3천명이 헌병주재소를 습격한 것은 주목되는 것이라 할 수 있다. 일본측 정보기록에는 이들 간단한 기록 외에 자세한 사항이 수록되어 있지 않다. 그러므로 여주지역의 3·1운동을 살피는 데 있어서 현재 남아있는 판결문은 매우 중요한 자료로서 그 일익을 담당한다. 그러므로 이번 장에서는 판결문을 통하여 그 모습을 복원해 보고자 한다. 그러나 판결문 가운데에는 여주지역에서 만세운동을 활발히 전개하엿던 이포 등지에서 체포된 사람들에 대한 것은 남아 있지 않다. 그러므로 여주지역 3·1운동의 전체적인 모습은 앞으로 이포 지역 등의 자료 발굴을 기다려야 할 것 같다.

3·1운동의 계획- 여주군 주내면 조병하

주내면[52]에서는 구체적인 만세운동이 벌어지지는 않았으나, 군내에서 최초로 만세운동이 계획되었다. 여주지역에서 처음으로 만세운동을 전개하고자 한 것은 여주군 주내면 상리의 조병하이다. 그는 향리에서 농업에 종사하고 있던 기독교인으로 당시 24세의 청년이었다. 본적은 여주군 여주읍 홍문리이다. 1915년 여주 감리회에서 선교활동을 전개하였으며, 1917년 개성잠업학교에 유학하여 졸업하였다. 그 뒤 여주 군청에서 양잠기사로 재직하고 있었다.

그는 손병희 등이 조선독립 선언을 한 이래로 각지에서 독립시위운동을 시작하였음에도 불구하고 자신이 거주하는 여주에서는 아무 일 없이 극히 평정함을 분개하여 조선독립만세를 부르고자 추진하였다. 여기서 조병하의 여주지역

---

52) 주내면은 1941년 여주읍으로 승격되었다.

에 대한 애향심과 자부심을 짐작해 볼 수 있다.

　　조병하는 1919년 3월 26, 7일경 여주군 주내면 홍문리 심승훈 집에서 일반사람들에게 "각 지방에서는 군중이 독립만세를 부르며 시위운동을 하고 있음에도 불구하고 이 지방에서만 평정함은 무기력하니 이 지방에서도 군중을 모아 독립만세를 외칠 터이므로 이에 참가하라"고 하였다. 한편 4월 3일에는 같은 면 창리 이종은 집에서 보통학교 생도인 한백웅, 한돈우에게 "경성에서는 학생이 중심이 되어 조선독립만세를 부르고 있음에도 불구하고 상금尙今 지방 학생은 극히 평온함은 심히 유감이니 제군은 학생을 선동하여 독립만세를 외치도록 힘쓰라"고 권유하였다. 이를 통해서 볼 때, 조병하는 일반인과 학생들에게 각각 그들의 정서에 맞게 만세운동에 참여하라고 호소하는 용의 주도함을 보여주고 있음을 알 수 있다. 조병하의 이러한 치밀한 계획은 이를 사전에 탐지한 일제에 의하여 와해되고. 그는 체포되어 징역 1년에 처해졌다. 출옥 후 그는 1920년 김병수와 함께 해외로 망명하였다. 조병하의 만세운동은 이웃 이천 등 타 지역의 만세운동에 큰 영향을 받은 것으로 보인다. 아울러 주변 기독교 감리교와의 연계 또한 있을 것으로 판단된다.

3·1운동의 전개

북내면 3·1운동

북내면에서는 4월 3일 두 군데에서 만세시위가 있었다. 하나는 천송리에서 김용식이 주도한 것이고, 또 하나는 당우리 공북학교에서 이원기, 최영무 등이 주도한 것이었는데, 이들은 각각 여주읍내로 행진하였다.

천송리에서의 3·1운동

여주 북내면에서의 3·1운동은 신륵사 승려 김용식(일명 인찬, 35세)에 의하여 주도되었다. 그는 강원도 원주군 문막면 출생으로 어려서 출가하였다. 그의 승려 생활과 그의 사상, 일제에 대한 인식 등에 대하여는 알려진 바 없다.

손병희 등이 조선독립을 선언하자 크게 그 취지에 찬동, 독립시위운동을 전개하고자 하였다. 그리하여 1919년 4월 3일경 북내면 천송리[53] 권중순·조규선 및 같은 면 당우리 조석영·조근수 등에게 "조선독립만세를 외쳐 시위운동에 참가하라"고 권유하였다.

이에 동리에 사는 주민 수십 명을 천송리에서 규합하여 같이 독립만세를 외치면서 동리를 출발, 여주 읍내를 향하여 행진하였다. 그러던 도중에 백수십 명의 군중이 합세하여 200여 명이 되었다. 그는 이들 군중들을 지휘하여 한강 대안에 이르러 태극기를 떠받들고서 군중을 정렬시켜 자신이 스스로 선창하여 조선독립만세를 외치고 군중이 따라 부르게 하였다.

일제에 체포된 김용식은 징역 2년형을 받았다. 석방 후 1921년부터 61년까지 신륵사주지로 일하였다고 한다.

당우리에서의 3·1운동

북내면 당우리에서 만세운동을 주도한 인물은 다음과 같다.

경기도 여주군 북내면 오금리五今里 47번지 날품팔이 최영무崔永武 35세
경기도 여주군 북내면 오금리 114번지 농업 강두영姜斗永 21세

---

53) 천송리는 현재 여주읍에 속한다.

경기도 여주군 북내면 오금리 113번지 농업 최명용崔明用 27세

일명 명룡明龍, 석기石基

경기도 여주군 북내면 오금리 114번지 농업 강만길姜萬吉 30세

경기도 여주군 북내면 외룡리外龍里 298번지 학생 이원기李元基 20세

경기도 여주군 북내면 외룡리 280번지 농업 이원문李元文 19세

경기도 여주군 북내면 외룡리 289번지 강영조姜永祚 26세

경기도 여주군 북내면 장암리長岩里 342번지 학생 원필희元弼熹 24세

경기도 여주군 북내면 신남리新南里 246번지 면서기 견습 김학수金學洙 20세

경기도 여주군 강천면康川面 걸은리傑隱里 128번지 농업 조경호趙經鎬 19세

위에서 보는 바와 같이 당우리 만세운동을 주도한 인물은 총 10명 가운데 오금리 4명, 외룡리 3명, 장암리, 신남리, 강천면 걸은리가 각 1명이다. 연배는 30대가 2명, 20대가 6명, 10대 후반이 2명이다. 이를 통하여 당우리의 만세운동은 20-30대의 청장년층이 주도하였음을 짐작해 볼 수 있다. 판결문 상으로 볼 때, 최영무·이원기는 각 징역 2년에, 강두영·김학수 및 원필희는 징역 1년 6월에, 조경호·이원문은 징역 1년에, 기타 인물들은 징역 10월에 처해졌다. 이를 통하여 볼 때, 최영무 이원기 등이 중심적인 역할을 한 것이 아닌가 한다. 즉 최 연장자인 최영무와 20살의 이원기가 중추적인 역할을 한 것으로 보인다. 그 가운데 최영무는 날품팔이 노동자이며, 이원기는 경성농업학교 학생이다. 그러므로 만세운동은 이들 두 세력을 중심으로 이루어진 것이 아닌가 한다. 즉, 이원기(20세, 학생, 외룡리), 조경호(19세, 농업, 강천면 걸은리), 원필희(학생, 24세, 장암리), 이원문(농업, 외룡리 19세) 등은 이원기를 중심으로 젊은 학생 및 청년들로서 구성되어 있다.

강영조와 김학수도 이원기의 주장에 동조하였다. 강영조는 26세로, 경기도 여주군 북내면 외룡리 289번지 거주이며, 김학수는 20세이며, 경기도 여주군 북내면 신남리 246번지 거주자로, 면서기 견습자였다. 면서기 견습 김학수와 북내면 장암리 구장 원도기 집 또한 주목된다.

최영무의 세력은 강만길 · 최명룡 · 강영두 등이다. 이들 중, 강두영(북내면 오금리 114번지 농업 강두영 21세), 최명용(경기도 여주군 북내면 오금리 113번지 농업 최명용 27세, 일명 명룡(明龍), 석기(石基)), 강만길(경기도 여주군 북내면 오금리 114번지 농업)은 모두 오금리 사람들이다.

이원기 · 조경호 · 원필희 · 이원문 등은 여주군민들이 현재 전국에서 전개되고 있는 독립운동에 냉담하여 경성 지방 사람들에게 개돼지로 취급되는 것을 분개하여 군내의 각지에 경고, 대거하여 조선독립 시위운동을 함으로써 곁들여 여주 사람의 면목을 세우고자 하였다. 이에 1919년 4월 1일 이원기는 자신이 가지고 있는 독립선언서를 참고로 하여 "오는 4월 5일 여주 읍내의 장날을 기하여 동 읍내 다락문 앞에서 독립운동을 시작할 터이니, 그곳으로 모이라."는 취지의 문서를 기초하였다. 그리고 조경호 · 원필희 · 이원문 등은 이원문 집에서 위의 기초문서에 따라 42매의 경고문을 손으로 써서 이를 이날쯤 각 곳에 배부하였다.

한편 강영조와 면서기 견습인 김학수는 이들의 독립운동 취지에 공명하였다. 이에 강영조는 4월 2일 이기원 집에서 이원문과 같이 시위운동에 사용할 태극기를 만들었다. 그리고 김학수는 동월 3일 북내면 장암리 구장 원도기 집에서 이원기. 원필희와 함께 태극기를 만들어 각각 시위운동 준비에 힘썼다. 한편 오금리에 거주하는 최영무 · 강만길 · 최명룡 · 강영두 등은 이웃 동리인 현암리 주민들의 요청을 받고 이날 독립시위운동을 할 것을 결의하고, 장암리 · 덕산리 ·

외룡리를 넘나들며 마을사람들의 참여를 독려하였다. 이어 이기원, 김학수도 최영무 등을 따라 각기 마을사람들에게 만세운동을 권유하였다.

그 결과 4월 3일 북내면 당우리 공북학교 마당에 약 300명이 모였다. 이때 이원기등은 군중들과 함께 조선독립만세를 절규하면서 여주 읍내로 향해 출발하였다. 최영무는 태극기를 떠받들고 선두에 서서 군중을 인솔하였다. 그리고 이원기·김학수·원필희·강두영은 군중들을 독려하며 여주군 북내면 오학리까지 가서 독립시위운동을 전개하였다.

북내면 당우리 사람들의 만세운동에 대하여 이원기는 법정에서 다음과 같이 보다 구체적으로 언급하고 있다.

1. 당 법정에서 피고 이원기가 금년 4월 1일 이원문 집에서 동인 및 조경호와 같이 경고문을 작성하였다. 이날 조경호의 말에 그가 여주에서 돌아오는 도중 경성에 사는 사람에게 들으니 "경성에서는 여주 및 이천 사람에게 먹일 것으로서 돼지먹이를 저축하여 둔 모양이다."는 것이어서 "그러면 여주 사람도 조선독립운동을 하지 않으면 수치가 된다."고 생각하고서, 우선 많은 군중을 모으기 위해서 경고문을 낼 필요가 있다고 헤아려 자기가 중 제4호의 선언서를 토대로 삼아 중 제3호의 경고문을 기초하였다. 그 글 뜻은 "경기도 각지에서는 독립시위운동을 시작하였으니 이 기회에 여주군에서도 오는 4월 5일의 읍내 장날을 기하여 독립운동을 행할 터이므로 그곳의 다락문 앞으로 집합하라."고 써두었다. 그리하여 전기한 조경호 및 이원문이 위의 원고를 베껴서 경고문 42매를 만들어 그 중 조경호가 26매, 원필희가 1매, 자기가 14매, 심상의가 1매를 배부하기로 되어, 자기는 7매를 이원문에

게 교부하니, 그는 김봉수란 자에게 배부할 것을 부탁하였다. 피고 원필희 · 강영조는 경고문 작성을 돕지는 않으나 그 곁에서 쳐다보고 있었다. 이어서 이튿날 2일 이원문 집에서 동인 및 강영조와 상의 후 5일의 시위운동 때 사용하기 위하여 자기 소유의 일장기를 고쳐서 증 제5호의 기를 만들었으며, 동 3일 북내면 장암리 구장 집에서 김학수 · 원필희와 공모한 끝에 증 제1호의 태극기를 만들었다. 그런데 이날 밤 최영무 · 강만길 · 최명룡 등이 이민들을 규합하고 있기에 그들을 따라갔더니 최영무는 이민에게 대하여 "출동하지 않으면 방화한다."는 등의 말을 하고 있었다. 여기서 공북학교로 가서 군중 약 300명과 함께 조선독립만세를 부르면서 여주를 향하여 출발하였다는 취지의 공술.

이원기의 법정 진술을 통해 볼 때, 이원기는 경기도 여주군 강천면 걸은리 128번지 농업 조경호가 여주로 돌아오는 길에 사람들이 여주 사람들이 만세운동에 참여하지 않는다고 힐난한다고 말하는 것을 듣고 이에 적극 나서게 되었음을 밝히고 있다. 그리고 자신이 기초한 경고문의 내용이 다음과 같다고 증언하고 있다.

"경기도 각지에서는 독립시위운동을 시작하였으니 이 기회에 여주군에서도 오는 4월 5일의 읍내 장날을 기하여 독립운동을 행할 터이므로 그곳의 다락문 앞으로 집합하라."

한편 태극기를 들고 선두에 서서 군중들을 지휘한 최영무는 법정에서 다음과 같이 공술하였다.

1. 피고 최영무가 금년 4월 3일 현암리 사람 5, 60명이 자기 동리에 와서 "어제 북내면장이 인치되었다."고 하기에, 이 면장의 방면을 요구하기 위하여 북내 면으로 갔더니, 이미 면장이 방면된 뒤이었으므로 자택으로 돌아오는 도중 강만길·강두영·최명룡과 만나 이날 만세를 부르기로 되어 사람들을 모으기 위하여 자기는 장암리·덕산리·외룡리를 넘나들어 기세를 보이면서 "출동하지 않으면 방화한다."고 협박하여 이민들을 선동하였는데, 그 결과 공북학교 마당에 300인 정도 모였기에 자기가 이원기에게 받은 중 제1호의 태극기를 떠받들고 만세를 부르면서 여주 읍내를 향하여 행진하였으나, 도중 오학리에서 총소리가 들렸으므로 모두들 해산하였다는 취지의 공술.

라고 하여 자신의 활동을 보다 구체적으로 언급하고 있다. 이어서 최영무는 사법경찰관의 제4회 신문조서에서 보다 구체적으로 구술하고 있다.

4월 3일 북내면 면장 조석영이 인치되어서 현암리·오금리의 이민들이 면사무소 앞에 모였는데, 그 중에는 "면장의 귀환이 허락되었다."고 하며 돌아가는 사람도 있었으나, 자기들의 남은 사람은 어느 술집으로 가서 술을 마셨는데 마침내 기분이 들떠 운동을 시작하게 되었다. 물론 동리를 떠나올 때 현암리 사람에게 선동을 받았었다. "만세를 부르자."고 제의한 동지는 최석기·강만길·강두영 외 1명으로서 이들이 서로 전후하여 각 동리를 돌아 당우리의 학교에 이민들이 모일 때까지 같이 이민들을 선동하였으며, 자기는 "집집마다 반드시

1인씩은 나와서 만세를 부르라. 그렇지 않으면 방화한다."고 협박한 것으로 기억한다는 취지의 기재.

라고 하여, 4월 3일 자신이 "집집마다 반드시 1인씩은 나와서 만세를 부르라. 그렇지 않으면 방화한다."고 만세를 독려하였음을 밝히고 있다.
최영무의 활동은 면서기 견습 김학수 신문조서에서도 살펴 볼 수 있다.

> 1. 사법경찰관의 피고 김학수 제2회 신문조서에 4월 3일 자기들이 원도희 집에서 기를 만들고 있는데 최영무가 와서 "만세를 부르자."고 하기에 그와 합류하였으며, 자기와 이원기·원필기는 최영무와 같이 장암리·외룡리·덕산리의 각 동리를 선동하고 돌아 군중과 함께 당우리로 갔다. 그때 면장 조석영이 해산을 요구하였으나 오히려 최영무는 만세를 부를 것을 강요하였다. 여기서 위의 군중은 이곳을 출발하였는데, 도중에서 십수 명의 군중은 곤봉 혹은 작대기를 들고 행렬의 전후에서 낙오자가 없도록 독려하고 있었다. 자기도 군중을 지휘 감독하였다는 취지의 기재.

한편 이원기는 제5회 신문 조서에서, 최영무와의 상호관계에 대하여 다음과 같이 밝히고 있다.

> 1. 사법경찰관의 피고 이원기 제5회 신문조서에, 4월 3일 원도희 집에서 김학수 및 원필희와 함께 기를 만들고 있는데 최영무가 와서 당신네 학생도 기를 넘겨주고 같이 만세를 부르라고 하기에 장암리를 선동하고 돌아왔다는

취지의 기재

한편 일제에 의해 피체된 북내면 시위 주도자 중 10명이 재판에 회부되었는데, 최영무와 이원기는 각각 징역 2년, 강두영, 김학수, 원필희는 징역 1년 6개월, 조경호, 이원문은 징역 1년, 최명용, 강만길, 강영조는 각각 징역 10월을 선고받았다. 이들은 모두 경성복심법원에 공소하였으나, 최영무(1년 6월), 이원기(1년), 강두영·원필희·김학수(8월)는 결국 옥고를 치렀고, 최명용·강만길·이원문·강영조·조경호는 각각 笞 90의 처분을 당하였다.

일제측 기록에 의하면 북내면 시위가 있었던 4월 3일에는 여주읍내에서 1천여 명의 시위군중이 시내를 행진하고 군청으로 쇄도하는 격렬한 시위를 벌이는 등 군내 각지에서 시위가 일어나 일제의 무력진압으로 다수의 피체자와 부상자가 발생한 것으로 보인다. 4월 3일 여주 만세시위에 대한 일제측 기록(『삼일운동 1차보고』)의 내용은 다음과 같다.

경기도 여주에 약 1천의 군중 소요, 헌병으로 진압하여 폭민에 부상 20여 명.
여주에서 약 1천 명이 폭동을 하여 이를 진압하여 그들의 부상 20이 있었고, 이날 여주 군내 다수의 개소個所에서 운동이 있었음.
오후 9시 약 1천 명의 군중이 읍내를 행진하고 군청에 쇄도함으로 수모자 10명을 체포하고 일제 해산시켰으나, 아직 불온의 징조가 있어 경계 중.

금사면 이포에서의 3·1운동

금사면 이포에서는 군내 최다 인원인 3,000여 명의 군중이 4월 1일 만세시위를 벌였다. 이포에서 이처럼 대규모의 시위가 벌어진 것은 이곳에 일제탄압의 상징인 헌병주재소가 있었고, 분노한 군중이 이곳을 공격의 대상으로 삼았기 때문이다.

4월 1일에는 이포를 비롯하여 인근지역에서 격렬한 시위가 전개되었다. 일제 조선주차군사령관은 육군대신에게 당시의 상황을 다음과 같이 보고하였다.

> 경기도 여주군내 이포에 약 3천, 안성군내 안성에 1천, 양성에 2천의 군중이 폭행하고 심지어 전주電柱를 불질러 넘어뜨리고 주재소를 불지르고 우편소, 면사무소를 파괴하고 공용서류, 기물을 파괴하는 등 흉포함이 극에 달하고…

4월 1일, 이포 헌병주재소 앞에 운집한 3,000여 명의 군중은 주재소로 쇄도하였다. 사태의 위급함을 느낀 일본 헌병은 발포를 개시하였고, 주도자 10명을 체포하였다. 그러나 일제는 이튿날에도 '불온한 형세'가 있다고 보고하였다. 이포 헌병주재소에서의 시위는 2일 밤 10시부터 3일 오전 5시까지 계속되었다. 만세운동에 나선 군내 각 면의 군중들은 다시 주재소를 습격하였는데, 헌병들은 37명의 시위군중을 체포하고도 '불온한 징조'가 계속된다고 보고하며 경계를 늦추지 못하였다.

대신면에서의 3·1운동

경기도 여주군 대신면 윤촌리 140번지에 거주하고 있던 황재옥은 일찍부터 민족의식을 갖고 있었다. 그는 손병희 등이 중심이 되어 만세운동을 전개하자 이 기회에 동리 사람들과 함께 독립시위운동을 감행하려고 하였다. 그리하여 1919년 4월 3일 자신의 소유인 동리의 밭에서 봉화를 올리고 이민 수십 명을 선동하여 같이 조선독립만세를 절규하였다.

황재옥은 사법경찰관의 신문조서에서 "금년 3월 1일 손병희 등이 조선독립을 선언한 후 각지에서 독립운동을 시작하였다는 것을 듣고서 자기도 조선독립을 희망하고 있었기 때문에 남몰래 기뻐하고 있었다. 더욱이 여주군 개군면 및 대신면의 전반에 걸쳐 독립운동을 시작하였다는 것을 듣고서 4월 3일 거주하는 동리 자기 소유의 밭에 이 동리 사람 4, 50명을 모아 봉화를 올리고 스스로 선창하여 조선독립만세를 부른 후 군중과 같이 4, 5번 만세를 외쳤다."고 상세히 진술하고 있다. 일제에 체포된 황재옥은 경성지방법원에서 보안법 위반 혐의로 8월 형을 선고받고 옥고를 치렀다.

일부 기록에 의하면, 북내면의 만세시위가 있던 4월 3일 대신면 곡수[54]에서 3,000여 명의 대규모 시위가 있었다거나, 4월 7일 곡수에서 3,000여 명이 만세를 부르다가 헌병의 발포로 6명이 피살되었다고 되어 있다. 또한 4월 11일 여주군 곡수 부근에서 범인 검거 중 폭민 50명이 내습하여 군대 협력으로 진압하여 폭민 사망 1명이라고 기록되어 있다.

개군면에서의 3·1운동

개군면[55]의 만세운동에 관한 기록은 정확하지 않다. 일제측 기록에 의하면 개군

---

54) 현재 곡수는 경기도 양평군 지제면 곡수리이다.
55) 개군면은 1963년 양평군에 편입되었음.

면 일원에서 대규모 만세시위가 있었던 것은 사실로 보인다. 즉, 조선주차군사령관과 조선 총독은 총리대신에게 4월 11일 개군면 일원의 만세시위 주도자를 체포하기 위하여 곡수 헌병주재소에서 상등병 이하 헌병 3명과 보병 2명을 주읍리注邑里로 파견하였는데, 이때 50여 명의 주민이 동리 사람들을 체포하지 못하게 하기 위해 이들에 대항하자, 발포를 가하여 주민 1명을 현장에서 사살하였다고 보고하였다. 보고의 내용은 다음과 같다.

> 4월 11일. 경기도 여주군 개군면에서 범인 검거 중인 헌병에 폭행하여 발포 해산, 폭민 사망 1명.
>
> 4월 11일. 개군면 주읍리에서 약 50명의 폭민은 곡수 헌병주재소 상등병 이하 3명, 보명 2명의 범인 검거를 방해함으로써 발포 제압하였으나 폭민의사자 1명 발생.

결어: 여주지역 3·1운동의 특성

1919년 4월에 여주 전 지역에서 전개된 3·1운동은 다음과 같이 그 특징을 정리할 수 있을 것 같다.

첫째, 여주지역 3·1운동의 특징은 1919년 4월 3일 김용식이라는 신륵사의 승려가 3월 1일 이후 전국적으로 독립만세 시위가 전개되고 있음을 알고, 독립만세 시위를 전개하였다는 점이다. 3·1운동의 경우 승려가 주도적인 역할을 한 경우는 한용운 등 제한적인 승려들이 언급되고 있는 정도이다. 그런 측면에서 볼 때, 신륵사의 승려 김용식이 만세운동을 주도한 점은 주목할 만하다.

둘째, 경기도지역의 3·1운동은 당초 민족대표와의 연계성의 미약한 것으로 알려지고 있다. 그러나 여주의 원필희의 경우, 본래 손병희를 따랐으며 여주군의 독립만세운동 책임자로서 군내 각 면으로 돌아다니며 태극기를 만들고 독립 정신을 고취하여 만세시위운동을 벌이도록 계몽하였다. 이를 통해 볼 때, 민족대표와 일정한 연계성이 있던 것으로 판단된다. 또한 민족대표 33인 가운데 한 사람인 천도교 장로 홍병기洪秉箕의 경우 금사면 이포리 출신이므로 이 지역의 만세운동과 연계 가능성도 생각해 볼수 있을 듯하다.

셋째, 경기도 지역의 3·1운동의 경우 3월 하순 이후 운동이 마을에서 마을로 확산되는 데에는 향촌사회 전래의 리체계가 활용되었고, 이에 비례하여 이장(구장)들의 역할이 현실적으로 크게 작용하였다. 여주지역의 경우도, 4월 3일 장암리 이장 원도기의 집에서 김학수, 원필희 등이 함께 태극기를 만들었다는 점을 통해 볼 때, 이장이 이 운동에 적극적인 참여 모습을 보이고 있다고 할 수 있다.

넷째, 여주지역의 3·1운동의 경우 타 경기도 지역과 같이 서울에서 학교를 다니고 있던 청년학생이 주도적인 역할을 하였던 것으로 보인다. 이원기와 원필희의 경우, 1919년 당시 경성농업학교 학생으로 이곳의 독립만세운동을 주도하였던 것이다.

다섯째, 여주지역 북내면의 만세운동의 경우 공북학교 졸업생도 참여하였다. 이원문의 경우 1916-1918년에 공북학교를 졸업하였다.

여섯째, 3·1운동을 계획한 조병하의 경우, 기독교인이면서 당시 군청에서 양잠기사로 근무하였다는 점이 주목된다. 그는 여주군 여주읍 홍문리 출신으로, 1915년 여주 감리교회에서 선교활동을 전개하였다. 그리고 1917년 개성잠업학교를 졸업한 후 여주 군청에서 양잠기사로 근무하였던 것이다.[56]

---

56) 아들 조태환이 작성한 조병하 독립유공자평생이력서

일곱째, 대한민국 임시정부에서 중추적인 역할을 하게 되는 엄항섭의 경우 여주군 출신이므로 3·1운동과의 연계성 또한 앞으로 밝힐 검토의 대상이 아닌가 한다.

여덟째, 여주지역의 3·1운동은 전체적으로 보면 경기도 지역에서 가장 늦게 일어났다고 볼 수 있다. 이는 여주지역이 서울을 기점으로 볼 때 가장 멀리 떨어져 있는 지역이기 때문이기도 할 것으로 보인다.

아홉째, 여주지역의 3·1운동의 경우 판결문을 중심으로 살펴볼 때 그리 활발하지 않았던 것으로 보인다. 그러나 사실 4월 1일 이포지역에서 주민 3천여명이 헌병주재소를 습격하였다는 기록을 통해 볼 때 단정적으로 말하기 어려운 것이 아닌가 한다. 이포지역의 경우 한강 유역의 대표적인 포구로 알려져 있을 뿐만 아니라 장터 및 금광 등이 발전한 것으로 보아 이 지역에서 대규모의 만세운동의 가능성은 배제할 수 없다고 보여진다.

07
제암리 학살사건과 역사유적

제암리의 종교적 상황과 민족의식의 형성

제암리의 감리교회

남양에 기독교 복음이 전파된 시기는 1900년으로 거슬러 올라간다. 남양이 지리적으로는 수원과 가까우나 복음이 전달된 경로는 수원이 아닌 인천을 통해 이루어졌다. 남양 출신으로 인천에 나가 살다가 복음을 접하고 인천 내리교회 교인이 된 홍승하가 고향에 복음을 전하였고 그의 동생 홍승문도 남양 근방에서 적극적으로 복음을 전하였다. 그리하여 1900년 말에 이미 남양읍 외에 향갈동과 포막동에 교회가 설립되었고 1901년에는 부평, 김포, 통진 등과 함께 제물포 구역에 속하게 되었다. 1902년 3월에는 남양읍, 양철리, 용머리, 경다리, 포막, 덕방리, 영흥도, 대부도, 선감도 등 아홉 교회들로 '남양계삭회'(구역회)가 조직되었다. 이처럼 남양지방에 기독교 선교가 시작된 지 불과 2년만에 독립 구역이 설립될 정도로 발전한 데는 홍승하, 홍승문 형제의 수고가 컸다. 남양 선교 개척자 홍승하가 1902년 하와이 농업 이민들을 위한 선교사로 떠난 후에는 하춘택 · 박세

창·김우권·이창회·김광식·한창섭 등이 남양구역을 담당했고 이어서 1914년부터 김교철, 1918년부터 동석기 목사가 구역을 담임하고 있었다. 남양구역이 수원지방회에 편입된 것은 1907년부터이다. 따라서 3·1운동 당시 수원지방의 목회자들을 보면 지방 감리사에 노블(W. A. Noble), 수원읍(현 수원 종로)교회에 임응순, 오산구역에 김광식, 남양구역에 동석기 목사가 각각 시무하고 있었고 김교철은 '본처 목회자'로 수촌리에 머물고 있었다. 이들 수원지방의 한인 목회자들은 3·1운동에 적극 참여하여 이 지역 만세시위에 중요한 역할을 담당하게 된다.

경기도 수원군(현 화성시) 향남면에 위치한 제암리는 속칭 '두렁바위'로 불리는 조선 후기 전형적인 씨족 중심의 농촌 마을이었다. 3·1운동 당시 전체 33가구 가운데 2가구를 제외하고 순흥 안씨들이 모여 사는 집성촌이었으며, 주민 대부분이 농업에 종사하였다. 제암교회는 이 마을의 안종후가 처음 복음을 받아들인 후 1905년 8월 5일 자기 집 사랑방에서 예배를 드린 것에서 시작된 것으로 알려지고 있다. 제암리의 토착 세력인 안씨 집안에서 복음을 처음 받아들여 다른 성씨 집안에도 전파된 것으로 보인다. 1911년 『그리스도회보』에 실린 제암교회 소식에서 그 사실을 발견할 수 있다.

그 외에 한말 '구한국 부대' 군인으로 있다가 1907년 군대 해산 때 충남 지역 항일 의병운동에 참가하여 부상을 입은 적이 있었던 홍원식도 1914년 인근 청북면 판교리에서 이곳 제암리로 옮겨 온 후, 제암교회 권사로 중요한 역할을 담당하고 있었다. 그는 제암리에서 '서재'를 세우고 계몽 교육을 실시하면서 제암리 교회 지도자 안종후, 고주리 천도교 지도자 김성렬 등과 '구국동지회'라는 비밀 조직을 만들어 지속적인 항일운동을 전개하고 있었다.

이처럼 제암리교회는 안종후·홍원식 권사와 김정헌·안진순 속장 등을 중심한 강력한 지도세력을 구축하였고, 교회 외에 강습소까지 설립하여 부녀자를 대상으로 한글 교육까지 실시하였다. 제암(두렁바위)교회는 1911년경 초가 예배당을 마련하였으며, 1912년에는 인근 해창교회를 흡수할 정도로 발전하였다.

제암리 · 고주리의 천도교

수원지역에 동학이 본격적으로 전래된 것은 1880년경이었다. 수원지역에 동학을 전래한 주요인물은 서인주와 안교선이다. 서인주는 수원출신으로 1883년 3월 김연국 · 손병희 · 손천민 · 박인호 등과 함께 최시형을 방문할 정도로 교단의 핵심인물이었다. 안교선은 호남출신으로 1883년 최시형이 경주에서 『동경대전』을 간행할 때 윤상오와 같이 유사로 참여하였다. 그는 1884년 2월경 수원을 비롯한 경기지역에 동학을 포교하는 데 주도적 역할을 하였다.

수원지역의 동학은 1892년과 1893년 수운 최제우의 억울한 죽음을 풀어주고 신앙의 자유를 얻기 위한 교조신원운동에도 적극 참여하였다. 이후 수원지역의 동학은 1894년 동학혁명에도 적극 참여하고 있다. 1894년 9월 18일 반외세의 봉기령에 따라 즉각 기포하였으며, 일본군이 이들 동학지도자를 체포하려하자 동학군은 잠시 후퇴하였다가 다시 전열을 정비하여 계속 활동하였다. 이처럼 수원이 크게 위협받자 정부는 일본군을 긴급히 증파하여 줄 것을 요청하였고 일본군이 즉시 투입되었다. 결국 수원의 동학군을 지휘한 안승관과 김정현은 피체되어 서울로 압송되어 남벌원에서 효수되었으며 수원성에서 체포된 김원팔도 효수되었다. 그리고 남양지역의 동학군도 백낙열과 김흥렬의 지휘 하에 수원의 고석주, 김정현 휘하에서 활동하였다. 동학혁명 이후 한동안 동학 세력이 쇠퇴하였으나 수원지역은 안성출신의 김한식, 남양지역은 백낙열의 노력으로 점차 회복되었다.

이러한 노력으로 수촌리의 백낙열은 삼괴지역, 김성렬은 팔탄면 고주리, 이병기는 팔탄면 노하리의 포교책임자로 활동하였으며, 1910년에는 수촌리를 비롯하여 독정리·어은리·장안리·화산리·이화리·덕목리·고주리·매향리 등 8개 전교실을 설치 관장하였다. 특히 남양교구는 1909년 8월 전국에서 성미 납부 성적이 우수하여 1등에 선정되기도 하였다.

한편 1910년대 들어 전국지역에 교리강습소를 설립, 근대교육활동을 실시하자 수원과 삼괴지역에서는 율북면 불정리에 309강습소, 공향면 제암동에 310강습소, 압정면 사기촌에 제446강습소, 수원군내에 544강습소, 634강습소, 음덕면 북동에 733강습소, 장안면 장안리에 734강습소 등 7개의 강습소를 운영하였다. 이러한 천도교의 조직은 훗날 수원지역 3·1운동의 기반이 되었다. 특히 천도교는 일제의 강점이 시작된 1910년부터 독립운동을 준비하였다. 이를 위해 손병희는 지방의 중진 교역자를 중앙으로 불러 49일간 정신적 수양을 시키는 한편 민족의식을 함양시켰다. 수원지역에서는 이종석, 정도영, 김정담, 이규식, 이민도, 한세교, 김흥열, 김창식 등이 참여하였다. 이들은 3·1운동 당시 앞장서서 교인들을 지도하였다.

이상에서 살펴본 바와 같이 삼괴지역, 특히 제암리는 천도교와 기독교, 기독교와 천도교가 일찍이 전파되었으며, 천도교 지도자는 동학혁명과 비밀결사를 통해, 기독교 지도자들은 구국동지회 등 비밀결사를 조직하면서 항일의식과 민족의식을 고취시켰다. 이리하여 이들은 3·1운동에 적극 참여하였으며 삼괴지역 만세운동에 중요한 역할을 담당하였다.

제암리 학살사건의 배경

1919년 3월 하순 수원군 수원읍내 및 성호면 오산리에서 전개된 격렬한 만세운동은 4월 상순의 이 지역 만세운동에 중요한 영향을 끼쳤다. 특히 우정면, 장안면에서 일어난 만세운동은 약 1천여명이 우정, 장안 면사무소를 습격하고 파괴하는 한편 화수리 주재소를 전소시키고 일본순사를 죽이는 등 공격적인 만세운동을 전개하였다. 참여인원도 약 2천명에 달하여 일본인들을 경악시켰다.

공격적인 만세운동에 놀란 일제는 남양, 의왕, 사강 및 진위군 내 서정리, 안중, 봉남, 백봉 등 8개 경찰관 주재소를 일시 철수시키는 등 치안확보에 절치부심하였다. 그러나 그 후 만세운동이 진정기미를 보이게 되자 일제는 일단 안도하였다.

다만 발안장 지역만은 만세운동의 여파가 계속되고 있었다. 이곳 발안장터에서는 3월 31일 제암리를 비롯한 인근의 주민 천여명이 장날을 이용하여 구한국기를 흔들며 만세운동을 벌였다. 이 때 일제 경찰의 발포로 면민 3명이 부상을 입었으며, 이중 이정근 의사가 순국하기도 할 정도로 만세운동은 치열하였다. 이러한 과정에서 흥분한 시위 군중들은 일본인 가옥에 돌을 던지는 한편, 다음날인 4월 1일 오후 11시에는 발안장 심상소학교에 불을 지르기도 하고, 일본인 가옥도 방화하였다. 이로 말미암아 발안에 거주하며 인근에서 간척사업을 하던 이 지역 일본인 거류민 단장 사사카佐坂를 비롯한 일본인 43명이 30리 밖의 삼계리로 피신하는 일이 벌어졌다.

발안 인근의 마을 주민들은 4월 1일에도 발안장 주변의 산에 봉화를 올리고 시위를 하였다. 제암리 기독교와 천도교인들은 발안 장날 시위에 참가한 후 지속적인 시위 방법으로 야간 횃불시위를 준비하였다. 그들은 4월 2일 수요일 저녁 예배를 마친 후 '남포등'을 들고 지네산으로 올라가 만세시위를 벌였다.

이처럼 발안 장날 시위와 그 후 전개된 야간 횃불시위에 적극 참여했던 제암리 고주리 지도자들에 대한 정보는 3·1운동 당시 제암리에 살다가 발안으로 이사한 순사보 조희창에 의해 일본 경찰 조직에 그대로 보고되고 있었다. 이들도 일제의 검거를 피할 수 없었다. 이들의 검거과정에서 빚어진 것이 제암리사건이다.

그 후 4월 15일 오후 2시에서 3시 사이에 향남면 발안장에서 군중 약 400명이 만세운동을 전개하고자 하였다. 이에 놀란 발안 주재 순사는 아리타有田俊夫 보병중위와 협력해서 이들을 해산시켰다.

한편 일본측 보고에 따르면, 일본측은 발안장에 거주하는 일본인 남자 9명에게 무기를 지급하고 경찰관 주재소 순사(일본인 2명, 한국인 4명) 그리고 일본 병사 4명과 더불어 철야 경계를 하게 하였다. 당시 분위기는 마치 적중에 포위된 느낌이었다고 하며, 그 후 병력을 증강시키면서 피난민을 복기시켰던 것이다. 3·1운동 당시 발안소학교에 재학 중이던 사사카 리키치의 아들 시즈오는 3·1운동 당시 자신들이 느꼈던 기분을 다음과 같이 증언하고 있다.

삼일만세 사건 당시 발안에서의 생활은 두려운 나날이었습니다.

당시 조선 사람들은 산에 모여 나무를 베어 봉화를 피웠죠. 그리고 밤새도록 대한독립만세를 외쳤습니다. 일본인들이 주로 거주하는 발안 중심가를 둘러싸고 말이죠. 당시 제 부친은 발안 일본인 거류민 단장이었으므로 저의 집이 경비의 중심이 되었죠. 집에는 어린 저라든가 어머니를 비롯해 부녀자가 살고 있었기 때문에 당시 수원에 상주해 있던 수비대가 10명 정도 파견돼 와 있었지요.

그때 가족 모두 부친이 계신 사업장으로 피신을 갔답니다. 그곳이 가장 안전한 곳이라고 생각하였기 때문이었죠. 그 후 군대가 와서 우리는 집으로 돌아올 수 있었습니다. 그 뒤 군대가 교회를 둘러싸고 석유로 불을 질렀죠.

이에 수비대장은 각종 정찰을 편 결과, 동지방 소요원인은 향남면 제암리(발안장에서 서남 약 15정 위치에 있음)의 예수교도 및 천도교도에 있다고 파악하고 4월 15일 부하 11명을 인솔하고 순사, 순사보와 함께 제암리, 고주리에 이르러 만행을 자행하였던 것이다.

제암리 학살사건의 내용

3월 31일 발안 장날 시위와 4월 3일의 화수리, 수촌리 시위가 벌어진 후 발안은 주요 경계 대상이었다. 헌병을 중심으로 편성된 1차 검거반은 4월 5-6일 발안에 주둔하며 수촌리를 습격하여 마을을 방화하였고, 2차 검거반도 4월 10일부터 11일까지 발안을 중심으로 수촌, 화수리 지역을 수색하여 204명을 검거하였다. 이들 검거반이 남양 방면으로 이동한 후 발안지역 치안을 맡기 위해 지원 나온 부대는 육군 '보병 79연대' 소속이었다. 중위 아리타가 지휘하는 보병 11명이 발안에 도착한 것은 4월 13일이었다. 따라서 이들의 임무는 토벌 작전이 끝난 발안 지역의 치안을 유지하는 것이었다. 그러나 다른 지역의 시위 주모자들은 2차에 걸친 검거 작전으로 대부분 체포된 반면 발안 시위를 주도했던 제암리 주모자들은 체포되지 않아 불안 요소로 남아 있음을 안 아리타는 제암리를 토벌하기로 하였다.

아리타는 4월 15일 오후, 부하 11명을 인솔하고 일본인 순사 1명과 제암리에 살다가 나온 순사보 조희창, 그리고 발안에서 정미소를 하고 있던 사사카佐坂의 안내를 받으며 제암리로 떠났다. 아리타는 순사 1명에 보병 2명을 붙여 주력 부대 반대편으로 먼저 보내 주민들의 퇴각로를 차단하였다. 마을에 도착한 후 조희창과 사사카를 내세워 마을의 성인 남성들을 교회로 모이도록 하였다. 그리고 엄청난 살육이 저질러졌다.

당시의 학살상황을 정한경은 「한국의 사정」에서 다음과 같이 기록하고 있다.

목요일인 4월 15일 낮 몇 명의 군인들이 마을로 들어와 강연이 있을 터이니 모든 남자 기독교 신자와 천도교 교인들을 모두 교회로 집합하라고 알렸다. 29명의 남자들이 교회에 가서 안에 들어앉아 무슨 일이 있을 것인가 하고 웅성거리고 있었다. 그들은 종이 창문 틈으로 군인들이 교회를 완전히 포위하고 불을 지르고 있다는 사실을 알아냈다. 대부분의 한국인들이 죽거나 심하게 다쳤을 때에도 일본 군인들은 이미 불길에 싸인 교회 건물에 계속 불을 붙였다. 그 속에 있던 사람들은 탈출을 기도했지만 칼에 찔리거나 총에 맞아 죽었다. 교회 밖에는 이같이 탈출하려다 목숨을 잃은 6구의 시체가 흩어져 있었다. 남편이 교회에 불려 갔는데 총소리가 나자 놀란 두 명의 부녀자가 남편에게 무슨 일이 일어난 것이 아닌가 하고 달려와 군인들의 틈을 비집고 교회로 접근하여하자 그들을 무참하게 죽여 버렸다. 19세의 젊은 부인은 칼에 찔려 숨지고 40세를 넘는 다른 한 여자는 총살당했다. 그들은 모두 기독교 신자였다. 군인들은 그런 다음 온 마을에 불을 지르고 어디론지 사라져버렸다.

교회 안에 갇힌 주민들과 마을 주민들에게 자행된 만행의 진상은 자료에 따라 약간씩 다르다. 이덕주 목사가 증언 자료들을 종합하여 사건의 진행과정을 재구성한 것을 보면 대략 다음과 같다.

① 아리타 부대는 발안에 살던 일본인 사사카와 조선인 순사보 조희창(조기채)을 내세워 제암리 주민 가운데 성인 남자(15세 이상)들을 교회에 모이게 하였다.

② 미리 명단을 파악한 듯 오지 않은 사람은 찾아가 불러왔다.

③ 아리타 중위가 모인 사람들에게 "기독교의 가르침"에 대해 묻자 '안'(안종후 권사로 추정)이란 교인 대표가 대답하였다.

④ 아리타 중위가 교회 밖으로 나오자마자 사격 명령을 내렸고 이에 교회당을 포위하고 있던 군인들이 창문을 통해 안으로 사격하였다.

⑤ 사격이 끝난 후 짚더미와 석유를 끼얹고 불을 질렀다.

⑥ 바람이 세게 불어 불이 교회 아래쪽 집들에 옮겨 붙었고 위쪽 집들은 군인들이 다니며 방화하였다.

⑦ 교회에 불이 붙자 '홍'(홍순진으로 추정)과 '면에 다니던 사람', 그리고 '조경태'(노블의 증언에는 '노')가 탈출을 시도하여 '홍'은 도망치다가 사살되었고, '면에 다니던 사람'(안상용으로 추정)은 집으로 피신했다가 발각되어 살해당했고 '조경태'는 산으로 피해 살았다.

⑧ 탈출하다 사살된 것으로 보이는 시체 두세 구가 교회 밖에 있었다.

⑨ 마을에 불이 난 것을 보고 달려 온 '강'(강태성)의 아내(19세)가 군인에게 살해당하였다.

⑩ '홍씨'(홍원식 권사) 부인도 군인들의 총을 맞고 죽었다.

⑪ 군인들이 마을 건너편 고주리로 가서 천도교인 여섯 명을 나무에 묶고 총
살했다.

⑫ 이날 사건으로 희생된 사람은 모두 29명으로 제암리에서 23명, 고주리에
서 6명이 살해되었다.

제암리 희생자에 대해서는 각 자료에 따라서 서로 다르게 나온다. 교회내
희생자의 경우 조선총독의 본국 보고에는 23명, 조선군사령관의 육군대신 보고
에는 29명 사망, 당시 목격자의 한 사람이었던 이병헌의 [수원사건』에서는 천도
교 13명, 기독교 12명 등 계 25명, 미국총영사의 보고서에는 37명(기독교인 10명,
천도교인 25명, 교회 밖 희생자 2명), 윤치호 일기에는 35명 등이다.

한편 제암리 교회에서 주민들을 참살한 아리타는 곧바로 향남면 고주리로
향하였다. 고주리는 제암리에서 불과 10분 거리 밖에 안되는 가까운 마을이었다.
당시 고주리 주민들은 제암리의 참변을 보고 대부분이 산속으로 피신한 후였다.
그러나 발안장날 만세시위를 주도했던 김흥렬 일가는 '그놈들도 사람인데 죄 없
는 사람을 함부로 죽이지는 못하겠지'하는 생각으로 온 가족이 피신하지 않고
그대로 집에 있었다. 수비대는 유일하게 남아있던 김흥렬의 집으로 들이닥쳐 김
흥렬을 비롯 집안에 있던 김성렬, 김세열, 김주업, 김주남, 김흥복 등 일가족 6명
을 포박하고 백낙열의 행방을 추궁하였다. 김흥렬이 대답을 하지 않자 아리타는
김흥렬 가족을 짚단과 나무로 덮어놓고 석유를 뿌린 후 생화장을 했다. 당시 상
황을 이병헌은 다음과 같이 기록하고 있다.

그 인동 (고죽골) 천도교인 김흥렬씨 집으로 가서 김성열, 김세열, 김주남, 김주

업, 김흥복 등 육인을 체포하여 결박하여 놓고 짚단과 나무로 덮어놓고서 석유를 뿌리고 또 생화장을 하였다.

그리고 이병헌은 제암리사건이 일어난 지 7년이 지난 1926년 11월에 발행된 『천도교회월보』에 실린 「수원군종리원연혁」에서, "동년(1919년:필자) 사월 십오일에 본구 관내 향남면 제암리 전교사 안종환 외 김홍렬, 김기훈, 김기영, 안경순, 김성렬, 홍순진, 안종린, 김기세, 안응순, 안상용, 안정옥, 안종형, 안종화, 김세열, 안자순, 안호순 제씨는 그곳 즉 야소교당에서 무고히 교의 혐의로 소살을 당하고 곳곳마다 심한 고초에 잇섯다." 라고 하여 김흥렬 · 김성렬 · 김세열 등 김씨 3인이 고주리에서 희생된 천도교인임을 확인하고 있다.

구체적인 상황 설명은 김선진, 『일제의 학살만행을 고발한다』 중 『고주리참살사건』에 다음과 같이 구체적으로 묘사되고 있다.

제암리에서 만행을 저지른 일병들은 조희창을 선두로 6명의 수비대와 함께 불과 10분거리 밖에 안되는 이웃마을 고주리로 갔다. 그들은 전 동리를 완전 포위하고 미처 피신하지 않았던 김흥열 · 김성열 · 김세열 · 김주업 · 김주남 · 김흥복 등 6명을 포박을 지어 집 뒤 언덕으로 끌고 올라가 군도로 김흥열을 필두로 차례차례 목을 베고 난도질을 하여 참혹하게 죽였다. 수비

파괴된 제암리 교회(독립기념관)

파괴된 제암리 마을과 주민들(독립기념관)

대들은 6명의 시체를 모아놓고 짚가리의 짚을 날라다 쌓아 놓은 후 불을 질렀다. 김주업은 결혼한 지 3일만에 참살을 당한 것이었다.

당년 9세인 김세열의 아들 김덕기는 김주업의 처 한씨가 끌어 당겨 치마 폭에 감추어 간신히 목숨을 건졌다. 한씨 부인은 너무나 잔인한 참살현장을 목격하고 큰 충격을 받아 3일만에 죽었다. 그 후 수비대들은 시체에 손을 대지 못하게 하다가 3일이 지나서야 묻는 것을 허가하였다.

이 동리 김시열은 고문의 여독으로 불편한 몸을 이끌고 동리 주민들과 함께 이들의 시신을 추려 팔탄면 월문리 공동묘지에 분묘를 만들었다.

제암리 학살사건의 반향

사건이 일어난 후 제암리를 비롯한 고주리, 수촌리, 발안 등지는 공포 분위기에 휩싸였다. 이 사건을 기점으로 수원지역의 만세시위가 급격히 줄어들었다는 점에서 일본 측의 진압 의도는 나름대로 성공을 거두었다고 볼 수 있다. 그러나 사건 직후 현장을 방문한 외교관과 외신기자, 선교사들을 통해 사건 진상이 외부로 알려지면서 일본 측을 곤혹스럽게 만드는 상황으로 전개되었다.

4월 6일에 일어난 수촌리 마을 방화사건에 대한 소식을 듣고 4월 16일 현장을 확인하기 위해 수촌리로 가던 중 의외로 제암리사건 현장을 처음 목격하게 된 커티스·테일러·언더우드 등에 의해 사건 소식이 서울에 알려지게 되었고, 그 뒤를 이어 개인적인 차원에서 스코필드가 여러 차례 방문하여 부상자 치료와 난민 구호에 적극 참여하였으며, 4월 19일에는 영국 대리영사와 노블을 비롯한 감리교 선교사들이 현장을 답사하였다. 이후에도 노블을 비롯한 감리교 선교사들은 제암리와 수촌리 등지를 자주 방문하여 부상자 치료와 난민구호에 나섰다. 감리교 선교부에서는 선교비 2천 원을 긴급 지원하여 교회와 교인 집 복구비로 사용케 하였다.

그리고 선교사들은 현장 증언을 담은 보고서를 작성하여 안식년 휴가를 얻어 본국으로 들어가는 벡크를 통해 미국 교회에 진상을 알렸다. 또한 외교 경로를 통해 총독부에 제암리 만행을 항의하며 구호대책 마련을 촉구하였다. 이미 평남 강서, 평북 정주·곽산 등지에서도 이와 유사한 사건들이 일어나 선교사들로부터 항의를 받고 있던 총독부로서도 더 이상 묵과할 수만은 없어 총독 자신이 4월 20일 제암리 현장을 방문하였으며 복구비로 '1천 5백 원'을 내놓았다.

제암리사건으로 한국 내 선교사뿐 아니라 외국 여론까지 악화되자 조선군사령부에서는 사건 주범인 아리타 중위를 7월에 군법회의에 회부하였다. 그리고 제암리사건의 원인이 된 수촌리와 화수리 토벌작전을 수행했던 지휘관들도 문책하는 형식을 취함으로 악화된 여론을 돌리려 하였다. 그러나 이런 조치는 악화된 여론을 돌려보기 위한 기만책에 불과하였다. 이 사건의 근본 원인이 된 일본의 한국 지배에 대한 근본적인 변화를 기대할 수 없는 미봉책에 불과했다. 그런 점에서 선교사들의 사후 대책도 부상자를 치료하고 불탄 교회와 교인들의 집을 복구하고 위로하는 수준에서 더 나가지 못했다. 다만 선교사들의 증언을 통해 이 사건이 해외에 알려지고 미국 국회에서도 청문회를 열어 일본의 야만적 행위가 폭로되는 계기를 마련했다는 점에서는 중요한 의미가 있었다. 그러나 이러한 여론 환기도 일본의 한국 지배에 대한 미국의 근본적 자세를 변화시키지는 못했다.

제암리 학살사건의 역사적 의미와 연구방향

제암리 학살사건은 3·1운동 당시 한민족의 저항운동에 대한 일제의 대표적인 탄압사례로서 널리 알려져 있다. 이점은 앞으로 보다 주목되어야 할 것이다. 아울러 화성의 타 지역에서 전개되었던 만행에도 관심이 기울여져야 할 것이다. 일제는 장안면 수촌리, 우정면 화수리, 송산면 등 화성의 다른 여러 지역에서도 주민들을 살상하는 한편 집들을 전소시켰던 것이다. 화성지역의 전체적인 피해사례와 더불어 제암리사건이 언급될 때 보다 입체적으로 만행의 실체가 복원될 수 있을 것이다.

둘째, 제암리 학살사건은 국내외에서 전개된 다른 피해사례와도 연관지어 검토될 필요가 있다. 1919년 중국 길림성 용정지역의 장암동 참변, 1920년 만주지역에서 전개되었던 경신참변, 러시아 연해주지역에서 전개되었던 신한촌 참변 등은 해외에서 일제가 자행한 대표적인 사례들이다. 이들과의 연관속에서 언급될 때 일제의 탄압의 실상이 보다 총체적으로 언급될 수 있을 것이다.

셋째, 제암리 사건의 경우 그 대표성에도 불구하고 이에 대한 자료의 수집이나 연구는 아직도 초보적인 단계라고 할 수 있다. 특히 입장에 따라 달리 서술된 증언내용의 차이와 종교적 시각에서 바라보려는 입장의 차이 등은 이 분야 연구를 더욱 어렵게 하고 있다고 생각된다. 앞으로 극복되어 나가야할 부분들이 아닌가 한다.

넷째, 제암리 학살사건은 제암리와 고주리지역의 항일운동에 대한 일제의 철저한 보복적 성격을 지니고 있다는 점에 유념할 필요가 있다. 이점은 결국 제암리와 고주리 주민들이 일제에 강력히 저항하였다는 것을 반증해 주는 것이기도 하다. 따라서 앞으로의 연구는 제암리와 고주리지역의 한인희생과 더불어 주민들의 민족의식의 형성과정과 민족운동에 대하여도 초점을 맞추어 검토가 이루어져야 할 것이다. 그럴 때만이 제암리 학살사건의 전체적인 모습이 올바로 복원될 수 있을 것이다.

다섯째, 발안지역의 3·1운동에 대한 보다 깊은 연구가 기대된다. 발안의 3·1운동은 제암리학살사건과 직접적인 관련을 맺고 있는 중요한 사건이다. 특히 3월 31일 만세시위의 경우 1천 여명이 참여한 것으로 기록되고 있으며, 이정근 의사 등 순국한 인물도 있다. 이 점은 발안지역의 만세운동의 규모와 적극성을 보여주는 것으로 파악된다. 발안지역 만세운동의 경우 발안지역을 중심으로 한 일본의 간척사업의 추진, 금융조합의 진출 등 일본인의 진출과 밀접한 관련이 있는 것으로 보인다, 앞으로 발안에 진출한 일본인 및 수원지역에 진출한 일본인 및 일본거류민단, 재향군인회 등에 대한 검토 또한 이루어져야 할 것이다. (*본 글은 이 분야 대표적인 연구 업적인 이덕주, 성주현, 이정은, 조규태 그리고 필자의 글을 주로 참고하여 작성하였음)

제암리 고주리 학살사건 유적지

향남면

발안리

3·1만세시위의 현장이었던 발안천변 발안장터

소재지: 발안 발안천변

종류: 만세운동지

내용:

1919년 3월 31(30)일 발안 장터를 중심으로 주민들이 만세운동을 전개한 곳이다. 만세운동 날짜에 대하여는 검토의 여지가 있다.

3월 31일 제암리를 비롯한 인근의 주민 천여명은 장날을 이용하여 독립 만세운동을 벌였다. 이 때 일제 경찰의 발포로 면민 3명이 사상하였는데, 이 과정에서 흥분한 시위군중이 일본인 가옥에 돌을 던지고, 일본인 소학교에 불을 지르면서 시위는 점차 가열되어 나갔다. 이로 말미암아 발안에서 정미소를 하던 사사카(佐坂)를 비롯한 일본인 43명이 30리밖의 삼계리로 피신하는 일이 벌어졌는데, 정미업자 사사카는 그 보복으로 4월 15일 제암리사건 당시 일본군대의 길 안내를 맡기도 하였다. 발안 인근의 마을 주민들은 4월 1일에도 발안장 주변의 산에 봉화를 올리고 시위를 하였다.

제암리 기독교와 천도교인들은 발안 장날 시위에 참가한 후 지속적인 시위 방법으로 야간 횃불시위를 준비하였다. 그들은 4월 2일 수요일 저녁 예배를 마친 후 '남포등'을 들고 지네산으로 올라가 만세시위를 벌였다.

이처럼 발안 장날 시위와 그후 전개된 야간 횃불시위에 적극 참여했던 제암리 지도자들에 대한 정보는 3·1운동 당시 제암리에 살다가 발안으로 이사한 순사보 조희창에 의해 일본 경찰 조직에 그대로 보고되고 있었다. 이들도 일제의 검거를 피할 수 없었다. 이들의 검거과정에서 빚어진 것이 제암리사건이다.

고문 받은 애국지사들이 버려진 발안 천변

소재지: 발안 천변

내용:

일제는 만세운동에 참여했던 주민들을 발안주재소와 화수리병참주재소로 끌고가 고문을 가하였다. 그리고 발안천변에 내다 버렸던 것이다.

평리

3·1운동 당시 발안 주재소 자리

소재지: 향남파출소 자리(평리 107번지)

종류: 일제의 침략기구

내용:

　화성주민들을 탄압한 중심기구.

　1910년 8월 29일 수원군 발안리에 일본군 분견소 설치.

　1945년 8월 15일 평리 106번지 일본인 주택 1동을 접수하여 이전

　1955년 1월 1일 발안지서를 향남지서로 개칭

　1966년 11월 3일 평리 107번지로 이전.

　1992년 11월 3일 개축.

참고문헌: 화성경찰서 향남파출소 치안자료(화성경찰소 경무계 소장)

佐坂 거주지

소재지: 평리 106번지. 현재 동림상회

종류: 한인탄압 일본인 거주지

내용:

　발안 지역의 거류민 단장으로 활동하던 좌판이길佐坂利吉은 그의 동생 좌판재길佐板才吉과 함께 3·1운동 당시 한인을 탄압하는 데 앞장 선 인물이다. 특히 제암리 및 고주리 학살 사건의 장본인으로 알려지고 있다. 이덕주목사는 그의 논문에서, 제암리 사건에 등장하는 사사카는 발안에 진출한 대표적인 일본인 사업가로 동생도 발안에 살았다. 그는 양감면 삼계리에서 간척사업을 하고 있었으며, 3월 31일 발안 장날 만세시위때, 일본인 43명을 삼계리 자신의 사업장으로 피신시켰다. 4월 5일 발안으로 돌아온 후 자신들의 집과 상점이 파괴된 것을 보고, 보복하기 위해 제암리 사건을 꾸민 것으로 보인다. 사사카는 사건 직후 발안을 떠났으나 동생은 해방직후까지 남아 정미소를 경영했다고 하고 있다.

제암리

제암리 감리교회터

소재지: 제암리

종류: 항일운동의 근거지

내용:

3·1운동 당시 제암교회는 미감리회 한국연회 수원지방회 남양구역 소속이었다.

경기도 수원군(현 화성군) 향남면에 위치한 제암리는 속칭 '두렁바위'로 불리는 조선 후기 전형적인 씨족 중심의 농촌 마을이었다. 3·1운동 당시 전체 33가구 가운데 2가구를 제외하고 순흥 안씨들이 모여 사는 집성촌이었으며, 주민 대부분이 농업에 종사하였다. 제암교회는 이 마을의 안종후가 처음 복음을 받아들인 후 1905년 8월 5일 자기 집 사랑방에서 예배를 드린 것에서 시작된 것으로 알려지고 있다. 제암리의 토착 세력인 안씨 집안에서 복음을 처음 받아들여 다른 성씨 집안에도 전파된 것으로 보인다.

그 외에 한말 '구한국 부대' 군인으로 있다가 1907년 군대 해산 때 충남 지역 항일 의병운동에 참가하여 부상을 입은 적이 있었던 홍원식도 1914년 인근 청북면 판교리에서 이곳 제암리로 옮겨 온 후, 제암교회 권사로 중요한 역할을 담당하고 있었다. 그는 제암리에서 '서재'를 세우고 계몽 교육을 실시하면서 제암리 교회 지도자 안종후, 고주리 천도교 지도자 김성렬 등과 '구국동지회'라는 비밀 조직을 만들어 지속적인 항일운동을 전개하고 있었다.

이처럼 제암리교회는 안종후 · 홍원식 권사와 김정헌, 안진순 속장 등을 중심한 강력한 지도세력을 구축하였고, 교회 외에 강습소까지 설립하여 부녀자를 대상으로 한글 교육까지 실시하였다. 제암(두렁바위)교회는 1911년경 초가 예배당을 마련하였으며, 1912년에는 인근 해창교회를 흡수할 정도로 발전하였다.

제암리삼일독립운동기념비

소재지: 제암리기념관 입구 도로변

종류: 기념비

내용:

1946년 4월에 건립된 비석으로 제암리학설에 대한 최초의 기념비로서 중요한 의미를 갖는다. 제암리희생자 건립위원회 명의로 제작되었으며, 시는 박세영이 짓고, 이주홍이 글을 썼다. 비문에 적혀 있는 추도시는 다음과 같다.

추도시

비바람 지나간지 스믈 여섯해

두렁바위 들꽃엔 이슬이 방울방울

불에 타고 총 칼에 쓰러진

임들의 한 맺힌 넋이드뇨

조국을 찾으려던 장한 그 뜻

이제 겨레의 산 힘 되었기에

왜놈은 망하고 인민의 나라 섰으매

거친 밤 촉새되어 울던 노래 그치라

현재 비문에는 위 시내용 중 "왜놈은 망하고 한민의 나라 섰으매"로 표기되어 있으나 당시 "인민의 나라 섰으매"였으나 1950년대 위 기념비가 남로당이 세운 비석이라 하여 혁명군에 의하여 철거될 위기에 처하자 당시 향남면 서기가 "인"자를 "한"자로 수정하여 철거를 모면하였다고 함.

제암리 29인 선열기념탑

소재지: 화성시 향남면 제암리

종류: 기념탑

내용: 제암리에서 순국한 29인의 선열들을 추도하기 위해 세운 기념탑. 이곳은 당시 제암교회가 불탔던 참상의 현장으로 향남면 3·1운동 순국기념관건립위원회에서 1959년 4월 22일 건립한 기념비가 있었으나 비신이 작고 모양이 초라하여 선열을 현양하기에 부족하므로 제암리 삼일운동유적지 정화사업을 수행하면서 원래 기념비가 있던 자리에 다시 규모를 크게 하여 1983년 4월 15일 이 비를 세웠다.

삼일운동기념탑

소재지: 제암리 기념관 앞

종류: 기념탑

내용: 이 탑은 당시 제암교회가 불탔던 참상의 현장에 1959년 4월22일 건립하였으며 전면 삼일운동기념탑 글자는 이승만 대통령의 친필이다. 뒷면에는 월탄 박종화가 쓴 비문이 있고 하단에는 29인 선열의 명단이 있다. 현재 이 비는 제암리순국기념관 전면에 있다.

제암리 3·1운동 순국 23위의 묘

소재지: 제암리 기념관

종류: 묘지

내용: 3·1운동 당시 제암리에서 희생당한 23위의 유해가 안장되어 있는 합장묘소이다. 1919년 4월 15일 일본군의 제암리 학살만행 이후 23위의 유해는 일제의 방해로 가족조차 접근할 수 없었는데, 스코필드 선교사가 나서 겨우 공동묘지에 묻힐 수 있었다. 이후 1982년 문화공보부가 민족수난의 역사현장 정비사업의 일환으로 당시 생존자인 전동례 할머니와 최응식 할아버지의 증언에 기초하여 23위의 유해를 찾아 이 곳에 유택을 마련하였다.

제암리 주민들이 봉화시위를 벌였던 마을 뒤편의 지내산

소재지: 제암리 뒷산

종류: 만세운동지

내용: 마을 뒤편에 있는 지내산의 공식명칭은 진례산인데 마을 사람들은 보통 지내산이라고 부른다. 1919년 3월 31일 발안장날 시위에 이어 4월 1일 제암리 주민들이 봉화시위를 벌인 장소이기도 하다. 4월 2일 제암리 주민들은 수요일 저녁 예배를 마친 후 '남포등'을 들고 지내산으로 올라가 만세시위를 벌었다.

23인 상징물

소재지: 제암리 기념관

종류: 기념물

내용:

자유롭게 저! 하늘을

3·1독립만세 운동으로 무참히 학살된 순국선열 23명의 넋을 기리고 자주독립 의지를 계승하기 위하여 이곳에 추모의 뜻을 세우다.

23개의 크고 작은 돌기둥은 순국선열들의 혼을 담은 추모비이며 높이 솟은 기둥은 무한한 발전과 자유를, 기둥의 원(○)은 시간과 공간을 초월한 무한한 미래 세계를 상징한다.

장짐리

이정근 창의탑

소재지 : 향남면 장짐리 241-6번지

종류: 기념탑

내용:

이탑은 1919년 3월 발안장터에서 독립운동을 주도적으로 진두 지휘하다 장렬한 최후를 마치셨던 우리 지방이 배출한 독립운동가 이정근의사의 넋을 기리고 후세들에게 민속성신을 고양 시기기 위하여 1971년 3월 30일에 한글학자 한갑수, 김석원, 최덕신, 시인 모윤숙을 비롯한 국회의원과 지역유지등 33인이 발기하여 건립하였다.

이정근(856~1919)은 경기도 화성 가재리 사람이다. 1919년 4월 5일 화성군 향남면 발안 장날을 이용하여 독립만세운동을 주동하였다. 그는 이 날 오후 발안 장터에서 안상용 · 안진순 · 안봉순 · 김덕용 · 강태성 등과 함께 1천여 명의 시위군중의 선두에 서서 만세운동을 전개하였다. 이 때 긴급 출동한 일본 경찰의 무차별 발포로 부상자가 발생하자, 그는 격노한 시위군중과 함께 일경들에게 투석으로 대항하여 일본인 순사부장이 돌에 맞아 죽었다. 한편 그는 이 날의 무력 충돌 때 일본 경찰이 휘두른 칼에 찔려 순국하였다. 정부에서는 고인의 공훈을 기리기 위하여 1991년에 건국훈장 애국장(1968년 대통령표창)을 추서하였다.

◆ 독 립 가(이정근 선생 작사 · 작곡)

터졌구나 터졌구나 독립성이 터졌구나
15년을 참고나니 이제서야 터졌구나
피도대한 뼈도대한 살아대한 죽어대한
잊지마라 잊지마라
하느님이 도우시네 대한국은 다시왔네
어두웠던 방방곡곡 독립만세 진동하네
삼천만민 합심하여 결사독립 맹세하세
대한독립 만세만세 대한독립 만세만세

발안 3·1운동 기념비

소재지: 향남면 장짐리 241-6 (이정근창의탑 옆)

종 류: 기념비

내 용: 1919년 3·1운동시 화성지역에서도 격렬한 만세운동이 전개되었다. 특히 3월 15일.4월 5일의 격렬한 시위로 일경은 4월 15일 제암리교회에 주민과 시위 주동자를 모은 뒤 문을 폐쇄하고 모두 학살하였다. 일명 제암리 학살사건이었다. 제암리 학살사건을 기리고 일제의 총칼에 죽은 영령을 위로하기 위하여 1946년 4월 15일에 제암리 입구에 비를 세웠다.

팔탄면

고주리

고주리마을

소재지: 고주리 일대

종류: 만세운동 유적(마을)

내용: 3·1운동 당시 주요한 역할을 한 마을. 고주리의 경우 3·1운동 당시 향남면, 팔탄면 지역 운동의 중요 근거지였으며, 운동의 중심인물인 김흥열, 김성열 형제 등이 살고 있던 지역이다. 또한 천도교전교실이 위치하여 천도교를 중심으로 한 만세운동의 거점이 되기도 하였다. 이에 일제는 제암리 학살에 이어 1919년 4월 15일 김흥열 일가 6명을 잔인하게 학살하는 만행을 저질렀던 것이다.

김흥열, 김성열 집터(고주리 천도교 전교실)

소재지: 고주리 240번지

종류: 독립운동가 집터

내용: 고주리 천도교 전교실은 팔탄면, 향남면지역의 3·1운동의 중심지역할을 하였다. 전교실은 김흥열의 행랑채에 위치하고 있었다고 전해지며, 1919년 4월 15일 일본 군대와 순사에 의하여 완전히 파괴되었다.

팔탄면 고주리의 천도교인 6인 학살장소

소재지: 고주리 241번지

종류: 학살장소

내용: 팔탄면 천도교인 김흥열 일가를 참살 전소시킨 곳으로 김흥열의 집 위 밭터로 알려지고 있다.

덕우리

덕우리 공동묘지

소재지: 팔탄면 덕우리 산 27번지

종류: 독립운동가 묘소

내용: 고주리사건의 희생자 6명의 유해가 안치되어 있는 곳이다. 그들의 시신은 사건 직후 집안 사람들에 의해 수습되어 이곳에 묻히게 되었다고 한다.

가재리

이정근의사 집터

소재지: 화성군 팔탄면 가재리 350번지.

종류: 독립운동가 집터

내용: 이정근의사가 출생하여 후학을 가르치며 민족의식을 고취한 곳. 초가집이었다. 손자인 이신재의 6촌인 이광재가 살고 있다.

향남면사무소에 소장되어 있는 제적부

향남면사무소에는 제암리에서 학살된 인물들의 제적부가 보관되어 있어 이들의 구체적인 면모를 살펴보는 데 큰 도움을 주고 있다. 제적부가 보관되어 있는 희생자로는 김덕용, 안관순, 안명순, 안무순, 안봉순, 안상용, 안정옥, 안종락, 안종린, 안종엽, 안종환, 안종후, 안진순, 안필순, 조경칠, 홍원식 등을 들 수 있다. 아울러 제암리 학살의 견인차 역할을 한 조희창의 제적부도 포함되어 있어 그를 이해하는 데도 도움을 줄 수 있을 것으로 기대된다. 아울러 스코필드박사가 찍은 사진들도 제암리학살을 이해하는 데 도움을 주고 있다. 그리고 1960년대 초 제암리를 방문한 스코필드 박사와 유족들이 함께 찍은 사진, 3·1운동이후 일제의 구조품을 타기 위해 서 있는 주민들 사진 등도 그 시대를 이해하는 데 도움이 되는 것들이다.

08
자료로 보는 안성군 원곡 · 양성지역 3·1운동

서언

원곡 · 양성지역의 3·1운동의 중요성은 일찍부터 학계의 주목을 받아 이정은에 의하여 집중적으로 연구된 결과 운동의 발발 배경, 주도인물, 역사적 의의 등 다양한 부분들이 검토되어 많은 사실들이 알려지게 되었다. 특히 기존의 검토는 주로 판결문을 이용하여 지금까지 알려지지 않았던 이 지역의 운동사를 밝히는 데 크게 기여하였다. 그러나 이러한 연구들은 새로운 자료들을 충분히 이용하지 못한 것 같다. 우선 시간적인 차이로 국사편찬위원회에서 발간한 이 지역 3·1운동에 대한 개인의 신문 조서 및 검증조서 등을 활용하고 있지 못하였다. 특히 검증조서에는 이 지역의 역사적 항쟁지인 양성경찰관주재소, 우편소, 양성면사무소, 원곡면사무소 등에 대한 도면들을 포함하고 있어 이 지역의 만세운동의 정확한 지점과 구체적인 면모를 가시적으로 살피는데 큰 도움을 주고 있다. 또한 국사편찬위원회에 보관되어 있는 원곡 양성지역의 민적부 역시 3·1운동 참여자 인적사항을 복원하는 데 도움을 줄 수 있을 것으로 보인다.

한편 양성초등학교에 보관되어 있는 교직원 명단, 최은식, 고원근 등 학생들의 학적부 등은 주도자의 면면을 살피는 데 큰 도움을 주고 있다. 아울러 경주이씨 족보를 통하여 참여자의 인적구성을 보다 분명히 밝힐 수 있을 것이다.

본고에서는 이들 자료들을 중심으로 원곡 양성 지역 3·1운동의 구체적인 면모를 밝혀보고자 한다.

원곡·양성지역 3·1운동에 대한 검증조서와 항일유적지

1919년 6월 2일 일제측에서 양성 원곡지역의 3·1운동에 대하여 검증한 내용을 원문을 그대로 살리면서 이해의 편의를 위하여 항목별로 나누어 살펴보면 다음과 같다.

검증 참여자

대정 8년(1919년-필자주) 6월 2일 경성지방법원 예심계 직무대리 조선총독부 판사 三田村富彌은 동 재판소 서기 殿山十太郎, 동 통역생 김영배와 함께 조선총독부 검사 北村直甫 입회하에 최은식 외 127인에 대한 보안법 위반 등 피고사건에 대하여 피해현장, 기타를 검증한 내용은 다음과 같다.

일본측이 인식한 만세운동의 전체적인 개요

1919년 4월 1일 오후 8시경부터 경기도 안성군 원곡면 각 마을의 민중은 그 면의 외가천리에 있는 원곡면사무소 앞에 모여서 조선 독립시위운동으로 일동이 만세를 부르고, 구한국 국기를 선두에 세우고 만세를 연창하면서 출발하여 도중 원곡면 칠곡리 부근 길가에 서 있는 나무 가지를 꺾어서 그것을 들고 행진하여 원곡, 양성 두 면의 경계를 이룬 고개에 와서 그 마루턱에서 먼저 리유석이라는 사람이 군중에 대하여 연설한 것이다. 다음에 홍창섭 곧 홍찬섭 및 피고 최은식 등이 폭행을 선동하고, 각자 돌 또는 몽둥이를 들고 가라고 했으므로 군중은 그 부근에서부터 가면서 돌을 주워 들고 양성 읍내로 들어갔다. 이 또한 조선 독립 시위운동으로 양성경찰관주재소를 습격하여 투석하고 혹은 몽둥이로 난타하여 청사를 부수고, 혹은 공용서류, 기구 등을 훼손하는 등 폭행을 하고, 또 그 청사에 방화하여 불태우고, 다음에 그 마을에 있는 양성우편소, 잡화상점 外里與手의 집, 대금업자 隆秀知의 집, 양성면사무소에 차례로 몰려가서 건조물, 기물을 부수고, 혹은 기물을 불태우고, 또는 그것을 탈취했다. 그 중 양성우편소에서는 전주를 잘라 넘어뜨려 그것을 불태우고, 전선을 끊고, 전화 기기를 불태우는 등 온갖 폭행을 자행하고, 마지막으로 원곡면사무소에 몰려가서 앞에서와 마찬가지로 광폭한 짓을 하고 마침내 방화하여 불태웠다.

〈일본측의 인식〉-필자

본 자료를 통하여 일본측은 만세운동의 중심인물로 이유석, 홍창섭, 최은식 등을 지목하고 있으며, 양성지역 및 원곡면사무소 항쟁의 중심은 원곡면 주민들에 의하여 이루어졌다고 파악하고 있음을 살필 수 있다.

　　그러나 신문조서를 살펴보면 이 지역의 만세운동은 원곡 양성지역 주민들에 의하여 이루어진 것으로 파악된다.

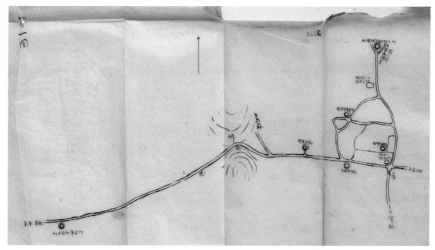

一. 일본측은 원곡면장 남길우 및 동 면서기 정종두의 안내를 받아 전체적인 지역 및 운동 중심지들을 검토하고 있다.

(1) 원래 원곡면사무소에서 양성경찰관주재소에 이르는 약 1리 20정이 되는 거리로, 도중에 군중이 나무 가지를 꺾은 곳은 칠곡리로 곧 제1도 가점에 해당하는데 길가에 크고 작은 포플라 나무 및 잡목이 서 있는 것을 볼 수 있다.

(2) 이유석 등이 군중에게 연설한 장소는 제1도 나점에 해당하는데 곧 고개의 마루 길 오른쪽으로 조금 높고 약간 경사진 지점이다. 여기에서 한 걸음 동쪽 아래로 나서면 양성면내로 동항리에 이르는 약 10정의 거리이다.

(3) 군중이 가면서 돌을 주운 곳은 이 부근으로 길가에 크고 작은 암석이 있는 것을 볼 수 있다.

(4) 원곡, 양성 두 면의 군중이 합류하여 일단이 된 장소는 제1도 다점의 십자로에 해당하는데 여기에서 원래 양성경찰관주재소 까지는 약 5정의 거리, 양성

우편소 까지는 다시 1정의 거리인데, 다시 外里與手의 집까지는 약 1정 반이
며 隆秀知의 집까지는 약 2정 50간, 양성면사무소 까지는 약 3정의 거리이다.

* 본 자료를 통하여 원곡면사무소에서 양성경찰관주재소까지의 거리, 주변 상황 등에 대
하여 살펴볼 수 있다. 아울러 만세운동의 중심인물인 이유석이 군중들에게 연설한 장
소, 양성경찰관주재소 및 양성우편소, 면사무소등에서의 항쟁을 준비하기 위하여 주민
들이 돌 등을 주운 장소, 원곡 양성주민들이 항쟁을 효율적으로 전개하기 위하여 합류
한 장소들을 파악할 수 있다. 그리고 양지역 주민들이 모인 장소에서 항쟁의 중심지인
면사무소 우편소, 주재소까지의 거리 등도 적시하고 있어 양성 원곡, 원곡 양성지역의
항쟁지들을 입체적으로 파악하는 데도 큰 도움을 주고 있다. 또한 양성원곡지역 3·1운
동의 기념비 설치 등 선양작업에도 기여를 할 것으로 기대된다.

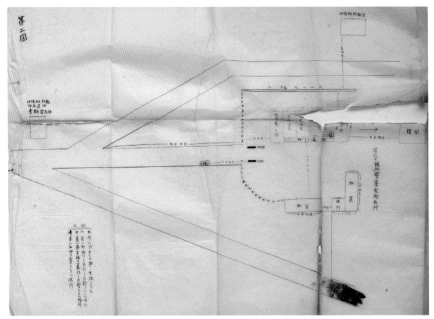

양성 경찰관 주재소 파괴 도면

一. 양성경찰관주재소에 근무하는 순사 高野兵藏의 안내로 원래 양성경찰관주재소를 살펴보고 보고하고 있다.

(1) 주재소는 동항리의 동쪽 끝에 있는데 부근에는 예전 양성군 청 청사 및 그 부속 건물(모두 목조기와집 조선식 평가임)이 있는 외에 인가는 없고 일대가 밭인데 지세가 평탄하다.

(2) 그 모양은 제1도에서 보인 바와 같은데 창고, 변소 등으로 목조 기와집 조선식 건물 평가 한 채 및 흙담, 대문, 기둥이 있을 뿐으로 주재소 청사는 형적도 없이 없어지고 다만 겨우 불에 탄 자국이 있는 주춧돌이 있을 뿐으로 그 주추돌이 있는 부지 일면에 불에 탄 흔적으로 흙과 재가 쌓이고 헌 기와의 파편 혹은 그냥 완전한 것 또는 유리조각 등이 산재해 있는 것을 불 수 있다.

(3) 흙담장은 높이 4척 길이 70척인데 여기저기가 무너져 있고, 그 남쪽 끝에서 동쪽에 아카시아 나무를 심어 만든 울타리가 길 좌우에 있는데 그 높이는 5척으로 각각 나무의 주위는 4척 내외이다. 곧 제2도 마 부호로 표시했다.

(4) 그 도면 중 붉은 글씨로 표시한 취사장, 숙사, 사무실, 휴게실 등 부분은 화재로 탄 가옥에 해당하는데 목조 기와집 조선식 평가 한 채로 취사장은 시멘트 바닥, 숙사 및 휴게실은 온돌, 사무실은 마루방이며 숙사 및 사무실의 앞 쪽은 판자를 붙이고 사무실 앞 쪽은 유리문을 닫고 뒤 쪽은 유리창을 닫았는데 각각 방의 앞과 뒤에는 출입문이 있었다.

(5) 피해 당시는 사무실 내 탁자에는 점화한 램프를 놓고, 그 방 앞의 처마에는 점화한 램프를 달아 놓았고, 그 방 동북쪽 구석(제2도 가점)에는 석유 약 7통을 함석통에 넣은 것이 놓여 있었으며 취사장 안에는 솔가리 약 반 지게가 놓여 있었다고 한다.

(6) 그 주재소로 몰려간 군중은 원곡, 양성 두 면민 약 1천여명으로 구한국 국기를 손에 들고 선두에 선 남길우는 제2도 나점에 정종두는 그 도면 다점에 서서 각각 군중의 폭행을 목격했다고 한다. 도면 나점에서 대문 기둥까지는 27척인데 도면 다점에서는 27척이다. 도면 다점에 서서 바라보니 아카시아 나무를 심어 만든 울타리 때문에 바라보는데 다소 장애는 되지만 대체로 주재소 부지는 한 눈에 들어온다. 특히 피해 당시는 아카시아 나무가 싹이 트는 무렵이었으므로 나무 사이로 안을 들여다 볼 수 있었을 것이다.

(7) 그리고 피해 당시는 깜깜한 밤이었지만 횃불 또는 초롱이 있었고, 또 전기 한 주재소의 램프의 불빛 등으로 주재소 부근이 비춰져서 조망에는 불편이 없었다고 한다.

* 본 자료에서는 일제 식민통치의 최첨병인 주재소의 위치, 건물 양식, 구조 등에 대하여 정확히 알려주고 있어, 1919년 당시 양성경찰관주재소뿐만 아니라 1910년대 일제의 식민통치를 이해하는데에도 도움을 주고 있다. 또한 주민들의 항쟁에 의하여 주재소가 전소되었음을 알 수 있다. 우선 본 자료를 통하여 다음과 같은 사항을 인식할 수 있다.

① 주재소의 정확한 위치를 알려주고 있다. 즉, 동항리의 동쪽 끝에 위치하고 있으며, 인가는 없고 일대가 밭으로 구성되어 있으며, 지세는 평탄하다.

② 주재소의 모양을 알려주고 있다. 목조기와집, 조선식 건물 평가 1채, 흙담, 대문, 기둥, 창고, 변소 등을 이루어져 있다. 울타리는 아카시아 나무로 되어 있다.

③ 피해 현황: 주재소 청사는 불타 사라지고, 불에 탄 자국이 있는 주춧돌만이 남아 있다. 흙담장은 높이 4척 길이 70척인데 여기 저기가 무너져 있는 상황이다.

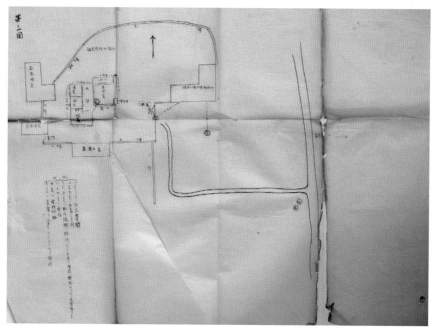

양성우편소

양성우편소장 齋藤與茂七의 안내를 받아 양성우편소를 살펴보았다.

(1) 그 우편소 및 그 부근의 모양은 제3도에서 보인 바와 같은데 그 도면 중의 붉은 글씨의 부분은 곧 피해 장소이다.

(2) 우편소는 목조 초가 조선식 평가로 앞문 및 뒷문이 있다. 사무실, 거실, 취사장 등으로 이루어졌다. 사무실 및 그것에 인접한 거실은 마루로 되어있고, 그 밖의 거실은 온돌이며 취사장은 시멘트 바닥이다. 사무실 북쪽에는 길이 12척, 안으로 3척의 벽장을 만들어 판자문 4장을 만들어 넣고, 그 동쪽 3척 5치 사이를 출입구로 하고 거기에서 사무실로 통하도록 그 출입구에는 아래 위

에 황목을 대고 판자문 두 쪽을 달았다.

(3) 전화실은 사무실 안 동남쪽에 있는데 사방 3척 5치로 구획해 놓았다. 그 동
남 및 북쪽은 판자벽이며 남쪽에 공중 출입문이 있다. 그 출입구에는 위 아
래에 나무를 가로 대고 유리문 두 장으로 좌우를 개폐하도록 되어 있다. 서
쪽은 폭 1척 5치를 판자벽으로 나머지 3척에 유리문을 달아 개폐하도록 되
어 있다. 사무실 동남쪽 양면(전화실 부분 제외)은 지상 3척 5치 사이 벽에 판자
를 붙이고 그 중간 위쪽 3척 사이를 전부 유리문을 만들었다.

(4) 남쪽 유리창을 접수창구로 사용하고 그 안밖에는 창구에 평행하여 동서로 길
이 12척의 접수대판을 붙여 놓았으며 금고는 사무실 서남쪽 구석 곧 제3도 가
점에 비치되었으며 그 밖에 각 방의 출입구에는 조선식 판자문 혹은 격자에 창
호지를 바른 문(모두 떼어낼 수 있는 장치가 되어 있다고 함)을 부착했으며 공용서류,
기구 등은 사무실 및 벽장 안에, 전화기기는 전화실에, 齋藤與茂七의 사유 물
건은 거실 및 취사장에 놓여 있던 것을 전기 소요때 훼손 또는 소진되었으며,
또한 전주 3개를 잘라 넘어뜨려 불태우고, 전선도 절단되었다고 한다. 그래서
살펴보니 전시한 사무실 판자벽에는 여기 저기 파손 및 균열이 있는데 모두 타
격에 의한 손상으로 인정된다.

그리고 기타 전시한 문짝은 물론 전화실의 판자벽, 접수대판, 공용서류, 기구,
齋藤與茂七의 사유 물건 등이 하나도 남아 있지 않으므로 살펴볼 수가 없으
나 문짝, 판자벽, 접수대판 등의 설비가 있은 것은 가옥의 구조 및 파손의 형
적 등에 의하여 그것을 인정한다.

(5) 피해 전주는 제3도의 나, 다, 라, 마의 각 해당 지점에 설치되어 있던 것으로
나는 자른 전주의 남은 부분이 지상에 노출된 것이 1척인데 도끼로 찍은 흔

적이 남아 있고, 다, 라는 이미 발굴된 자리에 각각 새로운 전주가 건설되어 있다. 나점에서 2척 떨어진 지점 곧 제3도 마점에도 또한 새로 전주를 세운 것을 볼 수 있다.

(6) 제3도 중의 사, 아 각 지점은 양성우편소 의 피해 물건을 불태운 장소인데 그 것을 살펴보니 바점 및 그 3척쯤 되는 부근 지면은 약간 흙색을 띠고 재가 조금 남아 있다. 사, 아 지점은 밭 가운데인데 전자는 갈아 엎은 형적이 있어서 물건을 불태운 흔적이 남아 있지 않고 아점에는 전주가 타다 남은 것으로 인정되는 길이 6척 4치의 것 하나가 남아 있고, 파손되고 그을려진 금고가 하나 있다. 이것은 곧 양성우편소 피해 금고에 해당하는데 높이 1척 9치 폭 1척 8치의 철제 절첩식으로 매우 경건한 것이므로 2·3인이 힘을 합치면 다른 곳에 이동시킬 수 있다. 그 금고 표면은 많이 파손되고 요철이 있어 강력한 타격에 의한 것으로 추정된다.

* 본 자료를 통하여 우편소의 구조 및 피해현황 등을 살펴볼 수 있는데 이를 보면 다음과 같다.

우편소는 목조 초가 조선식 평가로 되어 있으며, 앞문과 뒷문이 있다. 구조는 사무실, 거실, 취사장 등으로 이루어졌다. 사무실 및 그것에 인접한 거실은 마루로 되어있고, 그 밖의 거실은 온돌이며 취사장은 시멘트 바닥으로 되어 있다. 전화실은 사무실 안 동남쪽에 있는데 사방 3척 5치로 구획해 놓았다.

남쪽 유리창을 접수창구로 사용하고 그 안밖에는 창구에 평행하여 동서로 길이 12척의 접수대판을 붙여 놓았으며 금고는 사무실 서남쪽 구석에 비치되었으며 그 밖에 각 방의 출입구에는 조선식 판자문 혹은 격자에 창호지를 바른 문(모두 떼어낼 수 있는 장치가 되어 있다고 함)을 부착했으며 공용서류, 기구 등은 사무실 및 벽장 안에, 전화기기는 전화실에, 齋藤與茂七의 사유 물건은 거실 및 취사장에 놓여 있었다.

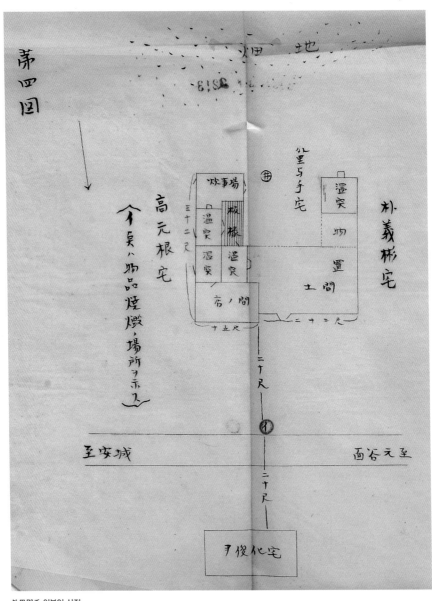

第四圖

朴義彬宅

外里與手宅

高元根宅

今矢ハ物品燒燬ノ場所ヲ示ス

温突 物置

土間

炊事場

板椽

温突 温突

温突

店ノ間

三十二尺

十五尺

二十二尺

至安城

面谷元至

二十尺

二十尺

尹俊化宅

外里與手 일본인 상점

一. 外里與手의 안내를 받아 본인의 집을 살펴보았다.

(1) 그 집은 소위 양성 읍내 주막리 중앙통로 남쪽에 있고 이웃집 처마와 인접해 있다. 모두 목조 초가 조선식 평가로 대략의 모양은 제4도에 표시한 것과 같다.

(2) 外里與手의 집 상점은 통로에 면하여 앞쪽 15척, 안쪽 8척인데 앞쪽에는 위아래에 나무를 대고 판자문 5장으로 막을 수 있는 설비가 있다. 상점 동쪽 안 벽에는 길이 8척의 판자를 3단으로 대고, 또 남쪽 안 벽에는 길이 10척의 판자를 2단으로 붙여 놓았다. 모두 못으로 박아서 떼어 내기가 자유롭지 않다. 거기에 종이, 먹, 기타 상품을 진열하고 상점 앞에는 술, 간장, 잡곡류, 사탕, 과자 등의 상품이 진열되어 있다.

(3) 거실은 모두 온돌인데 각 출입구에는 조선식으로 창호지를 바른 격자문이 달려 있고, 취사장 출입구 및 앞문에는 양쪽으로 여는 판자문이 달려 있다. 그 문짝들은 못에 걸려 있어서 떼어 낼 수 있는 구조로 되어 있다.
피해 당시의 상황은 자세히 알 수 없으나 군중은 먼저 점포의 앞쪽 문을 부수고 몰려 들어가서 상품을 훼손하고 혹은 그것을 탈취하고, 거실에 침입하여 가재 도구를 문 밖으로 들고 나와서 부수고, 상품 및 앞문짝 등을 한데 모아 놓고 불태웠다고 한다.

(4) 그 불탄 장소는 제4도 가점에 해당하는데 상세히 살펴보니 가점 및 그 부근의 지면은 다른 지면에 비교하여 약간 흙색을 띄고, 또 앞쪽 문짝 중 4장은 피해 뒤에 새로 만들었고, 1장은 파손된 것을 수리한 것 같다. 그 1장은 새 것과 헌 판자 조각으로 만들어졌고 다른 4장은 다 새 판자로 만들어진 것을 알 수 있다.

* 본자료를 통하여 다음과 같은 사실들을 살펴볼 수 있었다.

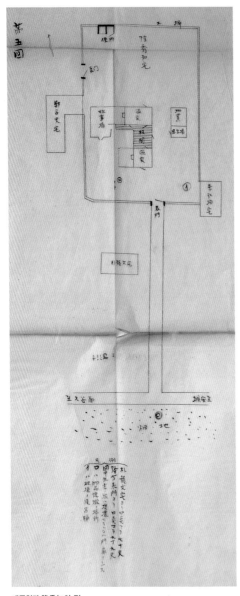

대금업자 隆秀知의 집

집은 소위 양성 읍내 주막리 중앙통로 남쪽에 있고 이웃집 처마와 인접해 있다. 모두 목조 초가 조선식 평가였다. 外里興手의 집 상점에는 종이, 먹, 기타 상품을 진열하고 상점 앞에는 술, 간장, 잡곡류, 사탕, 과자 등의 상품이 진열되어 있었다.

주민들은 양성지역에 진출한 일본상점을 습격하여 먼저 점포의 앞쪽 문을 부수고 몰려 들어가서 상품을 파손하였다. 그리고 거실에 몰려가 가재 도구를 문 밖으로 들고 나와서 부수고, 상품 및 앞문짝 등을 한데 모아 놓고 불태워버렸다.

一. 大野久吉의 안내를 받아 대금업자 隆秀知의 집을 살펴보았다.

(1) 그 사람의 집은 목조 초가 조선식 평가인데 본가 1채, 부속건물인 창고와 목욕탕 1채(목조 초가 평가) 및 변소로 되어 있다. 이 집을 두른 높이 4척의 흙담장이 있는데 두 곳에 출입문이 있고, 앞 문은 한쪽

으로 여는 격자문이며 뒷 문은 한쪽으로 여는 판자로 되어 있다. 두 문 모두 접철로 달아 안쪽에 걸고리로 잠그게 되어 있다.

(2) 그 집의 구조 및 그 부근의 모양은 제5도로 표시한 것과 같은데 도면 중 붉은 글씨로 된 부분은 손괴된 곳을 나타낸다.

(3) 거실 피해의 문짝은 조선식 창호지로 바른 격자문이며, 취사장 출입구 및 목욕탕 출입구에 달린 것은 모두 판자문인데 다 못에 걸려 있는 것으로 피해 당시에 부숴지고 불태워졌다고 한다. 현재에는 거실 문짝을 제외하고 없어졌는데 기둥의 못은 그냥 있다. 그러므로 그것은 있었다는 것을 인정할 수 있다. 거실의 문짝은 피해 뒤에 새로 만든 것으로 다른 문짝과 비교하여 나무의 색이 다르다. 또 앞문 문짝도 부숴져 불태워져서 현존하는 것은 그 뒤에 새로 만들었다는 것으로 그 나무의 색이 다르다.

(4) 제5도 중 가점에 파손이 심한 목욕탕 하나가 남아 있어 이것 또한 피해 물건의 하나로 목욕탕 안에 있는 것을 그 곳으로 들고 나와 훼손하고, 기타 피해 물건은 거실 및 취사장에 있는 것을 들고 나와 우물에 쳐넣거나 혹은 밭 가운데에서 불태웠다고 한다. 그래서 살펴보니 우물은 원주 5척 깊이 6척이며 수심은 약 2척이다. 물건을 불태운 장소는 제5도 나점에 해당하는데 근래, 갈아 엎은 형적이 있다. 그러므로 불탄 흔적은 남아 있지 않다.

* 본 자료를 통하여 대금업자의 집은 목조 초가 조선식 평가이며, 본가 1채, 부속건물인 창고와 목욕탕 1채(목조 초가 평가) 및 변소로 되어 있음을 알 수 있다.
주민들은 거실 및 취사장에 있는 것을 들고 나와 우물에 쳐넣거나 혹은 밭 가운데에서 불태웠다고 한다.

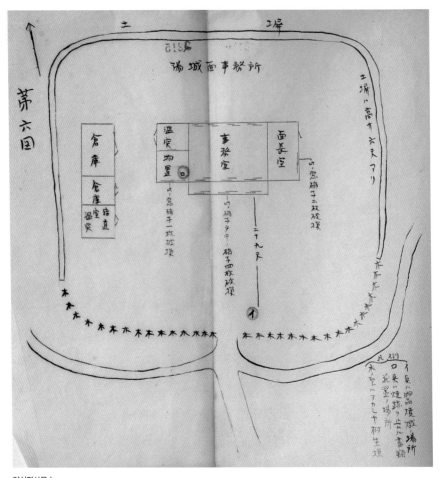

양성면사무소

一. 양성면장 이명하의 안내를 받아 양성면사무소를 살펴보았다.

(1) 면사무소는 일본식 목조 기와집 평가 1채 및 조선식 목조 초가 평가 1채로 되어 있다. 이것을 두른 전면은 아카시아 나무를 심어 울타리로 하고 기타

는 높이 6척의 흙담장으로 되어 있다. 그 모양은 제6도에 표시한 바와 같다.

(2) 그 면사무소의 피해 물건은 유리창 7장 및 공용서류, 장부, 서적, 단배수판 등으로 유리는 사무실 정면 출입구의 문에 끼워져 있는 4장, 면장실 동쪽 창에 끼워져 있는 2장, 창고 서쪽 창에 끼워져 있는 것으로 그 파손된 곳을 살펴보니 전시한 유리가 탈락하여 그 형적이 남아 있지 않다.

기타 피해 물건은 모두 사무실 안에 있던 것을 안마당으로 들고 나와서 불태웠다고 한다. 그 불탄 장소는 제6도 중의 가점에 해당하는데 그 부근에는 현재도 소량의 재가 남아 있다.

또 창과 안 도면 중 나점에는 현저하게 불에 탄 형적이 남아 있는 서적, 장부 수권이 남아 있다. 이것은 피해 후에 가점의 불탄 자리에서 주워 모은 것이라고 한다.

* 본 자료를 통해 볼 때, 면사무소는 일본식 목조 기와집 평가 1채 및 조선식 목조 초가 평가 1채로 되어 있다. 전면은 아카시아 나무를 심어 울타리로 하고 기타는 높이 6척의 흙담장으로 되어 있다.

면사무소의 피해 물건은 유리창 7장 및 공용서류, 장부, 서적, 단배수판 등으로 알려 있다.

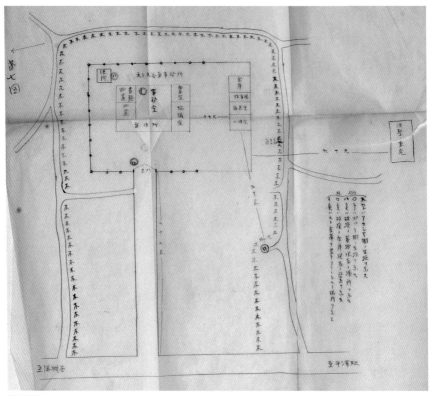

원곡면사무소

一. 원곡면장 남길우의 안내를 받아 원곡면사무소를 살펴보았다.

(1) 그 면사무소는 양성면 동항리에서 평택역으로 가는 도로에 동쪽으로 들어
　　가는 약 12칸 지점에 서면하여 세운 일본식 목조 기와집 평가 1채 및 조선식
　　목조 초가 1채, 그리고 목조 함석집 변소 등으로 되어 있다.

(2) 모양: 정면통로 좌우에 문주를 세우고, 그것에 양쪽으로 여는 판자문을 달아

앞문을 삼고, 포플라 나무를 심어 울타리로 한 것이 둘러 있는데 거기에 철조망 3줄을 매고, 또 그 외부에 아카시아 나무를 심어 울타리로 오목한 모양으로 둘러져 있다. 그 모양은 제7도에 표시한 것과 같은데 도면 중의 붉은 글씨는 피해의 상황을 나타낸다.

(3) 그 피해 전에는 공용서류, 기구 등의 대부분은 사무실 및 서류 창고에 두고, 농기구, 소화기 등의 잡품은 창고에 두고, 또 석유 약 1되를 함석통에 넣은 대로 창고에 두고, 취사장에는 솔가지 한 묶음을 두었다고 하는데 전시한 폭동 때에 불타고 현재는 겨우 변소 1채 및 문주 두 개가 남아 있을 뿐으로 기타 건물, 기물, 서류 등은 전소되어 형적이 남아 있지 않으므로 이 화재 전의 모양을 검증할 수가 없으나 제7도 중의 붉은 글씨로 나타낸 건물에 상당하는 주추돌이 불탄 형적을 남기고 있다. 또 재가 쌓여 있는 등으로 미루어 생각하면 건조물이 불탄 것을 추측하기 어렵지 않다.

(4) 그리고 제7도 중 나점에 철제 금고 하나가 있는데 그 높이 2척 3치, 폭 1척 6치인데 竹內 제품이다. 그리고 그 금고는 전면에 현저하게 불에 탄 형적이 남아 있으며 뒤쪽 철판이 파괴되어 있다. 이 금고는 원래 사무실 가점에 비치되어 있던 것이나 피해 후에 이상이 없는 것을 인정하고 관리가 입회하고 나점으로 운반하여 뒤쪽 철판을 부수고 안에 있는 현금과 서류 등을 꺼내었다고 한다.

(5) 그리고 도면 중 다점에는 소화기, 석유통, 함석으로 만든 통 등 금속제 기물이 모두 파손되고 불탄 흔적이 역력하다. 그것 등은 피해 후에 불탄 자리에서 주워 모아놓은 것이라고 한다.

* 본 자료를 통해 볼 때, 면사무소는 양성면 동항리에서 평택역으로 가는 도로에 동쪽으

로 들어가는 약 12칸 지점에 서면하여 있다. 그리고 일본식 목조 기와집 평가 1채 및 조선식 목조 초가 1채, 그리고 목조 함석집 변소 등으로 되어 있다.

모양은 정면통로 좌우에 문주를 세우고, 그것에 양쪽으로 여는 판자문을 달아 앞문을 삼고, 포플라 나무를 심어 울타리로 한 것이 둘러 있는데 거기에 철조망 3줄을 매고, 또 그 외부에 아카시아 나무를 심어 울타리로 오목한 모양으로 둘려져 있다.

불이 타기 전에는 공용서류, 기구 등의 대부분은 사무실 및 서류 창고에 두고, 농기구, 소화기 등의 잡품은 창고에 두고, 또 석유 약 1되를 함석통에 넣은대로 창고에 두고, 취사장에는 솔가지 한 묶음을 두었다고 하는데 만세운동시 불타고 현재는 겨우 변소 1채 및 문주 두 개가 남아 있는 상태이다.

철제 금고 하나가 있는데 그 높이 2척 3치, 폭 1척 6치인데 竹內 제품이다. 그리고 그 금고는 전면에 현저하게 불에 탄 형적이 남아 있으며 뒤쪽 철판이 파괴되어 있다.

＊검증조서를 바탕으로 원곡 양성지역의 항일유적지를 정확히 비정할 수 있을 것으로 보인다.

원곡·양성지역 3·1운동 관련 자료

양성 초등학교 보관 자료

1912년 이후 직원명부(양성국민학교)

1919년 당시 교장 今里新藏, 훈도 이긍래 임을 알 수 있음

양성초등학교 연혁사

양성중학교 행정실 보관자료: 학적부

제1회 1914년 3월 24일 졸업자

김신식, 이갑상, 최흥섭, 원영본, 심재학, 안용필, 이증목, 박승주, 오성봉, 우용철, 이칠영, 김종준, 조완벽, 황일수, 고경천, 남창우, 남진우, 권형옥, 이영순, 김종열

제2회 1915년 3월 26일 졸업자

고원근, 오맹근, 오경환, 강용원, 손석문, 이순익, 황갑성, 유팔용, 이영제, 최성덕, 민영길, 유덕흥, 이중찬, 이춘성, 김춘배, 이용호, 이석종, 전성록, 이재덕, 황규창,

제3회 1916년 3월 26일 졸업자

김학영, 정윤섭, 김ㅎ석봉, 이재찬, 강종원, 정낙운, 김영식, 이기복, 이철호, 차명원, 오도영, 이교완, 김현명, 황태성, 이윤철, 이천복, 최우경, 김연식, 오태근, 이인제, 박시양, 오춘근, 김인득

제4회 1917년 3월 21일 졸업자

황복연, 황일연, 이민상, 황주연, 최은식, 최익남, 유사룡, 최이복, 이종대, 나차복, 한창수, 박연석, 김한용, 정인봉, 유광연, 박승한, 고광록

제5회 1918년 3월 21일 졸업자

조봉행, 이승국, 송우년, 황재성, 유준석, 남상인, 오인석, 이희수, 정영준, 조완득, 오태근, 유순건, 유완순, 박창원, 장훈복, 김정식

제6회 1919년 3월 25일 졸업자

윤웅식, 이순영, 김석출,송국현, 이우영, 장만준, 황근성, 조장철, 소무성, 이칠봉, 정천세, 김원석, 이형봉, 이봉근, 정규원, 이주복, 심희성, 이기창, 유운흥

제7회 1920년 3월 25일 졸업자

황필성, 홍만기, 남상억, 변봉수, 박승윤, 홍대복, 김동제, 고준성, 남원우, 임창수, 황준성, 오세정, 문수환

제8회 1921년 3월 25일 졸업자

유병익, 임황룡, 황귀용, 김순진, 윤영희, 황만수, 홍현각, 유익준, 이기선, 김준등,
정학이(정의석), 홍재현, 윤성모, 안출이,민웅식, 김동제

제9회 1922년 3월 졸업자(4학년 과정)

이중세, 이인구, 이달호, 홍병훈, 이춘환, 이규순, 이재연, 심천록, 이동수, 박승순,
오봉근, 송덕규, 박암교, 박용서, 박도원, 신창균, 이일룡, 김병기, 이영원, 조태근,
최덕근, 황귀용, 홍재현, 정규원, 홍상기, 유명근, 김구현, 장장덕, 김혹제, 김영조,
박윤원, 김석룡, 김석봉

제10회 1923년 3월 졸업자

황경수, 정봉록, 최기범, 이윤하, 이병상, 이복제, 변영수, 이학영, 오세민, 정철규,
김필기, 정태연, 윤대출, 이흥복, 이은필, 최광균, 이용성, 이교성, 최팽석, 김수창,
이종원, 허홍, 이영헌, 홍현각, 조병훈, 이광하, 홍병국, 정유해

원곡 · 양성지역 3·1운동 관련 인물들의 민적부

3·1운동에 참여했던 주요 인사들의 호적부는 각 인물들의 출생연도, 거주지, 인
적사항들을 파악하는 데 중요한 자료이다. 그러나 원곡면의 경우는 6.25전쟁
당시 소실되어 파악할 수 없는 상황이다. 필자는 양성면사무소, 국사편찬위원회
수장고에서 이들 민적부들을 발견할 수 있었다. 각 지역별 민적부를 호주별로
보면 다음과 같다.

〈양성면〉

양성면 덕봉리

오세경, 오세학 오창선 오윤선 오인영 오진옥 오문선 김홍배

※ 오씨 가운데 신문조서가 있는 인물: 오윤선, 오윤경, 오세학, 오창선, 오장윤,
   오익삼 오천근 오보영, 오세경

산정리

고인제, 오의선, 조병훈, 최성서 손??

추곡리

홍정표, 남상훈, 함태운, 홍병각, 윤영관, 박천봉, 김영하, 권준옥

〈원곡면〉

외가천리

오영주, 송정현 최기용, 정광희, 홍재의, 김희식, 이승익, 김원용, 이용린, 한기현,
한성이, 이희룡, 최재준, 이정호, 정인규

내가천리

최형철(양자 최은식), 남시우, 이병?, 허윤보, 남장우, 최재석 장덕관, 홍경운, 장원심,

칠곡리

김계성, 이병두, 전수만, 정창순 김필현 이선영 이유길 소순술?, 김무현, 주원봉,
이한기, 이화영, 정주화, 이계서, 이병목 김정근, 소원술, 김배관, 이유현 김영서
이석열, 이유찬, 이인영, 이인군 이석근 이창열 이유만 이상근, 이대근, 이관영,
이병철, 이석기 이규동 등

3부

판결문을 통해 본
경기지역 3·1운동

경기그레이트북스 16

서언

3·1운동을 벌이다가 일제에 체포되어 재판을 받았던 사람들의 판결문이, 1972년 독립운동사편찬위원회가 펴낸 『독립운동사자료집』 제5집(삼일운동 재판기록)에 수록되어 있다. 그 가운데 경기도에서 일어난 3·1운동 주도 인물의 판결문을 소개하고자 한다. 판결문 기록을 소개하는 이유는, 비록 일제 측의 자료이긴 하지만 각지의 3·1운동 양상이 기록된 기본 '사료'이기 때문이다. 독자들은 이 판결문 기록을 통해 경기도 3·1운동의 실상을 보다 생생하게 살필 수 있다.

한편 임경석은, 1919년 3월 1일부터 4월 말까지 전개된 시위 양상을 4시기로 구분했다. 그리하여 3월 1일부터 9일까지 개시국면, 10일부터 27일까지 파상국면, 28일부터 4월 8일까지의 절정국면, 9일부터의 퇴조국면으로 각각 이름 붙이고, 각 국면별 시위 양상과 일제 측의 대응을 두 축으로 하여 고찰했다(임경석, 「3·1운동과 일제의 조선지배정책의 변화 – 만세시위운동에 대한 일제의 대응방식을 중심으로 –」, 『일제식민통치연구1』, 백산서당, 1999).

이에 임경석의 시기 구분을 차용하여 이 글에서도 4시기로 나눠 판결문을 배치한다. 시기별·날짜별·지역별로 재구성함으로써 경기도 3·1운동을 입체적으로 살펴보기 위함이다.

개시국면(3.1~3.9)

3월 1일 전국 7개소의 시위를 시작으로 9일간 5개 도(경기, 황해, 평남, 평북, 함남)에서 모두 93회의 시위가 벌어졌다. 그중 평남·북이 59%인 55회를 차지한다. 또 이 시기에는 종교인의 주도가 두드러져 기독교도와 천도교도가 주도한 시위가 75회로 80.6%를 차지한다. 그중 평남북 55회 중 기독교도와 천도교도가 주도한 시위는 54회로 압도적이다.

이 시기 일제의 대응은 '진압'이었다. 3월 1일 군대가 출동했는데, 서울에 보병 3개 중대와 기병 1개 중대, 평양에 보병 1개 중대, 선천에 보병 1개 소대였다. 그 외 헌병경찰, 소방대원을 비롯하여 금융조합 직원, 일본인 민간인(재향군인) 등까지도 동원되었다. 총기를 사용한 유혈진압은 평남북에 집중되었고, 가혹한 진압으로 7일부터 시위 발생 지역, 횟수, 참가자수가 감소되었다.

참고로 이지원이 그의 논문(이지원, 「경기도 지방의 3·1운동」, 『3·1민족해방운동연구』, 청년사, 1989)에서 정리하여 작성한, 이 시기 경기 지역의 날짜별·지역별 3·1 운동 발생 상황을 소개하면, 다음 표와 같다.

〈표3-1〉 개시국면 각군별·날짜별 시위횟수

구분	3.3	4	5	6	7
고양					
부천					
시흥				1	
수원					
진위					
안성					
용인					
이천					
김포					
파주					
개성	1	1	1	1	1
포천					
연천					
광주					
양평					
양주					
가평					
여주					
장단					

출전: 이지원, 「경기도 지방의 3·1운동」, 『3·1민족해방운동연구』, 청년사, 1989, 313~316쪽에서 발췌 정리하였음.
주: 발췌 과정에서 현재 경기도에서 분리된 인천·강화는 제외하였고, 참가자수는 생략하였음.

앞의 표를 보면, 개시국면에서는 경기도 각 지역 가운데 개성과 시흥에서만 시위가 벌어졌고, 특히 개성은 3월 3일부터 7일까지 5일간 지속되었다. 그러나 나머지 군에서는 아직 시위가 일어나지 않았다. 이제 판결문을 통해 날짜별 시위 양상을 살펴보자.

3월 3일

3월 1일 개성 독립선언서 배포

피고 양 인(어윤희 · 신관빈-인용자)은 모두 미국 기독교 남감리파의 여자 전도인으로서 전부터 배일사상을 가지고 조선독립을 열망하고 있던 자들인 바, 피고 윤희[57]는 대정 8년 2월 26일 경 그가 기숙하는 경기도 개성군 개성 읍내 성경학원 기숙사에서 성명 미상자에게 동 읍내에 배부하도록 부탁 받은 손병희孫秉熙 외 32명 등의 '우리는 이에 우리 조선이 독립국임과 조선인이 자유민임을 선언한다. 구 시대의 유물인 침략주의 · 강권주의의 희생이 되어 유사 이래로 몇천 년에 처음으로 이민족 지배의 고통을 맛본 지 이에 10년이 지났다. 생존권을 박탈당하였음이 무릇 얼마뇨. 지금의 고통을 벗어버리고 장래의 위협을 베어 버리려면 모름지기 그 최대의 급선무인 민족적 독립을 확실하게 함에 있다. 2천만 동포가 마음의 칼날을 품고 일어서면 진취함에 어떤 강력함인들 꺾지 못하겠는가'라는 취지를 기재한 불온 독립선언서 2천 여 매를 받아 가지자, 크게 위의 독립 계획에 찬동하여 동년 3월 1일 동숙하는 피고 관빈[58]에게 그 취지를 알리고 이를 배부함에 조력을 구하니, 동 피고도 역시 이에 찬동하여, 이에 피고 양 인은

---

57) 황해도 금천군 합탄면合灘面 매후리梅後里, 기독교 전도인 어윤희魚允姬 39세
58) 경기도 장단군 대남면大南面 장대리長垈里, 기독교 전도인 신관빈申寬彬 35세

동일 오후 2시 경 그 선언서 2천 매를 동 읍내 만월정滿月町 · 북본정北本町 · 동東 본정의 각 거리에서 조선독립선언서임을 알리면서 지나가는 조선인과 부근의 주민에게 배부함으로써 모두 정치에 관하여 불온한 언동을 함으로 말미암아 치 안을 방해한 자들이다.

3월 3일 시위

피고(신동윤-인용자)[59]는 전부터 조선독립을 열망하고 있던 바, 마침 대정 8년 3 월 1일 천도교주 손병희孫秉熙 등이 조선독립선언을 하였으므로 크게 그 거사에 찬동하여 동월 3일 경 경기도 개성군 개성開城 읍내에서 군중과 함께 한국독립 만세를 외치면서 그 곳의 헌병분대 또는 경찰서로 몰려감으로써 정치에 관하여 불온한 언동을 하였으며, 또한 범의를 계속하여 동월 17일 경성부 남대문역 3등 대합소에서 조선인 군중에게 대하여 '여러분은 귀향하면 한국독립만세를 절규 하라. 각 지방에서 독립운동을 하는 자가 없으면 한국독립은 기약할 수 없다'고 외치며, 경찰관의 제지에 불응하여 그 때 체포하려 하자, 스스로 한국독립만세 를 절규하여 군중을 선동함으로써 정치에 관하여 불온한 언동을 함으로 말미암 아 치안을 방해한 자이다.

제1. 피고(이형순-인용자)[60]는 대정 8년 3월 조선 각지에서 일어난 조선독립 운동을 성원하기 위하여 동월 3일 오후 2시 경부터 수 시간에 걸쳐 동일한 목적 밑에 모여 온 약 1,500명의 군중과 함께 개성 읍내를 떠돌아 다니며 조선독립만 세를 외침으로 말미암아 이 지방의 치안을 방해하고,

제2. 피고는 동일 오후 5시 경 술에 취하여 개성군 송도면 북본정北本町 조

---

59) 평안남도 용강군 지운면池雲面 만하리晩荷里, 화가 · 천도교 신동윤申東潤 36세
60) 경기도 개성군 송도면松都面 남산정南山町 190번지, 과자제조 판매업 이형순李亨淳 당 36세

선 식산은행 지점 처마 끝에 달아 놓은 동 은행 소유의 국기(일장기)를 끌어내려 찢어 버리고, 범의를 계속하여 이 날 오후 6시 경 같은 면 남본정南本町 장성한張成漢이 경영하는 같은 면 북본정北本町에 있는 포목점 처마 끝에 달아 놓은 동인 소유의 국기(일장기)를 끌어내려 앞에서와 같이 찢어 버린 자인 바, 각 피해자로부터 그러한 뜻을 고소당한 것이다.

3월 4일

3월 개성 시위 준비, 3월 4일 시위

1. 피고 박치대[61]는 당지에 상경 중, 대정 8년 3월 3일 당지의 조선인이 조선독립운동을 위하여 광분하는 광경을 목격하고서 향리 개성에서도 많은 군중을 규합하여 같이 만세를 외침으로써 동지에 조선독립운동의 기세를 왕성하게 하려고 꾀하여 이튿날 개성에 돌아가 피고 유흥준[62] · 피고 임병구[63]에게 영領 제1호 독립신문을 제시한 후 전기 계획을 알리니, 피고 유흥준 및 동 임병구는 곧 이에 찬동하여 피고 박치대와 함께 개성 읍내의 각 학교 생도를 일단으로 한 조선독립 개성회開城會를 조직함으로써 전기한 기도를 수행하려고 모의하여 위의 회원을 모집하기 위하여 혹은 송도면 고등보통학교 4년생 박영배朴永培에게 개성회의 발기인이 되기를 종용하고, 혹은 '조선민족은 최후의 1인까지 조선독립운동을 위하여 분투를 계속하라'는 뜻을 기재한 취지서 및 회원명부(영 제2호~제6호)를 만드는 등의 불온 언동을 감행함으로써 공안을 방해한 자이다.

---

61) 주소 · 본적 경기도 개성군 송도면松都面 북본정北本町 440번지, 서적 판매업 박치대朴致玳 당 22세
62) 주소 · 본적 경기도 개성군 성도면 궁정宮町 51번지, 송도고등보통학교 생도 유흥준兪興濬 당 20세
63) 주소 · 본적 경기도 개성군 송도면 지정池町 551번지, 개성학당開城學堂 생도 임병구林炳九 당 19세

2. 피고 유홍준은 앞서 3월 4일 조선독립만세의 취지를 잘 알고서도 많은 군중과 함께 조선독립만세를 외치면서 개성 읍내를 행진함으로써 치안을 방해한 자이다.

3월 3~4일 개성 시위

대정 8년 3월 1일 천도교주 손병희孫秉熙 등이 제국(일본)통치의 굴레에서 벗어나 조선독립국을 세울 뜻을 외치자, 이에 뇌동하는 자들이 조선 각 지에서 조선독립시위운동을 개시하여 경기도 개성군 송도면(개성 읍내)에서도 역시 동월 3일 · 4일에 걸쳐 기독교도의 경영인 호수돈好壽敦여학교 생도와, 같은 자의 경영인 사립 송도고등보통학교 생도의 주동으로 많은 민중들이 이에 찬동하여 조선독립만세를 같이 부르면서 동 면내를 횡행, 조선독립시위운동이 행하여짐에 즈음하여 정치 변혁의 목적으로,

1. 피고 김흔(64)은 위의 4일 오후 1시 경 동면 북본정 식산은행 지점 앞에서부터 전기 조선독립 시위운동단 속에 뛰어 들어 같은 거리 남대문 부근에 이르러 구 한국기를 휘두르면서 그 주위에 모여 들은 군중을 선동하면서 함께 조선독립만세를 외치고,

1. 피고 신후승(65)은 앞서 경기도 마전麻田 · 장단 양 군의 군서기에 봉직하다가 그 뒤 직을 사직하고 경성 성(경?)학원을 졸업하여 현재 기독교 남감리파 감사에 근무하고 있는 자인 바, 위의 3일 전도처인 철원에서 현주소로 돌아오는 길에 용산역에서 경성부내에서의 조선독립시위운동의 정황을 보고 듣자 이를 통

---

64) 본적지 경기도 개성군 송도면松都面 남본정南本町 880번지, 현주소 경기도 개성군 송도면松都面 남본정南本町 880번지, 무직(무종교) 김흔金昕 7월 17일생 22세

65) 본적지 경기도 장단군 군내면郡內面 읍내리邑內里 493번지, 현주소 경기도 개성군 송도면 북본정北本町 761번지, 기독교 남감리파 감사 신후승辛厚承 12월 5일생 28세

쾌한 거사로 여겨 집에 온 뒤 전기한 송도고등보통학교로 가서 위의 보고 들은 바를 고취함으로써 동교 생도를 선동하였을 뿐만 아니라, 이튿날 4일 그곳 남대문 부근에서 전기 조선독립 시위운동단 속에 뛰어 들어 오른 손을 들고서 조선독립만세를 같이 부르고,

1. 피고 강부성[66]은 위의 3일 정오가 지났을 즈음 전기한 피고의 집 부근에서 앞서 말한 조선독립 시위운동단에 참가하여 조선독립만세를 같이 부르고 일단 집에 돌아가 반지半紙로 구 한국기를 작성하여 이것을 들고서 이 날 오후 8시 경 다시 위의 남대문 부근으로 가서 많은 군중속에 뛰어 들어 그 국기를 떠받들고 조선독립 만세를 부르면서 이 면 대화정 부근까지 행진하고,

1. 피고 심영식[67]은 호수돈여학교 기예과 졸업생으로서 맹목적인 부녀자임에도 불구하고 동 4일 오후 2시 경 이 면 북본정에서 앞에 말한 조선독립 시위운동단 속에 끼어 양 손을 들고 많은 군중과 함께 조선독립만세를 외치고,

1. 피고 송영록[68]은 일한합병 당시부터 조선독립을 희망하고 있는 자인 바, 같은 날 같은 면 북본정 병교兵橋 부근에서 전기한 조선독립 시위운동단 속에 뛰어 들어 많은 군중과 함께 조선독립만세를 절규하면서 같은 거리의 남대문까지 행진하고,

1. 피고 박종림[69]은 조선독립을 희망하고 있는 자로서 유럽 열강 강화회의에서 조선독립이 허용될 것이라고 믿어 조선독립사상을 보급시킬 목적으로 이 날

---

66) 본적지 경기도 개성군 송도면松都面 대화정大和町 372번지, 현주소 경기도 개성군 송도면松都面 대화정大和町 372번지, 과자 제조업(무종교) 강부성姜富成 11월 12일생 23세

67) 본적지 경기도 개성군 송도면 경정京町 401번지, 현주소 경기도 개성군 송도면 경정京町 401번지, 무직 기독교도(여자) 심영식沈永植 7월 15일생 26세

68) 본적지 강원도 이천군 이천면伊川面 답리畓里, 현주소 경기도 개성군 송도면 고려정高麗町 송도고등보통학교 기숙사 내 송도고등보통학교 2년생 기독교도 송영록宋永祿 8월 7일생 19세

69) 본적지 경기도 개성군 송도면 만월정滿月町 393번지, 현주소 경기도 개성군 송도면 고려정 48번지, 무직 기독교도 박종림朴宗林 2월 17일생 28세

같은 거리의 고려교高麗橋 부근에서 그 조선독립만세를 열광적으로 부르면서 같은 거리의 남대문까지 행진하고,

1. 피고 심적룡[70]은 조선독립의 희망을 품고 있는 자인 바, 이 날 같은 면 고려정 송도고등보통학교 교정에서 전기 동교 동창생이 주동된 조선독립 시위운동단 속에 끼어 많은 군중과 함께 조선독립만세를 절규하면서 북본정을 지나 남대문까지 행진하고,

1. 피고 김정식[71]은 조선독립운동의 기운을 고조시킬 목적으로 이 날 오후 2시경 위의 송도고등보통학교 교정에서 동창생 100여 명의 조선독립 시위운동단 속에 참가하여 함께 조선독립만세를 같이 부르면서 북본정을 지나 남대문까지 행진하고,

1. 피고 김익중[72]은 전부터 조선독립의 희망을 품고 있는 자인 바, 같은 일시에 동교 교정에서 동창생의 조선독립 시위운동단과 함께 조선독립만세를 외치면서 북본정을 지나 남대문 부근까지 행진하고,

1. 피고 김동현[73] · 김수천[74]은 같은 일시에 이 면 북본정에서 위의 조선독립 시위운동단 속에 참가하여 조선독립만세를 같이 부르면서 남대문 부근까지 행진하고,

---

70) 본적지 경기도 개성군 남면南面 심천리深川里 647번지, 현주소 경기도 개성군 송도면 만월정, 송도고등보통학교 4년생 기독교도 심적룡沈赤龍 4월 19일생 29세

71) 본적지 강원도 철원군 철원면鐵原面 사요리四要里 141번지, 현주소 경기도 개성군 송도면 만월정, 송도고등보통학교 1년생 기독교도 김정식金貞植 8월 1일생 21세

72) 본적지 경기도 개성군 송도면 고려정 707번지의 1, 현주소 경기도 개성군 송도면 고려정 707번지의 1, 송도고등보통학교 4년생 기독교도 김익중金翊重 9월 5일생 21세

73) 본적지 경기도 개성군 송도면 경정 623번지, 현주소 경기도 개성군 송도면 경정 623번지, 장돌뱅이(무종교) 김동현金東炫 10월 25일생 20세

74) 본적지 충청북도 청주부 쌍청리雙淸里 343번지, 현주소 경기도 개성군 송도면 만월정, 송도고등보통학교 4년생 기독교도[일명-名 : 김종서金鍾瑞] 김수천金壽千 9월 17일생 23세

1. 피고 안덕삼[75] · 고민룡[76]은 같은 일시에 이 면 북본정 식산은행 부근에서 그 조선독립시위운동단과 함께 조선독립만세를 같이 부르고,

1. 피고 안종화[77]는 같은 일시에 이 거리 고려교 부근에서 그 조선독립 시위운동단 속에 뛰어 들어 조선독립만세를 절규하면서 남대문 부근까지 행진하고,

1. 피고 남흥성[78]은 전기한 3일 오후 2시 경 이 면 대화정 헌병대 앞에서 조선독립시위운동단 속에 참가하여 함께 조선독립만세를 연달아 부르면서 남대문 부근까지 행진하고,

1. 피고 한종석[79]은 같은 일시에 이 면 서본정에서 전기한 조선독립 시위운동단에 참가하여 조선독립만세를 같이 부르고,

1. 피고 김익룡[80]은 같은 일시에 이 면 북본정에서 위의 조선독립 시위운동단 속에 뛰어 들어 조선독립만세를 부르면서 남본정 순사파출소 부근까지 행진함으로써, 피고들은 모두 정치에 관하여 불온한 언동을 함으로 말미암아 치안을 방해하였으며,

피고 한종석은 동월 3일 이 면내를 배회하던 중, 이 날 오후 6시 경 같은 면 서본정 157번지 중촌中村 시보상점의 점두에서 돌아간 이태왕 전하(고종황제 폐하)

---

75) 본적지 경기도 개성군 송도면 만월정 549번지, 현주소 경기도 개성군 송도면 만월정 549번지, 고용인 기독교도 안덕삼安德三 2월 5일생 46세

76) 본적지 전라북도 군산부 구암리龜岩里 412번지, 현주소 경기도 개성군 송도면 고려정 54번지, 염색 직공 기독교인 고민룡高敏龍 11월 3일생 26세

77) 본적지 경기도 개성군 송도면 만월정 549번지, 현주소 경기도 개성군 송도면 만월정 549번지, 송도고등보통학교 4년생 기독교도 안종화安鍾和 12월 14일생 21세

78) 본적지 경기도 개성군 송도면 경정 240번지, 현주소 경기도 개성군 송도면 경정 240번지, 고용인 기독교도 남흥성南興成 11월 2일생 27세

79) 본적지 경기도 개성군 북면北面 이포리梨浦里, 현주소 경기도 개성군 송도면松都面 서본정西本町 185번지 고용인(무종교) 한종석韓宗錫 2월 3일생 17세

80) 본적지 경기도 개성군 송도면松都面 궁정宮町 57번지, 현주소 경기도 개성군 송도면松都面 궁정宮町 57번지, 금전 대차 중개업(무종교) 김익룡金益龍 8월 26일생 36세

장례식에 조의를 표시하기 위하여 처마 끝에 달아 둔 동인 소유의 일장기 1류(증 제2호)를 끌어내려 이것을 신발 신은 발로 부벼 망가뜨려 버리고 그 후 피해자에게서 고소당하였으며,

피고 김익룡은 이 날 오후 8시 경 동면 남본정 순사파출소 부근에서 이미 일을 마치고 집에 돌아가는 길에 그 곳에 당도한 이 면 북본정 131번지 우편배달부 고교선조高橋善助의 뒤에서 그의 따귀를 갈겨 폭행을 가하고서, 그 후 그에게 고소당한 자이다.

파상국면(3.10~3.27)

18일 동안 모두 287회의 시위가 벌어졌다. 2~4일간의 하강현상과 1~2일간의 고양현상이 되풀이되었는데, 3.10~11일(16, 18회), 14일(20회), 18일(16회, 3만 2천여 명), 23일(33회, 3만 5천여 명), 26일(20회)에 고양현상이 나타났다. 지역별로 보면, 평남북의 시위횟수가 급감(18/287, 6.3%)한 반면, 시위발생 지역이 13개도 전체로 확산되었다. 특히 경기, 경남, 함남의 3개도가 170회(59%)로 많았다. 또 기독교도와 천도교도가 주도(116회, 40.4%)한 시위가 줄어든 대신 학생과 보통민이 참여(59.6%)한 시위가 늘었다.

이 시기 일제 대응의 요지는, 3월 11일 하라 수상이 조선총독 앞으로 보낸 '엄중한 조치' 지시에서 그것을 찾을 수 있다. 그에 따라 조선총독은 조선 주둔군 분산배치 명령을 내렸고, 3월 12일 조선주둔군 사령관의 명령에 따라 함남·북, 강원, 충북, 전남·북, 경남에 각 1개 중대, 충남, 경북에 각 1개 소대를 배치하고, 평남·북, 황해도에는 보병 제39여단을 임기응변 배치토록 결정했다. 아직 시위가 일어나지 않은 지역까지 전 조선에 고루 파견되었고, 각도에 파견된 일본군

중대는 소규모 분견대를 군단위로 분산(약 160군데)해서 배치되었다. 그리하여 일제의 '엄중한 조치'와 촘촘한 '분산 배치'에 따라 3월 13일부터 31일 사이 294곳 시위에서 64회의 무기사용이 행해졌다.

다시 이 시기 경기 지역의 날짜별·지역별 3·1운동 발생 상황을 소개하면, 다음 표와 같다.

〈표3-2〉 파상국면 각군별·날짜별 시위횟수

구분	10	11	14	15	16	18	19	21	22	23	24	25	26	27
고양										6	5	1	4	5
부천											3	1	1	1
시흥										6		1	1	
수원										1		2	1	1
진위		1				1								
안성		1												
용인														
이천														
김포								2	3	1		1		
파주													4	2
개성														
포천														
연천							2	2						4
광주													3	5
양평	1										1			
양주			1	2		1							1	2
가평				1	2									
여주														
장단											1		2	

출전: 〈표3-1〉과 같음.

위 표를 보면, 3월 10일부터 27일 사이에 용인·이천·포천·여주에서는 시위가 아직 일어나지 않았다. 그러나 뒤에서 살펴보듯이 용인군 원삼면에서 3월 21일에 시위가 있었으므로 위 표의 통계에 다소 착오가 있음을 알 수 있다. 이 표의 원 작성자(이지원)도 일제 관헌 자료 이용의 특성상 통계가 불완전할 수 있음을 밝혀두었다. 그럼에도 불구하고, 위 표를 통해서도 이 기간(파상국면) 동안 대체로 경기도 각군에서 시위운동이 일어났음을 확인할 수 있다. 이제 다시 판결문 기록을 통해 날짜별 지역별 3·1운동 상황을 살펴보자.

3월 10일 파주군 와석면 시위

제1. 피고 임명애[81]는 대정 8년 3월 10일 경기도 파주군 와석면 교하리 공립보통학교 운동장에서 그 곳에 집합한 동교 생도 100여명을 선동, 같이 조선독립시위운동을 하려고 꾀하여 이 날 위 생도들의 눈 앞에 서서 큰 소리로 조선독립만세를 외침으로써 전기 생도들을 선동하여 치안을 방해한 자이다.

3월 11일 진위군 평택 시위

피고 도상(이도상-인용자)[82]은 대정 8년 3월 5일 경 군중이 경성 및 각지에서 조선독립만세를 외치며 시위운동을 실행하고 있음을 전하여 듣고서 그 거사에 찬동하여 경기도 진위군 평택平澤 읍내에서 독립만세를 외쳐 군중을 선동하려고 꾀하여 동월 10일 밤 친동생인 이덕상李德相에게 가사 일체를 맡기고 이튿날 11일 동 읍내로 와서 동 역전에서 장날에 집합한 군중에게 대하여 스스로 선창하여 누차 독립만세를 절규하여 군중을 선동함으로써 정치에 관하여 불온한 언동을 함으로 말미암아 치안을 방해하고, 피고 준상(목준상-인용자)[83]·헌섭(심헌섭-인용자)[84]·영수(한영수-인용자)[85]는 이 날 같은 곳에서 피고 도상의 주장에 따라 수 번

81) 본적·주소 경기도 파주군 와석면 교하리 578번지, 구세군 임명애林明愛 당 32세
82) 경기도 진위군 병남면丙南面 비전리碑前里, 미곡상 이도상李道相 30세
83) 경기도 진위군 병남면 합정리蛤井里, 미곡상 목준상睦俊相 29세
84) 경기도 진위군 병남면 비전리, 농업 심헌섭沈憲燮 32세
85) 경기도 진위군 오성면梧城面 양교리梁橋里, 농업 한영수韓泳洙 28세

조선독립 만세를 외침으로써 정치에 관하여 불온한 언동을 함으로 말미암아 치안을 방해한 자이다.

3월 13일 또는 14일 양주군 미금면 시위

피고들[86]은 조선 각지에서 조선독립시위운동이 일어났음을 알자 이에 찬동하여 정치 변혁의 목적으로 대정 8년 3월 13일 또는 14일 당시 구장이었던 이승익의 부름에 따라 다수의 면민과 함께 전기 피고들이 사는 동리의 주막 박 모의 집 앞에 집합하여 피고들은 모두 그 선두에 서서 군중과 같이 조선독립만세를 부르면서 면내를 광분함으로써 정치에 관하여 불온한 언동을 함으로 말미암아 치안을 방해한 자이다.

3월 15일 양주군 와부면 시위

피고 정성(이정성-인용자)[87] · 춘경(김춘경-인용자)[88] · 현모(김현모-인용자)[89]는 손병희孫秉熙 등이 조선독립 선언을 하자 그 취지에 찬동하여 대정 8년 3월 14일 김정하金正夏와 공모한 후 군중을 이끌고 조선독립만세를 외치면서 양주군 와부면 일대를 순회하여 크게 조선독립시위운동을 하려고 기도, 이튿날 15일 이른 아침에 동면 송촌리에 그 동리와 부근의 거주민 100여 명을 집합시켰으며, 이에 위의 피고 3명과 그 취지에 찬동하여 그 곳에 모인 피고 덕여(김덕여-인용자)[90] · 일

---

86) 본적지 · 현주소 경기도 양주군 미금면 평내리 49번지, 농업(무종교) 이승익李昇翼 12월 20일생 45세; 본적지 · 현주소 경기도 양주군 미금면 평내리 206번지, 농업(무종교) 우보현禹輔鉉 10월 21일생 58세; 본적지 · 현주소 경기도 양주군 미금면 평내리, 농업(무종교) 이보영李輔永 2월 12일생 30세; 본적지 · 현주소 경기도 양주군 미금면 평내리 225번지, 농업(무종교) 정기섭丁基燮 7월 17일생 34세; 본적지 · 현주소 경기도 양주군 미금면 평내리 250번지, 농업(무종교) 김영하金永夏 5월 15일생 36세; 본적지 · 현주소 경기도 양주군 미금면 평내리 226번지, 농업(무종교) 이석준李錫俊 4월 25일생 50세

87) 경기도 양주군 와부면瓦阜面 송촌리松村里, 농업 (기독교) 이정성李正成 41세

88) 경기도 양주군 와부면瓦阜面 송촌리松村里, 농업 (기독교) 김춘경金春經 26세

89) 경기도 양주군 와부면瓦阜面 송촌리松村里, 농업 (기독교) 김현모金顯模 41세

90) 경기도 양주군 와부면瓦阜面 송촌리松村里, 농업 (기독교) 김덕여金德汝 45세

성(정일성-인용자)[91] · **갑동**(이갑동-인용자)[92] · **성준**(오성준-인용자)[93] · **덕오**(김덕오-인용자)[94] · **정운**(이정운-인용자)[95] · **윤경**(김윤경-인용자)[96] · **건흥**(이건흥-인용자)[97] 등은 모두 정치 변혁을 목적으로 압수한 구 한국 국기를 떠받들고 조선독립만세를 외치면서 그 곳을 나서서 동면 덕소리德沼里를 향하여 행진하자 피고 **태현**(전태현-인용자)[98] · **현유**(김현유-인용자)[99] · **경식**(박경식-인용자)[100] · **광채**(문광채-인용자)[101] · **내한**(이내한-인용자)[102] · **수만**(박수만-인용자)[103]은 모두 그 거사에 찬동하여 정치변혁의 목적으로 동면 조안리鳥安里 또는 그 부근에서 이에 참가, 같이 위의 덕소리로 가서 조선독립만세를 부르며 시위운동을 함으로써 정치에 관하여 불온한 행동을 하여 안녕 질서를 방해한 자이다.

3월 15~16일 가평군 북면 시위

제1. 피고 이윤석[104]은 손병희孫秉熙 등이 조선독립을 선언하여 경성京城 · 기타 각지에서 조선독립시위운동이 일어났음을 전하여 듣고 경기도 가평군加平郡에서도 다수의 이민이 회합, 이 독립운동을 하려고 꾀하여 대정 8년 3월 14일 피

---

91) 경기도 양주군 와부면瓦阜面 송촌리松村里, 농업 (기독교) 정일성鄭一成 18세
92) 경기도 양주군 와부면瓦阜面 송촌리松村里, 농업 이갑동李甲同 25세
93) 경기도 양주군 와부면瓦阜面 송촌리松村里, 농업 (기독교) 오성준吳成俊 35세
94) 경기도 양주군 와부면瓦阜面 송촌리松村里, 농업 김덕오金德五 38세
95) 경기도 양주군 와부면瓦阜面 송촌리松村里, 농업 (기독교) 이정운李正雲 36세
96) 경기도 양주군 와부면瓦阜面 송촌리松村里, 농업 (기독교) 김윤경金允京 52세
97) 경기도 양주군 와부면瓦阜面 송촌리松村里, 농업 이건흥李建興 34세
98) 경기도 양주군 와부면瓦阜面 송촌리松村里, 농업 전태현全泰鉉 32세
99) 경기도 양주군 와부면瓦阜面 송촌리松村里, 농업 김현유金鉉有 39세
100) 경기도 양주군 와부면瓦阜面 송촌리松村里, 농업 박경식朴景植 38세
101) 경기도 양주군 와부면瓦阜面 송촌리松村里, 농업 문광채文光彩 59세
102) 경기도 양주군 와부면瓦阜面 송촌리松村里, 농업 이내한李来漢 37세
103) 경기도 양주군 와부면瓦阜面 송촌리松村里, 농업 (기독교) 박수만朴壽萬 23세
104) 경기도 가평군 북면北面 목동리沐洞里 577번지, 농업 무종교 이윤석李胤錫 당 26세

고 정흥교[일명 : 흥룡]¹⁰⁵⁾와 밀회, 미리 등사한 손병희 외 30여 명의 조선독립선언서 2통(증 제3호 · 제4호)을 제시, 이에 찬동케 한 후, 피고 양인은 다시 '세계각국공회公會에서 속국은 이번 독립하게 되었다. 그러니 조선도 역시 독립할 것이므로 음력 2월 14일 아침 9시 가평에 집합하여 조선독립만세를 외치라'는 취지를 선동하는 불온문서 3통을 작성하여 가평군 북면의 각 동리 이민들에게 배부하거나 또는 구두로 전달시켰으며, 그 중 피고 이윤석은 전기한 독립선언서 속에서 1통을 피고 이만석¹⁰⁶⁾에게, 그 이외의 1통을 피고 정재명¹⁰⁷⁾에게 교부함으로써 정치 변혁을 도모하기 위하여 여럿이 공동으로 안녕 질서를 방해할 목적으로 가평군 북면 내의 주민을 선동함으로써 그 면내의 주민인 피고 장기영¹⁰⁸⁾ · 정성교¹⁰⁹⁾ · 이만석 · 정재명 · 이병찬¹¹⁰⁾ · 최종화¹¹¹⁾ · 최용화¹¹²⁾ · 이홍복¹¹³⁾ · 이영헌¹¹⁴⁾ · 장호형¹¹⁵⁾ · 장호리¹¹⁶⁾ · 이치영¹¹⁷⁾ · 홍종선¹¹⁸⁾ · 최인화¹¹⁹⁾ · 최기영¹²⁰⁾ · 정

---

105) 경기도 가평군 북면北面 목동리沐洞里 579번지, 농업 무종교 [일명-名 : 정흥룡鄭興龍] 정흥교鄭興敎 당 20세
106) 경기도 가평군 북면北面 목동리沐洞里 898번지, 매약상 무종교 이만석李萬錫 당 18세
107) 경기도 가평군 북면 소법리所法里 2번지, 농업 무종교 정재명鄭在明 당 45세
108) 경기도 가평군 북면 화악리華岳里 1012번지, 농업 무종교 [일명 : 장기영張基映] 장기영張基榮 당 33세
109) 경기도 가평군 북면北面 목동리 579번지, 농업 무종교 정성교鄭聖敎 당 26세
110) 경기도 가평군 북면北面 이곡리梨谷里 300번지, 사숙私塾 교사 무종교 이병찬李炳贊 당 41세
111) 경기도 가평군 북면北面 이곡리梨谷里 287번지, 수원水原농림학교 3년생 무종교 최종화崔宗和 당 23세
112) 경기도 가평군 북면北面 이곡리梨谷里 287번지, 농업 무종교 최용화崔容和 당 19세
113) 경기도 가평군 북면北面 이곡리梨谷里 275번지, 농업 무종교 이홍복李弘福 당 38세
114) 경기도 가평군 북면北面 목동리 649번지, 농업 무종교 이영헌李英憲 당 37세
115) 경기도 가평군 북면北面 목동리 597번지, 농업 무종교 장호형張浩亨 당 27세
116) 경기도 가평군 북면北面 목동리 597번지, 농업 무종교 장호리張浩利 당 25세
117) 경기도 가평군 북면北面 화악리 979번지, 농업 무종교 이치영李致榮 당 42세
118) 경기도 가평군 북면北面 화악리 541번지, 농업 무종교 홍종선洪鍾先 당 46세
119) 경기도 가평군 북면北面 이곡리梨谷里 271번지, 농업 무종교 최인화崔仁和 당 20세
120) 경기도 가평군 북면北面 이곡리梨谷里 335번지, 농업 무종교 최기영崔基榮 당 23세

효섭[121] · 장순현[122] · 이병식[123] · 신현성[124]의 19명은 위의 부질 없는 행동에 찬동하게 하고, 피고 정흥룡과 함께 정치 변혁을 목적으로 대정 8년 3월 15일 (음력 2월 14일) 동 군 북면 면사무소 앞에서 수백 명의 군중과 회합하여 조선독립만세를 외치고, 이 곳에서 피고 이윤석 및 정흥룡 · 기타 여러 이민들이 작성한 구한국기 10수 류 (증 제1호 · 제2호)를 떠 받들고 행진 중, 피고 장순현이 위의 단체에서 떠난 이외 기타 피고들은 본래의 뜻을 관철하기 위하여 맹렬한 기세로 대를 지어서 같이 가평군 가평 읍내에 이르러 군청 앞과 기타 각 곳에서 독립만세를 외쳤으며, 피고 김정호[125] · 최기홍[126] · 장귀남[127] · 김창현[128] · 권임상[129] · 이도봉[130]의 6명도 또한 가평 읍내에서 위의 취지를 찬동, 그 군중에게 참가하여 함께 조선독립만세를 부름으로 말미암아 정치에 관하여 불온한 언동을 함으로써 안녕 질서를 방해한 자이다.

　　제2. 피고 장기영暎[일명 : 장기영榮] · 정성교는 전기한 범행으로 이윤석 · 정흥룡 등 십수 명이 경성헌병분대 가평헌병분견소에 인치되자 그들을 탈환하려고 기도하여 동월 16일 그들의 탈환을 찬동한 약 200명의 이민들과 같이 가평군 북면 목동리에 회합, 피고 장기영은 위 군중의 선두에 서고 피고 정성교는 그 중간에서 통솔하여 목동리를 떠나 가평헌병분견소로 향하여 행진 중, 가평군 북

---

121) 경기도 가평군 북면北面 화악리 283번지, 농업 구장 무종교 정효섭丁孝燮 당 38세
122) 경기도 가평군 북면北面 목동리 583번지, 농업 천도교 장순현張順賢 당 52세
123) 경기도 가평군 북면北面 목동리沐洞里 920번지, 농업 천도교 이병식李秉植 당 59세
124) 경기도 가평군 북면 화악리 214번지, 농업 무종교 신현성申鉉成 당 35세
125) 경기도 가평군 군내면郡內面 읍내리邑內里 265번지, 원 가평 우편 배달부 무종교 김정호金定鎬 당 36세
126) 경기도 가평군 북면北面 이곡리梨谷里 287번지, 농업 무종교 최기홍崔基弘 당 41세
127) 경기도 가평군 군내면郡內面 대곡리坮谷里 148번지, 콩 장수 예수교[일명-名 : 장기남張貴男] 장귀남張貴男 당 21세
128) 경기도 가평군 군내면郡內面 읍내리邑內里 618번지, 대서업 예수교 김창현金昌鉉 당 36세
129) 경기도 가평군 북면 백둔리柏屯里 646번지, 농업 무종교 권임상權任相 당 33세
130) 경기도 가평군 북면 읍내리 494번지, 잡화상 무적無籍 무종교 이도봉李道奉 당 24세

면 목동리 성황당의 산 길인 당고개祭堂峴라는 고개에서 그 때 피고 등 불령 도배를 진압하기 위하여 출동한 치안 경찰과 사법경찰 사무를 집행하는 경성헌병분대 헌병 오장 송본은장松本銀藏이 헌병 상등병 2명 이외 수 명을 인솔하고 온 것과 만났을 즈음 약 200명의 군중은 함성을 올리며 돌진하여 오므로 위 송본 헌병 오장이 헌병 상등병 2명으로 하여금 해산을 명령하였음에도 불구하고 위의 군중은 이에 불응하여 오히려 피고 장기영은 많은 수의 군중을 믿고서 솔선하여 이의 진압 임무를 수행하는 헌병 상등병의 멱살을 잡고서 그의 직무 집행을 방해하여 '죽일테면 죽여라'하고 성언하면서 투석하므로 배후의 군중들은 이에 따라 일변 기와조각을 던졌을 뿐만 아니라 이를 진압하던 헌병과 격투를 시작하는 등 극도로 소란을 피웠으며, 이 소요 중, 피고 장기영·정성교의 양 인은 남에게 솔선하여 그 기세를 돋우었고 피고 이교성[131]은 이에 붙어 따라 다닌 자이다.

3월 21일

연천군 백학면 시위

제1. 피고 조우식[132]·정현수[133]·이낙주[134]·홍순겸[135]·김복동[136]·한상혁[137]·김문유[138]·구금룡[139]은 대정 8년 3월 1일 이후 조선 안 각지에서 조선독립만세

---

131) 경기도 가평군 북면北面 목동리 무번지, 농업 무종교 이교성李敎成 당 27세
132) 경기도 연천군 미산면嵋山面 석장리石墻里 재적·거주, 농업 조우식趙愚植 4월 9일생 46세
133) 경기도 연천군 왕징면旺澄面 동중리東中里 592번지 재적·거주, 농업 정현수鄭賢洙 9월 10일생 21세
134) 경기도 연천군 미산면 석장리 347번지 재적·거주, 농업 이낙주李洛周 5월 7일생 24세
135) 경기도 연천군 백학면百鶴面 두일리斗日里 128번지 재적·거주, 농업 홍순겸洪淳謙 3월 25일생 28세
136) 경기도 연천군 백학면百鶴面 두일리斗日里 364번지 재적·거주, 음식점 영업 김복동金復東 8월 24일생 31세
137) 경기도 연천군 미산면 석장리 342번지 재적·거주, 농업 한상혁韓相赫 8월 12일생 43세
138) 경기도 연천군 백학면 두일리 364번지 재적·거주, 날품팔이 김문유金文裕 6월 19일생 27세
139) 경기도 연천군 백학면 두일리 373번지 재적·거주, 날품팔이 구금룡具金龍 1월 30일생 24세

를 외치는 조선독립시위운동이 거사됨을 전하여 듣고서 각각 그 취지에 찬동, 이와 동일한 행동을 하려고 꾀하여 경기도 연천군 백학면 두일리시장의 장날인 동년 3월 21일을 기회로 그 시장으로 가서 장에 모인 군중과 함께 조선독립시위운동 방법으로서 피고 조우식의 주창으로 조선독립만세를 외침으로써 치안을 방해하고,

제2. 이 날 그 곳에서 장에 온 많은 군중들이 전기한 피고들의 주위에 모이자 점점 그 기세를 올려 모두 같이 폭행 협박을 하려고 꾀하여 먼저 피고 조우식은 면장 윤규영尹圭榮으로 하여금 동일한 행동을 하게 하려고 발의하고, 기타의 전기 피고들은 곧 이에 찬동하여 피고 정현수가 동 면장을 납치하여 오자 구타·협박하여 만세를 같이 부르게 하려고 하였으며, 이에 이어 피고 정현수는 돌로 부근 각 집의 문을 두드려 '동일한 행동에 참가하라'고 협박하고, 피고 구금룡은 소방용의 경종을 마구 치는 등의 광포한 행동을 함으로써 백수십 명의 군중을 집합시키고, 피고 조우식은 스스로 그 주동자가 되었으며, 피고 정현수는 위의 군중을 지휘하고, 기타 전기 피고들은 이에 솔선하여 기세를 더하여 동 시장 부근에 있는 전기 백학면 사무소로 몰려가서 그 직원들에게 대하여 '독립만세를 같이 부르라'고 협박하였으나 이에 호응하는 자가 없으므로 피고 정현수는 동 사무소에 투석하여 폭행을 가하고 폭민들은 점차로 증가하여 약 200명에 이르자, 피고 조우식·정현수 등은 이를 지휘하고 기타의 위 피고들은 남에게 솔선하여 그 기세를 올려 헌병의 제지를 돌보지 않고서 점점 소란을 피우다가 이날 야간을 틈타 동군 미산면 마전리痲田里로 몰려가서 구 한국 국기(증 제1호)를 세우고서 그 동리 문묘文廟 앞에서 함께 만세를 절규함으로써 위의 많은 군중이 집합하여 극도로 소요를 피운 것이다.

피고 백천기[140]는 대정 8년 3월 1일 이후 조선 안 각지에서 구 한국 국기를 휘두르면서 조선독립만세를 고창하는 조선독립시위운동이 행하여지고 있음을 알고서 그 취지에 찬동하여 이와 동일한 행동을 취하려고 꾀하여 동년 3월 21일 밤 거주하는 면의 통구리에서 약 60명의 이민을 모아 가지고 이들과 함께 조선독립시위운동 방법으로서 조선독립만세를 절규하면서 그 곳으로부터 동 면 마전리麻田里 헌병주재소 앞으로 몰려가서 치안을 방해하였다.

3월 21일 용인군 원삼면 시위

피고들은 손병희孫秉熙 등이 조선독립선언을 하자 크게 그 취지에 찬동하여 모두 정치 변혁의 목적으로,

제1. 피고 경준(황경준-인용자)[141] · 상근(최상근-인용자)[142] · 명옥(안명옥-인용자)[143] · 은수(김은수-인용자)[144]는 대정 8년 3월 21일 이민들에게 대하여 "조선독립만세를 부르라"고 권하여 이들을 선동, 이민 수백 명과 함께 경기도 용인군 원삼면 사무소 앞에서 이 날 오전 3시 경부터 동 6시 경까지 사이에 조선독립만세를 큰 소리로 연달아 부르고,

제2. 피고 은표(이은표-인용자)[145] · 인하(이인하-인용자)[146]는 이 날 같은 곳에 모여 있는 군중에게 대하여 미리 만들어 둔 구 한국 국기 4류를 교부하여 민심을 선동한 후 위의 군중과 같이 앞에서와 같이 조선독립만세를 외치고,

---

140) 경기도 연천군 백학면百鶴面 통구리通口里 273번지 재적 · 거주, 농업 백천기白天基 4월 19일생 40세
141) 경기도 용인군 원삼면遠三面 좌항리佐恒里, 농업 황경준黃敬俊 37세
142) 경기도 용인군 원삼면 사암리沙岩里, 농업 최상근崔相根 28세
143) 경기도 용인군 원삼면 사암리, 농업 안명옥安明玉 49세
144) 경기도 용인군 원삼면 사암리, 여인숙 김은수金殷秀 26세
145) 경기도 용인군 원삼면 맹리孟里, 농업 이은표李殷杓 23세
146) 경기도 용인군 원삼면 맹리, 농업 이인하李寅夏 31세

제3. 피고 용환(이용환-인용자)[147]·성남(김성남-인용자)[148]·영달(김영달-인용자)[149]·창연(김창연-인용자)[150]은 이 날 앞과 같은 장소에서 위의 군중과 함께 조선독립만세를 외침으로써 안녕 질서를 방해한 자이다.

3월 22일

김포군 월곶면 시위

피고(이병린-인용자)[151]는 대정 8년 3월 22일 김포군 월곶면月串面 군하리郡下里 시장에서 여기에 많은 이민들이 모여 있으매 박용희朴容羲란 자와 공모하여 이들 군중을 선동하여 만세를 부르게 함으로써 조선독립시위운동을 하려고 기도하여 양인이 빈번히 위의 군중 속을 분주히 내왕하며 '조선독립만세를 부르라'고 권유한 후, 모인 군중 약 200명을 지휘하여 통진通津공립보통학교·월곶면사무소 및 군하리 경찰관주재소 등의 앞으로 가서 같이 조선독립만세를 절규하여 독립시위운동을 함으로써 치안을 방해한 자이다.

제1. 피고 성태영[152]·백일환[153]·이씨[154]의 3명은 대정 8년 3월 초순 이래로 조선 각지에서 조선독립시위운동이 치열함을 전해 듣고 많은 군중과 함께 정치 변혁을 목적으로 불온한 행동을 함으로써 안녕 질서를 방해하려고 꾀하여, 대정 8년 3월 22일 피고 성태영은 경기도 김포군 월곶면 군하리에서 이 날은 이 동리

---

147) 경기도 용인군 원삼면 맹리, 이용환李容煥 41세
148) 경기도 용인군 원삼면 좌항리, 농업 김성남金性男 18세
149) 경기도 용인군 원삼면 좌항리, 농업 김영달 17세
150) 경기도 용인군 원삼면 사암리, 농업 김창연金昌淵 27세
151) 주소·본적 경기도 김포군 대곶면大串面 취암리醉岩里 214번지, 농업 이병린李炳麟 당 33세
152) 경기도 김포군 월곶면月串面 고양리高陽里 104번지, 농업 성태영成泰永 1월 24일생 44세
153) 경기도 김포군 월곶면月串面 군하리郡下里 207번지, 농업 백일환白日煥 9월 6일생 36세
154) 경기도 김포군 월곶면月串面 군하리郡下里 78번지, [일명-名 : 이李 살눔] 이씨李氏 8월 7일생 34세

의 장날이어서 많은 이민들이 모였음을 기화로 하여 군중에게 대하여 '조선독립을 원하는 자는 공자묘(향교)로 모이라'고 권유하니 피고 백일환과 피고 이씨도 위의 취지에 찬동하여 수백 명의 군중과 함께 이 동리에 있는 공자묘 앞에 집합하여, 피고 이씨는 증 제1호의 구 한국 국기를 휘두르고 피고 3명은 이 동리 안을 돌아다니며 위의 군중과 함께 조선독립만세를 외치고 광분함으로써 많은 군중과 같이 정치에 관하여 불온한 행동을 함으로 말미암아 치안을 방해한 자이다.

제2. 피고 성태영·백일환의 양인은 전기 군중이 열광적으로 소요를 피우려고 함에 있어서 솔선하여 그 기세를 도와 함께 소요를 피우려고 꾀하여 이 날 먼저 주모자 박용희(朴容羲)란 자가 구 한국 국기를 들고 지휘자가 되고 피고 양인은 선두에 서서 위 수백 명의 군중과 함께 동면 군하리에 있는 월곶면 사무소로 몰려가서 동면 서기 조원석(趙元錫) 등에게 대하여 '만세를 선창하라'고 강요하고 많은 군중과 함께 극도로 소란을 피운 후 피고 성태영은 높은 단에 올라가 독립에 관하여 길 가에서 연설을 시작하려고 하며, 취체하기 위하여 나간 군하(郡下)경찰관주재소 순사 산전중양(山田重洋)이 직무상 이를 제지하려고 하자, 피고 백일환은 군중 속에서 뛰어 나와 동 순사를 구타하고 또한 군중과 함께 동 순사에게 대하여 폭행을 가함으로써 그의 직무 집행을 방해한 끝에 군중과 같이 고함을 지르며 이 동리에 있는 군하경찰관주재소로 몰려가서 피고 백일환은 군중과 함께 순사보 이성창(李聖昌)을 문 안으로부터 끌어 내어 '만세를 부르라'고 강요하여 그를 땅 위에 밀어 넘기고서 구타하는 등의 폭행을 가하고, 그 곳을 떠나 다시 전기 면사무소로 가서 피고 양인은 박용희와 함께 면서기 조원석 외 3명에게 대하여 강제로 구 한국 국기를 쥐어주고, '만세를 3창하라'고 협박하여 수백 명의 군중과 같이 소요를 피움으로써 그 지방의 정일을 깬 자이다.

3월 22일 및 3월 28일 김포군 월곶·통진면 시위

피고들은 대정 8년 3월 경 조선 각지의 백성이 천도교주 손병희孫秉熙 등의 조선독립 선언 취지에 찬성하는 뜻을 표시하기 위하여 이의 독립시위운동을 하고 있음을 견문하자 그 거사에 찬동 하여 모두 정치 변혁의 목적으로, 피고 우석(최우석-인용자)[155]은 대정 8년 3월 22일 경기도 김포군 월곶면 군하리郡下里에서 이민 300여 명과 함께 조선독립만세를 외치고, 피고 남윤(조남윤-인용자)[156]은 당인표唐寅杓 외 1명과 공모한 후 이민을 규합하여 조선독립만세를 외치려고 꾀하여 동월 28일 당인표 집에서 "명 29일 오전 11시에 전 통진通津 읍내에 집합하여 조선독립만세를 외치라"는 취지의 문서 7통을 작성한 다음 이를 그 면내 각 동리의 주민에게 배포하여 선동하고, 피고 인교(정인교-인용자)[157] 및 우석은 동월 28일 전기 피고 남윤 등이 배포한 문서의 취지에 찬동하여 이민들을 규합, 조선독립만세를 외치려고 꾀하여 피고 종근에게 대하여 "이민들에게 명 29일 오전 11시 경 전 통진 읍내로 집합하여 조선독립만세를 외치도록 권유하고 오라"는 취지를 권유하고, 피고 종근(윤종근-인용자)[158]은 이에 응하여 이민들에게 대하여 그 뜻을 알려 이들을 선동하고, 피고 남윤·우석·종근 등은 전기함과 같이 이민들을 선동한 결과, 동월 29일 오전 11시 경에 이르러 이민 400여 명이 위 월곶면 전 통진 읍내에 모여 왔으므로 이들을 지휘하여 모두 함께 동 읍내에 있는 공자묘(향교) 앞과 월곶면 사무소 앞에서 조선독립만세를 외치고, 피고 인교·종근 및 창식(민창식-인용자)[159]은 동월 28일 밤 이민 수십 명과 같이 피고가 거주하

---

155) 경기도 김포군 월곶면月串面 조강리組江里, 잡화 행상 최우석崔禹錫 28세
156) 경기도 김포군 월곶면月串面 고정리高亭里, 음식점 조남윤趙南潤 27세
157) 경기도 김포군 월곶면月串面 조강리組江里, 어업 정인교鄭仁敎 32세
158) 경기도 김포군 월곶면月串面 조강리組江里, 고용인 윤종근尹鍾根 31세
159) 경기도 김포군 월곶면月串面 조강리組江里, 농업 민창식閔昌植 32세

는 동리의 함반산含飯山 꼭대기에 집합하여 모두 함께 조선독립만세를 외침으로 써 안녕 질서를 방해한 자이다. 또한 피고 우석·인교·종근의 소위는 모두 계속할 의사로 행동한 것이다.

3월 23일

김포군 대곶면 시위

피고 양인(정인섭·임철모-인용자)160)은 대정 8년 3월 초순 이후 조선 각지에서 조선독립시위운동이 일어났음을 전해 듣자 이에 찬동하여 정치 변혁의 목적으로 피고들이 거주하는 동리에서도 역시 조선독립시위운동을 하려고 하여 동월 22일 피고 정인섭은 전기 피고 정인섭의 글씨로 무명 천에 "독립만세獨立萬歲"라 먹으로 쓴 한국 국기 1류를 만들어 두었다가 이튿날 23일 오후 4시 경 피고 양인이 함께 동 시장으로 가서 모여들은 300여 명의 군중·속에 뛰어 들어 피고 정인섭은 그가 가진 대나무 장대(증 제2호)를 휘두르면서 군중에게 솔선하여 선창하고, 피고 임철모는 이에 따라서 위 한국 국기(증 제1호)를 떠받들고 군중과 같이 조선독립만세를 절규함으로써 정치에 관하여 불온한 언동을 함으로써 치안을 방해한 자이다.

김포군 양촌면 시위

피고들은 모두 조선독립을 희망하고 있었던 바 대정 8년 3월 1일 손병희孫秉熙 등이 조선독립을 선언하자, 크게 그 취지에 찬동하여 모두 정치 변혁을 목적으로, 제1. 피고 충서(박충서-인용자)161)는 동월 1일 오후 2시경부터 동 4시 경까지 군중

---

160) 본적지·현주소 경기도 김포군 대곶면大串面 초원지리草元芝里 423번지, 서당 교사 (무종교) 정인섭丁寅燮 4월 24일생 36 세; 본적지·현주소 경기도 김포군 대곶면大串面 초원지리草元芝里 423번지, 농업 (무종교) 임철모林喆模 11월 11일생 37세
161) 경기도 김포군 양촌면陽村面 누산리樓山里, 학생 박충서朴忠緖 22세

과 함께 경성부 파고다공원에서 조선독립만세를 외치면서 동부 종로 · 덕수궁 대한문 앞 · 남대문통 · 각국 영사관 앞을 순회하여 독립시위운동을 하였으며, 또한 동월 5일 오전 9시 경 동부 남대문 정거장 앞에서 군중과 함께 조선독립만세를 절규하고, 제2. 피고 충서 · 승각(박승각-인용자)[162] · 승만(박승만-인용자)[163] · 성환(안성환-인용자)[164] · 태순(전태순-인용자)[165]의 5명은 동월 19일 피고 성환 집의 골방에서 회합한 후 독립시위운동 계획에 대하여 협의한 끝에 이에 관하여 비분 강개한 격문과 '독립만세를 부르기 위하여 모이라'는 취지의 경고문 십수 통을 작성하고, 이에 피고 충서 · 승각 · 승만 · 성환 · 태순과 위 피고들의 계획에 찬동한 피고 인환(오인환-인용자)[166] · 억만(정억만-인용자)[167]의 7명은 각자 부서를 정한 다음 그 격문 및 경고문을 경기도 김포군 양촌면 내의 각 곳에 배포하여 민심을 선동하고, 제3. 피고 충서는 동월 23일 구 한국 국기를 속에 품고 동면 양곡陽谷시장에 가서 그 곳에 집합한 수백 명의 군중을 선동하고, 피고 승각 · 승만 · 억만은 이에 가담하여 위 군중과 함께 조선독립만세를 외침으로써, 정치에 관하여 불온한 행동을 함으로 말미암아 안녕 질서를 방해한 자이다. 또한 피고 충서 · 승각 · 승만 · 억만의 각 소위는 모두 계속할 의사로 행동한 것이다.

양평군 청운면 시위

피고들은 모두 천도교 신도인 바, 동교 교주 손병희孫秉熙 등이 조선독립선언을 발표하여 경성 · 기타 각지에서 조선독립운동이 일어났음을 전해 듣자, 피고 신

---

162) 경기도 김포군 양촌면陽村面 누산리樓山里, 농업 박승각朴勝珏 23세
163) 경기도 김포군 양촌면陽村面 누산리樓山里, 농업 박승만朴勝萬 24세
164) 경기도 김포군 양촌면陽村面 누산리樓山里, 농업 안성환安聖煥 32세
165) 경기도 김포군 양촌면陽村面 누산리樓山里, 농업 전태순全泰順 24세
166) 경기도 김포군 양촌면陽村面 누산리樓山里, 농업 오인환吳仁煥 21세
167) 경기도 김포군 양촌면陽村面 누산리樓山里, 농업 정억만鄭億萬 27세

재원[168]·정경시[169]는 정치 변혁을 목적으로 대정 8년 3월 23일 전기한 피고들이 거주하는 군의 청운면 용두리龍頭里 시장의 장날임을 틈타서 모여 들은 군중을 선동하여 그 곳에서도 역시 조선독립운동의 기운을 빚어내려고 꾀하여 그 날 모두 같이 자기 집을 나서서 도중에서 만난 피고 김종학[170]·민주혁[171]에게 대하여 그 목적을 알리고 유인한 바, 동 피고들도 이에 찬동하였으므로 이에 피고 4명은 동면 여물리餘勿里에 있는 무명교無名橋 아래에서 밀회하여 미리 피고 신재원이 사서 가지고 온 흰 천에 피고 김종학의 글씨로 "조선독립기朝鮮獨立旗"라 먹으로 쓴 기 3류 (증 제1호)를 제작하고 피고 민주혁은 시장에서 타인에게 사용케 할 목적으로 그 중 1류를 호주머니에 넣고 다른 2류를 동 피고 및 피고 김종학이 나누어 들고서 이를 휘두르고 조선독립만세를 외치면서 위의 시장에 이르러 피고 4명은 그 곳에 모여 있는 150여 명의 군중을 선동, 군중을 인솔하고서 일제히 조선독립만세를 절규케 함으로써 치안을 방해한 자이다.

3월 24일

양평군 갈산면 시위

제1. 피고 이진규[172]는 대정 8년 3월 초순 손병희孫秉熙 외 30여 명이 조선독립선언을 한 이래로 조선 각지에서 조선독립시위운동이 치열함에도 불구하고 오직 경기도 양평군만 평온하여 시위운동을 시작하지 않음을 유감으로 여겨 모씨에게서 위의 독립선언인 '우리 조선민족은 일본의 굴레를 벗어나서 분기하여 군

---

168) 본적·주소지 경기도 양평군 단월면丹月面 덕수리德水里 336번지, 농업 천도교도 신재원申在元 11월 9일생 60세
169) 본적·주소지 경기도 양평군 양동면楊東面 쌍학리双鶴里 197번지, 무직 천도교도 정경시鄭慶時 9월 21일생 65세
170) 본적·주소지 경기도 양평군 단월면丹月面 부안리富安里 407번지, 농업 천도교도 김종학金鍾學 8월 24일생 44세
171) 본적·주소지 경기도 양평군 청운면靑雲面 갈운리葛雲里 133번지, 농업 천도교도 민주혁閔周爀 11월 17일생 50세
172) 경기도 경성부 숭이동崇二洞 123번지, 연희延禧전문학교 서기 예수교도 이진규李晉珪 당 20세

중과 함께 독립을 수행하지 않으면 안된다'는 취지를 기재한 문서 수십 매(증 제 1호는 그 일부임) 및 대한독립회大韓獨立會 명의로 된 '지금에 각 경찰서에서 형벌을 당하는 형제 자매를 미련한 무리처럼 보고, 또 태황제(고종) 폐하를 암살하였다. 2천만 동포는 나라 없고 임금 없는 백성이 된 지 이에 10년의 능욕을 당하였다. 나라 없는 노예가 되어 사는 것보다는 오히려 조선독립만세를 부르고 총·칼 밑에서 죽는 것만 못하다. 독립의 시기는 왔다. 이 시기를 놓치면 다시는 만나기 어렵다. 맹렬히 분기하여 민족자결을 하고 독립기를 높이 게양하여 형벌 속에 있는 형제 자매를 구하고 역적의 무리를 잘게 토막쳐 우리들의 마음 속을 상쾌하게 하지 않을 수는 없다. 우리 동포여! 이 시기를 잃지 말고 독립기를 번득이고 맹렬히 분기하여 독립하라'는 취지를 기재한 격문 수십 매(증 제2호의 충고문은 그 일부임)를 받아서 이를 뿌리고 양평군의 이민들을 선동하여 많은 군중과 같이 정치에 관하여 불온한 행동을 함으로써 이 지방의 안녕 질서를 방해하려고 꾀하여 우선 전기한 문서 각 수십매를 가지고 대정 8년 3월 23일 경성을 출발하여 동월 24일 양평군 갈산면 양근리에 이르자 이 날은 이 동리의 장날이어서 많은 이민들이 집합하였음을 좋은 기회로 삼아 동 시장의 큰 길에서 군집한 약 1천 명의 이민들에게 대하여 '조선민족은 이 기회를 타서 일본 제국의 굴레를 벗어나 독립하지 않으면 안된다'는 취지로 정치에 관하여 불온한 연설을 하고, 전기 독립선언서 및 전시한 격문 각 수십 매를 그 군중에게 배부하여 스스로 조선독립만세를 외쳐 군중을 선동하였으므로 약 1천 명의 군중은 그의 취지를 찬동하여 증 제3호의 기를 번득이며 피고와 함께 조선독립만세를 절규하였으며, 또 피고 곽영준[173]도 역시 그의 취지를 찬동하여 즉시로 위의 군중에게 참가하여 동

---

173) 경기도 양평군 단월면丹月面 부안리富安里 217번지, 농업 천도교도 곽영준郭英俊 21세

시장에서 많은 군중과 같이 조선독립만세를 외치고 동 시장을 광분함으로써 피고 양인은 정치에 관하여 많은 군중과 함께 불온한 행동을 함으로써 동 지방의 안녕을 방해한 자이다.

제2. 피고 한창호[174] · 김경성[175] · 서상석[176] · 김석봉[177] · 한봉철[178]은 조선독립시위운동을 함으로써 정치의 변혁을 꾀하고 많은 군중과 같이 불온한 행동을 함으로써 치안을 방해하려고 기도하여 이 날 전기한 갈근리에서 수백 명의 군중과 함께 조선독립만세를 외치면서 이 동리 안을 광분함으로써 정치에 관하여 불온한 행동을 함으로 말미암아 동 지방의 안녕을 방해한 자이다.

제3. 이 날 전기한 갈근리의 시장에서 약 1천명의 이민이 조선독립만세를 절규하면서 동 시장을 광분하던 중, 동일 오후 2시 40분 경 위의 이신규 · 곽영준의 양 인이 보안법 위반죄로 이 동리에 있는 양평헌병분견소에 인치되자 그 군중은 격앙하여 동 헌병분견소 앞에 모여 들어 '위의 체포자를 내 놓으라'고 외친 끝에 다시 수백 명의 군중은 이 동리에 있는 갈산면사무소 · 양평군청 · 양평우편소 및 박희영朴熙英의 집에 몰려가서 그 중 수십 명의 군중은 제멋대로 각 사무실 또는 방 안에 난입하여 극도로 소란을 피우고, 군청에서는 마음대로 뗄 수 있는 창문의 유리 수 매와 동 군청에 보관된 국세에 관한 왕복철往復綴 · 제세금 부징수 정리부 각 1책을 찢어 버리고, 면사무소에서는 면장 김찬제金讚濟를 사무소 밖으로 끌어내어 때렸을 뿐만 아니라 동 사무실의 뗄 수 있는 창문의 유리 수

---

174) 경기도 양평군 갈산면葛山面 양근리楊根里 427번지, 자전거 수선업 예수교도 한창호韓昌鎬 당 23세

175) 경기도 양평군 갈산면 양근리 333번지, 농업 무종교 김경성金慶星 32세

176) 경기도 양평군 갈산면 양근리 393번지, 양평우편소 사무원 무종교 서상석徐象錫 당 19세

177) 본적 강원도 강릉군 원읍내면元邑內面 백월리白月里, 주소 경기도 양평군 갈산면 양근리, 요리점 고용인 무종교 김석봉金石鳳 당 20세

178) 경기도 양평군 갈산면 양근리 154번지, 농업 무종교 한봉철韓奉喆 22세

매를 부수고, 양평우편소에서는 뗄 수 있는 창문의 유리 수 매를 부쉈고, 또 박희영 집에서는 '군수와 면장이 잠복하였을 것이다'고 하면서 각 방을 수색하였으며, 소요를 피우는 군중이 봉기함을 당하여 피고 한봉철·한창호·김경성·서상석·김석봉은 그 사정을 알고서도 그 군중에게 참가하여 위의 소요에 붙어 따라다니고, 피고 한봉철은 위 우편소의 사무실에, 피고 김경성·한창호·서상석은 위 면사무소의 사무실에, 피고 김석봉은 위 박희영의 집에 모두 침입하여 함께 소요를 피움으로써 동 지방의 정일靜逸을 깨어버린 자이다.

피고(이용준-인용자)[179]는 대정 8년 3월 24일 오후 2시 경 약 400명의 군중과 함께 경기도 양평군 갈산면 양근리楊根里에서 조선독립만세를 외치고 소란을 피우면서 솔선하여 이곳 갈산면사무소에 몰려가서 일부 사람과 함께 동 사무실 내에 침입, 폭력으로 동 면장 김찬제金讚濟, 면서기 서병일徐丙一을 실외로 끌어내고, 또한 양인의 허리 및 등을 찌르며 같이 독립만세를 부를 것을 강요하여 그 기세를 돋운 자이다.

부천군 계양면 시위

제1. 피고 심혁성[180]은 전부터 일한합병을 좋아하지 않고 항상 조선독립을 희망하고 있던 바, 대정 8년 3월 1일 천도교주 손병희孫秉熙 등이 조선민족독립선언을 한 다음 조선 각지에서 독립시위운동이 시작되자 그 취지에 찬동하여 이와 동일한 행동을 하려고 동년 3월 24일 오후 2시 경 경기도 부천군 계양면 장기리 시장에서 태극기를 휘두르며 그 곳에 모여든 군중을 선동하여 같이 조선독립 만세를 절규함으로써 독립시위운동을 함으로 말미암아 치안을 방해하고,

---

179) 경기도 양평군 갈산면葛山面 공흥리公興里 출생, 경기도 양평군 갈산면葛山面 공흥리公興里 거주, 농업 이용준李容俊 당 37세
180) 경기도 부천군 계양면桂陽面 오류리梧柳里 거주·재적, 농업 심혁성沈爀誠 8월 15일생 32세

제2. 피고 임성춘[181]은 이 날 오후 5시경 경비하기 위하여 전기 시장에 출장 나가 있던 부내富內경찰관주재소에 근무하는 순사 이궁희삼차二宮喜三次 이외 순사 3명이 피고 심혁성을 보안법 위반의 현행 범인으로서 직무상 이를 체포하여 이를 인치하려 하매, 많은 군중들과 함께 그 순사들을 뒤 따라 심혁성을 석방하라고 간절히 원하였으나 동 순사들이 이를 허용하지 않자, 피고 임성춘은 솔선하여 군중에게 대하여 '가거라 가거라'하고 연달아 외치면서 암암리에 순사들의 손에서 심혁성을 탈취하도록 지휘함으로써 그 기세를 돋우매, 200여 명의 군중은 이에 힘을 얻어 '붙잡아라 붙잡아라' 큰소리로 떠들면서 동 순사들의 일행을 포위하고, '심혁성을 내놓으라'고 외치며 이를 붙잡았고, 또한 순사들의 머리·기타를 주먹으로 혹은 치고 혹은 찌르며 폭행을 가하고 일방 심혁성을 묶은 포승을 풀음으로써 현행범인 그를 순사들의 손에서 탈취하여 도망치므로 순사들이 추적하려고 하였으나 앞에 막아서서 순사들을 때리고 혹은 돌을 던지며 방해하매, 순사들은 부득이 칼을 빼었더니 군중 속의 이은선李殷先이 칼에 찔리어 죽어 넘어졌다. 피고 임성춘林聖春·기타 폭민들은 심혁성을 그대로 놓아두고 도주하였다.

피고 이담[182]은 자기의 6촌 친척에 해당하는 전기 이은선의 죽음을 듣고서 순사의 소위를 분히 여겨 면민을 규합하여 대기 순사에게 이은선의 죽은 원인을 힐문코자 이 날 밤 계양면장 안병혁安炳赫 및 동면 서기 이경응李敬應에게 부탁, '죽은 사람에게 동정하는 자는 오늘 밤 12시에 계양면 사무소에 집합하라'는 뜻으로 쓴 통문을 만들어 이것을 면 내의 각 동리에 회부하였기 때문에 동 12

---

181) 경기도 부천군 계양면桂陽面 장기리場基里, 매약 행상 임성춘林聖春 3월 25일생 47세
182) 경기도 부천군 계양면桂陽面 다남리多男里 98번지 재적·거주, 농업 [일명一名 : 이태현李泰鉉·이태련李泰連] 이담李墰 4월 17일생 41세

시 경 약 200명의 군중이 위의 면사무소로 가서 모였는데, 그 때 이경응李敬應이 여기 나오지 않았음을 보고서, 이를 분개하여 이들 군중에게 대하여 '이경응은 자신이 범한 죄가 있어서 여기에 모이지 않았을 것이다. 그러니 먼저 그의 집을 부숴 버리라'고 선동하여 스스로 괴수가 되어 100여 명의 군중의 선두에 서서 이를 인솔하였으며, 피고 최성옥[183] · 전원순[184]은 군중에게 솔선하여 함께 계양면 선주지리仙住地里 이경응의 집으로 몰려가서, 피고 전원순은 그 집의 바람벽을 부숴 기구를 깨뜨려 버리고, 피고 최성옥은 그 집의 대문 및 바람벽을 손상하고 파괴함으로써 그들의 기세를 돋우어 주매 군중은 이에 힘을 얻어 그 집 바람벽의 태반과 문 전부를 부수고 기구의 전부를 깨뜨려 버림으로써 극도로 소요를 피운 자들이다.

3월 24~25일 김포군 고촌면 시위

피고들은 대정 8년 3월 초 손병희孫秉熙 일파가 조선민족 독립선언서를 발표한 이래로 조선 각지에서 독립만세를 절규하고 시위운동을 행하고 있음을 전해 듣고 있던 바, 피고 김정국[185] · 윤재영[186]은 대정 8년 3월 24일 피고들과 같은 동리의 피고 윤주섭[187] 외 50여 명을 선동하여 그 동리 뒷산에 모아 피고 김정국 · 윤재영은 선창하고 윤주섭은 수십 명과 함께 이에 맞추어 조선독립 만세를 불러 치안을 방해하고, 피고 김정의[188](다른 자료에는 김정희라고 되어 있다-인용자) · 김남산[189] ·

---

183) 경기도 부천군 계양면桂陽面 이화리梨花里 248번지 재적 · 거주, 농업 최성옥崔成玉 1월1일생 48세
184) 경기도 부천군 계양면桂陽面 이화리梨花里, 노동업 전원순全元順 9월 6일생 45세
185) 경기도 김포군 고촌면高村面 신곡리新谷里 459번지, 농업 무종교 김정국金正國 12월 7일생 27세
186) 경기도 김포군 고촌면高村面 신곡리新谷里 135번지, 농업 무종교 윤재영尹在英 9월 19일생 32세
187) 경기도 김포군 고촌면高村面 신곡리新谷里 182번지, 농업 무종교 윤주섭尹周燮 10월 25일생 33세
188) 경기도 김포군 고촌면高村面 신곡리新谷里 435번지, 학생 무종교 김정의金正義 6월 13일생 20세
189) 경기도 김포군 고촌면高村面 신곡리新谷里 21번지, 농업 무종교 김남산金南山 12월 16일생 31세

이흥돌[190]은 동년 3월 25일 위 김정의 집에서 태극기 2류를 제작하고 이 날 이민 약 50명을 그 동리 이상윤李上允의 집앞 마당에 모아 피고들은 교대로 전기 기를 들고 선두에 서서 선창하고 피고 김정국 외 수십명이 이에 맞추어서 조선독립만 세를 부르며 이里 내를 행진함으로써 치안을 방해한 자이다.

3월 25일

25~31일 장단군 장도면 시위

제1. 피고 이병성[191] · 김석준[192] · 이윤성[193] · 권춘근[194] · 한경춘[195] · 윤상훈[196] · 이수봉[197] · 이태신[198]의 8명은 손병희 등이 조선독립을 선언하자, 정치 변혁의 목적으로 많은 군중과 함께 불온한 언동을 함으로써 공공의 안녕을 방해하려고 꾀하여, (1) 피고 이병성 · 한경춘 · 윤상훈 · 권춘근 · 이수봉은 대정 8년 3월 25 일부터 동월 30일에 이르는 동안에 피고들이 거주하는 동리인 중리 부근의 반룡 산蟠龍山에서 봉화를 올리고 군중과 함께 조선독립만세를 외치고, (2) 피고 이택 신은 동월 28, 9일 경 그가 거주하는 동리의 태학산泰鶴山에서 이민 수십 명과 함 께 봉화를 올려 조선독립만세를 외치고, (3) 피고 이윤성은 동월 30일 중리 신촌 동新村洞 뒤의 동산東山에서 앞과 같은 식으로 이민 약 10명과 함께 봉화를 올리

---

190) 경기도 김포군 고촌면高村面 신곡리新谷里 32번지, 농업 무종교 이흥돌李興乭 1월 25일생 32세
191) 경기도 장단군 장도면長道面 중리中里 974번지, 고물상 겸 음식점 영업업 청암동靑岩洞 동장 무종교 이병성李炳星 7월 7일생 36세
192) 경기도 장단군 장도면長道面 중리中里 858번지, 농업 겸 우차업牛車業 무종교 김석준金石準 9월 8일생 30세
193) 경기도 장단군 장도면長道面 중리中里 636번지, 농업 무종교 이윤성李潤成 10월 16일생 52세
194) 경기도 장단군 장도면長道面 중리中里 969번지, 농업 무종교 권춘근權春根 6월 21일생 41세
195) 경기도 장단군 장도면長道面 중리中里 879번지, 농업 무종교 한경춘韓景春 3월 13일생 31세
196) 경기도 장단군 장도면長道面 중리中里 858번지, 농업 무종교 윤상훈尹相勳 9월 18일생 32세
197) 경기도 장단군 장도면長道面 중리中里 973번지, 농업 무종교 이수봉李壽奉 3월 10일생 24세
198) 경기도 장단군 장도면長道面 중리中里 482번지, 농업 냉정동冷井洞 동장 무종교 이택신李澤新 1월 27일생 48세

고 조선독립만세를 외쳤으면, (4) 피고 이병성은 이민들을 선동하여 피고 김석준 · 이윤성 · 한경춘 · 윤상훈 · 권춘근 · 이수봉의 6명과 함께 동월 31일 약 200명의 군중을 동반하고 거주하는 면의 고읍리古邑里에 있는 장도면 사무소로 갔으며, 구 한국기를 그 면사무소의 문 기둥에 세운 후 각 피고들은 군중과 같이 모두 조선독립만세를 절규하였으며, 이상 각 피고는 이로 말미암아 정치에 관하여 불온한 행동을 함으로써 치안을 방해한 자이다.

제2. 피고 이병성은 동월 31일 전기 장도면 사무소로 가서 위의 범죄를 저지른 후 면장 윤좌영尹佐榮에게 동면 사무소에 비치한 국기 2류를 제출하게 하고 '일본 국기를 불태워 버린다'고 성언하면서 면사무소 부근의 노상에서 그 국기를 불 속에 던져 태워 버린 자이다.

3월 26일

광주군 중대면 시위

피고(장덕균-인용자)[199]는 전부터 조선독립을 희망하고 있던 자인 바, 대정 8년 3월 1일 손병희 등이 조선독립선언을 하자 크게 그 취지에 찬동하여 김준현金俊賢이란 자와 공모한 후 정치변혁의 목적으로 정치에 관한 불온문서를 인쇄, 이를 타인에게 반포하려고 꾀하여 동월 21일 경 피고의 집에서 당해 관청의 허가를 받지 않고서 《선언서宣言書》라 제한 '조선의 독립국임과 조선인의 자유민임을 선언하며 강권 침략주의인 일본 제국의 굴레를 벗어나려면 모름지기 민족적 독립을 확실하게 함에 있다'는 불온한 취지를 기술한 문서와 《조선독립신문朝鮮獨立新聞》이라 제한 위 선언서의 취지에 관련된 불온한 뜻을 논술한 문서를 원지에

---

199) 경기도 광주군 중대면中坮面 송파리松坡里, 농업 장덕균張德均 28세

베낀 후 이를 등사판을 사용, 위 문서 합계 50매를 인쇄하여 동월 25일 경 피고의 집에서 그 중 2매를 피고의 동리 정석호鄭錫浩에게, 또한 같은 동리의 한강漢江 건너에서 그 중 1매를 성명 미상자에게 반포함으로써 독립운동을 선동하여 안녕 질서를 방해한 자이다.

피고(천중선)[200]는 손병희 등의 조선독립 선언 취지에 찬동하여 정치변혁의 목적으로 대정 8년 3월 26일 오후 3시 경부터 동 4시 경까지 사이에 피고가 거주하는 동리인 경기도 광주군 중대면 송파리 내를 수백 명의 군중과 함께 조선독립만세를 높이 부르면서 돌아다닌 후 군중의 선두에 서서 이를 지휘하며 같은 동리 헌병주재소로 몰려가서 다시 군중과 함께 조선독립 만세를 절규하여 이의 시위운동을 함으로써 정치에 관한 불온행동을 하여 안녕질서를 방해한 자이다.

광주군 중대면·대왕면 시위

피고 이시종[201]은 조선 각지에서 일어난 조선독립운동에 찬동하여 대정 8년 3월 26일(음력 2월 25일) 오후 3시 경부터 동 6시 경까지 사이에 경기도 광주군 중대면中垈面 송파리松坡里에서 조선독립시위운동을 하고자 집합한 300여 명의 이민과 함께 조선독립만세를 같이 부르고 다시 동일 오후 7시 경 광주군 대왕면 수서리에서 이민 100여 명을 규합하여 동면 면사무소 앞으로 몰려가서 같이 조선독립만세를 불렀으며, 또한 '조선은 독립하지 않으면 안된다'는 취지를 기재한 《조선독립신문朝鮮獨立新聞》이란 것을 군중에게 읽어 주며 선동하고, 피고 이재순[202]은 위 조선독립시위운동에 찬동하여 같은 일시에 그 곳에서 군중과 함께 조선독립만세를 같이 불렀으며, 또한 피고 이시종이 《조선독립신문》이란 것을 군중

---

200) 경기도 광주군 중대면中垈面 송파리松坡里, 농업 · 기독교 [일명 : 중선仲善] 천중선千重善 46세
201) 본적 · 주소 경기도 광주군 돌마면突馬面 여수리麗水里, 농업 (무종교) 이시종李時鐘 6월 11일생 19세
202) 본적 · 주소 경기도 광주군 대왕면大旺面 수서리水西里, 농업 (무종교) 이재순李載淳 1월 11일생 32세

에게 읽어 줄 때 그 곁에 붙어 서서 그 피고가 모르는 글자를 알려 주며 함께 군중을 선동함으로써 피고들은 모두 정치에 관하여 불온한 언동을 함으로 말미암아 치안을 방해한 자이다.

개성군 중면 시위

피고(이철영-인용자)[203]는 정치 변혁의 목적으로 대정 8년 3월 26일 밤 개성군 중면 창내리倉內里 앞 산위에서 피고가 교편을 잡는 같은 면 동강리東江里 사립 중현학교 생도 및 이민들의 많은 군중에게 대하여 '조선이 독립하면 기쁘지 않겠는가. 자유로운 생활을 할 수 있지 않겠는가. 부모는 공동묘지에 묻을 필요도 없을 터이니, 각자 소유의 산에 자유로 매장할 수 있지 않겠는가. 조선독립을 축복하기 위하여 만세를 외치라'고 선동하며 스스로 주창하여 위의 많은 군중과 함께 만세를 외침으로 말미암아 치안을 방해한 자이다.

장단군 진남면 시위

제1. 피고 이창영[204]·강규수[205]·한기동[206]·정순만[207]·백태산[208]·조진행[209]·이성구[210]·양재영[211]·정종락[212]은 대정 8년 3월 1일 손병희 등이 조선독립선언을 발표한 이래로 조선 각지에서 조선독립만세를 외치는 독립시위운동이 행

---

203) 개성군 중면中面 식현리食峴里 604번지, 사립 중현中峴학교 교사 이철영李哲永 28세
204) 경기도 개성군 송도면松都面 북본정北本町 재적, 경기도 장단군 진남면津南面 동장리東場里 거주, 여인숙업 이창영李昶永 2월 6일생 39세
205) 경기도 장단군 진남면津南面 동장리東場里 재적·거주, 농업 강규수姜奎秀 7월 2일생 39세
206) 경기도 장단군 진남면津南面 동장리東場里 재적·거주, 여인숙업 한기동韓基東 4월 27일 17세
207) 경기도 장단군 진남면津南面 동장리東場里 재적·거주, 무직 정순만鄭順萬 10월 20일생 17세
208) 경기도 장단군 진남면津南面 동장리東場里 재적·거주, 농업 백태산白泰山 11월 1일생 24세
209) 경기도 장단군 진남면津南面 동장리東場里 재적·거주, 농업 조진행趙秦行 9월 22일생 35세
210) 경기도 장단군 진남면津南面 동장리東場里 재적·거주, 농업 이성구李聲九 10월 4일생 32세
211) 경기도 장단군 진남면津南面 동장리東場里 재적·거주, 농업 양재영梁在瑛 12월 10일생 30세
212) 경기도 장단군 진남면津南面 동장리東場里 재적·거주, 농업 정종락鄭鍾樂 5월 17일생 30세

하여짐을 알고서 그 취지에 찬동하여 이와 동일한 행동을 하려고 동년 3월 26일 밤 경기도 장단군 진남면 동장리에 있는 사립 성화聖化학교 뒤에서 각각 그 곳에 집합한 100여 명의 군중과 함께 조선독립만세를 외치며 독립시위운동을 함으로써 치안을 방해하고,

제2. 전기한 바와 같이 독립시위운동을 한 후 얼마 안 있다가 피고 이창영은 전기 군중에게 대하여 '만세만 불러도 할 수 없으니, 이로부터 이 동리에 있는 진남면 사무소로 몰려가자'고 제의하였더니 일동이 이에 찬동하매 피고 이창영·강규수·한기동·정순만은 선두에 서서 동 사무소로 몰려가고, 피고 이창영·강규수는 큰 소리로 '면장을 죽이라. 면사무소를 부숴라'고 부르짖으며, 피고 이창영은 가지고 있던 곤봉으로 동 사무소의 장지문을 쳐서 그 유리 약간을 깨고, 이어서 피고 강규수·이창영·한기동·정순만은 군중에게 솔선하여 동 사무소를 향하여 돌을 던져 대고 기세를 올려 각각 그 사무소의 마음대로 뗄 수 있는 유리 문의 유리 약간을 부수는 동시, 피고 백태산·조진행·이성구·양재영도 같이 군중에게 솔선하여 동 사무소를 향하여 돌 또는 흙덩이를 던져 대며 기세를 올리매, 군중은 일변 동 사무소를 향하여 투석, 동 사무소 현관 입구 좌측의 유리 문의 유리 17매, 사무소 입구에 있는 문등門燈의 유리 4매를 부숴 극도로 소요를 피웠다.

3월 26일·28일 수원군 송산면 시위

피고 홍면[213]은 손병희 일파가 조선독립선언서를 발표하자 그 취지에 찬동, 다수의 촌민을 선동하여 조선독립만세를 고창케 하고 국권회복의 시위운동을 하려고 기도하여 대정 8년 3월 26일(음력 2월 25일) 오후 5시 경 경기도 수원군 송산면

---

213) 경기도 수원군 송산면 사강리, 농업 [일명-名 : 면옥冕玉] 홍면(洪▼(土+冕)) 당 36세

사강리 송산면 사무소 부근에서 구 한국기를 게양하고 조선독립 만세를 고창함으로써 군중을 선동한 바 피고 왕광연[214] · 동 홍명선[215] · 동 홍태근[216] · 동 홍복룡[217] · 동 홍준옥[218] · 동 김교창[219] · 동 김도하 · 동 김용준[220] · 동 차경현[221] · 동 최춘보[222] · 동 안순원[223] · 동 김성실[224] · 동 임팔룡[225] 등은 전기 목적에 찬동, 동소에서 피고 홍면 외 수십 명의 군중과 함께 조선독립만세를 고창하여 치안을 방해하고, 또한 피고 홍면 동 왕광연 · 동 홍명선 · 동 홍복룡 · 동 김교창 · 동 김용준 · 동 임팔룡 등은 범의를 계속하여 다음 다음날 28일 오후 2시 경 전기 송산면 사무소 뒷산 및 그 부근에서 피고 홍문선[226] · 동 홍남후[227] · 동 홍승한[228] · 동 홍관후[229] · 동 문상익[230] · 동 이경집[231] · 동 박춘흥[232] · 동 민용운[233] · 동 전

---

214) 경기도 수원군 송산면 사강리, 농업 [일명-名 : 국신國臣] 왕광연王光演 당 48세
215) 경기도 수원군 송산면 사강리 584번지, 농업 [일명-名 : 명선明先] 홍명선洪明善 당 20세
216) 경기도 수원군 송산면 사강리 498번지, 농업 홍태근洪泰根 당 60세
217) 경기도 수원군 송산면 사강리 543번지, 농업 홍복룡洪福龍 당 19세
218) 경기도 수원군 송산면 사강리 530번지, 송산면 서기 홍준옥洪珺玉 당 31세
219) 경기도 강화군 선원면 창리 (당시 경기도 수원군 송산면 사강리 183번지), 이발직 김교창金敎昌 당 32세
220) 경기도 수원군 송산면 사강리 686번지, 농업 [일명-名 : 용준用俊] 김용준金容俊 당 36세
221) 경기도 수원군 송산면 사강리 679번지, 음식점 [일명-名 : 만택萬澤] 차경현車敬炫 당 38세
222) 경기도 수원군 송산면 사강리 684번지, 농업 겸 음식점 최춘보崔春甫 당 54세
223) 경기도 수원군 송산면 사강리 533번지, 농업 안순원安順元 당 33세
224) 경기도 수원군 송산면 사강리 496번지, 농업 김성실金成實 당 51세
225) 경기도 수원군 송산면 사강리 647번지, 농업 [일명-名 : 용보龍甫] 임팔룡林八龍 당 33세
226) 경기도 수원군 송산면 사강리 514번지, 농업 홍문선洪文善 당 31세
227) 경기도 강화군 선원면 삼존리 233번지, 농업 홍남후洪南厚 당 48세
228) 경기도 수원군 송산면 사강리 544번지, 농업 [일명-名 : 성한聖漢] 홍승한洪承漢 당 26세
229) 경기도 수원군 송산면 삼촌리 235번지, 농업 [일명-名 : 재범在範] 홍관후洪寬厚 당 30세
230) 경기도 수원군 송산면 사강리 526번지, 송산면 서기 문상익文相翊 당 28세
231) 경기도 수원군 송산면 사강리 530번지, 농업 [일명-名 : 정집正執] 이경집李敬集 당 47세
232) 경기도 수원군 송산면 사강리 586번지, 농업 박춘흥朴春興 당 22세
233) 경기도 수원군 송산면 사강리 591번지, 농업 민용운閔龍雲 당 46세

도선[234](다른 자료에는 김도선이라 되어 있다-인용자) 및 오광득[235] 등 및 이 외에 1,000여 명의 군중과 국권회복의 목적 밑에 구 한국기를 떠받들고 조선독립을 고창함으로써 치안을 방해하였으므로 이에 동소에 출장하였던 순사부장 야구광삼野口廣三은 피고 홍면 외 2명을 체포한 바 피고 홍면은 갑자기 광삼 기타의 경관에게 대하여 폭행을 가하였으므로 동인은 이를 제지하기 위하여 권총을 발사하였는데 총알이 마침 피고 홍면의 등에 명중하매 동 피고는 격노하여 광삼을 살해하려고 결의하여 군중에게 대하여 자기를 쏜 순사를 쳐 죽이라고 외치며 교사하자 피고 김용준·동 민용운 등은 이로 말미암아 살의를 품었고, 계속하여 피고 홍준옥·동 문상익·동 왕광연 등도 동 순사를 쳐 죽이라고 절규하며 솔선하여 군중을 선동 지휘하매 군중은 살기 등등하여 형세가 불온하게 되었으므로 광삼은 동일 오후 3시 경 일시 피난하기 위하여 자전거를 잡아 타고 송산면 사강거리의 경찰관주재소에서 동쪽 약 60칸間 떨어진 지점까지 이르렀던 바, 군중은 협력하여 살해하려고 동인을 추적하였는데 그 때 군중 속에서 피고 왕광연·동 홍명선·동 홍남후·동 홍문선·동 홍관후·동 홍준옥·동 김명제[236](다른 자료에는 김명재로 되어 있다-인용자)·동 김교창·동 김용준·동 임팔룡·동 문상익·동 차경현·동 이윤식[237]·동 최춘보·동 박홍춘·동 민용운·동 황칠성[238]·동 김도선·동 안순원·동 오광득·동 정군필[239] 등은 광삼에게 돌을 던져 동인이 자전거에서 떨어지자 돌 또는 몽둥이로 머리 기타 신체 각 곳을 난타하여 이로 말

---

234) 전라남도 흥양군 동양면東陽面 장전리長田里, 당시 주소 부정, 잡화상 [일명-名 : 도산道山] 전도선全道善 당 29세

235) 경기도 수원군 송산면 사강리 607번지, 농업 [일명-名 : 경원景源] 또는 경운京雲] 오광득吳光得 당 42세

236) 경기도 수원군 송산면 사강리, 농업 [일명-名 : 도현道鉉, 또는 명제明濟] 김명제金命濟 당 58세

237) 경기도 수원군 송산면 사강리 607번지, 음식점 [일명-名 : 석춘惜春 또는 윤식允植] 이윤식李潤植 당 41세

238) 경기도 인천부 외리 182번지 (당시 경기도 수원군 송산면 사강리 651번지), 건물상乾物商 [일명-名 : 칠성七成] 황칠성黃七星 당 27세

239) 경기도 수원군 송산면 사강리 686번지, 포목상 [일명-名 : 원용元鎔] 정군필鄭君弼 당 37세

미암아 뇌진탕을 일으킴과 동시에 골절·출혈·뇌질좌멸腦質挫減을 초래케 하여 마침내 그 자리에서 동인을 살해한 것이다.

3월 27일

광주군 동부면 시위

피고(이대헌-인용자)[240]는 상기 피고가 거주하는 동리의 구장인 바, 최창근崔昌根이란 자로부터 조선 각지에서 조선독립시위운동이 일어났음을 전해 듣자 피고가 거주하는 동리에서도 역시 조선독립시위운동을 하려고 꾀하여 정치변혁의 목적으로 대정 8년 3월 26일 위 피고가 사는 면의 면사무소 앞 길가에서 한국 국기 1류(증제1호)를 만들어 두었다가 이튿날 27일 오전 2시 경 이민 십수 명을 불러 모아 이를 인솔하고 위의 한국기를 휘두르며 피고가 사는 동리에 있는 무명산無名山 꼭대기에 올라가 봉화를 올리고 약 1시간 가량 함께 조선독립만세를 연달아 부르다가 오전 3시 경 그 산꼭대기에서 동면 면사무소 앞으로 몰려가 그 곳에서 약 30분 쯤 같이 조선독립만세를 절규한 다음 일단 해산하였으며, 동일 오전 11시경 다시 이민 약 30여 명을 규합, 솔선하여 동면 면사무소 앞으로 가서 동일 오후 2시 경까지 일제히 조선독립만세를 미친 듯이 부름으로써 정치에 관하여 불온한 언동을 하므로 말미암아 치안을 방해한 자이다.

　　피고(김교영-인용자)[241]는 전기 피고가 거주하는 동리의 구장인 바, 대정 8년 3월 20일 경 타인에게서 조선 각지에서 조선독립시위운동이 행하여지고 있음을 전해 듣자 이에 찬동하여 정치변혁의 목적으로 피고가 거주하는 동리에서도 역

---

240) 본적지·현주소 경기도 광주군 동부면東部面 교산리校山里, 농업 (무종교) 이대헌李大憲 11월 14일생 37세
241) 본적·주소 경기도 광주군 동부면東部面 망월리望月里 323번지, 농업 천주교도 김교영金敎永 12월 20일생 62세

시 같은 운동을 하고자 동월 27일 피고 스스로 또는 동리 사환 김용문金用文 등으로 하여금 이민에게 대하여 '조선독립시위운동을 할 터이니 집합하라'고 전달한 결과 모인 이민 약 9명을 인솔하고 동면 면사무소 앞으로 가서 동일 오후 1시 경부터 오후 4시 경까지 군중과 같이 조선독립만세를 연달아 부름으로써 정치에 관하여 불온 언동을 함으로 말미암아 치안을 방해한 자이다.

피고(김홍렬-인용자)[242]는 손병희 등의 조선독립 선언 취지에 찬동하여 정치 변혁의 목적으로 이의 시위운동을 하려고 기도, 대정 8년 3월 26일 오후 10시 경 피고가 거주하는 동리인 경기도 광주군 동부면 풍산리 이민에게 대하여 독립만세를 부르라고 권유하여 이를 선동한 다음 위의 이민 약 20명과 함께 같은 동리 산 위에 올라가 봉화를 올리고 이튿날 27일 오전 3시 경에 이르기까지 조선독립만세를 연달아 높이 부름으로써 안녕질서를 방해한 자이다.

광주군 서부면 시위

피고(구희서-인용자)[243]는 구 한국 독립을 꾀하는 많은 군중과 같이 시위운동을 하려고 기도, 대정 8년 3월 27일 자기가 거주하는 동리 이민 약 40명을 선동 인솔하여 광주군 서부면 면사무소 및 동면 상일리上一里헌병주재소 앞에 몰려들어 이들 이민과 함께 조선독립만세를 부름으로써 공안을 방해한 자이다.

시흥군 서이면 일동리 시위

피고(이영래-인용자)[244]는 경성에서 조선독립운동 상황을 보고 귀향하여 피고의 동리에서도 이민들과 함께 조선독립만세를 같이 부르고자하여 대정 8년 3월 27

---

242) 경기도 광주군 동부면東部面 풍산리豊山里, 농업 김홍렬金弘烈 34세
243) 주소·본적 경기도 광주군 서부면西部面 감일리甘一里 246번지, 농업 구희서具羲書 48세
244) 경기도 시흥군 서이면西二面 비산리飛山里, 포목 행상 이영래李永來 당 45세

일 오후 행상 도중 시흥군 서이면 일동리一洞里 백기화白基和 집에 들렀을 때 그 집에 모여 짚신을 삼고 있던 그 동리 이종교李鍾教 외 수 명에게 대하여 "다른 동리에서는 조선독립만세를 크게 불러 기세를 올리고 있는데 당신들은 짚신만 삼고 있어 되겠는가"고 선동하여, 이민 약 5명과 같이 그날 밤 오후 8시 경 그 동리 서쪽 언덕 위에서 조선독립만세를 외침으로써 치안을 방해한 자이다.

개성군 송도면 시위

피고들[245]은 대정 8년 3월 초순 이후 각지에 일어난 조선독립운동에 찬동하여 그 기운을 높이는 방법으로서 동월 26일 전기한 피고 이형기 집에 회합하여 동 면 내의 상점을 협박하여 폐점閉店케 할 것을 공모, 그 자리에서 개성 시민에게 대하여 《분발사항奮發事項》이라 제하여 "폐점은 민심 동요의 기본이니, 개성 상민商民은 본서 도착과 동시에 폐점하라. 만약 불응하면 화액이 당도할 것이다'는 취지를 기재한 협박문 6통(증 제1·2호)을 작성하여 이 날 밤 같은 면 남대문 부근에서 거상으로 지목되는 손계호孫啓鎬·이희세李熙世·김규용金圭鏞·김광한金光漢·이창구李昌求·이형익李亨益의 각 점포에 이 협박문 1통씩을 배부하여 협박함으로 말미암아 그들로 하여금 이튿날 27일 일제히 점포를 폐쇄시킴으로써 그들의 업무를 방해하고, 이어서 면내의 일·선인 각 상점도 이에 따라 폐점하게 함으로 말미암아 치안을 방해한 자이다.

---

245) 본적지 경기도 개성군 영남면嶺南面 용흥리龍興里 159번지, 현주소 경기도 개성군 송도면松都面 동본정東本町 470번지, 무직(무종교) 최두순崔斗淳 11월 25일생 23세
    본적지 경기도 개성군 송도면松都面 남본정南本町 458번지, 현주소 경기도 개성군 송도면松都面 남본정南本町 458번지, 포목상(무종교) 김형렬金亨烈 10월 13일생 23세
    본적지 경기도 개성군 송도면松都面 남산정南山町 181번지, 현주소 경기도 개성군 송도면松都面 남산정南山町 181번지, 잡화상(무종교) 김세중金世重 8월 15일생 22세
    본적지 경기도 개성군 송도면松都面 남본정 30번지, 현주소 경기도 개성군 송도면松都面 남본정 30번지, 철물상(무종교) 이형기李亨祺 4월 25일생 25세

개성군 진봉면 시위

피고(이재록-인용자)[246]는 대정 8년 3월 1일 이후 조선 각지에서 많은 군중이 모여 조선독립만세를 외치는 독립시위운동이 일어나고 있음을 알고서 그 취지에 찬동, 이와 동일한 행동을 취하려고 하여 범의를 계속, 동월 26일 밤, 그가 거주하는 동리에서 이민 수십 명과 같이 한국독립만세를 외치며 독립시위운동을 함으로써 그 운동의 기세를 치열하게 할 목적으로 이 날 밤쯤 그의 집에서 철필·복사지 등을 사용하여 《대한제국동포신문大韓帝國同胞新聞·대한제국신문·대한신문·대한제국독립창가獨立唱歌》라는 각종 표제로 조선독립운동을 고취하는 취지를 기재한 문서 합계 십수 매를 복사 작성하여 동월 27일 밤 그가 거주하는 지금리의 운문동雲文洞 상형태尙炯泰 집, 금암동金岩洞 방재록方財祿 집·상공익尙公益 집, 장지동長芝洞 이병도李秉道 집·상근식尙根植 집 등의 각 문간에 전기 문서 중 1통씩을 뿌려 두었다가 이 날 밤 그가 거주하는 동리에서 이민 수십 명과 함께 한국독립만세를 외치며 독립시위운동을 함으로 말미암아 치안을 방해하였다.

파주군 광탄면 시위

피고들[247]은 조선 각지에서 행하여진 독립운동의 거사에 찬동하여 모두 정치변혁의 목적으로 대정 8년 3월 27일 이민 수백명과 함께 경기도 파주군 광탄면 사무소 앞에 가서 조선독립만세를 외치고, 또한 계속할 의사로 이튿날 28일 이민 1천여명과 같이 동면 사무소 앞에 모여 이 곳으로부터 조선독립만세를 외치면

---

246) 경기도 개성군 진봉면進鳳面 지금리芝金里 재적·거주, 농업 이재록李在祿 5월 19일생 20세
247) 경기도 파주군 광탄면廣灘面 발랑리發朗里, 농업 조무쇠曺茂釗 26세; 경기도 파주군 광탄면廣灘面 발랑리發朗里, 농업 이인옥李仁玉 28세; 경기도 파주군 광탄면廣灘面 발랑리發朗里, 농업 남동민南東敏 24세; 경기도 파주군 광탄면廣灘面 발랑리發朗里, 농업 정천화鄭天和 31세; 경기도 파주군 광탄면廣灘面 발랑리發朗里, 농업 정갑석鄭甲石 26세; 경기도 파주군 광탄면廣灘面 발랑리發朗里, 농업 이기하李起河 22세; 경기도 파주군 광탄면廣灘面 발랑리發朗里, 농업 정봉화鄭奉和 28세; 경기도 파주군 광탄면廣灘面 발랑리發朗里, 농업 강흥문康興文 28세

서 동면내 봉일천奉日川시장에 이르기까지 독립시위운동을 함으로써 안녕 질서를 방해한 자이다.

3월 27~28일 양주군 백석면 시위

피고들[248]은 저 손병희孫秉熙 등이 조선독립을 선언하자 이에 찬동하여 대정 8년 3월 27일 전기 피고들의 동리에서 다수의 이민과 함께 조선독립만세를 외쳤으며, 그 때 피고 안종태는 군중에게 대하여 '조선은 일본으로부터 독립할 수 있다.'는 취지의 연설을 하고, 다시 피고들은 위의 범의를 계속하여 이튿날 28일 피고 안종태 · 안종규가 주모자가 되어 약600명의 군중과 함께 동면 오산리梧山里 대들벌 및 백석면 사무소에서 조선독립만세를 높이 부름으로써 치안을 방해한 자이다.

절정국면(3.28~4.8)

이 시기 전국에서 일어난 시위는 425회였다. 이를 두고 일제는 '거의 내란과 같은 상태'라고 판단했다. 그 가운데 가장 많은 횟수를 차지한 날은 4월 1일인데, 이날 전국에서 5만 5천여 명이 참여한 56회의 시위가 벌어졌다. 또 3월 31일부터 4월 3일까지 4일간 연일 50회 안팎, 3만명 이상 참가를 기록했다. 그리고 4일간 시위 횟수는 모두 207회인데, 이는 3~4월 전체 848회의 24.4%이다. 또 3월 28일부터 4월 8일까지 12일간 경기도에서는 125회(29.4%)의 시위가 열렸고, 경

---

248) 경기도 양주군 백석면白石面 연곡리連谷里, 농업 김대현金大鉉 당 48세
경기도 양주군 백석면白石面 연곡리連谷里, 농업 이사범李士範 42세
경기도 양주군 백석면白石面 연곡리連谷里, 농업 안종태安鍾台 37세
경기도 양주군 백석면白石面 연곡리連谷里, 농업 안종규安鍾圭 당 31세
경기도 양주군 백석면白石面 연곡리連谷里, 농업 조필선趙弼善 당 32세

기도를 포함한 중부 5개도(충남·북, 강원, 황해)이 시위는 294회(69.2%)였다. 또 시위 참여자를 보면, 기독교도, 천도교도 등 종교인이 주도한 것은 167회(39.3%)이고, 학생과 보통민이 참여한 것은 60.7%이다.

이 시기 일제의 대응을 보면, 먼저 일본의 내각회의가 4월 1일부터 4일까지 열렸고, 회의 마지막 날인 4일 내각회의 결정을 내렸다. 그 내용은 일본군을 추가 출병하기로 하고, 강압적 진압방침을 채택했다. 그리하여 보병 6개 대대, 헌병 65명, 헌병보조원 350명을 파견키로 했다.

다음으로 일본 수상 하라는 조선총독부 정무총감 앞으로 조선총독부관제 개혁을 실행할 것을 지시했다. 지시 내용은, '문관제도로 고칠 것, 교육에 피아 동일한 방침을 취할 것, 헌병제도를 경찰제도로 할 것, 요컨대 내지의 연장으로 인정하여 조선을 동화할 것'이었다.

군대의 강경진압 명령에 따라 4월 1일부터 8일간 실탄 발포율이 높아져서 같은 기간 261곳 중 89회의 34%에 이르렀다. 또 경기도 일원에서 '시위 종식에 각별한 주의'에 따라 일본군과 헌병경찰이 경기도 수원·안성 일대에서 행한 '위압적 대검거'를 뜻하는 '수원사건(4.2~4.16)'이 발생했다. 그리하여 같은 기간 '제암리 학살(4.15)'이 일어났다.

다시 절정국면 경기 지역의 날짜별·지역별 3·1운동 발생 상황을 소개하면, 다음 표와 같다.

〈표3-3〉 절정국면 각군별·날짜별 시위횟수

구분	28	29	30	31	4.1	2	3	4	5	6	7	8
고양												0
부천	2					1				1	1	5
시흥	2	7	2	2			1					14
수원	1	4	1	6	1		1					14

구분	28	29	30	31	4.1	2	3	4	5	6	7	8	계
진위					2		?						2
안성			1	2	2	2	1						8
용인		1	3	3		2							9
이천				1	2	2	?	1					6
김포													0
파주	1		2										3
개성			1	1	1	1	1			3	1		9
포천		3	3				1						7
연천			1		2				1				4
광주	1												1
양평				1	1		1	1		3		1	8
양주	1	4	1										6
가평													0
여주					2	2	2						6
장단		1		1	4								6

출전: 〈표3-1〉과 같음.
주: 4월 3일 진위와 이천의 '?' 표시는 '수개처'로 구체적 횟수(군데) 불명

위 표를 보면, 절정국면에 수원과 시흥의 시위 횟수가 다른 지역에 비해 많다. 반면 고양·김포·가평의 시위 건수는 하나도 없다. 그런데 이후 살펴볼 판결문 자료에서는 3월 29일 김포군 월곶면 시위가 있었다. 이제 판결문 자료를 통해 지역별 날짜별 3·1운동 상황을 살펴보자.

3월 28일

시흥군 서면 시위

피고 최호천[249] · 윤의병[250] · 이종운[일명: 이종원][251] · 김인한[일명: 김거봉][252]

249) 경기도 시흥군 서면西面 소하리所下里 330번지의 2, 경성 배재培材고등보통학교 생도 예수교도 최호천崔浩天 당 21세
250) 경기도 시흥군 서면西面 소하리所下里 924번지, 경성 배재고등보통학교 생도 무종교 윤의병尹宜炳 12월 14일생 20세
251) 경기도 시흥군 서면 소하리 898번지, 농업 무종교 [일명-名 : 이원중李元仲 또는 이종운李鍾雲]이종원李宗遠 1월 12일생 56세
252) 경기도 시흥군 서면 소하리 326번지, 농업 무종교 [일명 : 김거봉金巨奉] 김인한金仁漢 10월 15일생 21세

· 최정성[253] · 유지호[254] · 최주환[255]은 이종운[일명: 이종원]의 친아들 이정석李
貞石이 대한 독립만세를 부르고 치안법 위반죄로 노온사리老溫寺里경찰관주재소
에 구금되었음을 전해듣고 동 순사주재소에 가서 소요를 피워 위의 이정석을 탈
환하려고 기도하여 거주하는 동리인 소하리 이민 약 200명을 규합, 대정 8년 3
월 28일 밤 피고 최호천은 이를 통솔하고, 피고 윤의병은 솔선하여 군중을 지휘
하여 피고 이종운(일명: 이종원) · 김인한(일명: 김거봉) · 최정성 · 유지호 · 최주환
의 5명은 다른 군중들과 함께 덧붙어 따라가 전기 노온사리경찰관주재소로 가
서 함성을 올려 그 곳을 포위하고 극도로 소란을 피우면서 '불태워 버려라! 순사
와 순사보를 죽이라'고 협박하였을 뿐만 아니라, 군중 속의 어떤 자는 그 주재소
의 게시판을 넘어뜨리고 뒷벽을 파괴하는 등의 폭행을 하였으나 그 곳에 근무하
는 적송赤松 순사 · 최崔 순사보 · 금택金澤 순사보 등은 등불을 끄고 없는 듯이 가
장하니 군중은 2패로 갈라져 1패는 피고 최호천이 이를 인솔하고, 노온사리 순
사보 김정환金定煥 집으로 가서 순사보의 소재를 물어보고, 다른 1패는 피고 윤
의병이 이를 지휘하여 같은 동리 순사보 최우창崔禹昌의 집으로 가서 동 순사보
의 소재를 물어보았으나, 모두 없었으므로 양 패는 다시 전기 주재소로 몰려가
서 전과 같은 방법으로 극도로 소란을 피우니, 그 곳에 근무하는 적송 순사가 소
요의 이유를 묻자 피고 최호천과 윤의병의 양 인은 피고인으로서 구금된 전기
이정석을 탈환하러 내습하였다는 뜻을 오만하게 말하여 그의 교부를 강청하고,
'이정석을 돌려 보내지 않으면 다시 내습하여 불태우고 죽여버리겠다'고 협박하
면서 피고들은 그 사이를 광분하여 소요를 피움으로써 그 지방 정일靜謐을 깨었

---

253) 경기도 시흥군 서면 소하리 924번지, 농업 무종교 최정성崔正成 2월 3일생 22세
254) 경기도 시흥군 서면 소하리 363번지, 농업 무종교 유지호柳志浩 5월 19일생 28세
255) 경기도 시흥군 서면 소하리 358번지, 농업 무종교 최주환崔周煥 2월 18일생 35세

으나 피구금자가 이미 본서로 송부된 후이었으므로 그 목적을 달성할 수 없었다.

광주군 오포면 시위

피고(정제신-인용자)[256]는 조선독립 취지에 찬동, 이 시위운동을 하려고 꾀하여 대정 8년 음력 2월 27일(양력 3월 28일-인용자) 오전 1시 경 광주군 오포면 고산리高山里 이민 약 40명을 선동하여 함께 동리 뒷산에서 조선독립만세를 연달아 외쳤으며, 또한 위의 범의를 계속하여 동일 오전 11시 경 같은 목적으로 집합한 약 1천 명과 같이 오포면 사무소 및 광주 군청 앞으로 가서 조선독립만세를 연달아 높이 부름으로써 치안을 방해한 자이다.

광주군 오포면 시위 및 경안면 군청 앞 연합시위

피고 양인(김인택 · 임무경-인용자)[257]은 조선독립시위운동을 하려고 꾀하여 대정 8년 3월 28일 오전 1시 각 피고가 거주하는 상기 동리 이민을 선동하여 약 30명과 함께 동리 부근의 산위에 올라가 일변 봉화를 올리며 약 30분간에 걸쳐 조선독립만세를 연달아 절규하였으며, 또한 동일 오후 2시 경기도 광주군 경안면 경안리京安里 광주 군청 앞에서 동일한 목적으로 집합한 약 1천 명의 군중과 같이 조선독립만세를 높이 부르고 다시 동리 내를 연달아 부르면서 돌아다님으로써 치안을 방해한 자이다.

피고(유면영-인용자)[258]는 조선 각지에서 조선독립시위운동이 행하여지자 이 거사에 찬동하여 대정 8년 3월 28일(음력 2월 27일) 아침 피고가 거주하는 전기 오포면 사무소 앞에서 그 시위운동을 하고자 집합한 약 600명의 군중에게 대하여

---

256) 경기도 광주군 오포면五浦面 추자리楸自里, 정제신鄭濟莘 당 37세
257) 경기도 광주군 오포면五浦面 문형리文衡里 772번지, 농업 무종교 김인택金仁澤 4월 20일생 62세; 경기도 광주군 오포면五浦面 문형리文衡里 58번지, 농업 무종교 임무경林武京 11월 17일생 61세
258) 경기도 광주군 오포면五浦面 양벌리陽伐里 740번지, 농업 무종교 유면영柳冕永 12월 1일생 47세

'일한합병 이래 이에 10년이 되는데 금후는 독립하기로 되었으니, 일동은 만세를 부르라'고 말하여 그 군중으로 하여금 독립만세를 절규케 한 다음, 일동에게 대하여 '이제부터 광주 군청으로 몰려가라. 그 곳에 가서 만일 헌병들이 발포하더라도 퇴각하지 말고 일심동체가 되어 그들을 체포하지 않으면 안된다'고 방언함으로써 군중을 선동하여 광주 군청으로 몰려가서 일동과 같이 조선독립만세를 외침으로 말미암아 치안을 방해한 자이다.

용인군 포곡면 시위

피고(정규복-인용자)[259]는 조선독립시위운동을 하려고 꾀하여 대정 8년 3월 28일 아침 피고가 거주하는 동리 사람 권명보權明甫 외 수십 명을 선동하여 수백 명의 군중과 함께 만세를 같이 부르면서 자기 동리와 동군 수여면水余面 유방리柳防里 내를 행진함으로써 치안을 방해한 자이다.

피고들은 구 한국 독립을 용이하게 하기 위하여 군중과 함께 시위운동을 시도하고자 하여 피고 권종목[260]은 대정 8년 3월 28일 거주하는 동리 사람 약 200명을 지휘 인솔하고 거주하는 동리 삼계리에서 용인군 포곡면 금어리를 지나 둔전리屯田里에 이르렀으며, 피고 홍종욱[261]과 홍종엽[262]은 증 제1호의 구 한국 국기를 떠받들고 금어리 이민 200여 명을 인솔하고, 피고 이인봉[263]도 위의 군중에게 가담하여 같이 거주하는 동리에서 대대리大垈里로 몰려갔는데, 모두 위의 행진 도중, 많은 군중과 함께 조선독립만세를 연달아 부름으로써 치안을 방해

259) 경기도 용인군 포곡면蒲谷面 둔전리屯田里 161번지, 농업 무종교 정규복丁奎復 10월 3일생 33세
260) 주소ㆍ본적 경기도 용인군 포곡면 삼계리三溪里 581번지, 농업 권종목權鍾穆 당 34세
261) 주소ㆍ본적 경기도 용인군 포곡면蒲谷面 금어리金魚里 580번지, 농업 기독교 장로교, 홍종욱洪鍾煜 당 27세
262) 주소ㆍ본적 경기도 용인군 포곡면 금어리 580번지, 무직 기독교 안식일교 홍종엽洪鍾燁 당 21세
263) 주소ㆍ본적 경기도 용인군 포곡면 금어리 581번지, 김량장金良場공립보통학교 생도 [일명-名 : 학주鶴柱] 이인봉李仁鳳 9월 1일생 당18세

한 자이다.

광주군 돌마면 시위

피고(한백봉-인용자)[264]는 손병희 등의 조선독립선언서의 취지에 찬동하여 정치 변혁의 목적으로 독립시위운동을 하려고 기도, 대정 8년 3월 28일 피고가 거주하는 동리에서 이민에게 대하여 독립만세를 부르라고 권유하여 이민 약 50명을 모았는데, 다시 다른 곳에서 그 거사에 찬동하여 수백 명의 군중이 와서 참가하매 이에 그 군중과 같이 동일 오후 8시 경부터 이튿날 29일 저녁때까지 사이에 구 한국 국기를 떠받들고 조선독립 만세를 높이 부르면서 경기도 광주군 돌마면 내의 각 동리를 돌아다니면서 독립시위운동을 함으로써 안녕질서를 방해한 자이다.

3월 28~29일 양주군 구리면 시위

피고 양인(이강덕·심점봉-인용자)[265]은 모두 조선독립을 희망하고 있던 자인 바, 손병희孫秉熙 등이 조선독립선언을 하자 크게 그 취지에 찬동하여 정치 변혁의 목적으로 대정 8년 3월 28일 오후 5시 경 피고가 거주하는 동리인 경기도 양주군 구리면 아천리 이민 수십명에게 대하여 독립만세를 부르라고 권유, 이를 선동한 후 구 한국 국기를 떠받들고 서로 이웃 동리인 동면 토평리土坪里 및 교내리橋內里로 가서 조선독립만세를 외치고, 또한 범의를 계속하여 이튿날 29일 동면 아천리 아차산峨嵯山 꼭대기에서 위의 국기를 떠받들고 군중과 함께 조선독립만세를 외침으로써 안녕 질서를 방해한 자이다.

---

264) 경기도 광주군 돌마면突馬面 율리栗里, 농업 한백봉韓白鳳 39세
265) 경기도 양주군 구리면九里面 아천리峨川里, 면서기 이강덕李康德 28세; 경기도 양주군 구리면九里面 아천리峨川里, 농업 심점봉沈點奉 27세

3월 28~30일 개성군 동면 시위

피고 양인(장규한 · 고덕찬 - 인용자)266)은 경성 · 기타의 각지에서 조선독립시위운동이 치열하여져 불령 도배들이 횡행함을 기화로 대정 8년 3월 28일 동리 사람을 선동하여 개성 동면 대조족리의 동면 사무소 부근에 있는 오관산 꼭대기에 수십 명의 군중을 집합시킨 다음 봉화를 올리며 만세를 외쳤으며, 또한 이튿날 29일 밤에도 앞에서와 같이 동리 사람을 많이 집합시킨 후 피고 고덕찬은 전기한 산 위에 모인 군중에게 대하여 '소년들 조차 또한 이렇게 만세를 부르는데 어른들은 부르지 말라는 법은 없다. 오늘 본 적이 없는 남자가 자기에게 대하여 "이 동리에서도 만세를 부르지 않으면 동리의 민가를 불태워 버릴 것이다"고 통고하였다'는 불온한 언사를 늘어놓음으로써 동리 사람을 선동한 다음 위의 폭민들과 함께 소요를 피우려고 꾀하였으며, 동월 30일 밤에 일단 그 산 위에 집합한 다음 만세를 부르면서 피고 장규한은 스스로 폭민 약 7, 8십 명을 솔선 지휘하여 피고 고덕찬과 함께 전기한 면사무소로 몰려가서 그 마당 앞에서 봉화를 올리며 만세를 절규하여 극도로 소란을 피운 다음 동면사무소에서 면장 김세영金世英 · 동면서기 등의 얼굴을 때리는 등의 폭행을 하며, '이렇게 동리 사람들이 일치한 행동을 하는데, 당신들은 왜 이에 찬동하지 않는가'고 협박하고, 피고 고덕찬은 면장에게 대하여 '당신은 얻어 맞는 것보다는 만세를 부르라'고 위협하여 그 기세를 돋움으로써 면장 등에게 만세를 부르게 하고, 또한 '조선이 독립하는 이상은 일본 국기는 필요 없다'는 폭언을 퍼부으며 강제로 이 면사무소에 비치한 (일본)국기 1류를 내 놓게 하여 면 사환으로 하여금 이를 불 속에 던지게 하여 못쓰게

---

266) 경기도 개성군 동면東面 대조족리大鳥足里 227번지, 농업 무종교 장규한張奎漢 46세; 경기도 개성군 동면東面 대조족리大鳥足里 240번지, 농업 무종교 고덕찬高德燦 당 34세

하는 등 극히 불온한 행동을 함으로써 많은 군중과 함께 소요를 피웠으며, 피고 고덕찬은 위의 소요 중 솔선하여 그 기세를 돋운 자이다.

3월 28일~4월 1일 안성군 읍내면 시위

피고는 모두 조선독립을 용이하게 하기 위하여 많은 군중과 함께 시위운동을 하려고 기도, 피고 서순옥[267]은 대정 8년 3월 28일 그의 동리에 있는 산 위에서 이민 약 20명과 같이 조선독립만세를 절규하고 또한 범의를 계속하여 동년 4월 1일 많은 이민들과 함께 조선독립만세를 부르면서 읍내면 동리·서리·장기리場基里 등을 돌아 다녔으며, 피고 임일봉[268]은 대정 8년 3월 31일부터 이튿날 4월 1일에 걸쳐 범의를 계속하여 2번이나 이민들의 많은 군중과 같이 조선독립만세를 절규하며 읍내면의 전기 각 동리를 돌아 다니고, 피고 오귀남[269]은 대정 8년 3월 말일 경 그의 동리에서 만세를 외치고 있는 100여 명의 군중에 가담하여 함께 조선독립만세를 절규하고, 피고 홍선봉[270]은 대정 8년 4월 1일 많은 군중과 같이 만세를 부르짖으면서 읍내면 각 동리를 행진하여 각각 정치에 관하여 불온한 언동을 함으로써 치안을 방해한 자이다.

3월 29일

양주군 시둔면 시위

피고(조염호-인용자)[271]는 대정 8년 3월 29일 양주군 시둔면 자일리에서 이민 약

---

267) 주소·본적 경기도 안성군 읍내면邑內面 동리東里 221번지, 날품팔이 서순옥徐順玉 당 36세
268) 주소·본적 경기도 안성군 읍내면 동리, 담뱃대 직공 임일봉林一奉 당 28세
269) 주소 경기도 안성군 읍내면 동리 262번지, 본적 충청북도 진천군 덕산면德山面 개천리開川里, 고용인 오귀남吳貴男 32세
270) 주소 경기도 안성군 읍내면 서리西里, 본적 경기도 안성군 미양면薇陽面 마산리馬山里, 고용인 홍선봉洪先奉 당 18세
271) 경기도 양주군 시둔면柴屯面 자일리自逸里, 목수 조염호趙念鎬 당 29세

30명을 선동하여 함께 구 한국독립만세를 외침으로써 정치에 관하여 불온한 행동을 하여 치안을 방해한 자이다.

김포군 월곶면 시위

경기도 김포군 월곶면 갈산리 · 조강리 외 수개 리里의 이민 수백 명이 대정 8년 3월 29일 정오 경 조선민족독립을 위하여 만세를 같이 부르려고 김포군 갈산리 부근에 모였을 때 피고 최복석[272]은 스스로 만든 태극기(압수품)를 가지고서 그 선두에 서고, 피고 임용우[273] · 윤영규[274]는 이에 화합하여 이 날 오후 2시 경 김포군 군하리郡下里 공자묘 앞과 동리 공립보통학교 마당 및 면사무소 앞 등으로 가서 만세를 외침으로써 치안을 방해하였다.

　　피고 임용우는 범의를 계속하여 동년 4월 9일 동 피고가 교원으로 봉직하는 부천군 덕적면 진리 사립명덕학교 운동회를 이 동리 해안에서 거행하여 참관자가 많이 집합한 것을 호기로서 조선민족독립을 위하여 만세를 같이 부르려고 꾀하여 이 날 안내를 받아 참관하는 피고 이재관[275] 및 차경창[276]과 공모, 위의 피고들 3명이 주동이 되어 생도 · 이민 수십 명과 함께 만세를 외침으로써 치안을 방해한 자이다.

수원군 성호면 시위

제1. 피고들은 대정 8년 3월 1일 손병희孫秉熙 등이 조선독립선언을 발표하고 이의 선전을 시작하자, 그 취지에 찬동하여 국권회복의 시위운동을 함으로써 그

---

272) 경기도 김포군 월곶면月串面 조강리祖江里, 잡화상 최복석崔復錫 당 23세
273) 경기도 부천군 덕적면德積面 진리鎭里, 사립 명덕明德학교 교사 임용우林容雨 당 25세
274) 경기도 김포군 월곶면 개곡리開谷里, 농업 윤영규尹寧圭 당 38세
275) 경기도 부천군 덕적면 서포리西浦里, 서당 교사 이재관李載寬 당 23세
276) 경기도 부천군 덕적면 서포리, 합일合一사숙 교사 차경창車敬昌 당 19세

목적을 달성하려고 하여 동월 29일 오후 5시 경 경기도 수원군 성호면 오산시장에서 마침 이 날이 장날임을 기화로 하여 모여 있던 300여명의 군중 속에 뛰어 들어 피고 유진홍[277](다른 자료에는 유흥진이라 되어 있다-인용자) · 안낙순[278]은 자주 구 한국기(중 제1호)를 휘두르고 군중과 함께 조선독립만세를 연달아 부르면서 이 시장에서 같은 면 사무소와 동 오산경찰관주재소 부근에서 광분함으로써 치안을 방해하고,

제2. 전기한 바와 같이 군중의 소란이 심하여 동 주재소 순사 대목희시大木喜市는 그 중에서 가장 현저한 피고 유진홍 외 수 명을 인치하였던 바, 군중은 그들의 석방을 요구하며 자칫하면 폭거를 행하려 하여 불온한 형세를 보였으므로 앞서 인치한 자를 석방하였더니, 오히려 이에 힘을 얻어서 이날 오후 7시 30분 경 어둠이 점차 다가오자 피고 이성구[279](다른 자료에는 이선구라고 되어 있다-인용자) · 이규선[280] · 김경도[281] · 정규환[282] · 유진홍 · 김용준[283]은 500여 명의 군중과 함께 동 면사무소에서 떠들어 대며, "행동을 같이 하지 않는 면장을 쳐 죽이라"고 미친 듯이 부르짖었으며, 또한 자주 투석하여 마음대로 뗄 수 있는 이 사무소에 달린 창 유리 · 창문 등을 손상 파괴하고, 다시 이곳에 있는 오산우편소로 몰려가 피고 이성구 · 이규선은 제멋대로 이 우편소 안에 침입하여 전화기의 소재를 확인한 후 "이런 것이 있기 때문에 군대가 응원하러 오는 것이다. 쳐부숴서

277) 경기도수원군 성호면 세교리細橋里, 농업 유진홍兪鎭弘 34세
278) 경기도수원군 성호면 세교리, 농업 [일명 : 안낙순安樂順] 안낙순安樂淳 44세
279) 경기도 수원군 일형면日荊面 조원리棗園里 342번지 재적 · 거주, 농업 이성구李成九 2월 12일생 25세
280) 경기도 진위군 북면北面 봉남리鳳南里 282번지 재적 · 거주, 농업 이규선李圭璇 6월 21일생 25세
281) 경기도 수원군 성호면城湖面 오산리烏山里 344번지 재적 · 거주, 농업 김경도金敬道 12월 17일생 34세
282) 경기도수원군 성호면 오산리, 농업 정규환鄭圭煥 25세
283) 경기도수원군 성호면 금암리錦岩里, 농업 김용준金用俊 38세

그 근심을 없애라"고 부르짖으며 통신을 방해할 목적으로 이 전화기를 파괴하였으며, 또한 동 우편소와 그 부근에 여기 저기 자리 잡은 신길정치랑信吉定治郎 · 송원구길松原龜吉 · 야촌승태랑野村勝太郎 · 남신정태랑南信政太郎 · 월야시태랑月野矢太郎 · 지전화길池田和吉 · 우야상송宇野常松 · 동형원십랑棟形源十郎 등의 각 주택에 투석하거나 또는 몽둥이로 쳐서 동 우편소와 위의 각 주택에 달은 마음대로 뗄 수 있는 유리창 · 판자 문 등을 손상시키고 솔선하여 그 기세를 돋구어 줌으로써 이 지방의 정일함을 깨친 자로서,(후략)

용인군 수지면 시위

피고(이덕균-인용자)[284]는 전기한 피고가 거주하는 동리의 구장인 바, 대정 8년 3월 28일 안종각安鍾珏이란 자에게서 "조선독립시위운동을 하라"는 권유를 받자 곧 이에 찬동하여 정치 변혁의 목적으로 이튿날 29일 오전 8시 경 피고가 거주하는 동리의 이민 약 100여 명을 규합, 위의 안종각에게서 교부 받은 태극기를 휘두르며 군중에게 솔선하여 같이 조선독립만세를 연달아 부르면서 같은 동천리東川里를 향하여 행진, 그 곳에 모여 있던 100여 명의 군중과 합류하여 1단이 되어 이 날 오후 2시 경까지 함께 조선독립만세를 절규하며 동군 내를 횡행함으로써 정치에 관하여 불온한 언동을 함으로 말미암아 치안을 방해한 자이다.

용인군 내사면 시위

피고 양인(한영규 · 김운식-인용자)[285]은 구 한국 독립을 용이하게 하기 위하여 거주하는 동리의 이민들을 규합, 이들과 함께 시위운동을 하려고 꾀하여 대정 8년 3

---

284) 본적지 · 현주소 경기도 용인군 수지면水枝面 고기리古基里, 농업 (무종교) 이덕균李德均 10월 17일생 41세

285) 주소 · 본적 경기도 용인군 내사면內四面 남곡리南谷里 112번지, 농업 천주교 한영규韓榮圭 당 37세; 주소 · 본적 경기도 용인군 내사면 남곡리 72번지, 농업 천주교 김운식金雲植 당 21세

월 29일 이민들을 선동, 집합시킨 후 한영규 소유의 구 한국 국기를 떠받들고 이들 100여 명의 이민과 같이 용인군 내사면 양지리陽智里에 이르는 동안 조선독립만세를 절규함으로 말미암아 치안을 방해한 자이다.

양평군 강상면 시위

피고(신석영-인용자)[286]는 대정 8년 3월 29일 양평군 강상면 교평리交坪里 도선장에서 이날 동군 갈산면葛山面 양근리楊根里에 모이는 장에 가려고 하던 민중이 위장의 정지로 전기 도선장에 모여 있었으므로 그 민중과 함께 조선독립을 꾀하기 위하여 시위운동을 시도하고자 위의 군중 속에 서서 증 제1호 기를 휘두르면서 100여 명의 군중과 함께 대한독립만세를 절규하고 정치에 관한 불온 언동을 하여 치안을 방해한 자이다.

개성군 상도·대성면 시위

제1. 피고들[287]은 조선독립의 거사에 찬동하여 정치 변혁의 목적으로 대정 8년 3월 29일 밤 전기한 피고들이 거주하는 면의 상도리로부터 동군 대성면大聖面 풍덕리豊德里 읍내에까지 이르는 사이에서 300여 명의 군중과 함께 조선독립만세를 외침으로써 정치에 관하여 불온한 언동을 함으로 말미암아 치안을 방해하고,

　　제2. 피고들은 위의 조선독립시위운동을 한 후, 그 범행을 같은 동리에 있는 풍덕리헌병주재소에서 개성헌병대에 통보하면 응원 헌병이 출동하여 피고들을

---

286) 주소 · 본적 경기도 양평군 강상면江上面 송학리松鶴里 893번지, 농업 신석영辛錫永 당 39세

287) 본적지 · 현주소 경기도 개성군 상도면上道面 연동리蓮洞里 208번지, 농업(무종교) 이기춘李起春 3월 16일생 31세; 본적지 · 현주소 경기도 개성군 상도면上道面 연동리蓮洞里 136번지, 매약업 기독교도 신선명申善明 1월 25일생 45세; 본적지 · 현주소 경기도 개성군 상도면上道面 풍천리楓川里 463번지, 농업(무종교) 장경범張慶範 3월 17일생 22세; 본적지 · 현주소 경기도 개성군 상도면 풍천리 241번지, 농업(무종교) 장태수張台秀 7월 22일생 24세; 본적지 · 현주소 경기도 개성군 상도면 풍천리 2번지, 농업(무종교) 김순흥金順興 9월 15일생 21세; 본적지 충청북도 괴산군 괴산읍槐山邑 16통 6호戶, 현주소 경기도 개성군 상도면 풍천리 427번지 신창균申昌均 방, 농업(무종교) 이만석李萬錫 3월 12일생 27세; 본적지 · 현주소 경기도 개성군 상도면 풍천리 241번지, 농업(무종교) 유기윤柳箕允 6월 17일생 28세; 본적지 · 현주소 경기도 개성군 상도면 풍천리 464번지, 농업(무종교) 장승화張承和 10월 7일생 24세

체포하게 될 것이 두려워서 전화에 의한 위의 통신에 장애를 줄 목적으로 같은 면 광덕리光德里에 있는 제151호 및 제152호와 동군 대성면 신죽리新竹里에 있는 제169호인 개성·풍덕 사이의 전화선 전주를 찍어 넘기고, 혹은 쓰러지게 함으로써 통신에 장애를 줄 행위를 한 자이다.

장단군 진서면 시위

피고(이봉철-인용자)[288]는 대정 8년 3월 이후 조선 각지에서 행하여진 조선의 정치적 독립을 목적으로 하는 시위운동의 취지에 찬동하여 대정 8년 3월 29일 밤, 11시 경 거주하는 면의 주민 100여 명과 같이 한국독립만세를 부르면서 거주하는 면의 면사무소에서 소란을 피우고, 피고들은 솔선하여 면장 송원섭宋遠燮을 위협, 대한독립만세를 외치게 하였으며, 또한 피고 이외 1명은 동 면사무소에 있던 (일본) 국기 2류를 끄집어 내어 사무소 앞 마당 군중의 눈 앞에서 만세를 부르며 이를 불태워 버림으로써 극도로 소요를 피운 자이다.

3월 29~4월 3일 장단군 장도면 시위

제1. 피고 양인(우정시·우정화)[289]은 정치 변혁을 목적으로 대정 8년 음력 2월 28일(양력 3월 29일-인용자) 밤 경기도 장단군 장도면 항동리의 이민 수십 명에게 솔선하여 이 동리 도덕암산道德岩山 위에서 봉화를 올리며 모두 함께 조선독립만세를 외치고,

　　　제2. 피고 정시는 동일한 목적으로 동월 29일(양력 3월 30-인용자) 밤 위에서와 같은 식으로 이 동리 시라위산 위에서 봉화를 올리면 이민 10수 명과 함께 조

---

288) 경기도 장단군 진서면津西面 경릉리景陵里 264번지, 농업 이봉철李奉哲 24세
289) 경기도 장단군 장도면長道面 항동리項洞里 597번지, 농업 우정시禹楨時 당 34세
　　경기도 장단군 장도면長道面 항동리項洞里, 농업 우정화禹楨和 당 26세

선독립만세를 외치고,

제3. 피고 양인은 앞과 동일한 목적으로 동월 30일(양력 3월 31일-인용자) 밤 이 동리 사람 약 70명과 같이 구 한국기를 선두에 세우고서 같은 면 고덕리古德里에 있는 장도면 사무소 앞에서 모두 함께 조선독립만세를 외치고, 다시 이 날 밤 11시 경 군중 약 150명과 함께 이 면 석주원리石柱院里에 있는 면장 윤좌영尹左榮 집에서 앞과 같은 식으로 조선독립만세를 외쳤으며,

제4. 피고 양인은 앞과 동일한 목적으로 동년 음력 3월 2일(양력 4월 3일-인용자) 오전 10시 경부터 정오가 지날 무렵까지 사이에 전기한 항동리 구 시장 자리에서 구 한국기를 떠받들고 이민들과 고랑포高浪浦 시장에 가는 사람 약 100여 명과 같이 조선독립만세를 외침으로 말미암아 치안을 방해한 자로서, 각 피고의 행위는 동일한 범의를 계속하여 행한 것이다.

3월 29~31일, 4월 2일 안성군 읍내면 시위

피고들은 천도교주 손병희 등 33명이 조선독립선언을 발표하자 이에 찬동하여, 제1. 피고 진공필[290]은 대정 8년 3월 29일 안성군 읍내면 장기리에서 이민 수십 명과 같이 조선독립만세를 외치면서 광분함으로써 정치에 관하여 불온한 언동을 하고, 제2. 피고 김진수[291]는 동월 30일 장기리 시장에서 이민 수십 명과 같이 조선독립만세를 절규함으로써 치안을 방해하고, 제3. 피고 김재룡·김정현[292]은 동월 31일 같은 동리에서 많은 이민들과 함께 조선독립 만세를 연달아 외침으로써 치안을 방해하고, 제4. 피고 김성문[293]은 동년 4월 2일 장기리 시장에

---

290) 경기도 안성군 읍내면邑內面 장기리場基里, 음식점 진공필陳公弼 당 40세

291) 경기도 안성군 읍내면 장기리 미곡상, 김진수金鎭洙 당 34세

292) 경기도 안성군 읍내면 서리, 망건상網巾商 김정현金正鉉 당 44세, 경기도 안성군 읍내면 장기리 자전거 수선업 김재룡金在龍 당 22세

293) 경기도 안성군 읍내면 금석리金石里, 구두상 김성문金成文 당 29세

서 앞에서와 같이 많은 이민들과 함께 조선독립만세를 외침으로써 치안을 방해한 자이다.

3월 30일

시흥군 과천면 시위

피고(이복래-인용자)[294]는 조선 각지의 조선독립운동을 본받아 피고가 거주하는 동리에서도 시위운동을 하고자 하여 대정 8년 3월 30일 격문을 돌려 이날 이민들을 "동리의 남태령南泰嶺에 모이라"고 요구한 후, 이 날 오후 8시 경 그 곳에 모인 50여 명의 이민과 함께 만세를 부르면서 과천 읍내로 들어가 그 곳의 경찰·기타 각 관청 및 학교 앞에서 조선독립만세를 절규함으로써 치안을 방해한 자이다.

시흥군 수암면 시위

피고들[295]은 대정 8년 3월 30일 시흥군 수암면 수암리에서 그 면 사람들이 조선독립운동을 시작한다는 것을 전해 듣고 그 날 같은 동리 비립동碑立洞에 가서 그 곳에 모여 온 2천여명의 군중과 함께 조선독립만세를 절규하면서 수암면 읍내에 있는 면사무소·보통학교 및 공자묘孔子廟 앞으로 몰려가서 극도로 소란을 피웠는데, 그 중 피고 유익수와 윤병소는 위 군중의 선두에 서서 태극기를 휘두르면서 군중을 지휘 인솔하여 모두 조선독립을 용이하게 할 목적으로 전기 불온거동

---

294) 주소·본적 경기도 시흥군 과천면果川面 하리下里 457번지, 농업 이복래李復來 당 27세
295) 주소·본적 경기도 시흥군 수암면秀岩面 능곡리陵谷里 182번지, 농업 윤병소尹秉昭 당 27세
　　주소·본적 경기도 시흥군 수암면 와리瓦里 482번지, 농업 홍순칠洪淳七 당 42세
　　주소·본적 경기도 시흥군 수암면 월파리月波里 120번지, 잡화상 유익수柳益秀 당 50세
　　주소·본적 경기도 시흥군 수암면 산현리山峴里 369번지, 농업 윤동욱尹東旭 당 29세
　　주소·본적 경기도 시흥군 수암면 화정리花井里 61번지, 농업 김병권金秉權 당 42세
　　주소·본적 경기도 시흥군 수암면 수암리 360번지, 농업 이봉문李奉文 당 30세

을 함으로써 치안을 방해한 자이다.

용인군 기흥면·읍삼면 시위

피고(김구식-인용자)[296]는 대정 8년 3월 30일 오전 10시 경 거주하는 하갈리 강가의 평지에서 수십명의 조선인과 함께 조선독립시위운동으로서 조선독립만세를 연달아 부르고 또한 범의를 계속하여 이날 오후 2시 경 동군 읍삼면邑三面 구 읍내로 가서 약 30여 명의 조선인에게 대하여 전기함과 같은 시위운동을 하라는 취지를 선동함으로써 치안을 방해한 자이다.

안성군 읍내면 시위

피고(이경수-인용자)[297]는 전부터 조선독립을 희망하고 있던 바, 손병희孫秉熙 등이 조선독립선언을 하자 크게 그 취지에 찬동하여 정치변혁의 목적으로 대정 8년 3월 30일 경기도 안성군 읍내면 동리東里·서리 및 장기리場基里의 각 동리를 약 5, 6백명의 군중과 함께 조선독립만세를 외치면서 돌아다니고, 또한 범의를 계속하여 동년 4월 1일 전기 장기리에서 이 동리 사람 십수 명에게 대하여 '조선독립만세를 같이 부르라'고 권유, 이들을 선동한 후 압수한 구 한국 국기를 떠받들고 위의 군중과 함께 한국독립만세를 부름으로써 안녕질서의 방해를 한 자이다.

양평군 용문면 시위

피고들[298]은 손병희 등이 조선독립을 선언하자 이에 찬동하여 대정 8년 3월 30일 양평군 용문면 광탄리廣灘里에서 압수한 한국 독립기를 떠받들고 군중과 함

---

296) 경기도 용인군 기흥면器興面 하갈리下葛里, 농업 김구식金九植 당 39세
297) 경기도 안성군 읍내면邑內面 서리西里, 생선 장수 이경수李敬洙 당 28세
298) 경기도 양평군 용문면龍門面 마룡리馬龍里, 농업 겸 잡화상 조영호趙瑛鎬 당 38세
　　경기도 양평군 용문면龍門面 오촌리梧村里, 농업 김윤구金崙求 당 27세
　　경기도 양평군 용문면龍門面 오촌리梧村里, 농업 신순근辛淳根 당 24세

께 조선독립만세를 외쳤으며, 그 때 피고 조영호는 모인 민중에게 대하여 큰 소리로 '독립은 천운이니, 사람의 힘이 미칠 바가 아니다. 일본인은 모두 본적지에 귀국하라. 예컨대 1개의 계란이라도 쌍계 (쌍동의 뜻)면 2개의 계란에서 2마리의 병아리가 나오는 것이니, 1국으로 함은 쉽게 될 수 있는 것이 아니다'고 연설함으로써 치안을 방해한 자이다.

포천군 신북면 시위

피고 중식(유중식-인용자)[299]은 대정 8년 3월 29일 밤 피고 집에 '3월 30일 경기도 포천군 신북면新北面사무소 부근에 집합하여 조선독립만세를 부르라'는 취지가 기재된 통문 2통이 투입되어 있으므로 그 취지에 찬동하여 정치 변혁을 목적으로 이민들을 모아 독립만세를 부르기 위하여 그 날 밤 이것을 동면 거사리의 김수종金秀鍾 및 피고 병현으로 하여금 각 이민에게 회람시켜 이튿날 30일 이에 찬동한 수십 명의 군중과 함께 위의 면사무소 앞에서 조선독립만세를 외침으로써 안녕 질서를 방해하고, 피고 병현(함병현-인용자)[300]은 동월 29일 피고의 집에서 피고 중식으로부터 위의 통문 1통을 받고서 그 취지에 찬동하여 정치 변혁의 목적으로 이민들에게 독립만세를 부르게 하기 위하여 그 동리 김사성金士城이란 자로 하여금 이를 이민들에게 회람시킴으로써 민심을 선동하여 안녕 질서를 방해한 자이다.

피고 조훈식[301] · 조계식[302]은 조종연趙鍾淵과 함께 손병희孫秉熙 등이 발표한 조선민족 독립선언에 찬동하여 이민을 규합, 같이 조선독립만세를 외칠 것을 기

---

299) 경기도 포천군 중면中面 거사리居士里, 농업 유중식俞中植 25세
300) 경기도 포천군 중면中面 양문리梁文里, 농업 함병현咸炳鉉 60세
301) 경기도 연천군 영근면嶺近面 은대리隱垈里, 서당 교사 조훈식趙薰植 당 56세
302) 경기도 포천군 신북면新北面 만세교리萬世橋里, 농업 조계식趙誾植 당 43세

도하여 대정 8년 3월 29일 전기 피고 조계식 집에서 '이튿날 30일 아침 포천군 신북면사무소 앞에 집합하여 조선독립만세를 외칠 터이니 이민들을 선동하여 이에 참가시키라. 만약 불응하면 집에 불을 놓고 기타 위험한 피해를 입힐 것이다'는 취지를 쓴 문서 십수 통을 작성하여 이것을 그러한 사정을 아는 피고 최학돌[303]과 함께 각각 범의를 계속하여 삼성당리参星堂里 구장 서상련徐相蓮 이외 수개 동리의 구장에게 배부하고, 이튿날 30일 신북면사무소 앞·기타 동면 가채리加采里 등에 이 때문에 집합한 이민 약 1천명과 같이 조선독립만세를 외침으로써 치안을 방해한 자이다.

3월 30일~4월 1일 안성군 읍내면 시위

피고(이성옥-인용자)[304]는 앞서 천도교주 손병희孫秉熙 등이 조선민족 독립선언을 하자, 이에 찬동하여 대정 8년 3월 30일 밤 이민을 모아 함께 조선독립 만세를 외칠 목적으로 혼자서 안성군 읍내면 석정리石井里에 있는 산꼭대기에 올라가 수번이나 조선독립 만세를 외쳤으나, 이민들이 모여 오지 않으매, 다시 이 면 서리 길 가에서 조선독립만세를 외쳤더니 마침내 이민 수 백명이 모였으므로 스스로 솔선하여 이 동리 사람들과 같이 안성경찰서와 동 군청 앞 등으로 가면서 모두 함께 조선독립만세를 외쳤으며, 이어서 위의 범의를 계속하여 그 이튿날 31일 오후 3시 경 같은 동리에서 이민들에게 대하여 '모두 함께 조선독립만세를 외치라'고 권유하여, 이민 수백 명과 함께 조선독립만세를 외치면서 안성군 읍내면 동리東里 자동차업 이택승李宅承 집으로 가서 그에게 대하여 '자동차로 수비대를 운반함은 조선민족 독립운동을 방해하는 것이다. 영업을 중지하라. 만약 이에 불

303) 경기도 포천군 신북면新北面 만세교리萬世橋里, 잡화상 최학돌崔學乭 당 44세
304) 경기도 안성군 읍내면邑內面 서리西里, 음식점 이성옥李成玉 당 33세

응하면 집에 불을 질러 태워 버리겠다'고 협박하고 다시 동군 동면 장기리場基里 중국인 잡화상 왕수산王壽山 집에 이르러 그에게 대하여 '왜 가게를 열어 놓았는 가. 빨리 문을 닫고 독립 만세를 외치라'고 하면서 돌을 그 가게 문에 던져 협박 선동하여 그 점포를 닫게 하였으며, 또한 위의 범의를 계속하여 대정 8년 4월 1 일 경 그 때에는 수비대가 도착하여 동리에서 조선독립만세를 외치는 자가 없음 을 분개하여 안성군 읍내면 서리 노상에서 마침 모여 있던 이민에게 대하여 '수 비대가 도착하였다고 조선민족 독립운동을 중지함은 마땅하지 못하다. 분기하 여 이 운동에 참가하여 진력하라'고 연설하여 정치에 관한 불온 언동을 함으로 써 치안을 방해한 자이다.

3월 30일~4월 4일 개성군 중면 시위

피고 상훈[305]은 경성고등보통학교 4학년에 재학 중인데, 전부터 조선독립을 희 망하고 있던 차 대정 8년 3월 1일 손병희孫秉熙 등이 조선독립선언을 발표한 이 래로 조선 안 각지에서 불온 문서를 각 곳에 배부하고 또는 봉화를 올리며 한국 독립만세를 외쳐 조선독립운동을 하고 있음을 알고서 그 취지에 찬동, 이와 동 일한 행동을 취하려고 꾀하고 범의를 계속, 동년 3월 31일부터 4월 2일에 이르기 까지 매일 밤 전기한 대룡리 부근의 무명산無名山 위에서 수십 명의 이민들과 같 이 봉화를 올리고 조선독립시위운동 방법으로서 한국독립만세를 외쳤으며, 또 한 독립운동을 치열하게 하여 독립의 실현을 기할 목적으로 이에 앞서 동년 3월 4일 경 경성에서 입수하여 가지고 있던 조선독립운동을 고취하는 불온한 취지 를 기재한《조선독립신문》·《경고문》및 한글로《경고》라는 제목의 문서 각1종

---

305) 경기도 개성군 진봉면進鳳面 지금리금숲里 재적, 경기도 개성군 중면中面 대룡리大龍里 73번지 거주, 학생 상훈尙燻 3 월 18일생 22세

20매씩 합계 60매(압수 증 제1호~제3호, 제5호~제7호를 포함함.) 중, 약 30매를 동년 4월 2일 밤 전기한 산 위에서 그 곳에 모인 이민들에게, 또 그 나머지는 이 날 밤 전기 대룡리 내의 율관동栗串洞에서 각 집에 배부하거나 또는 대여함으로써 각 이민으로 하여금 더욱 더 왕성하게 조선독립운동을 하게 하도록 선동함으로 말미암아 치안을 방해하고,

피고 이희두[306]는 전부터 조선독립을 희망하고 있던 차, 대정 8년 3월 1일 손병희 등이 조선독립선언을 발표한 이래로 조선 안 각지에서 구 한국 국기를 떠받들고서 봉화를 올리며 기세를 돋우고 한국독립만세를 외쳐 조선독립운동을 하고 있음을 알고서 그 취지에 찬동, 이와 동일한 행동을 취하려고 꾀하여 범의를 계속, 동년 3월 30일부터 4월 4일까지 2일을 빼고는 전후 5일간 매일 밤 거주하는 동리 부근의 무명산 위에서 이민 수십 명과 함께 봉화를 올리며 조선독립운동 방법으로서 한국독립만세를 외쳤으며, 또한 4월 3일 자기 집에서 구 한국 국기 1류(압수 증 제4호)를 만들어 이 날 밤과 이튿날 4일 밤의 전기한 운동에 즈음하여 이를 떠 받들고 기세를 올림으로 말미암아 치안을 방해하고,

피고 이필만[307]은 대정 8년 3월 1일 손병희 등이 조선독립선언을 발표한 이래로 조선 안 각지에서 조선독립운동이 일어나고 그 방법으로서 구 한국 국기를 떠받들거나 또는 봉화를 올려 기세를 돋우며 한국 독립만세를 외치고 있다 함을 전하여 듣고 있던 차 거주하는 동리의 주민 수십 명이 부근의 무명산 위에 모여 봉화를 올리고 조선독립운동 방법으로서 한국독립만세를 외침에 즈음하여 그 취지에 찬동, 범의를 계속하여 동년 3월 30일·31일 및 4월 1일의 3일간, 매

---

306) 경기도 개성군 중면 대룡리 848번지 재적, 경기도 개성군 중면 대룡리 848번지 거주, 농업 이희두李熙斗 7월 2일생 26세
307) 경기도 개성군 중면 대룡리 848번지 재적, 경기도 개성군 중면 대룡리 848번지 거주, 농업 이필만李弼萬 10월 8일생 27세

일 밤 그 거사에 참가, 그 산 위에서 위의 군중과 같이 한국독립만세를 외침으로써 치안을 방해한 자이다.

3월 31일

양주군 진접면 시위

피고 재일(이재일-인용자)[308]은 대정 8년 3월 29일 밤 피고의 집에 '피고가 거주하는 동리의 이민 일동이 그 동리 광능천光陵川 강가에 모여서 독립만세를 부르라'는 취지를 기재한 통문 1통이 투입되었으매 그 취지에 찬동하여 이민을 모아 독립만세를 부르려고 꾀하여 이를 이민들에게 회람시킨 다음 동월 31일 동 피고와 그 취지에 찬동한 피고 삼돌(양삼돌-인용자)[309] · 대봉(최대봉-인용자)[310] · 석몽(박석몽-인용자)[311] · 대복(최대복-인용자)[312] · 희상(유희상-인용자)[313] · 홍록(이홍록-인용자)[314]은 위의 광능천 변에서 앞과 같은 목적으로 모여 온 군중 100여 명과 함께 정치 변혁의 목적으로 조선독립만세를 외침으로써 안녕 질서를 방해한 자이다.

진위군 북면 시위

피고 박성백[315] · 최구홍[316] · 유동환[317] · 전영록[318]은 손병희孫秉熙 등이 제창하는

---

308) 경기도 양주군 진접면榛接面 부평리富坪里, 농업 이재일李載日 44세
309) 경기도 양주군 진접면榛接面 부평리富坪里, 농업 양삼돌梁三乭 23세
310) 경기도 양주군 진접면榛接面 부평리富坪里, 농업 최대봉崔大奉 22세
311) 경기도 양주군 진접면榛接面 부평리富坪里, 농업 박석몽朴石夢 57세
312) 경기도 양주군 진접면榛接面 부평리富坪里, 농업 최대복崔大福 28세
313) 경기도 양주군 진접면榛接面 부평리富坪里, 농업 유희상柳喜庠 39세
314) 경기도 양주군 진접면榛接面 부평리富坪里, 농업 이흥록李興錄 67세
315) 경기도 진위군 북면 봉남리, 농업 박성백朴成伯 당 30세
316) 경기도 진위군 북면 봉남리, 농업 최구홍崔九弘 당 22세
317) 경기도 진위군 북면 봉남리, 농업 유동환柳東煥 당 24세
318) 경기도 진위군 북면 봉남리, 농업 전영록全榮祿 당 20세

조선독립 취지에 찬동, 그 시위운동을 하려고 공모하여 대정 8년 3월 31일 오후 4시 경부터 동 6시 경에 걸쳐 미리 만들어 두었던 구 한국 국기 30류를 꺼내어 거주하는 동리 이민들을 선동하여 위의 국기를 휘두르며 약 400명의 군중과 함께 진위군 북면 사무소 앞, 경찰관주재소 앞 등에서 조선독립만세를 연달아 부르고, 이어서 이 면의 각 동리를 행진함으로써 치안을 방해하고, 피고 유만수[319]·김봉희[320]는 전기 시위운동에 참가하여 위의 일시와 장소에서 약 400명의 군중과 같이 조선독립만세를 연달아 부름으로써 치안을 방해한 자이다.

3월 31일 ~ 4월 3일 양평군 강하·양서·강상면 시위

제1. 피고들은 모두 조선독립을 열망하여 그 시위운동으로서, 1. 피고 최대현[321]은 대정 8년 3월 31일 오후 11시 경 전기한 동 피고가 거주하는 면의 면사무소 앞에서 이 운동을 위하여 모인 300여 명의 군중과 함께 조선독립만세를 외치고, 이어서 이튿날 4월 1일 오전 4시 경 동군 양서면 도곡리陶谷里에 있는 동면 면사무소와 같은 동리의 헌병주재소 부근에서 이 운동을 위하여 집합한 2천여 명의 군중과 같이 조선독립만세를 연달아 불렀으며,

　　2. 피고 여운긍[322]·여광현[323]은 동월 2일 정오쯤 동면 사무소 앞에서 이운동을 위하여 집합한 1천여 명의 군중 속에 뛰어 들어 조선독립만세를 같이 부르고,

---

319) 경기도 진위군 북면 봉남리, 농업 유만수柳萬壽 당 26세
320) 경기도 진위군 북면 봉남리, 농업 김봉희 당 29세
321) 경기도 양평군 강하면江下面 전수리全壽里 408번지 재적·거주, 농업 최대현崔大鉉 당 68세
322) 경기도 양평군 양서면楊西面 신원리新院里 273번지 재적·거주, 농업 여운긍呂運兢 당 25세
323) 경기도 양평군 양서면楊西面 신원리新院里 496번지 재적·거주, 농업 여광현呂光鉉 당 34세

3. 피고 최대현·윤기영[324]·이보원[325]·신우균[326]은 동월 3일 동군 고읍면古邑面 내에서 이 운동을 위하여 모인 동군 강상·강하·양서·고읍 4면의 주민 약 4천 명 군중 속에 뛰어 들어 태극기(증 제1호의 1~3의 기 및 제2호의 3·4·7의 깃대)를 휘날리며 함께 조선독립만세를 절규하였으며, 또한 그 군중 속에서 양근楊根 읍내로 가서 시위운동을 할 것인가 아닌가를 제의하자 피고 최대현은 '읍내로 가지 않으면 안된다'고 제창하여 군중을 인솔하고 동면 옹암리瓮岩里와 용암리龍岩里 사이의 작은 언덕까지 행진함으로써, 피고들은 모두 그 지방의 치안을 방해한 자로서 피고 최대현의 전기 각 소위는 계속할 뜻에서 나온 것이다.

제2. 피고 최대현은 이태왕(고종 황제)이 돌아가시자 금곡金谷 능이 있는 곳 앞에서 사사로이 제사를 지내려고 그 비용으로서 군민들에게 기부금을 모집하고자 기도하여 대정 8년 2월 13일(음력 정월 13일) 경 당해 관청의 허가를 얻지 않고서 피고가 거주하는 동리의 강姜 모에게 부탁, '태황제 폐하께서 돌아가셨으매, 그 성은에 보답하기 위하여 능 있는 곳 앞에서 제사를 지내고자 하니, 상하의 모든 백성이 그의 자력에 따라 금원을 지출함으로써 애도의 뜻을 표시하여야만 될 것이므로 각각 분에 맞는 기부를 하기 바란다'는 취지의 문서를 만들게 한 후 피고의 양자 최윤식崔允植이란 자에게 명하여 같은 날쯤 전기한 피고 최대현의 집에서 동면 면사무소에 비치된 등사기를 빌려서 그 문서(증 제4호) 10수 매를 인쇄시켜서 동월 하순 경에 이것을 양평군 내 11면의 각 면장에게 배부함으로써 기부금을 모집하려고 한 자이다.

324) 경기도 양평군 강상면江上面 송학리松鶴里 158번지 재적·거주, 농업 윤기영尹璣榮 당 48세
325) 경기도 양평군 강상면江上面 병산리屛山里 801번지 재적·거주, 농업 이보원李輔元 당 50세
326) 경기도 양평군 양서면楊西面 대심리大沁里 57번지 재적·거주, 일요학교 교사 신우균申祐均 당 32세

4월 1일

부천군 대부면 시위

피고들[327]은 대정 8년 3월 초순 이후 조선 각지에서 조선독립시위운동이 행하여지고 있음을 전하여 듣고 있던 차 동월 31일 때 마침 피고들이 거주하는 면의 영전리營田里 사격장에서 만나 함께 정치변혁의 목적으로 피고들이 사는 동리에서도 역시 이 운동을 하기로 결의하여, 이날 밤 오후 11시 경 전기한 피고 김윤규 집에 모여 동 피고 소유의 포목으로 구한 국기 1류(증 제1호)를 만들었으며, 이튿날 4월 1일 오전 3시 경 같이 집 밖에 나가 조선독립만세를 외치고, 이 때문에 집합한 이민 십수명과 함께 그 곳의 주막 권도일權道一 집 앞에서 위의 구 한국국기를 휘두르면서 조선독립만세를 같이 부름으로써 정치에 관하여 불온한 언동을 함으로 말미암아 치안을 방해한 자이다.

진위군 북면 시위

피고들은 조선독립시위운동을 하려고 꾀하여 대정 8년 4월 1일 밤 피고 정경순[328]은 진위군 북면 은산리에서 이 동리 사람 수 명에게 대하여 '조선독립만세를 같이 부르자'고 권유 선동하여 이 동리에서 많은 이민들과 독립만세를 외쳤는데, 피고 최선유[329]는 그 군중에게 대하여 '이면 봉남리鳳南里 순사주재소로 가서 만세를 외치자'고 권유 선동하여 동 피고의 선도로 함께 동 주재소 앞에 이르러

---

327) 본적지 경기도 수원군 은덕면隱德面 신남리新南里, 현주소 경기도 부천군 대부면大阜面 동리東里 1726번지, 농업 (무종교) 김윤규金允圭 12월 16일생 26
본적지 경기도 부천군 대부면大阜面 동리東里 943번지, 현주소 경기도 부천군 대부면大阜面 동리東里 943번지, 농업 (무종교) 노병상盧秉相 11월 4일생 29세
본적지 경기도 부천군 대부면大阜面 동리東里 136번지, 현주소 경기도 부천군 대부면大阜面 동리東里 136번지, 농업 (무종교) 홍원표洪元杓 9월 29일생 45세
328) 경기도 진위군 북면北面 은산리銀山里, 농업 정경순鄭庚淳 당 24세
329) 경기도 진위군 북면北面 은산리銀山里, 농업 최선유崔善有 당 32세

다시 조선독립만세를 외침으로써 치안을 방해한 자이다.

진위군 청북면 시위

피고 안육만[330]은 조선독립시위운동을 하기로 꾀하여 김원근金元根이란 자와 함께 대정 8년 4월 1일 밤 진위군 청북면 백봉리의 행길에서 큰 소리로 '이 동리에서는 왜 독립만세를 부르지 않는가. 빨리 나와서 부르라'고 이 동리 이민들을 선동하여 피고 최만화[331]·안희문[332]·황순태[333]·정수만[334]·홍기성[335]·기타 이민 수십 명과 같이 이 동리에서 조선독립만세를 연달아 부름으로써 치안을 방해하고, 피고 최만화·안희문·황순태·정수만·홍기성은 조선독립 취지에 찬동하여 위와 같이 조선독립 만세를 연달아 부름으로써 치안을 방해한 자이다.

안성군 원곡·양성면 시위

대정 8년 3월 1일 이래 조선 각지에서 조선인들이 다수 합동하여 조선을 독립국으로 삼을 희망이 있음을 세상에 선전하기 위하여 조선독립 만세를 화창하는 소위 조선독립시위운동을 하는 자가 속출하여 경기도 안성군 원곡元谷면·양성陽城면 각 곳에서도 면민이 서로 모여서 위와 동양의 시위운동을 하는 자가 생겼는데, 동년 4월 1일 오후 8시 경 원곡면 칠곡七谷리 이유석李裕奭·홍창섭洪昌燮, 또 동면 외가천外加川리 이근수李根洙, 동면 내가천內加川리 이덕순李德順, 피고 최은

---

330) 경기도 진위군 오성면梧城面 안화리安化里, 농업 안육만安六萬 당 20세
331) 경기도 진위군 오성면梧城面 안화리安化里, 농업 최만화崔晩華 당 24세
332) 경기도 진위군 오성면梧城面 안화리安化里, 농업 안희문安喜文 당 21세
333) 경기도 진위군 오성면梧城面 안화리安化里, 농업 황순태黃順泰 당 31세
334) 경기도 진위군 청북면靑北面 백봉리栢峯里, 농업 정수만鄭水萬 당 20세
335) 경기도 진위군 청북면靑北面 백봉리栢峯里, 농업 홍기성洪奇成 당 36세

식[336] 및 피고 이희룡[337]의 선동으로 말미암아 위 시위운동을 위하여 원곡면민 약 1,000명은 외가천리 소재 원곡면 사무소앞에 집합하여 조선독립 만세를 고창하여 동군 양성면 동항東恒리(구 양성읍내)로 향하여 출발, 구 한국기를 떠받들고 등불 또는 횃불을 켜고서 만세를 연달아 부르며 원곡면 내를 횡행으로써 방해하였으며 또한 행진하여 원곡면과 양성면의 경계를 이루는 고개에 이르자 이유석은 먼저 군중에게 대하여, '오늘 밤 기약함이 없이 이렇게 많은 군중이 집합하였음은 천운이다. 제군은 양성경찰관주재소로 가서 내지(일본)인 순사와 함께 조선독립만세를 부르지 않으면 안된다. 순사가 이에 응하면 좋으나 만약 응하지 않을 때는 자기로서도 할 바가 있다'는 뜻의 불온한 연설을 하고, 다음에 홍창섭 · 이덕순 · 이근수 · 피고 최은식 및 피고 이희룡은 교대로 일어서서 군중에게 대하여 '조선은 독립국이 될 것이므로 일본의 정책을 시행하는 관청은 불필요하기 때문에 우리들은 모두 같이 원곡면 · 양성면 내의 순사주재소 · 면사무소 · 우편소(우체국) 등을 파괴하라. 또한 내지(일본)인을 양성면 내에 거주케 할 필요가 없으므로 그 내지인을 양성으로부터 구축하라. 제군은 돌 또는 몽둥이를 지참하여 성히 활동하라'는 요지의 불온한 연설을 함으로써 조선독립시위운동을 위하여 위 관서 및 내지인의 주택을 습격, 폭행을 할 것을 선동 발의하니 군중은 이에 찬동하여 이를 결행하기 위하여 다수자가 돌 또는 몽둥이를 휴대하고 그 집단은 피고 최은식 · 이희룡 등에게 인솔되어 양성면 동항리로 진입하였다. 그런데 이날 밤 오후 9시 반 경부터 양성면민 수백명이 조선독립시위운동을 위하여 전기 주재소에 쇄도하여 조선독립만세를 고창함으로써 치안을 방해하고 동 9시

---

336) 경기도 안성군 원곡면 내가천리 54번지 재적 · 거주, 농업 피고인 최은식崔殷植 22세
337) 경기도 안성군 원곡면 외가천리 199번지 재적 · 거주, 농업 겸주막[일명-名 : 이시은李時殷 피고인 이희룡李熙龍]47세

50분 경 퇴산하였는데 그들이 돌아가는 길에 전출 원곡면 방면으로부터 진행하여 온 집단과 만나 서로 합류하여 일단이 되어 전과 같은 시위운동으로서 공동으로 폭행을 하기 위하여 이날 밤 10시 경 그 주재소에 쇄도하여 조선독립만세를 부르면서 이에 투석하고 또는 몽둥이를 휘둘러 유리창 기타를 파괴한 후 불을 질러 동 사무소 및 부속 순사기숙사 각 1동 및 공용 서류·물품 및 가구 등 전부를 소각하고 다음에 동리 양성우편소로 쇄도하여 그 사무실과 아울러 주택의 대문짝·실내 조작물造作物·전화기·공용 서류·물품·가구 등 전부를 파괴하였으며 또한 금고를 파괴하여 속에 든 공금 17원 여를 강탈하고 또 동 우편소로부터 안성安城으로 통하는 전화선을 절단하여 동 우편소 부근 전주 3개를 꺾어 넘어뜨려 전화에 의한 통신을 불가능하게 만들었으며 동리 내지인 잡화상 외리여수外里與手 방 및 내지인 대금업 융수지隆秀知 방을 습격하여 모두 대문짝을 파괴하고 가구 물품을 강탈 파괴 또는 소각하였으며 다음으로 동리 양성면 사무소로 쇄도하여 사무실내에 침입, 공용 서류·물품을 파훼破毀하거나 또는 이를 소훼燒毀하고 최후로 그 다음 날 오전 4시 경 동군 원곡면 외가천리 소재 원곡면 사무소를 습격하여 불을 놓아 동 사무실 1동, 공용 서류 및 물품 전부를 소훼함으로써 소요를 일으켰다. 그리하여 전기 이유석·홍창섭·이근수·이덕순, 피고 최은식 및 피고 이희룡은 위 소요의 괴수로서 군중을 지휘한 외에 아래와 같이 전시 치안방해와 아울러 폭행을 얼마간 감행하였으며, 기타 피고들도 전출 집단에 참가하여 전기 이유석 외 5명과 함께 아래와 같이 전시 치안 방해와 아울러 폭행의 얼마간을 감행하였다.

피고　최은식·정일봉338)·송우필339)·김중식340)·최기용341)·정봉열·송
재필342)·이완호343)·이중립344)·한재호345)·홍재의346)·김희식347)·이희룡·최
만종348)·김기성349)·정주하350)·전수만351)(다른 자료에는 김수만이라 되어 있음-인용
자)·이유원352)(다른 자료에는 이우원이라 되어 있음-인용자)·정용재353)·이홍길354)·
김순서355)·최재식356)·장덕관357)·이병구358)·홍경운359)·허덕성360)·장원심361)
(다른 자료에는 장원준이라 되어 있음-인용자)·정호근362)·김정원363)·소후옥364)·김

338) 경기도 안성군 원곡면 지문리 463번지 재적·거주, 농업 피고인 정일봉鄭一鳳 35세
339) 경기도 안성군 원곡면 외가천리 179번지 재적·거주, 농업 피고인 송우필宋禹弼 22세
340) 경기도 안성군 원곡면 외가천리 75번지 재적·거주, 농업 피고인 김중식金重植 20세
341) 경기도 안성군 원곡면 외가천리 49번지 재적·거주, 농업 피고인 최기용崔奇鎔 29세
342) 경기도 안성군 원곡면 외가천리 번지불상 재적·거주, 농업 [일명-名 : 송정삼宋正三] 피고인 송재필宋在弼 33세
343) 경기도 안성군 원곡면 외가천리 23번지 재적·거주, 농업 [일명-名 : 이선봉李先鳳] 피고인 이완호李完鎬 24세
344) 경기도 안성군 원곡면 외가천리 75번지 재적·거주, 농업 [일명-名 : 이은경李銀京] 피고인 이중립李重立 37세
345) 경기도 안성군 원곡면 외가천리 179번지 재적·거주, 농업 [일명-名 : 한기복韓基福] 피고인 한재호韓在鎬 20세
346) 경기도 안성군 원곡면 외가천리 218번지 재적·거주, 농업 [일명-名 : 홍기숙洪奇淑] 피고인 홍재의洪在義 35세
347) 경기도 안성군 원곡면 외가천리 75번지 재적·거주, 농업 [일명-名 : 김양복金梁福] 피고인 김희식金熙植 23세
348) 경기도 안성군 원곡면 외가천리 204번지 재적·거주, 농업 피고인 최만종崔萬鍾 20세
349) 경기도 안성군 원곡면 칠곡리 번지불상 재적·거주, 농업 [일명-名 : 김선경金先敬] 피고인 김기성金基聲 19세
350) 경기도 안성군 원곡면 칠곡리 번지불상 재적·거주, 농업 [일명-名 : 정성유鄭聖有] 피고인 정주하鄭杜夏 32세
351) 경기도 안성군 원곡면 칠곡리 709번지 재적·거주, 농업 [일명-名 : 전기선全起先] 피고인 전수만全守萬 38세
352) 경기도 안성군 원곡면 칠곡리 333번지 재적·거주, 농업 [일명-名 : 이원칠李元七] 피고인 이유원李裕元 31세
353) 경기도 안성군 원곡면 칠곡리 번지불상 재적·거주, 농업 피고인 정용재鄭容在 20세
354) 경기도 안성군 원곡면 칠곡리 228번지 재적·거주, 농업 피고인 이흥길李興吉 22세
355) 경기도 안성군 원곡면 외가천리 번지불상 재적·거주, 농업 피고인 김순서金順西 24세
356) 경기도 안성군 원곡면 내가천리 44번지 재적·거주, 농업 피고인 최재식崔在植 20세
357) 경기도 안성군 원곡면 내가천리 115번지 재적·거주, 농업 피고인 장덕관張德寬 34세
358) 경기도 안성군 원곡면 내가천리 116번지 재적·거주, 농업 [일명-名 : 이치대李致大] 피고인 이병구李丙求 30세
359) 경기도 안성군 원곡면 내가천리 번지불상 재적·거주, 농업 피고인 홍경운洪敬云 34세
360) 경기도 안성군 원곡면 내가천리 124번지 재적·거주, 농업 [일명-名 : 허덕수許德守] 피고인 허덕성許德成 22세
361) 경기도 안성군 원곡면 내가천리 번지불상 재적·거주, 농업 [일명-名 : 장원정張元正] 피고인 장원심張元心 32세
362) 경기도 안성군 원곡면 죽백리 76번지 재적·거주, 농업 [일명-名 : 정내순鄭來順] 피고인 정호근鄭鎬根 32세
363) 경기도 안성군 원곡면 칠곡리 번지불상 재적·거주, 농업 [일명-名 : 김관덕金寬德] 피고인 김정원金正元 37세
364) 경기도 안성군 원곡면 칠곡리 번지불상 재적·거주, 농업 [일명-名 : 소선옥蘇先玉] 피고인 소후옥蘇厚玉 35세

배관[365] · 소흥복[366] · 이진영[367] · 주주봉[368] · 김시연[369] · 서완득[370] · 이영우[371] · 이규창[372] · 최문섭[373] · 강봉세[374] · 박동돌[375] · 최병택[376] · 이호익[377] · 이인군[378] · 이병렬[379] · 이병문[380] · 이홍렬[381] · 최찬섭[382] · 최병일[383] · 이종만[384] · 박정식[385] · 이대근[386] · 이규완[387] · 이병오[388] · 정인규[389] · 남장우[390]는 전시 원곡면 사무소 앞에서 군중과 함께 조선독립만세를 고창함으로써 치안을 방해하였으며,

---

365) 경기도 안성군 원곡면 칠곡리 515번지 재적 · 거주, 농업 [일명-名 : 김관백金寬伯] 피고인 김배관金培寬 34세
366) 경기도 안성군 원곡면 칠곡리 198번지 재적 · 거주, 농업 [일명-名 : 소휘선蘇輝先] 피고인 소흥복蘇興福 29세
367) 경기도 안성군 원곡면 칠곡리 332번지 재적 · 거주, 농업 [일명-名 : 이선호李善浩] 피고인 이진영李鎭榮 30세
368) 경기도 안성군 원곡면 칠곡리 번지불상 거주 · 본적불상, 농업 [일명-名 : 주종기朱宗基] 피고인 주주봉朱周鳳 21세
369) 경기도 안성군 원곡면 죽백리 67번지 재적 · 거주, 농업 [일명-名 : 김치삼金致三] 피고인 김시연金時然 57세
370) 경기도 안성군 원곡면 죽백리 번지불상 재적 · 거주, 농업 [일명-名 : 서봉오徐鳳五] 피고인 서완득徐完得 35세
371) 경기도 안성군 원곡면 죽백리74번지 재적 · 거주, 농업 [일명-名 : 이건화李建和] 피고인 이영우李英雨 18세
372) 경기도 안성군 원곡면 죽백리 51번지 재적 · 거주, 농업 피고인 이규창李奎昌 21세
373) 경기도 안성군 원곡면 지문리 219번지 재적 · 거주, 농업 피고인 최문섭崔文燮 21세
374) 경기도 안성군 원곡면 지문리 466번지 재적 · 거주, 농업 [일명-名 : 강춘삼姜春三] 피고인 강봉세姜鳳世 31세
375) 경기도 안성군 원곡면 지문리 219번지 재적 · 거주, 농업 [일명-名 : 박재성朴在成] 피고인 박동돌朴同乭 27세
376) 경기도 안성군 원곡면 지문리 번지불상 재적 · 거주, 농업 [일명-名 : 최경일崔慶一] 피고인 최병택崔秉宅 33세
377) 경기도 안성군 원곡면 칠곡리 번지불상 재적 · 거주, 농업 [일명-名 : 이만복李萬福] 피고인 이호익李鎬益 29세
378) 경기도 안성군 원곡면 칠곡리 번지불상 재적 · 거주, 농업 피고인 이인군李仁君 41세
379) 경기도 안성군 원곡면 칠곡리 번지불상 재적 · 거주, 농업 [일명-名 : 이경전李敬全] 피고인 이병렬李炳烈 35세
380) 경기도 안성군 원곡면 칠곡리 번지불상 재적 · 거주, 농업 [일명-名 : 이성도李聖道] 피고인 이병문李丙文 33세
381) 경기도 안성군 원곡면 지문리 번지불상 재적 · 거주, 농업 [일명-名 : 이경관李敬寬] 피고인 이홍렬李洪烈 26세
382) 경기도 안성군 원곡면 지문리 번지불상 재적 · 거주, 농업 [일명-名 : 최득인崔得仁] 피고인 최찬섭崔瓚燮 24세
383) 경기도 안성군 원곡면 지문리 번지불상 재적 · 거주, 농업 [일명-名 : 최치순崔治順] 피고인 최병일崔秉一 34세
384) 경기도 안성군 원곡면 월곡리 번지불상 재적 · 거주, 농업 [일명-名 : 이문명李文明] 피고인 이종만李鍾萬 38세
385) 경기도 안성군 원곡면 월곡리 번지불상 재적 · 거주, 농업 피고인 박정식朴正式 40세
386) 경기도 안성군 원곡면 칠곡리 번지불상 재적 · 거주, 농업 [일명-名 : 이종문李鍾文] 피고인 이대근李大根 50세
387) 경기도 안성군 원곡면 칠곡리 637번지 재적 · 거주, 농업 피고인 이규완李圭完 20세
388) 경기도 안성군 원곡면 칠곡리 455번지 재적 · 거주, 농업 [일명-名 : 이성필李聖弼] 피고인 이병오李丙五 43세
389) 경기도 안성군 원곡면 외가천리 번지불상 재적 · 거주, 농업 [일명-名 : 정문오鄭文五] 피고인 정인규鄭寅圭 31세
390) 경기도 안성군 원곡면 내가천리 142번지 재적 · 거주, 농업 피고인 남장우南璋祐 28세

피고 오윤선[391] · 오정근[392] · 김백춘[393](다른 자료에는 김춘백이라 되어 있음-인용자) · 오세경[394] · 오창선[395] · 오세학[396] · 고인재[397] · 오윤선[398] · 최관길[399] · 윤종건[400] · 함천봉[401] · 남상훈[402] · 홍정표[403] · 홍병각[404] · 박천봉[405] · 조병훈[406] · 이부성[407] · 권중옥[408] · 손정봉[409]은 전출 양성경찰관주재소에서 많은 군중과 함께 조선독립만세를 고창함으로써 치안을 방해하였으며,

피고 정일봉 · 오익삼[410] · 최기용 · 정봉안[411] · 이준기[412] · 이유원 · 소흥

---

391) 경기도 안성군 양성면 덕봉리 246번지 재적 · 거주, 농업 [일명-名 : 오춘수吳春洙 또는 오윤선吳允先] 피고인 오윤선吳潤善 30세

392) 경기도 안성군 양성면 덕봉리 256번지 재적 · 거주, 농업 [일명-名 : 오욱여吳旭汝 또는 오천근吳千根] 피고인 오정근吳庭根 34세

393) 경기도 안성군 양성면 덕봉리244번지 재적 · 거주, 미쟁이 [일명-名 : 김백춘金白春] 피고인 김백춘金伯春 41세

394) 경기도 안성군 양성면 덕봉리 250번지 재적 · 거주, 농업 피고인 오세경吳世卿 28세

395) 경기도 안성군 양성면 덕봉리 242번지 재적 · 거주, 농업 [일명-名 : 오성배吳聖拜] 피고인 오창선吳昌善 37세

396) 경기도 안성군 양성면 덕봉리 252번지 재적 · 거주, 농업 [일명-名 : 오성구吳聖九] 피고인 오세학吳世鶴 22세

397) 경기도 안성군 양성면 산정리 190번지 재적 · 거주, 농업 [일명-名 : 고흥남高興男] 피고인 고인재高麟在 25세

398) 경기도 안성군 양성면 산정리 190번지 재적 · 거주, 농업 [일명-名 : 오장윤吳長允] 피고인 오윤선吳允善 25세

399) 경기도 안성군 양성면 산정리 100번지 재적 · 거주, 농업 [일명-名 : 최관길崔寬吉] 피고인 최관길崔冠吉 24세

400) 경기도 안성군 양성면 추곡리 79번지 재적 · 거주, 농업 [일명-名 : 윤종근尹鍾根] 피고인 윤종건尹鍾健 18세

401) 경기도 안성군 양성면 추곡리 99번지 재적 · 거주, 농업 [일명-名 : 함경화咸敬化 또는 함천봉千奉] 피고인 함천봉咸千鳳 25세

402) 경기도 안성군 양성면 추곡리 79번지 재적 · 거주, 농업 [일명-名 : 남명삼南明三] 피고인 남상훈南相薰 36세

403) 경기도 안성군 양성면 추곡리 80번지 재적 · 거주, 농업 [일명-名 : 홍창성洪昌成 또는 홍창수洪昌氼] 피고인 홍정표洪正杓 37세

404) 경기도 안성군 양성면 추곡리 88번지 재적 · 거주, 농업 [일명-名 : 홍치옥洪致玉] 피고인 홍병각洪炳珏 30세

405) 경기도 안성군 양성면 추곡리 79번지 재적 · 거주, 농업 [일명-名 : 박순칠朴順七] 피고인 박천봉朴千鳳 23세

406) 경기도 안성군 양성면 산정리 208번지 재적 · 거주, 농업 피고인 조병훈趙炳薰 22세

407) 경기도 안성군 양성면 도곡리 195번지 재적 · 거주, 농업 피고인 이부성李富星 25세

408) 경기도 안성군 양성면 도곡리 193번지 재적 · 거주, 농업 [일명-名 : 권중칠權中七] 피고인 권중옥權重玉 33세

409) 경기도 안성군 양성면 산정리 207번지 재적 · 거주, 농업 [일명-名 : 손정봉孫正奉 또는 손정오孫定五] 피고인 손정봉孫正鳳 26세

410) 경기도 안성군 원곡면 외가천리 50번지 재적 · 거주, 농업 피고인 오익삼吳益彡 35세

411) 경기도 안성군 원곡면 외가천리 번지불상 재적 · 거주, 농업 피고인 정봉안鄭鳳安 18세

412) 경기도 안성군 원곡면 칠곡리 번지불상 재적 · 거주, 농업 [일명-名 : 이현삼李玄三] 피고인 이준기李俊基 26세

복 · 김정원 · 김창섭[413] · 염만흥[414] · 이석근[415] · 이상근[416] · 이순기[417] · 최우보 · 임성운[418] · 이홍기[419] · 이오영[420] · 이찬기 · 오윤선 · 윤정건 · 남상훈 · 홍정표 · 홍병각 · 조병훈 · 김영하[421] · 이부성 · 권중옥은 양성주재소로 향하여 투석하고,

피고 최창용[422] · 홍재의 · 홍경운 · 이유길[423] · 이규철[424] · 김시연 · 이한기[425] · 최문섭 · 강봉돌[426] · 박동돌 · 이인영[427] · 이병문 · 김춘백 · 이규영 · 이국상[428] · 이병오 · 정인규 · 송재필 · 이병구 · 박천봉은 그 주재소 및 양성우편소에 각각 투석하고,

피고 김원순[429] · 송우필 · 최만종 · 손원심 · 강봉세는 그 주재소 · 우편소 및 원곡면 사무소에 투석하고,

피고 남장우는 그 주재소 및 융수지 방에 피고 허덕성은 동 주재소 및 외리

413) 경기도 안성군 원곡면 죽백리 87번지 재적 · 거주, 농업 [일명-名 : 김명집金明集] 피고인 김창섭金昌燮 38세
414) 경기도 안성군 원곡면 지문리 번지불상 재적 · 거주, 농업 [일명-名 : 염수연廉守然] 피고인 염만흥廉萬興 41세
415) 경기도 안성군 원곡면 칠곡리 번지불상 재적 · 거주, 농업 피고인 이석근李奭根 36세
416) 경기도 안성군 원곡면 칠곡리 번지불상 재적 · 거주, 농업 피고인 이상근李相根 28세
417) 경기도 안성군 원곡면 칠곡리 번지불상 재적 · 거주, 농업 피고인 이순기李舜基 23세
418) 경기도 안성군 원곡면 칠곡리 202번지 재적 · 거주, 농업 [일명-名 : 임운선任雲善] 피고인 임성운任成云 51세
419) 경기도 안성군 원곡면 칠곡리 번지불상 재적 · 거주, 농업 피고인 이홍기李洪基 19세
420) 경기도 안성군 원곡면 칠곡리 번지불상 재적 · 거주, 농업 [일명-名 : 이중오李重五] 피고인 이오영李五榮 26세
421) 경기도 안성군 양성면 도곡리 162번지 재적 · 거주, 농업 피고인 김영하金永夏 25세
422) 경기도 안성군 원곡면 외가천리 49번지 재적 · 거주, 농업 피고인 최창용崔昌鎔 26세
423) 경기도 안성군 원곡면 칠곡리 120번지 재적 · 거주, 농업 [일명-名 : 이인수李仁洙] 피고인 이유길李裕吉 56세
424) 경기도 안성군 원곡면 칠곡리 103번지 재적 · 거주, 농업 피고인 이규철李圭喆 20세
425) 경기도 안성군 원곡면 칠곡리 814번지 재적 · 거주, 농업 [일명-名 : 이경李慶] 피고인 이한기李漢基 29세
426) 경기도 안성군 원곡면 지문리 219번지 재적 · 거주, 농업 피고인 강봉돌姜奉乭 25세
427) 경기도 안성군 원곡면 칠곡리 번지불상 재적 · 거주, 농업 [일명-名 : 이치완李致完] 피고인 이인영李仁榮 31세
428) 경기도 안성군 원곡면 칠곡리 530번지 재적 · 거주, 농업 피고인 이국상李國相 35세
429) 경기도 안성군 원곡면 외가천리 52번지 재적 · 거주, 농업 피고인 김원순金元順 40세

여수 방에 각각 투석하고 피고 최은식 · 김중식 · 한재호 · 이희룡 · 김기성 · 최재식 · 이양섭[430] · 김영서[431] · 이인군 · 김봉현[432]은 그 주재소 사무실에 방화하여 비치 서류 · 물품과 함께 이를 소훼하고, 피고 정봉하 · 김필연[433] · 소후옥 · 오윤선 · 이규완 · 고인재 · 함천봉 · 오세경 · 오세학은 그 주재소 부속 순사숙박소의 부엌에 방화하여 이 숙박소를 소훼하였으며,

　　피고 김순서 · 김중식 · 한재호 · 김필연 · 김영희[434]는 원곡면 사무소에 방화하여 비치 서류 · 기구와 함께 이를 소훼함으로써 솔선하여 군중의 폭행을 도웁고 또한 피고 최은식은 양성우편소에 침입하여 비치 서류 · 기구 · 전신기 · 금고를 파훼하고 외리여수 방에서 동인의 상품을, 읍수지 방에서 동인의 가구를 훼기毁棄하였으며, 피고 김중식 · 오윤선 · 이양섭 · 소후옥은 그 우편소에 침입하여 비치 서류 · 기구를 훼기하고 피고 오세학 · 정주하는 동소에 침입하여 비치 서류를 훼기하였으며, 정주하는 외리여수 방에서 동인의 의류를 훼기하고 김순서 · 김영서 · 이규완 · 김봉현은 동 우편소에 침입하여 비치 기구를 훼기하고 또한 동소 부근의 전주를 찍어 넘어뜨려 전화에 의한 통신을 장해障害하였으며, 오세경은 양성면 사무소에 침입하여 동소의 비치 서류를 파훼하고 이희룡 · 한재호 · 최은식은 우편소 부근의 전주를 찍어 넘겨 전화에 의한 통신을 장해하고, 피고 박옥동[435] · 이상신[436] · 박정식 · 이종만은 그 우편소에서, 동 손정

430) 경기도 안성군 원곡면 죽백리 64번지 재적 · 거주, 농업 [일명-名 : 이명여李明汝] 피고인 이양섭李陽燮 40세
431) 경기도 안성군 원곡면 칠곡리 번지불상 재적 · 거주, 농업 [일명-名 : 김광오金光五] 피고인 김영서金永西 32세
432) 경기도 안성군 원곡면 칠곡리 106번지 재적 · 거주, 농업 [일명-名 : 김순구金舜九] 피고인 김봉현金鳳鉉 34세
433) 경기도 안성군 원곡면 칠곡리 200번지 재적 · 거주, 농업 [일명-名 : 김군필金郡弼] 피고인 김필연金必然 41세
434) 경기도 안성군 원곡면 칠곡리 번지불상 재적 · 거주, 농업 [일명-名 : 김희경金熙敬] 피고인 김영희金永熙 25세
435) 경기도 안성군 원곡면 죽백리 74번지 재적 · 거주, 농업 피고인 박옥동朴玉童 20세
436) 경기도 안성군 원곡면 죽백리 86번지 재적 · 거주, 농업 [일명-名 : 이흥도李興道] 피고인 이상신李相信 33세

봉 · 김종상[437]은 양성면 사무소에서, 동 이유식은 그 주재소에서 각기 비치 서류를 훼기하였으며,

피고 이규동[438] · 전수만 · 이홍연 · 박용엽[439] · 안철재[440] · 최찬섭 · 이성렬 [441]은 외리여수 방에서 동인 소유의 상품을 파훼하고,

피고 이중립은 융수지 방에서 동인 소유의 기구를, 동 남시우[442]는 원곡면 사무소에서 그 게시판을, 동 이홍기는 양성우편소에서 그 의류衣類를, 동 이승익은 동소에서 사무실의 판자벽을 각각 파훼하고,

피고 최병일은 융수지 방에 침입하여 장지 기구를 파훼하고,

피고 김희식 · 오정근 · 최관길 · 정용재 · 이병철[443] · 이한영[444]은 그 주재소에 침입하여 거기에 비치된 기구를 파훼하고, 또 정용재는 그 우편소에 침입하여 금고를 파훼하고 외리여수 방에 침입하여 상품을 파훼하였으며 동 이상옥 [445] · 이한영은 동소에 침입하여 의자를 꺼내서 훼기하고,

피고 원지성[446] · 이성율 · 허병규[447] · 주주봉은 그 주재소에 침입하여 비치된 책상 · 의자 및 서류를 파훼하고 그 우편소에 침입하여 비치된 기구를 파훼

---

437) 경기도 안성군 양성면 덕봉리 260번지 재적 · 거주, 농업 [일명-名 : 김성진金成鎭 또는 김연봉金連奉] 피고인 김종상金鍾商 31세
438) 경기도 안성군 원곡면 칠곡리 632번지 재적 · 거주, 농업 [일명-名 : 이백삼李伯三] 피고인 이규동李圭東 27세
439) 경기도 안성군 원곡면 죽백리 68번지 재적 · 거주, 농업 [일명-名 : 박원서朴元西] 피고인 박용엽朴龍燁 27세
440) 경기도 안성군 원곡면 지문리 번지불상 재적 · 거주, 농업 [일명-名 : 안중현安仲賢] 피고인 안철재安喆載 35세
441) 경기도 안성군 원곡면 칠곡리 번지불상 재적 · 거주, 농업 [일명-名 : 이광국李光國] 피고인 이성렬李成烈 29세
442) 경기도 안성군 원곡면 내가천리123번지 재적 · 거주, 농업 [일명-名 : 남윤서南潤西] 피고인 남시우南時祐 35세
443) 경기도 안성군 원곡면 칠곡리 번지불상 재적 · 거주, 농업 피고인 이병철李丙喆 26세
444) 경기도 안성군 원곡면 칠곡리 번지불상 재적 · 거주, 농업 피고인 이한영李漢榮 20세
445) 경기도 안성군 원곡면 칠곡리 번지불상 재적 · 거주, 농업 피고인 이상옥李相玉 21세
446) 경기도 안성군 원곡면 지문리 번지불상 재적 · 거주, 농업 [일명-名 : 원성삼元性三] 피고인 원지성元智成 37세
447) 경기도 안성군 원곡면 칠곡리 번지불상 재적 · 거주, 농업 [일명-名 : 허자삼許兹三] 피고인 허병규許丙圭 23세

한 외에 원지성은 우편소 사무실의 판자벽을 파훼하고, 허병규는 피고 이화영[448] 과 같이 동소에 비치된 금고를 파훼하고, 허병규는 금 2원을 강제로 취하였으며,

피고 이완호·소휘태[449]는 우편소에 침입하여 의자·서류를 훼기하고,

피고 이병렬·정호근은 그 주재소에 침입하여 비치된 서류를 파훼하고 외리여수 방에서 동인의 상품·의류를 훼기하였으며,

피고 오창선은 양성면 사무소에 침입하여 비치된 서류·기구를 파훼하고,

피고 오복영[450]은 그 주재소에 침입하여 비치된 책상·의자를 파훼하고 그 우편소 사무실에 침입하여 비치된 책상 의자·서류를 훼기하였으며 양성면 사무소에 침입하여 비치 서류를 훼기하고 융수지 방에서 동인의 의류·포단을 훼기하였으며,

피고 장덕관·김배관·이진영·한응교[451]·이화영·이태영[452]·이유항[453]·이유만[454]·이홍길·이금철[455]은 우편소 부근의 전주를 찍어 넘긴 외에 한응교는 동소에 침입하여 책상·의자를 파훼하고 이유만·이유항은 주재소에 침입하여 거기에 비치된 책상·의자를 파훼하였으며, 이유만·이홍길은 우편소에 침입하여 이유만은 비치된 (일본) 국기를, 이홍길은 비치된 서류를 훼기하고 또한 이유만은 외리여수 방에서 그의 상품을, 원곡면 사무소에서 판자 담을 파

---

448) 경기도 안성군 원곡면 칠곡리 104번지 재적·거주, 농업 [일명-名 : 이경백李敬伯] 피고인 이화영李華榮 41세

449) 경기도 안성군 원곡면 칠곡리 189번지 재적·거주, 농업 [일명-名 : 소태삼蘇泰三] 피고인 소휘태蘇輝泰 51세

450) 경기도 안성군 양성면 덕봉리 273번지 재적·거주, 농업 [일명-名 : 오성국吳聖國 또는 오보영吳甫泳] 피고인 오복영吳福永 32세

451) 경기도 안성군 원곡면 외가천리 118번지 재적·거주, 농업 [일명-名 : 한춘식韓春植] 피고인 한응교韓應敎 29세

452) 경기도 안성군 원곡면 칠곡리 32번지 재적·거주, 농업 [일명-名 : 이중백李仲伯] 피고인 이태영李泰榮 31세

453) 경기도 안성군 원곡면 칠곡리 번지불상 재적·거주, 농업 [일명-名 : 이낙준李樂俊] 피고인 이유항李裕恒 33세

454) 경기도 안성군 원곡면 칠곡리 번지불상 재적·거주, 농업 [일명-名 : 이성만李性萬] 피고인 이유만李裕萬 36세

455) 경기도 안성군 원곡면 지문리 번지불상 재적·거주, 농업 [일명-名 : 이금보李今甫] 피고인 이금철李今喆 41세

훼하였다.

대정 8년 3월 1일 이후 조선 각지에서 조선독립시위운동이 일어나자 경기도 안성군 원곡면 칠곡리에 거주하는 이우석李祐奭 · 홍창섭洪昌燮, 동면 내가천리에 거주하는 이덕순李德順 · 동 외가천리에 거주하는 이근수李根洙와 피고 최은식 · 이희룡은 전기한 각지에 본받아 그 운동을 하려고 꾀하여 부근의 이민들에게 대하여 '그 운동을 하라'는 취지를 선동한 바, 피고 정일봉 · 송우필 · 김중식 · 최기용 · 이완호 · 이중립 · 한재호 · 홍재의 · 김희식 · 최만종 · 김순서 · 최재식 · 장덕관 · 이병구 · 홍경운 · 허덕성 · 정인규 · 남장우 · 장원심 · 정호근 · 김시연 · 서완득 · 이영우 · 이규창 · 최문섭 · 강봉세 · 박동돌 · 이홍렬 · 최찬섭 · 박정식 · 김기성 · 정주하 · 전수만 · 이유원 · 이흥길 · 김정원 · 김배관 · 소휘선 · 주주봉 · 이호익 · 이인군 · 이병오는 각각 그 취지에 찬동하였으므로 여기서 전기한 각 피고는 군중과 함께 동년 4월 1일 밤 동민 외가천리에 있는 원곡면 사무소 앞 또는 그 부근에서 각각 조선을 독립시킬 목적으로 조선독립만세를 외치며 독립시위운동을 함으로 말미암아 치안을 방해하고,

이어서 피고 최은식 · 정일봉 · 정봉안 · 송재필 · 최병택 · 최병일 · 이종만 · 이대근 · 이덕영 · 이규완 · 오윤선 · 오정근 · 김백춘 · 오세경 · 오창선 · 오세학 · 고인재 · 오윤선 · 최관길 · 조병훈 · 손정봉 · 윤종건 · 함천봉 · 남상훈 · 홍정표 · 홍병각 · 박천봉 · 이부성 · 권중옥은 군중과 같이 그 날 밤 동군 양성면 동항리東恒里에 있는 양성경찰관주재소 앞 또는 그 부근에서 각각 조선을 독립시킬 목적으로 조선독립만세를 외치며 독립시위운동을 함으로써 치안을 방해하고,

다음으로 같은 날 밤 전기한 피고 중의 대다수와 군중은 폭행을 하기로

되어, 피고 정일봉·송우필·최기용·정봉안·송재필·이완호·이중립·홍재의·김희식·최만종·김순서·최재식·장덕관·이병구·홍경운·허덕성·정인규·남장우·장원심·김시연·강봉세·박동돌·이홍렬·최찬섭·최병일·김지성·전수만·이유원·이홍길·김정원·김배관·소휘선·이종영·주주봉·이인군·이병렬·이병문·이규완·이병국·오윤선·오정근·김백춘·오세경·오창선·오세학·고인재·오윤선·최관길·윤종건·함천봉·남상훈·홍정표·홍벽각·박천봉·조병훈·손정봉·이부성·김원순·최창용·오익삼·이승익·한응교·남시우·이양섭·박옥동·김창섭·박용업·이성률456)·이상신·이준기·이규철·이우길·김영희·김영서·이성렬·이한기·이유항·이홍기·허병규·이유만·이석근·이상근·임운선·이관영·이태영·이병철·이국상·이규동·김봉현·이우직·이오영·이상국·이한영·이찬영457)·이순기·안철재·강봉돌·염만홍·이인영·원지성·최만보458)·소휘태·김영하·김종상·오복영은 군중에게 솔선하여 전기한 주재소를 향하여 일변 돌을 던져 치고, 피고 최은식·이희룡·김중식·한재호·김순서·정인규·정호근·정주하·이홍길·소후옥·이인군·이규완·오윤선·오세학·고인재·최관길·이양섭·김영서·김봉현은 군중에게 솔선하여 사무실 및 순사 주택으로 이루어진 기와 지붕 조선식 평가옥 1채로서 현재 사람의 거처로 쓰이는 전기한 주재소를 불 태워 버리려고 피고 최은식·이희룡·김중식·김순서·정인규·이규완·오윤선·오세학·고인재·최관길·

---

456) 경기도 안성군 원곡면 칠곡리 번지불상 재적·거주, 농업 피고인 이성률李聖律 26세

457) 경기도 안성군 원곡면 칠곡리 번지불상 재적·거주, 농업 [일명-名 : 이국상李國祥] 피고인 이찬영李燦榮 43세

458) 경기도 안성군 원곡면 지문리 번지불상 재적·거주, 농업 [일명-名 : 최명진崔明鎭] 또는 최만보崔萬甫 피고인 최만보崔晩甫 42세

이양섭은 그곳에 침입하여, 피고 최은식은 그 부엌에 있던 솔 잎에 불을 붙여 이 것을 그 곳에 쌓아 놓은 솔 꾸러미에 옮겨 주재소에 불을 놓고, 피고 이희룡은 동 소 사무실 내의 기구들을 운반하고, 이에 다른 도당들이 기름을 끼얹고 불을 놓 았을 때 판자 조각 수 매를 가져다가 이를 불 속에 던져 불 기운을 세게 하여 동 소에 불을 놓았으며, 피고 김중식은 동소 사무실 내에 그 안마당에 있던 솔꾸러 미를 가지고 와서 이에 횃불로 불을 붙이고 기구들에 점화하여 동소에 불을 놓 고, 피고 김순서는 동소 사무실 안의 판자 벽곁으로 짚을 가지고 와서 이에 불을 붙여 동소에 불을 놓고, 피고 정인규는 동소 사무실 내에서 기물 부숴진 것을 긁 어모아 짚을 가지고 와서 성냥을 켜서 이에 불을 붙여 동소에 불을 놓고, 피고 이 규완은 동소 부엌 안에 있던 솔 잎에 성냥으로 불을 붙여 동소에 불을 놓고, 피 고 오윤선은 동소 부엌에 쌓아 두었던 솔꾸러미에 가지고 있던 횃불로 불을 붙 여 동소에 불을 놓고, 피고 오세학은 동소 사무실 내에 기물을 쌓아 놓고 이에 불붙인 짚을 가져다가 불을 옮겨 동소에 불을 놓고, 피고 고인재는 동소 부엌에 있던 마른 솔 잎에 불을 붙여 동소에 불을 놓고, 피고 최관길은 동소 부엌에 쌓 아 둔 솔 잎에 횃불로 불을 붙여 동소에 불을 놓고, 피고 이양섭은 동소에 짚을 가져다가 다른 도당들이 이에 불을 붙였을 때 동소 내의 물품을 끄집어 내어 그 곳에 모아 불태워 동소에 불을 놓고, 피고 한재호는 그가 가진 횃불을 동소 부엌 처마 끝 서까래에 붙여 동소에 불을 놓고, 피고 정호근은 다른 도당들과 같이 동 소 사무실에 짚을 운반하여 이에 다른 도당들이 성냥으로 불을 붙였을 때, 피고 정호근과 기타 도당들은 이에 서적 기타 가연소물을 던져 불기를 세게 하여 동 소에 불을 놓고, 피고 정주하는 동소 부엌에 쌓아 둔 솔 잎에 성냥으로 불을 붙 여 동소에 불을 놓고, 피고 이홍길은 동소의 지붕 기와가 떨어진 곳에 짚을 대고 이에 불을 붙여 동소에 불을 놓고, 피고 소후옥은 동소 부엌에 쌓아 둔 솔 잎에 횃불로 불을 붙여 동소에 불을 놓고, 피고 이인군은 동소 처마 끝에 짚으로 만든 횃불로 불을 놓고, 피고 김영서는 다른 도당들이 동소 사무실 주위의 판자 벽에 석유를 끼얹었을 때 성냥으로 이에 불을 놓고, 피고 김봉현은 동소 사무실 외부의 판자 벽에 가지고 갔던 횃불로 불을 놓아 각각 동 주재소를 불태워 버렸으며,

다음으로 군중은 같은 동리에 있는 양성우편소로 몰려갔는데 피고 최은식 · 이희룡 · 김순서 · 이홍길 · 이금철 · 한응교 · 이화영 · 이유항 · 김배관 · 이태영은 군중에게 솔선하여 피고 이희룡 · 최은식 · 김순서 · 이홍길 · 이금철 · 한응교 · 이화영 · 이유항은 동소 부근에 있는 전신 및 전화 통신 겸용의 전주를 도기 · 기타를 사용하여 찍어 눕히고, 피고 김배관 · 이태영은 동 전주의 밑동에 불을 놓아 이를 태워 버려 각각 그 전화 통신을 막았고, 피고 송우필 · 송재필 · 이중립 · 홍재의 · 김희식 · 최만종 · 김순서 · 이병구 · 정인규 · 장원심 · 김시연 · 강봉세 · 박동돌 · 이홍렬 · 최찬섭 · 이종만 · 박정식 · 김기성 · 이홍길 · 이병렬 · 이병문 · 이병국 · 김백춘 · 오세경 · 김원순 · 최창용 · 이규철 · 이유길 · 김영희 · 이성렬 · 이한기 · 허병규 · 이발영[459] · 이국상 · 안철재 · 강봉돌 · 이인영 · 김종상은 각각 군중에게 솔선, 우편소를 향하여 일변 돌을 던져 대고, 피고 이완호 · 김순서 · 주주봉 · 이병렬 · 이규완 · 한응교 · 이성률 · 김영서 · 이홍기 · 허병규 · 김봉현 · 이한영 · 원지성은 각각 군중에게 솔선, 동소에 침입하여 피고 이완호 · 주주봉 · 김영서는 각각 그 곳에 있던 의자를 끄집어 내어 불속에 던져 손상 파괴하고, 피고 김순서는 그곳에 있던 의자 · 책상 등을 각각 끄집어 내어 이에 불을 놓아 손상 파괴하고, 피고 이병렬은 그 곳에 있던 술

459) 경기도 안성군 원곡면 칠곡리 번지불상 재적 · 거주, 농업 [일명-名 : 이성무李聖武] 피고인 이발영李發榮 38세

병을 손상 파괴하고, 피고 이규완은 그 곳에 있던 책상·의자를 손상 파괴하여 이에 불을 놓아 태워 버리고, 피고 한응교는 그 곳에 있던 탁자·의자를 끄집어 내어 손상 파괴하고, 피고 김성률은 그 곳에 있던 화로를 끄집어 내어 이를 불 태워 버리고, 피고 이홍기는 그 곳에 있던 옷들을 끄집어 내어 이를 불태워 버리고, 피고 허병규는 그 곳에 있던 의자를 끄집어 내어 이를 불태워 버리고, 피고 김봉현은 그 곳에 있던 책상·의자·금고를 끄집어 내어 이를 불태워 버리고, 피고 이한영은 그 곳에 있던을 손상 파괴하여 이를 불태워 버리고, 피고 원지성은 그 곳에 있던 서류를 끄집어 내어 이를 불태워 버리고, 피고 소후옥·이승익·이화영·이유만은 각각 군중에게 솔선하여 피고 소후옥은 그 곳에서 다른 도당이 끄집어 낸 우편소의 의자·책상 등에 횃불로 불을 놓고, 피고 이승익[460]은 우편소에서 그 곳의 판자 담을 손상 파괴하고, 피고 이화영은 우편소에서 도끼를 사용하여 그 곳의 금고를 쳐 부수고, 피고 이유만은 우편소에서 그 곳의 국기를 불태워 버렸으며,

이어서 군중은 그 동리의 잡화상 외리여수(外里與手) 집으로 몰려가 피고 박용업·이성률·이규동·안철재는 각각 군중에게 솔선하여 피고 박용업은 그의 집을 향하여 돌을 던져 대고, 또 그 집의 판자 2매를 불 속에 던져 손상 파괴하고, 피고 이성률은 그의 집에 침입하여 그 집 기둥시계를 끄집어 내어 이를 손상 파괴하고, 피고 이규동은 그의 집에 침입하여 그 집의 서적을 불태워 버리고, 피고 안철재는 그의 집에 침입하여 그 집의 설탕 병을 끄집어 내어 이를 손상 파괴하였으며,

다음으로 군중은 그 동리 대금업자 융수지隆秀知의 집으로 몰려가 피고 홍

---

460) 경기도 안성군 원곡면 외가천리 180번지 재적·거주, 농업 [일명-名 : 이공삼李公三] 피고인 이승익李承益 33세

경운·최병일·오복영은 각각 군중에게 솔선하여 피고 홍경운은 그의 집을 향하여 돌을 던져대고, 피고 최병일은 그 곳에서 그 집의 장지 문을 손상 파괴하고 피고 오복영은 그 곳에서 그 집의 이불을 불 속에 던져 불태워 손상시켰으며,

다음에 군중은 그 동리에 있는 양성면 사무소로 몰려가서 피고 오창선은 군중에게 솔선하여 그 곳에 침입, 동소의 의자를 끄집어 내어 불 속에 던져 이를 손상 파괴하고,

이어서 군중은 전기한 원곡면 사무소로 몰려가서 피고 송우필·이유만·이상신·김영희는 각각 군중에게 솔선하여 피고 송우필은 동 사무소를 향하여 돌을 던져 대고, 피고 이유만은 그 곳에서 동 사무소의 판자 담을 손상 파괴하고, 피고 이상신은 동사무소 우측의 초가 평가옥으로서 현재 사람의 거처로 쓰이는 동소 숙직실의 초가 지붕 처마 끝에 짚에 불을 붙인 것으로 불을 놓아 이를 태워 버리고 피고 김영희는 동사무소 좌측의 기와 평가옥으로서 현재 사람의 거처로 쓰이지 않고 또 사람이 현재 없는 동소 사무실 입구의 문에 짚으로 만든 횃불을 사용하여 불을 놓아 이를 태워 버림으로써 각각 기세를 부채질하였으매, 군중은 이에 힘을 얻어 심한 폭행을 연출하고 극도로 소요를 피워 양성우편소장 재등여의칠齋藤與義七·양성면장 이명하李鳴夏·외리여수·융수지로부터 고소를 받게 된 자이다.

여주군 북내면 시위

피고 이원기[461]·조경호[462]·원필희[463]·이원문[464]은 모두 경기도 여주군에 거주

---

461) 주소·본적 경기도 여주군 북내면 외룡리外龍里 298번지, 학생 이원기李元基 당 20세
462) 주소·본적 경기도 여주군 강천면康川面 걸은리傑隱里 128번지, 농업 조경호趙經鎬 당 19세
463) 주소·본적 경기도 여주군 북내면 장암리長岩里 342번지, 학생 원필희元弼喜 당 24세
464) 주소·본적 경기도 여주군 북내면 외룡리外龍里 280번지, 농업 이원문李元文 당 19세

하는 자인 바, 동 군민이 목하의 독립운동에 냉담하여 경성(서울) 지방 사람들에게 개·돼지로 취급되는 것을 분개하여 군내의 각지에 경고, 대거하여 조선독립 시위운동을 함으로써 곁들여 여주 사람의 면목을 세우고자 공모하여 대정 8년 4월 1일 피고 이원기는 그가 가진 증 제4호의 독립선언서를 참고로 하여 '오는 4월 5일 여주 읍내의 장날을 기하여 동 읍내 다락문 앞에서 독립운동을 시작할 터이니, 그 곳으로 모이라'는 취지의 문서를 기초하고, 그 밖의 전기한 피고는 이원문 집에서 위의 기초문서에 따라 42매의 경고문을 손으로 써서 이를 이 날쯤 각 곳에 배부하였으며, 피고 강영조[465] 및 김학수[466]는 위의 독립운동 취지에 공명, 피고 강영조는 동월 2일 이기원 집에서 동인 및 이원문과 같이 시위운동에 사용할 한국 태극기를 만들고, 피고 김학수는 동월 3일 북내면 장암리 구장 원도기元道基 집에서 이원기 및 원필희와 함께 증 제1호의 태극기를 만들어 각각 시위운동 준비에 힘쓰고 있던 차 피고 최영무[467]·강만길[468]·최명용明用[469]·강두영[470] (번역본에는 강영두라고 되어 있음-인용자)는 이웃 동리인 현암리峴岩里 이민에게 재촉을 받고서 이날 독립시위운동을 결의하여 장암리·덕산리德山里·외룡리를 넘나들어 이민들의 출동을 요구하고, 피고 이기원 및 김학수도 예정기일을 변경하여 3일에 거사하기로 경정하고 최영무 등을 따라 각 이민들을 선동하였기 때문에 이 날 북내면 당우리堂隅里 공북拱北학교 마당에 모인 자가 약 800명의 다수에 이르렀다. 이리하여 전기한 피고들(조경호는 제외)은 위의 군중과 같이 조선독립만세를 절규 하면서 여주 읍내를 향하여 출발하였는데, 도중 피고 최영무는 태극기

465) 주소·본적 경기도 여주군 북내면 외룡리 289번지, 강영조姜永祚 당 26세
466) 주소·본적 경기도 여주군 북내면 신남리新南里 246번지, 북내면 면서기 견습 김학수金學洙 당 20세
467) 주소·본적 경기도 여주군 북내면北內面 오금리五今里 47번지, 날품팔이 최영무崔永武 당 35세
468) 주소·본적 경기도 여주군 북내면 어금리 114번지, 농업 강만길姜萬吉 당 30세
469) 주소·본적 경기도 여주군 북내면 오금리 113번지, 농업 [일명-名 : 명룡明龍·석기石基] 최명용崔明用 당 27세
470) 주소·본적 경기도 여주군 북내면 오금리 114번지, 농업 강두영姜斗永 당 21세

를 떠받들고 선두에 서서 군중을 인솔하고, 피고 이원기·김학수·원필희·강두영은 군중을 감시 독려하며 행동을 장하게 하여 함께 여주군 북내면 오학리五鶴里까지 가서 독립시위운동을 함으로써 치안을 방해한 자이다.

이천군 신둔면 시위

피고 서기창[471]·이상혁[472]은 손병희孫秉熙 등이 조선독립선언이란 것을 발표한 결과 조선 각지에서 조선독립 시위운동이 일어났음을 전하여 듣자 이에 찬동, 정치 변혁의 목적으로 피고들이 거주하는 동리에서도 역시 조선독립의 기운을 빚어내려고 꾀하여 대정 8년 3월 31일(음력 2월 30일) 전기한 피고들의 동리 김명규金明奎 집에 밀회, 같은 피고 김영익[473]이 집필하여 '내일 아침 식사 후 조선독립 시위운동을 거사하기 위하여 집합하라'는 취지의 통문 2통을 작성, 즉일로 이것을 동리 각 집마다 회람시킴으로써 이튿날 4월 1일(음력 3월 1일) 이 면사무소 앞에 이민 약 500여명을 소집, 군중에게 솔선하여 함께 조선독립만세를 절규함으로 말미암아 치안을 방해하였으며, 피고 김영익은 같은 피고들의 간청에 못이겨 앞에 판시함과 같은 통문 2통을 줌으로써 같은 피고들의 범행을 방조한 자이다.

연천군 중면 시위

피고 나용기[474]는 대정 8년 3월 초순 이후 조선 각지에서 조선독립시위운동을 하고 있음을 전하여 듣자 이에 찬동하여 정치 변혁의 목적으로 동월 31일 전기한

---

471) 본적지 경기도 이천군 신둔면新屯面 수하리水下里 79번지, 현주소 경기도 이천군 신둔면新屯面 수하리水下里 79번지, 농업(무종교) 서기창徐基彰 8월 2일생 27세

472) 본적지 경기도 이천군 신둔면新屯面 수하리水下里 179번지, 현주소 경기도 이천군 신둔면新屯面 수하리水下里 179번지, 농업(무종교) 이상혁李商爀 4월 16일생 27세

473) 본적지 경기도 이천군 신둔면新屯面 동면리 79번지, 현주소 경기도 이천군 신둔면新屯面 동면리 79번지, 농업(무종교), 김영익金永益 1월 7일생 35세

474) 본적지·현주소 경기도 연천군 중면中面 적거리赤巨里 896번지, 농업(무종교) 나용기羅龍基 2월 7일생 61세

피고 자택에 같은 피고 이홍식[475]을 불러다가 그로 하여금 피고들이 거주하는 면 내의 각 동리 구장 앞으로 보내는 '조선독립만세를 부르기 위하여 명 4월 1일 오전 7시 경 세얄골에 집합하라'는 격문(대정 8년 영 제395호의 1 및 2) 6통을 작성케 하여 한씨 동韓氏童 이외 1명으로 하여금 동 면 중사리中沙里 외 5개 동리의 구장에게 이를 배부시킴으로써 이튿날 4월 1일 오전 7시 경 동 면 삼관리三串里에 이민 약 400명을 소집하였으며, 피고 나용기는 그 선두에 서서 전부터 가지고 있던 옥양목으로 만들어 둔 태극기(동호의 4)를 떠받들고 연천漣川 읍내로 몰려가려고 행진을 시작하였을 때, 헌병에게 저지당하여 해산한 자로서 정치상 불온한 언동을 함으로써 치안을 방해한 자이다.

개성 시위

피고 허내삼[476]은 경성 기타 각지에서 조선독립시위운동이 치열하여 불령 도배들이 횡행함을 기화로 거주하는 면의 이민들을 선동, 소요를 피우려고 꾀하여 내정 8년 4월 1일 오후 8시 경 미리 거주하는 동리 부근의 주민을 선동하여 위의 망동에 찬동시켜 두었던 피고 등의 이민 수십 명으로써 대를 지어 각 피고들[477]에

---

475) 본적지 경기도 김포군 양촌면陽村面 구래리九來里, 현주소 경기도 연천군 중면 적거리 나달기羅達璣 방, 서당 교사(무종교) 이홍식李洪식 9월 2일생 36세

476) 경기도 개성군 중서면中西面 곡령리鵠嶺里 61번지, 농업 무종교 허내삼許迺三 5월 4일생 32세

477) 경기도 개성군 중서면中西面 곡령리鵠嶺里 490번지, 농업 무종교 방성묵方聖黙 9월 16일생 35세; 경기도 개성군 중서면中西面 곡령리鵠嶺里 8번지, 농업 무종교 김대성金大成 10월 13일생 22세; 경기도 개성군 중서면中西面 곡령리鵠嶺里 145번지, 농업 무종교 김길현金吉鉉 9월 3일생 23세; 경기도 개성군 중서면中西面 곡령리鵠嶺里 490번지, 농업 무종교 홍병복洪秉福 10월 6일생 33세; 경기도 개성군 중서면中西面 곡령리鵠嶺里 715번지, 농업 무종교 백진기白鎭起 6월 17일생 24세; 경기도 개성군 중서면中西面 곡령리鵠嶺里 719번지, 농업 무종교 송용현宋龍顯 12월 14일생 26세; 경기도 개성군 중서면中西面 곡령리鵠嶺里 221번지, 농업 무종교 손영기孫永基 1월 26일생 30세; 경기도 개성군 중서면中西面 여릉리麗陵里 312번지, 농업 무종교 김업성金業成 11월 6일생 21세; 경기도 개성군 중서면中西面 곡령리鵠嶺里 6번지, 농업 무적無籍 무종교 이민식李民植 11월 15일생 45세; 경기도 개성군 중서면中西面 곡령리鵠嶺里 65번지, 농업 무종교[일명一名 : 박홍천朴紅지] 박홍천朴洪天 11월 1일생 25세; 경기도 개성군 중서면中西面 곡령리鵠嶺里 39번지, 농업 무종교 박치성朴致成 11월 1일생 25세; 경기도 개성군 중서면中西面 곡령리鵠嶺里 672번지, 농업 무종교 이문식李文植 10월 6일생 30세; 경기도 개성군 중서면中西面 곡령리鵠嶺里 170번지, 농업 무종교 [일명一名 : 차언복車殷福] 차언복車彦福 8월 16일생 19세; 경기도 개성군 중서면中西面 곡령리鵠嶺里 201번지, 농업 무종교 [일명一名 : 박순성朴順成] 박순성朴淳成 1월 3일생 22세; 경기도 개성군 중서면中西面 곡령리鵠嶺里 66번지, 농업 무적 무종교 김여형金汝亨 1월 30일생 45세; 경기도 개성군 중서면中西面 곡령리鵠嶺里 672번지, 농업 무적 무종교 이개동李開東 11월 18일생 20세

게 대하여 '그들의 행동을 제지하는 자가 있으면 저항을 할 준비로서 각자 곤봉 또는 기와 조각을 휴대 소지하라'고 명령하여 각 피고들에게 이를 휴대케 한 다음, 동지의 폭민을 규합하면서 횃불을 피어 개성군 만월대정 만월대滿月臺 아래로부터 동군 북본정北本町 당교堂橋 부근을 달려가던 중, 그 때 피고들 불령 도배를 진압하기 위하여 개성경찰서에 근무하는 순사부장 순사 산전증시山田增市가 순사 4명, 순사보 5명을 이끌고 옴에 마주치자, 위의 산전 순사가 순사보로 하여금 피고들 군중의 망동함을 제지하였음에도 불구하고 맹서한 약속에 따라 피고들은 이에 불응하고 솔선하여 그 기세를 올려 군중과 함께 위의 순사들을 포위하여 각 피고는 공모한 후 동 순사들에게 대하여 무수한 기와 조각을 던져대었을 뿐만 아니라, 곤봉으로 치면서 모여들어 동 순사들과 격투를 시작하여 위의 산전 순사 이외 4명에게 대하여 모두 그들의 몸에 타박상을 입혀 극도로 소요를 피운 자로서, 피고 허내삼은 그 괴수자이며 기타의 각 피고는 모두 솔선하여 위소요의 기세를 올린 자들이다.

개성군 영북면 시위

피고 만수(김만수-인용자)[478] · 호주(이호주-인용자)[479] · 이선(김이선-인용자)[480] 등은 조선의 정치상 독립을 목적으로 하는 시위운동을 하려고 공모, 대정 8년 4월 2일 거주하는 면의 고덕리古德里 및 길상리吉祥里의 이장을 사주하여 만세를 같이 부르고자 이민 200명을 불러 모으게 하였으며, 또한 동월 1일 이후 6일까지 사이에 각 피고는 모두 수 회에 걸쳐 불러 모은 군중과 기타인과 함께 그들의 면 내의 각 곳을 돌아 다니면서 독립만세를 같이 부름으로써 치안을 방해한 자이다.

478) 경기도 개성군 영북면嶺北面 길수리吉水里, 사립학교 교사 김만수金萬秀 29세
479) 경기도 개성군 영북면嶺北面 길수리吉水里, 농업 이호주李浩周 51세
480) 경기도 개성군 영북면嶺北面 길수리吉水里, 농업 김이선金利善 44세

장단군 대남면 시위

피고 함정원[481]은 대정 8년 3월 1일 이후 조선 각지에서 행하여지는 구 한국 국기를 들고 조선독립만세를 외치는 조선독립운동을 성원할 목적으로 이와 동일한 행동을 취하고자 원심 피고 이재삼李在三과 공모하여 동년 4월 1일 동리 내의 각 동장 앞으로 '이 날 밤 동민 각자는 작은 구 한국 국기 1류, 5명마다 봉화 1개, 각동마다 큰 구 한국 국기 1류를 가지고 경기도 장단군 대남면 위천리渭川里 용산동龍山洞에 집합하라'는 취지의 문서 수 통을 작성하여 이를 각 동장에게 보내 각 이민에게 회람시킨 후 이민 약 100명을 모아서 그들과 같이 이 날 밤 전기한 용산동에 있는 대남면 사무소와 사립 명성明成학교의 각 앞 마당에서 독립운동방법으로 한국독립만세를 외침으로써 치안을 방해하였으며, 다음으로 범의를 계속하여 약 1천 명의 군중과 함께 동월 3일 오후 1시 경 전기한 용산동에서도 마찬가지로 독립운동 방법으로서 한국독립만세를 외침으로써 치안을 방해하였다.

4월 1~2일 안성군 죽산 시위

피고들(양재옥 · 안재헌 - 인용자)[482]은 저 손병희孫秉熙 등이 조선독립을 선언하자 이에 찬동의 뜻을 나타내기 위하여 대정 8년 4월 1일 안성군 죽산보통학교 교정에서 이 학교 생도 약 50명을 선동, 이들과 같이 조선독립만세를 외쳤으며, 또한 범의를 계속하여 이튿날 2일 동교 생도 전부를 이끌고 구 한국 국기를 떠받들고 죽산시장에 이르러 그곳에서 이 생도들과 함께 조선독립만세를 외침으로써 치안을 방해한 자이다.

---

481) 경기도 장단군 대남면大南面 장좌리長佐里 704번지 재적 · 거주, 농업 함정원咸貞元 4월 24일생 42세
482) 경기도 안성군 이죽면二竹面 진촌리陳村里, 죽산竹山공립보통학교 생도 양재옥梁在玉 당 20세; 경기도 안성군 이죽면 장원리長院里, 죽산공립보통학교 생도 안재헌安在憲 당 20세

<u>4월 1일~2일 안성군 이죽면 시위</u>

피고들은 조선 각지에서 일어난 독립운동의 거사에 찬동하여 모두 정치 변혁의 목적으로 피고 기훈(이기훈-인용자)[483] · 응식(이응식-인용자)[484] · 창달(최창달-인용자)[485]은 대정 8년 4월 1일 경기도 안성군 이죽면 두현리에서 부역으로서 도로 수리를 하고 있는 인부들에게 대하여 '조선독립 만세를 부르라'고 권하여 이들을 선동한 후 동 피고 들과 피고 상구(윤상구-인용자)[486] · 원경(조원경-인용자)[487]은 이민 수백 명과 함께 이 면 죽산리竹山里로 가서 이 동리에 있는 죽산경찰관주재소와 이죽면 사무소에 몰려가 모두 같이 조선독립만세를 외쳤으며, 또한 피고 기훈 · 응식 · 상구는 계속할 생각으로 이튿날 2일 죽산리 시장 또는 위의 경찰관주재소 앞에서 1천여 명의 군중과 같이 조선독립만세를 외침으로써 안녕 질서를 방해한 자이다.

4월 2일

안성군 이죽면 시위

문재홍 주도 시위

피고(문재홍-인용자)[488]는 조선독립운동에 찬동하여 정치변혁을 목적으로 대정 8년 4월 2일 오전 10시 경 전기한 피고가 거주하는 동리의 시장에서 그 곳의 삼시차森市次가게에서 물건을 산 보통학교 생도에게 대하여 '지금 조선독립운동 중

---

483) 경기도 안성군 이죽면二竹面 두현리斗峴里, 농업 이기훈李起薰 54세
484) 경기도 안성군 이죽면 장계리, 농업 이응식李應植 42세
485) 경기도 안성군 이죽면 장계리, 농업 최창달崔昌達 24세
486) 경기도 안성군 이죽면 장계리, 농업 윤상구尹商求 34세
487) 경기도 안성군 이죽면 장계리長溪里, 농업 조원경趙元京 37세
488) 본적지 경기도 안성군 이죽면二竹面 죽산리竹山里 563번지, 현주소 경기도 안성군 이죽면二竹面 죽산리竹山里 563번지, 농업(무종교) 문재홍文在弘 4월 19일생 25세

에 내지(일본)인과는 관계를 끊기로 되어 있으니, 내지인에게서 물건을 사들이지 말라'고 하였으며, 또한 군중들이 보는 앞에서 '조선이 독립하면 일본정부가 발행한 지폐는 통용하지 않게 될 것이니, 가지고 있어도 필요 없다'고 외치며 그가 가진 10전 지폐를 찢어 버림으로써 조선독립 사상을 고취 선동하고, 또한 이 날 해질녘에 동 시장에서 조선독립시위운동을 위하여 집합한 1천여 명의 군중 속에 뛰어 들어 같이 이 동리에 있는 죽산경찰관주재소로 몰려가서 일제히 조선독립만세를 외침으로써 정치에 관하여 불온한 언동을 함으로 말미암아 치안을 방해한 자이다.

유춘삼 등 주도 시위

피고들은 조선 각지에서 일어난 조선독립운동의 거사에 찬동하여 모두 정치 변혁의 목적으로 피고 춘삼(유춘삼-인용자)489) · 강칠(이강칠-인용자)490) · 광순(박광순-인용자)491)은 대정 8년 4월 2일 밤 피고들 동리 사람에게 대하여 '독립만세를 부르라'고 권고, 이들을 선동한 다음, 이들을 이끌고서 경기도 안성군 이죽면 죽산리竹山里로 가서 수 백명의 군중과 함께 이 동리에 있는 죽산경찰관주재소 · 우편소 · 면사무소 · 보통학교 등으로 몰려가 조선독립만세를 외치고, 피고 수혁(이수혁-인용자)492) · 영근(이영근-인용자)493)은 이 날 밤 수 백명의 군중과 같이 위의 죽산리에 있는 경찰관주재소 · 우편소 · 면사무소 · 보통학교 등으로 몰려가 모두 함께 조선독립만세를 외침으로써 안녕 질서를 방해한 자이다.

---

489) 경기도 안성군 이죽면二竹面 장원리長院里, 농업 유춘삼柳春三 25세
490) 경기도 안성군 이죽면二竹面 장원리長院里, 농업 이강칠李康七 30세
491) 경기도 안성군 이죽면二竹面 장원리長院里, 농업 박광순朴光順 43세
492) 경기도 안성군 이죽면二竹面 장원리長院里, 농업 [일명 : 이두병李斗炳] 이수혁李壽赫 23세
493) 경기도 안성군 이죽면二竹面 장원리長院里, 농업 이영근李英根 34세

최창혁 등 주도 시위

피고들은 손병희孫秉熙 등의 조선독립선언 취지에 찬동하여 모두 정치 변혁의 목적으로, 피고 창혁(최창혁-인용자)[494]·용규(김용규-인용자)[495]는 대정 8년 4월 2일 경기도 안성군 이죽면 죽산리 죽산공립보통학교 생도 수십 명에게 대하여 '독립만세를 부르라'고 권하여 이들을 선동한 다음 이 생도들과 같이 죽산리 시장 또는 죽산경찰서 앞으로 가서 모두 함께 조선독립만세를 외치고, 피고 규희(윤규희-인용자)[496]는 같은 날 자기 집에서 구한국 국기 3류를 만들어 이것을 위의 보통학교 생도들에게 배부한 후 동 생도들 수십 명을 이끌고 전기 경찰관주재소로 몰려가서 1천여 명의 군중과 같이 조선독립만세를 외침으로써 안녕 질서를 방해한 자이다.

조문삼 등 주도 시위

피고들[497]은 조선 각지에서 일어난 독립운동의 거사에 찬동하여 모두 정치 변혁의 목적으로 대정 8년 4월 2일 밤 각 피고들의 동리 주민을 선동하여 이들을 이끌고 경기도 안성군 이죽면 죽산리竹山里에 이르러 약 2천 명의 군중과 함께 이 동리의 죽산경찰관주재소·우편소·면사무소 및 보통학교 등으로 몰려가 조선독립만세를 외침으로써 치안을 방해한 자이다.

---

494) 경기도 안성군 이죽면二竹面 장계리長溪里, 농업 최창혁崔昌赫 26세

495) 경기도 안성군 이죽면 죽산리竹山里, 농업 김용규金容珪 24세

496) 경기도 안성군 이죽면 죽산리, 농업 윤규희尹奎熙 38세

497) 경기도 안성군 이죽면二竹面 매산리梅山里, 농업 조문삼曺文三 39세; 경기도 안성군 이죽면二竹面 매산리梅山里, 농업 김기은金起銀 37세; 경기도 안성군 이죽면 용설리龍舌里, 농업 이주남李朱男 28세; 경기도 안성군 이죽면 장릉리長陵里, 농업 이원선李元先 41세

피고 오순경[498]은 대정 8년 3월 초순 저 손병희 등이 조선독립선언 이래로 조선 안 각지에서 조선독립의 이름을 빌어 혹은 일시적인 과열로 많은 조선인을 선동하여 조급하게 광분함을 일삼아 부근의 관서를 파괴하고자 꾀하는 불령도배가 속출하게 되었던 차, 동년 4월 2일 밤 이들 불령도배에게 선동을 받은 약 200명의 군중이 대를 지어 안성군 일죽면 면사무소와 동면 주천리注川里경찰관주재소에 몰려가자, 군중에게 솔선하여 함성을 올리고, 또한 군중과 함께 위의 관공서를 향하여 일변 기와 조각을 던져 많은 군중의 소요를 돋구었으며, 피고 유영창[499]·박병덕[500]은 위의 군중이 폭행하는 곁에서 만세를 절규하여 성원하며 많은 군중을 따라 다닌 것이다.

피고(곽대용-인용자)[501]는 전기 피고의 동리 구장인 바, 조선 각지의 조선독립 시위운동에 찬동하여 정치 변혁을 목적으로 자기 동리에서도 또한 그 운동을 하려고 하여 대정 8년 4월 2일 오전 1시 경 이민 200여 명을 모아서 솔선하여 같은 면 주천리注川里 주천경찰관주재소로 몰려가 함께 조선독립만세를 절규함으로써 치안을 방해한 자이다.

피고들(석동성·이수봉-인용자)[502]은 조선 각지에서 일어난 조선독립운동에 찬동하여 대정 8년 4월 2일 밤 자기 동리 사람 100여 명과 함께 주천리경찰관주재소 및 일죽면 사무소 앞에서 조선독립 만세를 절규하여 치안을 방해한 자이다.

---

498) 주소·본적 경기도 안성군 일죽면 송천리松川里 13번지, 해산물 소매상 오순경吳順景 당 37세
499) 주소·본적 경기도 안성군 일죽면 당촌리쌀村里 78번지, 잡화상 유영창柳永昌 당 27세
500) 주소·본적 경기도 안성군 일죽면 화곡리和谷里 473번지, 농업 박병덕朴秉德 당 27세
501) 본적지 경기도 안성군 일죽면一竹面 장암리長岩里 192번지, 현주소 경기도 안성군 일죽면一竹面 장암리長岩里 192번지, 농업 시천교도 곽대용郭大鎔 12월 5일생 25세
502) 주소·본적 경기도 안성군 일죽면一竹面 주천리注川里 469번지, 대금업 석동성石東聲 당 37세
　　　주소·본적 경기도 안성군 일죽면 주천리 466번지, 학생 이수봉李壽奉 당 23세

이천군 모가면 시위

피고 양인(권중효·한석동-인용자)[503]은 대정 8년 4월 2일 저녁 경기도 이천군 모가면 서동리 피고 권중효 집에 모인 같은 동리의 남상찬南相贊 외 수 명에게 대하여 '이 동리 사람들만 조선민족독립을 위하여 만세를 부르지 않으니, 후환의 염려가 있다'고 하면서 선동하여 이민 150명과 함께 이 동리 응봉산鷹峰山에 올라가 조선독립만세를 외침으로써 치안을 방해한 자이다.

4월 2~3일 수원군 장안면·우정면 시위

대정 8년 3월 1일 이후 조선 각 곳에서 조선독립시위운동이 일어나 경기도 수원군 장안면 및 우정면에서도 동년 4월 2일 밤 면내 각 곳의 산에 봉화를 올리고 독립만세를 부르며 시위운동을 하던 때에 피고 차병한[504]·동 차병혁[505]도 역시 조선독립을 희망하여 시위운동 방법으로서 많은 군중이 집합하여 장안면과 우정면 사무소 및 우정면 화수花樹경찰관주재소를 습격하려고 하였으며, 4월 3일 오전 중 스스로 또는 사람을 시켜 즉시 장안면 사무소에 몽둥이를 가지고 집합할 것을 면민에게 통지하여 두고, 우선 장안면 사무소로 가서 면장인 피고 김현묵[506]에게 대하여 속히 사무를 중지하고 나와서 일을 같이 할 것을 권유하여 동의하게 하고, 피고 차희식[507]·장소진[508]·김흥식[509]·장제덕[510]은 전시 집합하

---

503) 경기도 이천군 모가면慕加面 서동리西洞里, 농업 권중효權重孝 당 25세
　　경기도 이천군 모가면慕加面 서동리西洞里, 농업 한석동韓石東 당 25세
504) 경기도 수원군 장안면長安面 석포리石浦里 522번지, 농업 피고인 차병한車炳漢 36세
505) 경기도 수원군 장안면長安面 석포리石浦里 537번지, 농업 피고인 차병혁車炳赫 32세
506) 경기도 수원군 장안면長安面 금의리錦衣里 228번지, 전 장안 면장 피고인 김현묵金賢黙 35세
507) 경기도 수원군우정면雨町面 주곡리珠谷里 81번지, 농업 [일명 : 차봉습車鳳習] 피고인 차희식車喜植 45세
508) 경기도 수원군 우정면 주곡리, 농업 [일명-名 : 장봉래張鳳來] 피고인 장소진張韶鎭 35세
509) 경기도 수원군 우정면 주곡리 83번지, 농업 [일명-名 : 김치덕金致德] 피고인 김흥식金興植 38세
510) 경기도 수원군 우정면 주곡리 53번지, 농업 [일명-名 : 장순명張順明 또는 장순명張順命] 피고인 장제덕張濟德 39세

라는 취지의 통지에 접하여 다시 스스로 또는 사람을 시켜 같은 취지를 면민에게 통지하고 전기 피고를 합하여 200여명의 군중이 대다수 몽둥이를 가지고 장안면 사무소에 집합하였으매 면장인 피고 김현묵은 군중에게 대하여 조선독립의 목적을 달성함에는 결사로써 일에 임하지 않으면 안된다는 취지의 연설을 하여 군중을 격려하였으며 군중은 곧 독립만세를 부르며 곤봉 또는 돌로 동 면사무소의 일부를 파괴하고 또한 동 사무소에 비치된 서류 · 집기를 훼기한 후 부근의 쌍방산쌍方山으로 올라가서 한창 독립만세를 연달아 불렀으며, 또한 전기 통지를 받고 참집한 군중을 합하여 1,000여명의 대집단이 되어 오후 3시 경 나아가 우정면 사무소로 쇄도하며 전과 같은 방법으로 동 사무소의 일부를 파괴하고 또한 동 사무소에 비치된 서류 · 집기를 훼기한 후 한각리閑角里를 거쳐 화수리花樹里로 향하여 오후 5시 경 동리에 있는 화수경찰관주재소에 이르렀을 때에는 군중이 증가하여 2,000여명에 달하였으며 이 군중은 돌을 던지거나 또는 곤봉을 휘두르며 폭행을 한 끝에 불을 놓아 동 주재소 건물을 불태워 버리고 동소에 근무하고 있는 순사 천단풍태랑川端豊太郎을 곤봉 또는 돌로 참살하였으며, 피고 차병환 · 차병혁은 그 괴수가 되고 피고 김현묵 · 차희식 · 장소진 · 김흥식 · 장제덕은 혹은 군중을 지휘하고 혹은 솔선하여 가세하며 또는 전시한 폭행의 몇 부분을 행하였으며, 기타의 피고는 모두 전시한 폭행의 몇 부분을 감행하여 부화 수행한 자이다.

4월 3일

진위군 오성면 시위

피고들(김용성 · 공재록 · 이충필-인용자)[511]은 대정 8년 4월 3일 밤 거주하는 동리 봉오산鳳梧山 위에서 많은 이민들이 만세를 부르고 있으므로 조선독립을 용이하게 하기 위하여 시위운동을 하려고 꾀하여 그 곳에서 봉화를 올리며 약 12, 3명의 이민들과 함께 조선독립 만세를 절규함으로써 치안을 방해한 자이다.

여주군 대신면 시위

피고(황재옥-인용자)[512]는 전부터 조선독립의 희망을 가지고 있던 자인 바, 저 손병희孫秉熙 등의 도배가 조선독립을 선언한 후 각지에서 위의 독립운동을 찬동하여 극도로 소란을 피우는 자들이 적지 않다는 것을 듣고서 이 기회에 거주하는 동리 사람들과 함께 독립시위운동을 감행하려고 꾀하여 대정 8년 4월 3일 피고의 소유인 동리의 밭에서 봉화를 올리고 이민 수십 명을 선동하여 같이 조선독립만세를 절규함으로써 공공의 질서를 방해한 자이다.

여주군 북내면 시위

피고(김용식-인용자)[513]는 손병희孫秉熙 등이 조선독립을 선언하자 크게 그 취지에 찬동, 스스로 정치 변혁의 목적으로 독립시위운동을 하려고 꾀하여 대정 8년 4월 3일 경 경기도 여주군 북내면 천송리 권중순權重純 · 조규선曺圭善 및 같은 면 당우리堂隅里 조석영曺錫永 · 조근수趙根洙 등에게 대하여 "조선독립만세를

---

511) 주소 · 본적 경기도 진위군 오성면梧城面 학현리鶴峴里 388번지, 서당 한문교사 김용성金容成 당 26세; 주소 · 본적 경기도 진위군 오성면 학현리 421번지, 농업 공재록孔在祿 당 25세; 주소 · 본적 경기도 진위군 오성면 학현리 482번지, 농업 이충필李忠弼 당 32세

512) 주소 · 본적 경기도 여주군 대신면大神面 윤촌리潤村里 140번지, 농업 · 유교 황재옥黃在玉 당 40세

513) 경기도 여주군 북내면北內面 천송리川松里, 신륵사神勒寺 승려[일명-名 : 인찬仁贊], 김용식金用植 35세

외쳐 시위운동에 참가하라"고 권유, 동 이민 수십 명을 위의 천송리에 규합하여 같이 독립만세를 외치면서 이 동리를 출발, 여주 읍내를 향하여 행진 중, 도중에서 백수십 명의 군중이 이에 참가하매 합계 200여 명의 군중을 지휘하여 동 읍내의 한강漢江 대안에 이르러 태극기를 떠받들고서 군중을 정렬시켜 피고가 스스로 선창하여 조선독립만세를 외치고 군중이 따라 부르게 함으로써 안녕 질서를 방해한 자이다.

4월 4일 시흥군 군자면 시위

피고 은식(강은식-인용자)514)은 전부터 조선독립을 희망하고 있었는데 손병희孫秉熙 등이 조선독립선언을 하자 그 취지에 찬동하여 정치 변혁의 목적으로 대정 8년 4월 4일 경기도 시흥군 군자면 거모리去毛里에 있는 면사무소 및 경찰관주재소 부근에서 독립시위운동을 하기 위하여 집합한 수백명의 군중 속에 들어가 스스로 남에게서 받아 가진 구 한국 국기를 휘두르며 군중을 격려하여 모두 같이 조선독립 만세를 외치고, 피고 천복(김천복-인용자)515)은 손병희 등의 조선독립 선언 취지에 찬동하여 정치 변혁의 목적으로 동월 4일 동면 승률리 이민에게 대하여 '조선독립 만세를 외치기 위하여 위의 거모리에 있는 면사무소 부근에 집합하라'고 권하여 이들을 선동한 후 이민 약 수 십 명을 모아서 거모리로 향하여 전진 중, 군중은 총 소리를 듣고 사방으로 흩어졌으나 동 피고는 2, 3명과 함께 그 동리에 이르러 위의 면사무소 및 주재소 부근에 집합한 수 백 명의 군중에 가담하여 조선독립 만세를 외침으로써 정치에 관하여 불온한 행동을 하여 안녕 질서를 파괴한 자이다.

---

514) 경기도 시흥군 군자면君子面 원곡리元谷里, 농업 강은식姜殷植 35세
515) 경기도 시흥군 군자면君子面 승률리升栗里, 농업 김천복金千福 23세

4월 6일 광주군 실촌면 시위

피고(오수식-인용자)516)는 전기 피고가 거주하는 동리의 구장인 바, 대정 8년 3월 초순 이후 조선 각지에서 조선독립시위운동이 일어났음을 전해 듣자 이에 찬동하여 정치 변혁의 목적으로 동년 4월 6일 오전 7시 경부터 동일 오후 4시 경까지 사이에 자기 동리 이민 약 50여 명을 집합시켜 실촌면 만선리晩仙里에서 모여든 다른 동리 이민 약 200여 명과 합류, 일단이 되어 함께 조선독립만세를 절규함으로써 정치에 관하여 불온한 언동을 함으로 말미암아 치안을 방해한 자이다.

시위 준비

여주군 주내면 시위 준비

피고(조병하-인용자)517)는 손병희孫秉熙 등이 조선독립선언을 한 이래로 각지에서 독립시위운동을 시작하였음에도 불구하고, 피고가 거주하는 지방에서는 아무 일 없이 극히 평정함을 분개하여 정치 변혁의 목적으로 이민들을 선동, 조선독립만세를 부르려고 꾀하여 대정 8년 3월 26일, 7일 경 경기도 여주군 주내면 홍문리弘門里 심승훈沈承薰 집에서 그에게 대하여 '각 지방에서는 군중이 독립만세를 부르며 시위운동을 하고 있음에도 불구하고 이 지방에서만 평정함은 무기력하니 이 지방에서도 군중을 모아 독립만세를 외칠 터이므로 이에 참가하라'는 뜻을 권하여 그를 선동하였으며, 또한 범의를 계속하여 동년 4월 3일 같은 면 창리倉里 이종은李鍾殷 집에서 보통학교 생도인 한백웅韓伯熊 · 한돈우韓敦愚에게 대하여 '경성에서는 학생이 중심이 되어 조선독립만세를 부르고 있음에도 불구하

---

516) 본적지 · 현주소 경기도 광주군 실촌면實村面 이선리二仙里 286번지, 농업 (무종교) 오수식吳壽軾 2월7일생 62세
517) 경기도 여주군 주내면州內面 상리上里 농업 기독교 조병하趙炳夏 24세

고 상금 지방학생은 극히 평온함은 심히 유감이니 제군은 학생을 선동하여 독립만세를 외치도록 힘쓰라."는 뜻을 권하여 이들을 선동함으로써 안녕 질서를 방해한 자이다.

파주군 와석면 3월 28일 시위 준비

제2. 피고 김수덕[518] · 김선명[519] · 염규호[520] · 임명애는 대정 8년 3월 25일 피고 염규호 집에서 김창실과 모의한 끝에 격문을 배부, 자기 면민들과 조선독립운동을 하려고 꾀하여 이 날 소관 관청의 허가를 얻지 않고서 같이 등사판으로 '오는 28일 이민 일동은 윤환산으로 집합하라. 만약 이에 불응하면 방화할 것이다'는 취지의 불온문서 60매를 인쇄하여 그 날로 위 문서의 일부를 와석면 당하리堂下里에 반포함으로써 그 지방의 정일을 깬 자이다.

양주군 진접면 봉선사 3월 29일 시위 준비

피고 이순재[521] · 김석로 · 김성암은 전부터 조선민족의 독립을 희망하는 자인 바, 앞서 손병희孫秉熙 등이 조선민족독립선언을 발표하고 시위운동을 하였음을 전해 듣고 대정 8년 3월 29일(음력 2월 28일) 경기도 양주군 진접면 부평리 봉선사奉先寺에서 피고들이 사는 동리인 부평리 부근의 이민을 모아 시위운동을 하기 위하여 그 준비로서 불온문서를 비밀히 출판 반포할 것을 협의하고 동일 그 절 서기실에서 피고 이순재의 발언으로 피고 김석로[522] · 김성암[523]이 당해 관청

---

518) 본적 · 주소 경기도 파주군 와석면瓦石面 교하리交河里 352번지, 학생 김수덕金守德 당 16세
519) 본적 · 주소 경기도 파주군 와석면 교하리 311번지, 농업 김선명金善明 당 24세
520) 본적 · 주소 경기도 파주군 와석면 교하리 578번지, 농업 구세방 염규호廉圭浩 38세
521) 경기도 양주군 진접면榛接面 부평리富坪里, 중僧侶 이순재李淳載 당 29세
522) 경성부 창성동昌成洞 177번지, 약종상 김석로金錫魯 당 30세
523) 경기도 양주군 진접면 부평리, 중僧侶 김성암金星巖 당 22세

의 허가 없이 조선독립단 임시사무소의 명의로 '지금 파리강화회의에서는 12개국을 독립국으로 만들 것을 결정하고 있는 모양이니, 조선도 이 기회에 극력 소요를 영속시켜 독립의 목적을 달성하지 않으면 안된다'는 취지의 문서를 만들어 피고 3명이 편집하여 이를 등사판으로 약 200매 인쇄하였으며, 피고 이순재·김석로는 그런 사정을 아는 피고 강완수[524] 외 1명과 같이 그 날 밤 오후 9시 경부터 이튿날 5시 경까지 사이에 동면 진벌리眞伐里·중촌리中村里 외 2개 이의 각 민가에 배포 반포함으로써 치안을 방해한 자이다.

부천군 남동면 4월 1일 시위 준비

피고(송성용-인용자)[525]는 손병희孫秉熙 등이 조선독립선언을 한 이래로 조선 각지에서 이 시위운동이 치열함을 전하여 듣고서 크게 그 거사에 찬동하여 정치변혁의 목적으로 많은 사람들을 규합, 조선독립만세를 부를 것을 꾀하여 대정 8년 3월 31일 경기도 부천군 남동면 서창리 송윤중宋潤中 집에서 오창조吳昌祖란 자로 하여금 그면 내의 각 동리 구장 앞으로 '4월 1일이 면 질천蛭川 시장에 이민을 모아 조선독립만세를 외치라'는 취지의 통지서 수 매를 작성케 한 다음 김춘근金春根·윤영택尹永澤 및 박중일朴重一이란 자와 협의 후 그 문서를 위의 각 동리 구장들에게 배부함으로써 민심을 선동하여 안녕 질서를 방해한 자이다.

포천군 영북면 4월 4일 시위 준비

피고(안응건-인용자)[526]는 조선 내의 각지에서 조선민족의 독립을 위하여 많은 사람들이 군집하여 만세를 부르고 있음을 전해 듣고 피고가 거주하는 동리에서도

---

524) 경기도 양주군 진접면 부평리, 중僧侶 강완수姜完洙 당 24세
525) 경기도 부천군 남동면南洞面 서창리西昌里, 농업 송성용宋聖用 37세
526) 경기도 포천군 영북면永北面 자일리自逸里, 농업 안응건安應乾 당 33세

이것을 하려고 기도하여 대정 8년 4월 3일 밤 경기도 포천군 영북면 자일리 피고의 자택에서 압수한 구 한국기 25류와 '독립만세를 부르니 모이지 않으면 방화한다'는 취지의 협박 문서를 작성하여 이튿날 4일 밤 위의 기를 동리 안 각 집에 게양하고, 위의 문서를 그 동리 게시판에 첨부하여 놓아 군중으로 하여금 이를 읽을 수 있게 함으로써 정치에 관하여 불온한 행동을 하여 치안 방해를 한 자이다.

시흥군 군자면 4월 7일 시위 준비

피고들은, 대정 8년 3월 1일 손병희孫秉熙 등이 제국(일본) 통치의 굴레를 벗고 조선국을 수립하려는 뜻을 외친 이래로 각지에서 조선독립운동이 왕성하다는 것을 전해 듣자 이에 찬동하여 피고들의 동리에서도 역시 많은 이민을 선동 그 운동의 기운을 빚어 내려고 하여 동년 4월 6일 전기 피고 권희[527] 집에서 그 피고의 발의 집필로 《비밀통고秘密通告》라는 제목 아래 각 동리에서 차례로 회람하도록 그림으로 표시하고, 또한 '조선이 일본에 합병된 이래로 받은 10년간의 학정에서 벗어나 독립하려 한다. 우리들은 이 기쁨에 대하여 명 7일 이 면 구 시장에서 조선독립 만세를 같이 부르려고 한다. 각 이민은 구 한국기 1개씩을 휴대하고서 와서 모이라'는 취지의 정치에 관하여 불온 문구를 기재한 문서 1통(증 제1호)을 작성한 후 이민들에게 회람시킬 목적으로 피고 장수산[528]이 이를 같은 동리의 구장인 조카 이종영李鍾榮의 집 앞에 놓아두고 각 이민에게 회람시켜 많은 이민들을 선동함으로써 치안을 방해한 자이다.

---

527) 본적 · 주소 경기도 시흥군 군자면君子面 장현리長峴里, 서당 생도(유교도) 권희權憘 6월 18일생 20세
528) 본적 · 주소 경기도 시흥군 군자면君子面 장곡리長谷里 614번지의 2, 농업(무종교) 장수산張壽山 8월 7일생 21세

기타: 양주군 별내면 거주 유생의 독립지지 취지서 발송

피고(유해정-인용자)[529]는 유생으로서 대정 8년 3월 1일 손병희孫秉熙 등이 조선독립선언을 발표한 이래로 조선 각지에서 조선독립시위운동이 일어나고 있음을 알고서 그 취지에 찬동하여 오히려 그 취지를 천황 폐하(일본왕)께 상주하려고 하여 동년 3월 하순 자기 집에서 스스로 붓을 들어 '임금님을 속이고 한국을 강탈한 나머지 태황제(고종) 폐하를 독살까지 하였으니, 참으로 이가 갈림을 참을 수 없다. 만국이 구 한국의 독립을 승인하였음에도 불구하고 이를 돌려주기를 꺼린다면 분개한 백성이 일제히 궐기하여 불의의 나라에 보복할 것이다. 자기도 1자루의 칼을 품었으니, 한번 죽음으로써 원한을 씻을 날이 있을 것이다. 미국강화(회의)위원은 조선을 독립시키기로 결정하였다. 연합국이 손을 잡고 그 죄를 물을 때에는 호랑이 앞의 토끼 신세가 될 것이다'는 등 불손한 문구를 나열하였으며, 또한 그 글 속에 천황폐하를 "일본왕전하日本王殿下" 또는 "왕王"이라 부르고, 이태왕 전하를 "태황제폐하太皇帝陛下"라는 존칭을 쓰는 등 극히 천황폐하의 존엄함을 모독하는 문서 1통을 작성하여 이것을 봉투에 넣어 "일본황제전하日本皇帝殿下"라 겉봉을 쓰고 또 동경부 지사로 인정되는 동경東京 부윤에게 그것을 전달하여 주기를 부탁하는 취지의 문서 1통을 만들어 이것과 함께 동경 부윤 앞으로 보내는 봉투에 넣어서 사정을 모르는 그의 집의 유학수柳學秀란 자를 시켜 우체통에 넣게 한 바, 이 봉서封書는 동월 27일 동경 부청에 도착하매, 동 부청에서는 동년 4월 9일 이 봉서 중, "일본황제전하"라 겉봉이 씌여 있는 1봉을 궁내성에 전달하니, 동 성에서는 그 날로 돌려보내게 함으로써 천황폐하께 대하여 불경 행위를 한 자이다.

---

529) 경기도 양주군 별내면別內面 고산리高山里 102번지 재적·거주, 농업 유해정柳海正 8월 27일 19세

퇴조국면(4.9~4.27)

이 시기의 시위양상을 보면, 19일간 전 조선에서 모두 43회의 시위가 일어났다. 절정 국면에 비해 현저한 감소세를 보인 것이다. 4월 10일에는 시위 발발횟수가 한자릿수를 기록했고, 4월 14일은 시위 발생 '전무일'이었다. 그 추세 속에서도 황해도는 운동의 4개 전 국면에서 꾸준히 시위를 전개한 유일 지역이었고, 또 이 국면에서 기독교도와 천도교도 주도의 집회가 10회로 약 1/4(23.3%)에 달했다. 그후 5~6월에도 간헐적 저항이 있어서 일제 측도 경계 상태를 유지했다. 그리고 지역에 따라 1919년 연말까지도 만세 시위가 일어난 곳이 있었다.

이 국면의 일제의 대응을 보면, 먼저 4월 11일부터 14일까지 증파 부대가 도착했다. 이어서 조치원·수원·평양·사리원·송정리·이리·나주·평강·원산·간성 등지에 중대단위 배치가 이뤄졌다. 그리하여 4월 22일에는 소분견대 형태로 분산배치가 완료되었는데, 그 수가 5백 수십개소에 이르렀다. 이 국면에서 탄압법령이 강화되기도 했는데, "정치의 변혁을 목적으로 하여 다수가 공동으로 안녕질서를 방해하며 또는 방해코자 한 자는 10년 이하의 징역"에 처한다는 것을 주요 내용으로 하는 '제령 7호'가 4월 15일에 제정되었다. 또 조선인의 이동에 제한을 가하는 '여행취체령'도 만들어졌다. 한편 각 지방에서는 지역에 따라 자제회(청주), 자위회(청도), 자위단(경기 각군) 등으로 불리는 단체들이 만들어져 3·1운동을 탄압했다.

이제 퇴조국면의 경기도 각군의 날짜별 시위횟수를 다음 표를 통해 확인해 보자.

<표3-4> 퇴조국면 각군별·날짜별 시위횟수

구분	4.9	10	11	12	13	14	15
고양							
부천							
시흥							
수원							1
진위	1						
안성							
용인							
이천							
김포							
파주							
개성							
포천							
연천	1						
광주							
양평		1					
양주							
가평							
여주							
장단							

출전: 〈표3-1〉과 같음.

　　위 표를 보면, 퇴조국면인 4월 9일 이후에는 모두 4회의 시위가 있었다. 그중 10일에는 진위와 연천에서 각각 1회씩 시위가 있었다. 그리고 이날은 앞에서 본 바와 같이 전국적으로 한자릿수 시위가 있었던 날이었다. 다시 판결문을 통한 퇴조국면의 경기도 3·1운동을 살펴보자. 판결문을 통해서는 단 한 차례 시위 준비 사례를 찾을 수 있는데, 그것은 연천군 왕징면의 시위 준비이고, 그 내용은 다음과 같다.

　　피고(공세영-인용자)530)는 대정 8년 4월 9일 경기도 연천군 왕징면旺澄面 강서

---

530) 경기도 장단군 상도면上道面 상리上里, 농업 공세영孔世榮 30세

리江西里 이헌영李憲永에게 대하여 '자기는 경성결사단決死團 파견원인데, 각지에서의 독립운동상황을 시찰하기 위하여 파견된 사람이다'고 하여 그 지방의 독립운동상황 및 주모자의 주소 성명 등을 물은 다음, '경성에서는 매일 독립운동을 하고 있었는데, 관헌에게 인치되어도 겨우 1일쯤의 검속 처분으로 석방되니, 동지를 규합하여 독립운동을 하라'고 권하여 이를 선동함으로써 안녕질서를 방해한 자이다.

3·1운동 이후

3·1운동 기간에 시위를 벌인 것은 아니지만, 수원군에서 '독립신문'과 '대한민보' 등을 배포하고, 또 독립운동을 위한 비밀결사(구국민단)를 조직한 사례가 있는데, 그 내용은 다음과 같다.

피고들은 모두 조선의 현재 정치에 불만을 품고 제국(일본)의 굴레를 벗어나 조선을 독립시킬 것을 크게 바라고 있는 자들인 바, 피고 이종상[일명 : 이득수][531]는 대정 8년 3월 말 경부터 상해에 있는 가假 정부 임원 차관호車寬鎬란 자와 연락하여 동인 또는 경성부 동대문 안에 거주하는 박성환朴聖煥[일명一名 : 김일金一]에게서 보내오는 《독립신문獨立新聞》이라 제한 조선독립사상을 고취 격려하는 기사를 가득히 실은 인쇄물 수십 매를 동지인 여교사 차인재車仁載와 함께 동년 8, 9월 경까지 계속 수원군 수원면 내의 조선인 각 집에 배포하고 있었는데, 동년 9월 경 피고 박선태[532]도 역시 사사로이 상해에 가서 자칭 가정부에 투신

---

531) 경기도 수원군 일형면日刑面 하광교리下光敎里 342번지 재적·거주, 경성부 정동貞洞 출생[일명 : 이득수李得壽] 학생 이종상李鍾祥 20세

532) 경기도 수원군 수원면 산루리 111번지 재적, 경기도 수원군 수원면 남창리南昌里 117번지 거주, 학생 박선태朴善泰 21세

하여 조선독립운동에 힘쓰려고 생각하고 있던 차, 전기 피고의 집에서 이득수와 마음 속을 털어 놓고 우선 동지를 규합하고 또 불온문서의 배포에 의하여 조선 독립사상의 선전에 힘씀으로써 조선의 현재 정치를 변혁시키고자 꾀하여 이후 대정 9년 7월 경까지 사이에 피고 이득수·박선태의 양 인은 모두 수원에 거주 하는 조선인에게 전기 독립신문과 같이 독립사상을 고취하는 창가집唱歌集·대 한민보大韓民報 등 수십 매를 반포하였으며, 또한 대정 9년 6월 20일 같은 피고 임 순남533)·최문순534)·이선경535) 등의 여학생을 설득하여 그들을 동지로 삼아 '구 국민단救國民團'이라는 비밀 결사를 조직하여 피고 박선태는 그 총장, 피고 이득 수는 부총장이 되고 또 수원에 거주하는 김석호金錫浩·김노적金露積·윤귀섭尹 龜燮·김병갑金秉甲·이희경李熙景·신용준愼用俊 등에게 대하여 동지가 될 것을 권유하고, '제1, 일한합병에 반대하여 조선을 일본제국 통치 하에서 이탈케 하여 독립국가를 조직할 것, 제2, 독립운동을 하다가 입감되어 있는 사람의 유족을 구 조할 것'의 2대 목표를 표방하여 실시함으로써 안녕 질서를 방해하였으며, 피고 임순남·최문순·이선경은 대정 9년 6월 중 수원면 서호西湖 부근에서 전기 차 인재의 소개로 피고 이득수 등과 회합하여 그의 설유로 동지가 되어 위의 "구국 민단"에 가입한 이래로 동년 7월 경까지 누차 수원 읍내 삼일三一학교에서 이득 수 등과 회합하여 대한민보 등의 반포를 담당하기로 서약하고 또 기회를 보아 상해로 가서 자칭 가 정부의 간호부가 됨으로써 독립운동을 도울 것을 맹서하여 안녕 질서를 방해하려고 한 자이다.

---

533) 경기도 수원군 수원면水原面 북수리北水里 325번지 재적·거주, 경기도 용인군 수제면水隄面 유방리柳坊里 출생, 학생 [일명-名：임효정林孝貞] 임순남林順男 19세
534) 경기도 수원군 수원면 남수리南水里 187번지 재적·거주, 학생 최문순崔文順 18세
535) 경기도 수원군 수원면 신루리山樓里 470번지 재적·거주, 이선경李善卿 19세

| 참고문헌 |

| 제1부 |

제1장
이지원, 「경기도 지방의 3·1운동」, 『3·1민족해방운동연구』, 청년사, 1989

제2장
김성민, 「강화지역 3·1운동의 전개와 성격」, 『한국근현대사연구』 22, 2002년 겨울, 한국근현대사학회.

박수현, 「개성지역의 3·1운동」, 『경기도지역 3·1운동의 특징과 성격』, 수원대학교 동고학연구소 및 한국민족운동
　　　　사학회공동주최, 2003.3.

김창수, 「3·1운동연구사론」, 『동국사학』14, 1980.

김성보, 「3·1운동」, 『민족해방운동사 쟁점과 과제』, 역사문제연구소 민족해방운동사연구반, 역사비평사, 1990.

신용하, 「3·1운동 연구의 현단계와 과제」, 『한민족독립운동사』12, 국사편찬위원회,1993.

이정은, 「3·1운동연구의 현황과 과제」, 『한국사론』26, 1996.

이정은, 「화성군 우정면 장안면 3·1운동」, 『한국독립운동사연구』9, 1995

김창수, 「수원지역 3·1독립운동의 연구동향과 과제」, 3·1운동 84주년 기념학술심포지움, 『수원지역 민족운동의 역
　　　　사적 위상』, 수원문화원, 2003.2

박　환, 「경기도 화성 송산지역의 3·1운동」, 『정신문화연구』, 2002년 겨울호, 제25권 4호

친일반민족행위진상규명위원회, 『친일반민족행위진상규명보고서』, Ⅳ-17, 친일반민족행위진상규명위원회, 2009

| 제2부 |

제1장
독립운동사편찬위원회, 『독립운동사』 제2권(3·1운동사 상), 1971

경기도사편찬위원회 편저, 『경기도 항일독립운동사』, 경기도 발행, 1995

김정인 · 이정은, 『국내 3·1운동 Ⅰ-중부 · 북부』, 독립기념관 한국독립운동사연구소, 2009

이지원, 「경기도 지방의 3·1운동」, 『3·1민족해방운동연구』, 청년사, 1989

박은식 지음, 김도형 옮김, 『한국독립운동지혈사』, 소명출판, 2008

김용달, 「경기도 포천지역 3·1운동의 전개와 성격」, 『한국근현대사연구』32, 한국근현대사학회, 2005.

김승태, 「일제의 기록을 통해서 본 경기도 고양 지역의 3·1독립운동」, 『한국기독교와 역사』 40, 한국기독교역사연

구소, 2014.

황민호, 「경기도 광주군지역의 3·1운동」, 『한국민족운동사연구』72, 한국민족운동사학회, 2012.

조성운, 김포지역 3·1운동의 역사적 의의 - 김포지역사적 관점에서, 『숭실사학』22, 숭실사학회, 2009

「騷擾事件ニ關スル件報告」(秘第244號 京畿道長官 → 政務總監, 1919.4.2.)

제2장

홍석창, 『수원지방 3·1운동사』, 왕도출판사, 1981.

김선진, 『일제의 학살만행을 고발한다』, 미래출판사, 1983.

이정은, 「화성군 우정면 장안면 3·1운동」, 『한국독립운동사연구』9, 독립기념관, 1995.

한국기독교역사연구소, 「특집 3·1운동과 제암리사건」, 『한국기독교와 역사』7, 1997.

성주현, 「수원지역의 3·1운동과 제암리학살사건에 대한 재조명」, 『수원문화사연구』4, 수원문화사연구회, 2001.

화성군사편찬위원회, 『화성군사』, 1990

酒井政之助, 『水原』, 1923

매일신보 1919년 4월 23일자 〈수원이재민의 참상〉

경기도사편찬위원회, 『경기도항일독립운동사』, 1995

정병욱, 「일제의 식민정책과 경기도」, 『경기도 역사와 문화』, 경기도사편찬위원회, 1997

洪士億(1908년생, 송산면 쌍정 1리 거주, 일제당시 300두락의 지주)과 2001년 2월 26일 자택에서 가진 면담에
　　　서 청취.

최홍규, 「경기지역 동학과 동학농민군의 활동」, 『조선시대지방사연구』, 일조각, 2001

『천도교회월보』8호, 1911년 3월, 「중앙총부휘보」48

이제재, 「남양군의 사회와 교육」, 『화성의 얼』3, 1998

국사편찬위원회, 『한민족독립운동사자료집』22권 3·1운동 12, 1996

국사편찬위원회, 『한민족독립운동사자료집』21권 3·1운동 11, 1996

독립운동사편찬위원회, 『독립운동사자료집 5』

동아일보 1920년 5월 15일자

강진갑, 「경기도 1910년대 운동과 3·1운동」, 『경기도 역사와 문화』

『수원근현대사 증언 자료집』이정근의 손자 이신재 면담기

이덕주, 「3·1운동과 제암리사건」, 『한국기독교와 역사』7, 한국기독교역사연구소, 1997

『송산면 지명조사표』(송산면 면사무소 소장)

조성운, 「일제하 수원지역 천도교의 성장과 민족운동」, 『경기사론』4, 2001

강덕상편, 『현대사자료』26

「수원군 송산면 지방에 있어서의 소요사건 복명서」, 1919년 4월 25일 참조(박성수, 『독립운동사연구』, 창작과 비
　　　평사, 1980, 320 재인용).

동아일보 1920년 5월 15일자 〈수원사건 공소공판〉

제3장

국사편찬위원회, 『한민족독립운동사자료집』20, 1994

독립운동사편찬위원회, 『독립운동사자료집』5, 1972

姜德相, 『현대사자료-조선』2, 3·1운동편, 1967

국사편찬위원회, 『한민족독립운동사자료집』19-21, 1994-1995

이정은, 「화성군 우정면 장안면 3·1운동」, 『한국독립운동사연구』9, 독립기념관, 1995

화성군사편찬위원회, 『화성군사』, 1990

조선총독부, 『생활실태조사보고서』其一, 수원군편, 1929

이지원, 「경기도지방의 3·1운동」, 『3·1민족해방운동연구』, 청년사, 1989

조재희, 「일제 초기 식민지 국가기구의 형성과 그 성격」, 위의 책

임경석, 「1910년대 계급구성과 노동자 농민운동」, 위의 책

국사편찬위원회, 『한민족독립운동사자료집』19, 1994

신주백, 「1910년대 일제의 조선통치와 조선주둔 일본군」, 『한국사연구』109, 2000

김운태, 「무단통치체제의 확립」, 『한국사』47, 2001

김민철, 「식민지통치와 경찰」, 『역사비평』24호, 1994년 봄

내무부치안국, 『한국경찰사』, 1972

일본 NHK 방영 〈삼일운동사〉(1990년 3월)

정서송, 「쌍봉산의 횃불들」, 『신동아』1965년 3월호

姜德相, 『現代史資料-朝鮮-』2, 三一運動篇

국회도서관, 『한국민족운동사료』1, 1977

국회도서관, 『한국민족운동사료』2, 1977

제4장

윤 후, 2018, 『안성4.1독립항쟁』, 백산서당, 2018

국사편찬위원회, 1995, 『한민족독립운동사자료집』24권, 삼일운동 14, 예심신문조서(국한문), 검증조서

국사편찬위원회, 1996, 『한민족독립운동사자료집』25권, 삼일운동 15, 예심신문조서(국한문), 예심종결 결정.

이정은, 「안성군 원곡 양성의 3·1운동」, 『한국독립운동사연구』1, 1987

電報(1919年 4月 21日 午前 9時 55分發, 朝鮮駐箚憲兵司令部)

윤 우, 『원곡-양성의 3·1독립운동』, 1986

제5장

박 환, 「용인지역의 3·1운동」, 『한국민족운동사연구』42, 한국민족운동사학회,

이상일, 「용인지역의 3·1운동」, 『경기도지역의 3·1운동의 특성과 성격』, 수원대학교 동고학연구소 및 한국민족운동
　　　사학학회 주최 학술심포지움, 2003.3

酒井政之助, 「華城乃影」, 1915.

조선총독부, 「간이국세조사결과표」, 1925

越智唯七, 「조선전도 부군면리동명칭일람」, 조선총독부, 1917

이배용, 「일제초기 광업법 개정과 광업침략 실태」, 「한국근대광업침탈사연구」, 일조각, 1989

「용인시민신문」, 2000년 7월 1일-7일, 우상표기자, 마을이야기, 2회, 원삼면 사암리 안골마을 상

김양식, 「대한제국기 덕대 광부들의 동향과 노동운동」, 「한국근현대사연구」14, 2000년 겨울호

「여지도서」 죽산현 방리조, 「용인시의 역사와지리」 94에서 재인용

용인군, 「내고장 용인독립항쟁사」, 1995

「신동아」, 78호 1971.2.1일자.

김상기, 「당진 소난지도 의병항전」, 「당진 소난지도 의병의 역사적 재조명」, 충청문화연구소 제1회 학술대회, 충청
        문화연구소, 충남대학교, 2003·11

독립운동사편찬위원회, 「독립운동사자료집」 3, 1983

「독립유공자공훈록」

국사편찬위원회, 「한국독립운동사」2, 1968

「용인의 역사와지리」

「전주이씨 덕천군파보 권지2, 咸豊君派」

독립운동사편찬위원회, 「독립운동사자료집」 5, 1983

「한국독립운동사」 2, 672, 비제214호, 〈1919년 3월 31일 소요에 관한 건 보고〉

이병헌, 「3.1운동비사」, 시사시보사

이용락 편저, 「3.1운동실록」, 3.1운동동지회발행

1997년 3월 5일자 용인연합신문 〈3.1만세운동 유공자 홍종엽씨 유족 홍순정씨를 찾아서〉

조성희, 「용인천주교회사」, 1981

「경주김씨족보」

제6장

독립운동사편찬위원회, 「독립운동사─삼일운동사(상)」, 1983

이지원, 「경기도 지방의 3.1운동」, 「3.1민족해방운동연구」, 청년사, 1989.

박 환, 「경기지역 3.1독립운동사」, 선인, 2007

국회도서관, 「한국민족운동사료(3.1운동편 其1)」, 1977

독립운동사편찬위원회, 「독립운동사자료집」(삼일운동 재판기록, 경기도)

김용식 독립유공자평생이력서

김용식 판결문(1919년 5월 9일 경성지방법원, 1919년 6월 13일과 1919년 7월 10일 경성복심법원, 1919년 7
        월 26일 경상고등법원)

이원기독립유공자 공적조서(아들 이종택 작성, 1932년생)

『독립운동사자료집』6, 1973
『독립운동사자료집』7, 1973

제7장

이병헌, 『삼일운동비사』(시사시보사, 1959)
김정명, 『조선독립운동』Ⅰ·Ⅰ권분책, 동경(원서방, 1967)
강덕상, 『현대사자료』조선 삼일운동편 1권, 2권, 1970.
독립운동사편찬위원회, 『독립운동사자료집 5』(국가보훈처, 1983)
국회도서관, 『한국민족운동사료』3·1운동편 1권·2권·3권, 1977, 1978, 1979.
홍석창, 『수원지방 3·1운동사』(왕도출판사, 1981)
김선진, 『일제의 학살만행을 고발한다』(미래출판사, 1983)
홍석창, 『수원지방교회사자료집』(감리교본부 교육국, 1987)
홍석창, 『감리교회와 독립운동』(에이맨, 1988)
이정은, 「화성군 우정면·장안면 3.1운동」『한국독립운동사연구』9(독립기념관, 1995)
이덕주, 「3.1운동과 제암리사건」『한국기독교와 역사』7(한국기독교역사연구소, 1997)
한국기독교역사연구소, 『한국기독교와 역사』7, 1997. 3.1운동과 제암리사건특집
조규태, 「천도교의 민족문화운동」『일제하 경기도지역 종교계의 민족문화운동』(경기문화재단, 2001)
조성운, 「일제하 수원지역 천도교의 성장과 민족운동」『경기사론』4·5집, 2001.
성주현, 「수원지역의 3·1운동과 제암리 학살사건에 대한 재조명」『수원문화사연구』4, 2001.
최홍규, 「경기도지역 의 동학과 동학농민군의 활동」『조선시대지방사연구』(일조각, 2001).
기독교대한감리회 서울본부, 『삼일운동 그날의 기록』2001.
박 환, 「경기도 화성 송산지역의 3·1운동」『정신문화연구』89호, 2002년 겨울.
박 환, 조규태, 『화성지역 3.1운동유적지 실태조서보고서』(수원대학교 박물관, 화성시, 2003)
박 환, 「수원군 우정면 화수리 3.1운동의 역사적 성격」『정신문화연구』2004년 봄.
박 환, 조규태, 황민호, 『화성출신 독립운동가』(수원대학교 동고학연구소, 화성시, 2006)
박 환, 『경기지역 3.1독립운동사』, 선인, 2007.
이정은, 「제암리학살사건」『한국독립운동사사전』(독립기념관, 2004).

| 제3부 |

독립운동사편찬위원회, 『독립운동사자료집』 제5집(삼일운동 재판기록), 1972
이지원, 「경기도 지방의 3·1운동」『3·1민족해방운동연구』 청년사, 1989
임경석, 「3·1운동과 일제의 조선지배정책의 변화 – 만세시위운동에 대한 일제의 대응방식을 중심으로 –」『일제식
　　　민통치연구1』 백산서당, 1999.

색인

ㄱ

가평 50, 279

강규수 299

강두영 348

강만길 348

강봉돌 338

강봉세 336

강부성 272

강영조 348

강완수 363

강은식 360

강흥문 306

개군면 215

개성 51, 268, 271, 299, 305,
　　306, 314, 319, 326,
　　350, 351

경기도항일독립운동사 19, 49

고덕찬 314

고민룡 274

고양 38, 54

고인재 337

고주리 221

공세영 367

공재록 359

곽대용 356

곽영준 291

광주 38, 56, 297, 298, 303,
　　304, 311, 313, 361

구금룡 84, 282

구희서 304

권임상 281

권종목 86, 312

권중옥 337

권중효 90, 357

권춘근 296

권희 364

금사면 214

기흥면 199

김경도 317

김경성 292

김교영 303

김교창 301

김교철 146

김구식 323

김기성 335

김기은 355

김길현 350

김남산 295

김대성 350

김대현 307

김덕여 278

김덕오 279

김도하 301

김동현 273

김만수 351

김명제 302

김문유 282

김배관 335

김백춘 337

김병권 322

김병조 17

김복동 282

김봉현 339

김봉희 329

김석로 362

김석봉 292

김석준 296

김선명 362

김성남 285

김성문 321

김성실 301

김성암 362

김세중 305

김수덕 362

김수천 273

김순서 335

김순흥 319

김시연 336

김업성 350

김여형 350

김영달 285

김영서 339

김영익 349
김영하 278, 338
김용규 355
김용성 359
김용식 216, 359
김용준 301, 317
김운식 318
김원순 338
김윤경 279
김윤구 323
김윤규 331
김은수 284
김이선 351
김익룡 274
김익중 273
김인택 311
김인한 309
김정국 295
김정식 273
김정원 335
김정의 295
김정현 321
김정호 281
김종상 340
김종학 290
김중식 335
김진수 321
김창섭 338
김창연 285
김창현 281
김천복 360
김춘경 278

김포 38, 58, 285, 287, 288,
295, 316
김필연 339
김학수 348
김현모 278
김현묵 156, 357
김현유 279
김형렬 305
김홍렬 304
김흔 271
김흥식 357
김희식 335

ㄴ

나용기 349
남동민 306
남사면 200
남상훈 337
남시우 340
남장우 336
남흥성 274
내사면 197
노병상 331

ㅁ

목준상 277
문광채 279
문상익 301

문재홍 353
민용운 301
민주혁 290
민창식 287

ㅂ

박경식 279
박광순 354
박동돌 336
박병덕 356
박석몽 328
박선태 368
박성백 328
박수만 279
박순성 350
박승각 289
박승만 289
박옥동 339
박용엽 340
박용희 285
박은식 17, 46
박정식 336
박종림 272
박천봉 337
박춘흥 301
박충서 288
박치대 270
박치성 350
박홍천 350

방성묵 350
백낙열 145
백일환 285
백진기 350
백천기 284
백태산 299
부천 61, 293, 331, 363
북내면 205

ㅅ

상훈 326
서기창 89, 349
서상석 292
서순옥 315
서신 31
서완득 336
석동성 356
성태영 285
소후옥 335
소휘태 341
소흥복 336
손영기 350
손정봉 337
송산면 31, 103, 300
송성용 363
송영록 272
송용현 350
송우필 335
송재필 335

수원 63, 300, 316, 357
수지면 194
수촌리 22, 66
시흥 67, 304, 309, 322, 360, 364
신관빈 268
신동윤 269
신석영 319
신선명 319
신순근 323
신우균 330
신재원 289
신현성 281
신후승 271
심영식 272
심적룡 273
심정봉 313
심헌섭 277
심혁성 293

ㅇ

안덕삼 274
안명옥 284
안성 35, 70, 315, 321, 323, 325, 332, 352, 353, 356
안성환 289
안순원 301
안육만 332
안응건 363
안재헌 352

안종규 307
안종태 307
안종화 274
안철재 340
안희문 332
양삼돌 328
양성면 35, 72, 166, 242, 333
양재영 299
양재옥 352
양주 74, 278, 307, 313, 315, 328, 362, 365
양평 79, 289, 290, 319, 323, 329
어윤희 268
여광현 329
여운긍 329
여주 82, 202, 347, 359, 361
연천 83, 282, 349, 367
염규호 94, 362
염만흥 338
오광득 302
오귀남 315
오복영 341
오성준 279
오세경 337
오세학 337
오수식 361
오순경 356
오윤선 337
오익삼 337
오인환 289
오정근 337

오창선 337

오화영 12

왕광연 301

용인 36, 85, 171, 284, 312, 318, 323

우보현 278

우정면 30, 65, 128, 357

우정시 320

우정화 320

원곡면 35, 71, 164, 242, 332

원삼면 174, 284

원지성 340

원필희 82, 207, 217, 347

유기윤 319

유동환 328

유만수 329

유면영 311

유영창 356

유익수 322

유중식 324

유지호 310

유진홍 317

유춘삼 354

유해정 365

유흥준 270

유희상 328

윤규희 355

윤기영 330

윤동욱 322

윤병소 322

윤상구 353

윤상훈 296

윤영규 316

윤의병 309

윤재영 295

윤종건 337

윤종근 287

윤주섭 295

이갑동 279

이강덕 313

이강칠 354

이개동 350

이건흥 279

이경수 323

이경집 301

이교성 282

이국상 338

이규동 340

이규선 317

이규완 336

이규창 336

이규철 338

이근수 170

이금철 341

이기춘 319

이기하 306

이기훈 353

이낙주 84, 282

이내한 279

이담 294

이대근 336

이대헌 303

이덕균 318

이덕순 169

이도봉 281

이도상 99, 277

이만석 280, 319

이문식 350

이민식 350

이발영 345

이병구 335

이병렬 336

이병린 285

이병문 336

이병성 296

이병식 281

이병오 336

이병찬 280

이병철 340

이보영 278

이보원 330

이복래 68, 322

이봉문 322

이봉철 320

이부성 337

이사범 307

이살눔 285

이상근 338

이상신 339

이상옥 340

이상혁 89, 349

이석근 338

이석준 278

이선경 369

이성구 299, 317

이성렬 340

이성률 343
이성옥 325
이수봉 296, 356
이수혁 354
이순기 338
이순재 362
이승익 74, 278, 346
이시종 298
이양섭 170, 339
이영근 354
이영래 304
이영우 336
이영헌 280
이오영 338
이완호 335
이용준 293
이용환 285
이원기 347
이원문 347
이원선 355
이유길 338
이유만 341
이유석 170
이유원 335
이유항 341
이윤석 279
이윤성 296
이윤식 302
이은표 284
이응식 353
이인균 336
이인봉 312

이인영 338
이인옥 306
이인하 284
이재관 316
이재록 306
이재순 298
이재일 328
이정성 278
이정운 279
이종만 336
이종상 368
이종운 309
이주남 355
이준기 337
이중립 335
이진규 290
이진영 336
이찬영 343
이창영 299
이천 88, 349, 357
이철영 299
이충필 359
이치영 280
이태영 341
이택신 296
이필만 327
이한기 338
이한영 340
이형기 305
이형순 269
이호익 336
이호주 351

이홍기 338
이홍렬 336
이홍복 280
이홍식 350
이화영 341
이흥길 335
이흥돌 296
이흥록 328
이희두 327
이희룡 170, 333
임명애 94, 277
임무경 311
임병구 270
임성운 338
임성춘 294
임순남 369
임용우 316
임일봉 315
임철모 288
임팔룡 301

ㅈ

장경범 319
장귀남 281
장규한 314
장기영 280
장단 91, 296, 299, 320, 352
장덕관 335
장덕균 297

장소진 357
장수산 364
장순현 281
장승화 319
장안면 30, 65, 128, 357
장원심 335
장제덕 357
장태수 319
장호리 280
장호형 280
전도선 301
전수만 335
전영록 328
전원순 295
전태순 289
전태현 279
정갑석 306
정경순 331
정경시 290
정군필 302
정규복 312
정규환 317
정기섭 278
정봉안 337
정봉화 306
정성교 280
정수만 332
정순만 299
정억만 289
정용재 335
정인교 287
정인규 336

정인섭 288
정일봉 335
정일성 279
정재명 280
정제신 311
정종락 299
정주하 335
정천화 306
정현수 84, 282
정호근 335
정효섭 280
정흥교 280
제암리 22, 219
조경호 347
조계식 324
조남윤 60, 287
조무쇠 306
조문삼 355
조병하 204, 217, 361
조병훈 337
조염호 315
조영호 323
조우식 282
조원경 353
조진행 299
조필선 307
조훈식 324
주내면 204
주주봉 336
진공필 321
진위 99, 277, 328, 331, 332, 359

ㅊ

차경창 316
차경현 301
차병한 148, 357
차병혁 357
차언복 350
차희식 152, 357
천중선 298
최관길 337
최구홍 328
최기영 280
최기용 335
최기홍 281
최대복 328
최대봉 328
최대현 329
최두순 305
최만보 343
최만종 335
최만화 332
최명용 348
최문섭 336
최문순 369
최병일 336
최병택 336
최복석 316
최상근 284
최선유 331
최성옥 295
최영무 348
최용화 280

최우석 287
최은식 170, 332
최인화 280
최재식 335
최정성 310
최종화 280
최주환 310
최찬섭 336
최창달 353
최창용 338
최창혁 355
최춘보 301
최학돌 325
최호천 309

ㅍ

파주 93, 277, 306, 362
평택 99, 277
포곡면 195
포천 38, 96, 324, 363

ㅎ

한경춘 296
한국독립운동사략 17
한국독립운동지혈사 17, 46
한기동 299
한백봉 313

한봉철 292
한상혁 282
한석동 90, 357
한영규 318
한영수 277
한응교 341
한재호 335
한종석 274
한창호 292
함병현 324
함정원 352
함천봉 337
허내삼 350
허덕성 335
허병규 340
홍경운 335
홍관후 301
홍기성 332
홍남후 301
홍면 300
홍면옥 108
홍명선 301
홍문선 301
홍병각 337
홍병복 350
홍복룡 301
홍선봉 315
홍순겸 282
홍순칠 322
홍승한 301
홍원식 26
홍원표 331

홍재의 335
홍정표 337
홍종선 280
홍종엽 312
홍종욱 87, 312
홍준옥 301
홍창섭 170
홍태근 301
화수리 29, 66, 128
황경준 284
황순태 332
황재옥 359
황칠성 302

경기그레이트북스 ⑯
한권으로 읽는 경기도의 3·1운동

초판 1쇄 발행 2019년 2월 25일

발 행 처 경기문화재단
　　　　　　(16488 경기도 수원시 팔달구 인계로 178)
기　　획 경기문화재연구원 경기학연구센터
집　　필 박환·최재성
편　　집 디자인 구름 (전화 031-949-6009)
인　　쇄 디자인 구름

ISBN 979-11-965669-1-3 03910